经时济世
继往开来
贺教育部
重大攻关项目
成果出版

季羡林
时年九十有八

教育部哲学社會科学研究重大課題攻關項目

中石題

农村土地问题立法研究

RESEARCH ON LEGISLATION OF RURAL LAND

陈小君
等著

经济科学出版社
Economic Science Press

图书在版编目（CIP）数据

农村土地问题立法研究／陈小君等著．—北京：经济科学出版社，2012.7

（教育部哲学社会科学研究重大课题攻关项目）

ISBN 978－7－5141－1713－4

Ⅰ．①农…　Ⅱ．①陈…　Ⅲ．①农村－土地问题－立法－研究－中国　Ⅳ．①D922.324

中国版本图书馆 CIP 数据核字（2012）第 051047 号

责任编辑：黄双蓉

责任校对：杨　海

责任印制：邱　天

农村土地问题立法研究

陈小君　等著

经济科学出版社出版、发行　新华书店经销

社址：北京市海淀区阜成路甲 28 号　邮编：100142

总编部电话：88191217　发行部电话：88191537

网址：www.esp.com.cn

电子邮箱：esp@esp.com.cn

北京中科印刷有限公司印装

787×1092　16 开　32.5 印张　590000 字

2012 年 8 月第 1 版　2012 年 8 月第 1 次印刷

ISBN 978－7－5141－1713－4　定价：78.00 元

（图书出现印装问题，本社负责调换。电话：88191502）

课题组主要成员

（按姓氏笔画为序）

王景新	石佑启	刘守英	刘茂林
张光宏	赵　曼	袁　铖	耿　卓
高　飞	郭　继	麻昌华	韩　松
蔡　虹	谭明方		

编审委员会成员

总　序

哲学社会科学是人们认识世界、改造世界的重要工具，是推动历史发展和社会进步的重要力量。哲学社会科学的研究能力和成果，是综合国力的重要组成部分，哲学社会科学的发展水平，体现着一个国家和民族的思维能力、精神状态和文明素质。一个民族要屹立于世界民族之林，不能没有哲学社会科学的熏陶和滋养；一个国家要在国际综合国力竞争中赢得优势，不能没有包括哲学社会科学在内的“软实力”的强大和支撑。

近年来，党和国家高度重视哲学社会科学的繁荣发展。江泽民同志多次强调哲学社会科学在建设中国特色社会主义事业中的重要作用，提出哲学社会科学与自然科学“四个同样重要”、“五个高度重视”、“两个不可替代”等重要思想论断。党的十六大以来，以胡锦涛同志为总书记的党中央始终坚持把哲学社会科学放在十分重要的战略位置，就繁荣发展哲学社会科学做出了一系列重大部署，采取了一系列重大举措。2004 年，中共中央下发《关于进一步繁荣发展哲学社会科学的意见》，明确了新世纪繁荣发展哲学社会科学的指导方针、总体目标和主要任务。党的十七大报告明确指出：“繁荣发展哲学社会科学，推进学科体系、学术观点、科研方法创新，鼓励哲学社会科学界为党和人民事业发挥思想库作用，推动我国哲学社会科学优秀成果和优秀人才走向世界。”这是党中央在新的历史时期、新的历史阶段为全面建设小康社会，加快推进社会主义现代化建设，实现中华民族伟大复兴提出的重大战略目标和任务，为进一步繁荣发展哲学社会科学指明了方向，提供了根本保证和强大动力。

高校是我国哲学社会科学事业的主力军。改革开放以来，在党中央的坚强领导下，高校哲学社会科学抓住前所未有的发展机遇，紧紧围绕党和国家工作大局，坚持正确的政治方向，贯彻“双百”方针，以发展为主题，以改革为动力，以理论创新为主导，以方法创新为突破口，发扬理论联系实际学风，弘扬求真务实精神，立足创新、提高质量，高校哲学社会科学事业实现了跨越式发展，呈现空前繁荣的发展局面。广大高校哲学社会科学工作者以饱满的热情积极参与马克思主义理论研究和建设工程，大力推进具有中国特色、中国风格、中国气派的哲学社会科学学科体系和教材体系建设，为推进马克思主义中国化，推动理论创新，服务党和国家的政策决策，为弘扬优秀传统文化，培育民族精神，为培养社会主义合格建设者和可靠接班人，做出了不可磨灭的重要贡献。

自2003年始，教育部正式启动了哲学社会科学研究重大课题攻关项目计划。这是教育部促进高校哲学社会科学繁荣发展的一项重大举措，也是教育部实施“高校哲学社会科学繁荣计划”的一项重要内容。重大攻关项目采取招投标的组织方式，按照“公平竞争，择优立项，严格管理，铸造精品”的要求进行，每年评审立项约40个项目，每个项目资助30万~80万元。项目研究实行首席专家负责制，鼓励跨学科、跨学校、跨地区的联合研究，鼓励吸收国内外专家共同参加课题组研究工作。几年来，重大攻关项目以解决国家经济建设和社会发展过程中具有前瞻性、战略性、全局性的重大理论和实际问题为主攻方向，以提升为党和政府咨询决策服务能力和推动哲学社会科学发展为战略目标，集合高校优秀研究团队和顶尖人才，团结协作，联合攻关，产出了一批标志性研究成果，壮大了科研人才队伍，有效提升了高校哲学社会科学整体实力。国务委员刘延东同志为此做出重要批示，指出重大攻关项目有效调动各方面的积极性，产生了一批重要成果，影响广泛，成效显著；要总结经验，再接再厉，紧密服务国家需求，更好地优化资源，突出重点，多出精品，多出人才，为经济社会发展做出新的贡献。这个重要批示，既充分肯定了重大攻关项目取得的优异成绩，又对重大攻关项目提出了明确的指导意见和殷切希望。

作为教育部社科研究项目的重中之重，我们始终秉持以管理创新服务学术创新的理念，坚持科学管理、民主管理、依法管理，切实增强服务意识，不断创新管理模式，健全管理制度，加强对重大攻关项目的选题遴选、评审立项、组织开题、中期检查到最终成果鉴定的全过程管理，逐渐探索并形成一套成熟的、符合学术研究规律的管理办法，努力将重大攻关项目打造成学术精品工程。我们将项目最终成果汇编成“教育部哲学社会科学研究重大课题攻关项目成果文库”统一组织出版。经济科学出版社倾全社之力，精心组织编辑力量，努力铸造出版精品。国学大师季羡林先生欣然题词：“经时济世　继往开来——贺教育部重大攻关项目成果出版”；欧阳中石先生题写了“教育部哲学社会科学研究重大课题攻关项目”的书名，充分体现了他们对繁荣发展高校哲学社会科学的深切勉励和由衷期望。

创新是哲学社会科学研究的灵魂，是推动高校哲学社会科学研究不断深化的不竭动力。我们正处在一个伟大的时代，建设有中国特色的哲学社会科学是历史的呼唤，时代的强音，是推进中国特色社会主义事业的迫切要求。我们要不断增强使命感和责任感，立足新实践，适应新要求，始终坚持以马克思主义为指导，深入贯彻落实科学发展观，以构建具有中国特色社会主义哲学社会科学为己任，振奋精神，开拓进取，以改革创新精神，大力推进高校哲学社会科学繁荣发展，为全面建设小康社会，构建社会主义和谐社会，促进社会主义文化大发展大繁荣贡献更大的力量。

教育部社会科学司

摘　要

“农村土地问题立法研究”课题组坚持科学发展观、以社会主义新农村建设为背景，对中国10省次39县次116乡次226村次2 300个农户进行了两轮大规模农地实地调研，沿袭解释论到立法论的理论路径，通过实证研究、体系研究和价值研究的分析方法，依次从实证调研、域外考察、理论研究和立法文本四个层面对农村土地立法问题作了科学、系统的研究，形成了这一最终结项成果。本成果共分四篇。

第一篇为“实证调研”，由3篇调研报告组成。

课题组以2007～2008年第一轮大规模调研为基础，撰写了系统的十省调查总报告。以此为基础，我们通过构建农地立法的价值目标与功能模式，梳理和整合农地权利体系，剖析农地权利的运行机理和解读农地权利救济制度，撰写了中国十省研究总报告。考虑到2006年农业税的取消、2007年《物权法》的颁行以及党的十七届三中全会《中共中央关于推进农村改革发展若干重大问题的决定》对农地相关问题的巨大影响，我们通过对土地承包经营权流转、宅基地使用权流转和自留地、自留山使用权状况的分析，以及集体经济组织壮大途径和方式的分析，形成了以2009年第二轮调研为基础的中国四省调研总报告。

第二篇为“域外考察”，由3篇比较法研究报告组成，以期通过比较法研究，借鉴其成果经验，为我国农地立法研究提供比较法上的素材。

首先，在欧盟国家农业现代化的基础上考察欧盟农地制度，揭示对中国农地立法的启示。其次，以海峡两岸农地物权变迁为线索，总结出在这一变迁过程中政府干预与市场配置资源不同组作用的规律。最后，以拉丁美洲国家阿根廷为例，从农地利用、收益和开发的私权构造视角，描述了阿根廷农牧业的法制化途径。

第三篇为“理论研究”，是由12篇组成的一个体系性整体，依次从12个方面对我国农村土地相关制度做了深入研究。

第一，课题组通过对集体土地所有权问题予以法律性质反思，寻找其现实困境和制度缺失根源，以展开其宏观改革思路，对其进行民法构造，最终寻求集体土地所有权得以实现的路径。第二，规范土地承包经营权的设立模式，对承包经营权登记制度予以完善。第三，对土地承包经营权转让、转包、互换等予以规范，完善我国土地经营权流转制度。第四，通过厘清土地承包经营权调整情况、调整的可替代方案、适当调整和禁止调整的原因后，提出了在承包期内土地承包经营权适当调整的制度方案。第五，以现行宅基地使用权制度的规范解析和其在实践中的挑战为切入点，宏观思考其制度立法的完善。第六，针对乡村地役权问题，分别从理论基础、比较法考察、我国立法理论与实践等方面进行分析，借以剖析乡村地役权发展的中国语境，以此发展和完善我国的乡村地役权制度。第七，针对自留地、自留山使用权问题，首先进行历史回顾，揭示其制度形成过程及功能演变，以此分析保留自留地、自留山制度的依据和积极意义，再对其政策予以归纳和法律化构造。第八，针对农地发展权问题，则从其权利界定、性质和归属予以分析，提炼其理论基础并对农地发展权的实现进行制度创建。第九，从分析当前土地征收中存在的问题和法律实质出发，进一步深入挖掘征收问题产生的原因，拟提出治理我国土地征收中顽疾的法律对策。第十，在对农村地权纠纷的基础予以考察后，形成主要以实体法和程序法为线索的制度分析框架，在此基础上剖析各种救济制度在纠纷解决中存在的问题，来检讨目前的农村地权纠纷救济制度相关问题，并提出相应的解决路径。第十一，从性别视角的基本判断认知入手，对农村妇女土地承包经营权行使与救济予以实证研析，分析当下农村妇女承包经营权受损的制度成因，进而提出农村妇女土地权益保障法律制度良性运作的路径。第十二，在提出农地社会保障功能及其实现建议的同时，阐述我国农村新型社会保障的现状，进而兼及与新型农村社会保障的配套建设。

第四篇为“立法文本”。以上述农村土地问题的相关实证调研、域外考察和理论研究为基础，课题组从集体土地所有权、土地承包经营权、土地承包经营权调整、宅基地使用权、地役权、自留地、自留山使用权、农地发展权、农地征收和农地社会保障等方面，围绕未来《民法典》特别是已颁布实施的《物权法》，拟定出符合我国农村实际、具有操作性的立法文本。

Abstract

The research group of the Program "Studies on the Rural Land Legislation Issues" has conducted two large-scale field investigations and researches to the rural land in China's ten provinces, covering 39 counties, 116 countries, 226 villages and 2 300 farmers. The group holds the belief of the scientific development and building the new socialist countryside, follows the theoretical path from interpretation to legislation, applies various analyzing methods of empirical study, system study and value research, and hereupon makes this final research report from four aspects as follows: empirical investigation, foreign law studies, theoretical studies and legislation texts. This report is made up of four parts.

Part I is "Empirical Research", which includes 3 research reports.

After finishing the first large-scale field research which was conducted from 2007 to 2008, the research group has drafted an overall survey report on the ten provinces. Based on this survey report, we has drafted the final research report from the viewpoints of the value-goal and the function-model analysis of building the rural land legislation, clarifying and integrating the rural land rights system, and illustrating the operation mechanism of the rural land rights and the remedies hereof. Considering the huge impact on the rural land made by the elimination of agriculture tax in 2006, the enactment of the Property Law in 2007, and the Decision of CPC Central Committee on Some Major Issues on Promoting Rural Reform and Development issued by the 3rd Plenary Session of the Seventeenth Central, the group comprehensively analyzes the circulation of the right of contracted land management and right of use of homestead, the situation of the right to use private plot and private hill land, as well as the enlargement of the rural collective economic organization, and hereupon drafts the general research report on China's four provinces based on the second round survey in 2009.

Part II "Foreign Law Studies", which includes 3 comparative law reports, aims to learn from the other countries' experiences to support our rural land study.

The first experience comes from the EU rural land system which focuses on the agricultural modernization of the EU countries. The second experience is about the changes in the cross-strait agricultural land property, which aims to conclude the rule of different roles of the government intervention and the market allocation of resources. The last experience comes from the legalization process of the agriculture and animal husbandry in Argentina from the aspects of its private rights construction on the use of rural land, benefits and development hereof.

Part III "Theoretical Studies", which consists of 12 chapters, intends to make the deep research on Chinese rural land system from 12 aspects.

Firstly, the research group illustrates the legal nature of the collective land ownership and the reason of the dilemma and defects hereof, and aims at seeking the reform ideas and the path of realizing the collective land ownership; Secondly, we regulate the establishment models for the contracted land management right and implement its registration system; Thirdly, we also regulate the transfer, subcontract and the exchange of the contracted land management right to complete our circulation system of the contracted land management right; Fourthly, the group discusses the proposal of properly adjusting the contracted land management right during the contract period based on the analysis of adjustment situation of the contracted land, possible adjustment methods and reasons of why adjustments are forbidden; Fifthly, the group offers the macro-thought on the legislation improvement concerning the current system of the right of use homestead based on the analysis of the practice challenges and legislation response hereof; Sixthly, the group explores the ways of how to develop and improve our rural easements system on the basis of the analysis of theoretical and comparative studies as well as our legislation theory and practice; Seventhly, this part discusses the history and changes of the function of the use right of the private plot and private hill land, analyzes the basis and the positive meaning of reserving this system and suggests to reform the related policy and legislation hereof; Eighthly, this part talks about how to make the system innovation concerning the rural land developing right based on the analysis of the definition, nature and ownership of the rural land development right; Ninthly, the group offers the legal countermeasures on how to governance our land expropriation problems in accordance with the analysis on existing problems, legal nature and reason of the land expropriation; Tenthly, the group reviews the conflicts and disputes concerning the rural land right, examines the existing problems concerning the various remedy systems and hereupon offers the relevant solutions; Eleventhly, from the perspective of gender analysis, the group makes the empirical studies on the exercise and the remedy of the rural women's contracted land management right, and hereupon analyzes the system causes of the infringement against the rural women's contracted land management right, and further offers the path of improving the legislation to safeguard rural women's land right; Twelfthly, the group proposes to build our new social security system and supporting systems in rural areas according on the analysis of the function of the rural land social security as well as the current situation of our new social security in rural areas.

Part IV is "Legislation Texts" . Based on the analysis of the collective land ownership, contracted land management right, the adjustment system of the contracted land management right, homestead use right, rural easements, private plot and private hill land, rural land developing right, rural land expropriation as well as the social security for rural land which have been discussed above, this Part hereupon drafts the legislation text in accordance with the Property Law which has been enacted and the future Civil Law.

目录

Contents

第二篇

第三篇

Contents

Part II

Part III

Theoretic Studies 165

第一篇

实证调研

中国十省调查总报告

一、前言

为了了解当前农地所有权的归属状况，土地承包经营权的取得、调整、流转的现状，农地的利用和保护情况，土地征收中存在的问题，宅基地使用权取得、流转情况，农地纠纷的主体、成因及其解决途径，农村妇女土地权益的保护以及农村社会保障、公益事业管理等问题，“农村土地问题立法研究”课题组（以下简称课题组）主要成员与部分法学、管理学专业的博士、硕士研究生分成5个调查组，于2007年5月至8月在全国10个较有代表性的省份，进行了历时4个月的大规模田野调查。

在开展田野调查前，课题组对调查问卷和访谈提纲进行了深入的研讨，数易其稿，最终结合试调查的反馈结果定稿。调查问卷由35个一级题目，其中部分一级题目包含子题目，共计77个题目组成。调查问卷的题型均为选择题，选择分为单项选择和多项选择。访谈提纲所列内容涉及8个方面、共有34个问题，访谈提纲为半结构式，即课题组提供访谈提纲供调查人员参考，其可以根据当地实际情况的需要自行决定具体访谈的问题。同时，课题组还对调查人员就调查问卷和访谈提纲的目的意图做了详细讲解，就调查技巧和相关知识进行了系统培训。

课题组在确定调查地点和调查对象时采用了多段抽样和自然抽样相结合的抽样方法。首先，根据我国行政区域的现行划分，选取了江苏、山东、广东、湖北、湖南、河南、山西、四川、贵州、黑龙江等10个农业发展水平不一的省份作为调查地点；其次，根据各样本省的地理位置、产业结构、地形地貌等因素选取3个县；再次，根据各样本县的前述因素选取3个乡镇，每个乡镇选取2个村，每村随机抽样10户农民进行调查。其中对中南财经政法大学“农地法律研究中心”设立的贵州、湖北的四个县的“乡村试验田”调研属第三层次的深度调研。

本次大规模调查采取问卷和访谈相结合的调查方法，原则上要求每村做10份调查问卷和1份访谈。调查和访谈对象主要是普通村民，也涉及少量村干部。调查人员依据调查问卷向农民当面提问并依据回答在问卷上作相应标记，而未把问卷发放给农民亲自填写；深度访谈由调查人员发问，访谈对象作答，并由调查人员记录或录音，访谈常常在问卷调查时穿插进行。此外，课题组还要求调查人员对样本县的基层人民法院进行访谈，以深入了解土地纠纷及其解决机制。

通过调查，课题组共收集到1 799份有效问卷、200余份访谈记录、土地纠纷判决书、调解书以及其他相关材料近百份。课题组在对调查问卷进行整理后，将有效数据输入专门制作的问卷统计软件中，进行数据处理并得出统计结果。课题组在10省获得的样本数量如图1所示，各省收取的样本量均在180±4之间。①

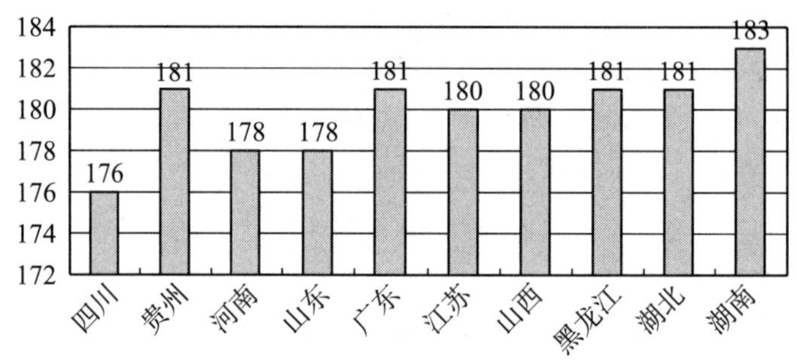

图1　各省样本数量

二、调查结果与分析

（一）农地所有权归属状况的调查结果与分析

对农地所有权归属问题的调查，主要从两个方面展开：农民对承包地所有权归属现状的认知、农民关于承包地所有权未来归属的期望。

---

① 在本报告书中，如果各项数据总和不到100%，表明该问题存在受访农户未作答情形，如果各项数据总和超过100%，则表明该问题为多选，在后文各省调查报告和研究报告中使用的数据具有同样的情形，特此说明。

1. 农民关于承包地所有权归属的现实认知

应当说，我国现行法律对农地所有权的归属规定得非常明确，即除法律规定属于国家所有的以外，农地属于农民集体所有。在本次调查中，课题组调查的各地并未涉及国有农地，但调查结果显示，农民对农地所有权归属状况的认识比较模糊、甚或混乱，而且地区性差异较大。就全国范围整体情况而言，面对“您认为您的承包地（田）的所有权是谁的?”这一问题，受访农户中有41.91%选择“国家”；有29.57%选择“村集体”；有3.56%选择“乡（镇）集体”；有6.23%选择“村小组”，但也有17.62%选择“个人”。

就各省的情况来看，不同省份，差异较大，如广东省和江苏省分别有76.24%和66.11%的受访农户选择“村集体”；而其他省份则有相当高比例的受访农户选择的是“国家”，如在四川，这个比例竟高达64.20%。不过，也有个别省份有相当高比例的受访农户选择“个人”，如黑龙江省这个比例就高达31.67%。从访谈中了解到，不少地方的农民对“农地所有权”这个概念相当陌生，认为土地承包经营权就是所有权，并且混淆了国家所有和集体所有的内涵。从上述调查结果可以看出，相当一部分农民认为承包地所有权的主体是国家，其原因有二：一是农民普遍认为村集体代表国家，甚或将其等同于国家机关；二是国家公权力在农地权利运行过程中的强势介入使得村集体基本上沦为基层政府的附庸，在农业税减免之前更是如此。各省农民对承包地所有权“集体所有”存在认知上差异的原因也有两个方面：一方面是由于各地政治、经济、文化等发展水平的不均衡，导致农民对法律的需求存在着差异，从而影响了其对法律规定的了解程度；另一方面是由于村集体在不同地区所起的作用及其行使的职能不一，导致不同地区的农民对村集体的认知程度存在差异。

2. 农民对承包地所有权归属的未来期望

无论是在经济发达省份，还是在经济发展中等和经济欠发达的省份，都有相当多的农民在农地所有权未来归属的期望上倾向于个人所有；也有相当一部分农民倾向于国家所有、集体（含乡镇、村和村小组三级集体）所有，地区性差异显著。其中，经济发达省份的农民一般倾向于村集体所有，而经济发展中等、经济欠发达省份的农民则一般倾向于国家所有。具体而言，在课题组提出“您觉得农村的承包地（田）的所有权归谁最好?”时，有46.41%的受访农户期望归个人所有，有21.23%的受访农户期望归国家所有，仅有22.18%的受访农户期望归村集体所有，还分别有15.00%和5.05%的受访农户期望归乡（镇）集体和村小组所有。具体的统计结果如图2所示。

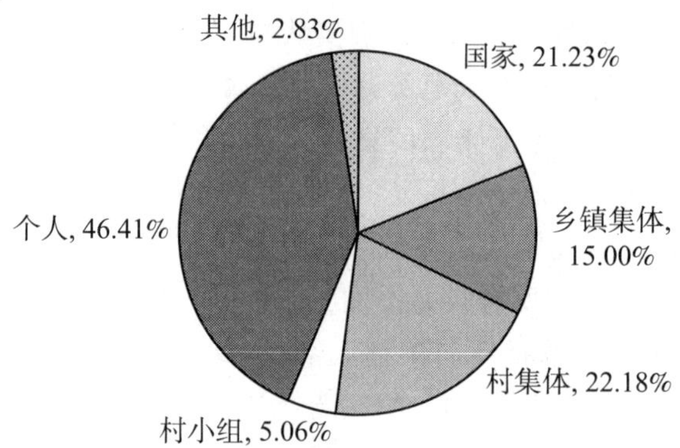

图2　农户对于农地所有权归属的期望

就各省份情况来看，期望农地个人所有的农民比例，除江苏省较低外，其他省份大体相当。但在国家所有与集体所有的认同感上，各省份之间显示了相当大的差异，如广东、江苏、山东三省的农民倾向于村集体所有。其中，广东和江苏两省受访农户对农村承包地归国家所有的认同感很低，不到6%；而四川、贵州、湖南、湖北四省的受访农户却对村集体所有的认同感又非常低，所占比例均不到9%，相反，对国家所有的认同感却占相当大的比例，都在30%左右。

调查组在访谈中了解到，农民较强烈的土地"私有"情结是源于农民期望在关涉土地权利的问题上具有较强的话语权，并希望农地所承载的权利具有稳定性，自己在土地承包经营权的行使中具有更多的自主性。另外，在农地所有权未来归属的期望上，也有相当一部分农民倾向于国家所有，尤其在经济发展中等和经济欠发达地区更是如此。这是因为农民已经充分认识到土地资源对自身利益的重要性，农民个体在土地问题的处理上有时还难以摆脱依赖心理，故其认可国家权力在土地权利运行中存在的必要性，从而使农民对国家"公权力"有一种难以割舍的特殊情感。同时，由于集体经济组织的职能日趋式微，在现有的制度语境下缺乏对农民的影响力，故相当一部分农民对"集体经济组织"缺乏认同感。但在经济发达地区，因为农民切身感受到集体经济组织在现实生活中，特别是经济发展和公益事业中所起到的重要作用，因此，他们倾向于认同"集体"，而排斥"国家"。

应当认识到，有关农地所有权的现行法律规定与农民的实际认知存在着一定的差距，由此将导致农民在遭遇土地纠纷而选择司法救济时陷入困惑，会对法院依法做出的判决感到难以理解，从而对法院判决产生误解乃至抵触心理和情绪，致使法院判决不能得到有效的履行，使得司法权威受损。农民关于农地所有权归属的未来期望对于在农地法律制度中如何合理确定国家、集体和农民三者的法律地位，以及如何平衡与协调三者之间的利益冲突、重构三者和谐的法律关系，不无较为重要的参考价值。

（二）土地承包经营权问题的调查结果与分析

为了全面了解土地承包经营权的实际存续状态及其运行机制，课题组针对土地承包经营权的调查主要围绕四个方面展开，即承包经营自主权、农地承包经营合同签订与证书发放、承包期与土地调整和土地承包经营权流转等问题。

1. 承包经营自主权

根据调查，承包土地后，在种植粮食作物或经济性作物的选择方面基本上农民享有自主权。至于涉及将承包地由种植业改为养殖业或渔业生产时，是否须经过村集体或政府的批准，农户之间分歧较大。面对课题组提出的“如果您想将承包地（田）改造成养鱼池或用来植树（苗）等是否应该经过批准?”这一问题，过半数（59.14%）的受访农户认为应该经过批准，而将近半数的受访农户（39.08%）则认为无须经过批准。

至于应当由谁批准，主张应当批准的受访农户之间存在较大的分歧，但认为应当由乡（镇）政府和村委会批准的受访农户最多，分别占受访农户的31.20%和35.71%。具体分布如图3所示。调查组在访谈中还了解到，目前农民在行使土地承包经营权时基本上没有受到干涉，其自主性较强。这说明现行法律在保障农民承包经营自主权方面发挥了应有的良好作用。

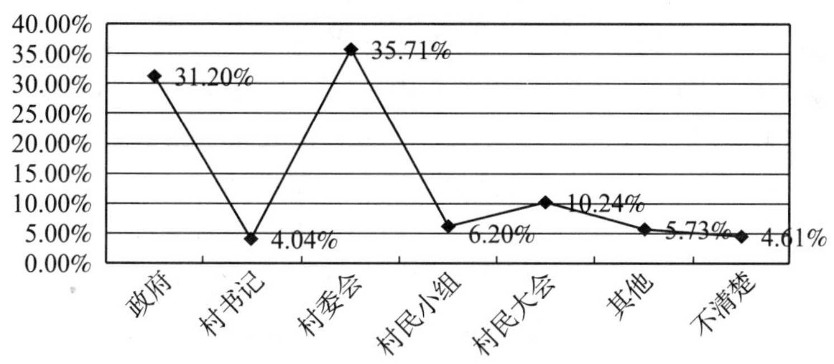

图3 农户对于改变农地用途批准主体的认识

2. 农地承包经营合同的签订和证书发放

农地承包经营合同的签订，使得农民和发包方通过合同的形式，既相互承认彼此的法律地位，又明确约定各自的权利与义务，而承包经营权证书的发放则是对土地承包经营权的物权性确认的法律凭证，故农地承包经营合同的签订和承包经营权证书的发放，对稳定和保护土地承包经营权具有重大的现实意义。在问及

“您承包农地（田）时，是和谁签订的承包合同?”这一问题时，只有4.67%的受访农户认为合同相对人是“国家”；有6.28%的受访农户认为合同相对人是乡（镇）集体，另有58.48%的受访农户认为合同相对人是村集体，还有17.68%的受访农户认为合同相对人是村小组。可见，大多数农民表示认同自己的承包经营合同是与村集体签订的。

在关于承包经营权证书发放的调查中，反映已经领到了该证书的受访农户只占66.98%。由此可知，土地承包经营权证书的发放工作完成得并不理想。调查组通过访谈了解到，有部分受访农民之所以认为与其签订农地承包合同的相对人是国家，是因为其误认为“村集体”是代表“国家”的。① 在承包经营权证书的发放上，不少地方没有按照法律的规定严格执行，主要原因有两个方面：其一，该地区存在的矛盾较突出，不得不调整。土地调整的情况，若发证则会对调整造成不便，如湖南；其二，该地区征地现象较为普遍，若发证则不利于土地征收工作的进行，如广东。从整体上看，这两方面的表现均属不正常，而从本质上看，该承包经营权证书发放还不是真正严格意义上的物权登记。

3. 关于承包期限和土地调整

（1）承包期限

承包期限在学界一直被认为是土地承包经营权的一项重要内容，但当课题组提出“您认为对农地（田）的承包期限多长比较合适?”的问题时，各地农民对现行农地承包期限的法律规定看法不一，有的地区农民对承包期的长短并不太在意，如河南，而有的地区的农民对法律规定30年的承包期非常不满，如山东。具体而言，如图4所示，在受访农户中有14.23%表示5年以内比较合适，有22.51%表示10年以内比较合适，有31.24%表示30年以内比较合适，还有8.39%的受访农户表示50年以内比较合适，甚至有20.84%的受访农户表示土地承包经营权的承包期应该“无限长”。初步发现这一问题后，我们在访谈中深入了解到，农民在考虑承包期限长短这个问题时，更多的是从自己对土地实际占有情况出发的，即更多地考虑到了承包期限的长短对自己当前利益，如人口变化、失地后调整土地的合理的迫切需要等问题的实际影响。

---

① 在我们以往对湖北省的调查中，就已经发现这种现象：很多农民把国家与集体相混淆，将国家和集体等同，认为土地是“公家”的而不是“私人”的，至于“公家”是用“国家”还是“集体”来表述，他们自己也不清楚或者没有区别。参见陈小君、高飞、张红（执笔）：“湖北省农村土地承包权运作调研报告——以对湖北26市（县、区）的田野实证调查为依据”，陈小君、张绍明主编：《地方立法问题研究》，武汉出版社2007年版，第379～381页。

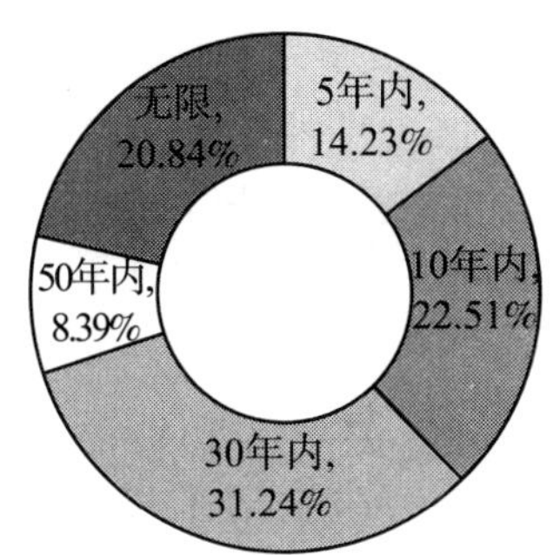

图4　农户对于农地承包期的期望

（2）农地调整

农民对农地调整的看法也存在较大分歧，对于“增人不增地，减人不减地”的政策，有的农民反应平淡，但有相当一部分农民深表不满。面对“您认为‘增人不增地，减人不减地’的农地政策好吗?”的问题，受访农户中只有25.90%认为“好”；有6.78%认为“增人不增地好；减人不减地不好”；有8.89%认为“增人不增地不好，减人不减地好”；认为“两者都不好”的受访农户占了56.03%。总体来看，对“增人不增地，减人不减地”政策表示不认同的受访农户占71.70%，这个数据不容忽视!

根据进一步深度访谈得知，有些农村地区严格执行了政策、法律的相关规定，也有不少农村地区根据当地的实际情况，通过不同方式（如排队、留有机动地等），对政策性规定进行了些许变通。我们在访谈中还了解到，某些地区农地调整问题已经成为一个焦点，不少家庭因人口减少而占有较多的农地，但更多的农户却由于人口增加而承包的土地未得到相应的增加，从而引发了土地占有的不均衡问题，该情形违背了农民由来已久的朴素的“公平”观念，致使不少农户心存不满甚或由此生怨，在贵州访谈时，甚至由于人口减少，占有较多地的农民也有认为可以接受小调整。因此，也有不少农民乃至基层干部、法官认为这一政策脱离了农村的实际，应予调整。

4. 土地承包经营权流转

土地承包经营权流转在全国各个省份均普遍存在，但各省在流转方式上具有较明显的差异，其流转需要办理的手续在各地也有所不同。以下调研考察是从流转方式、流转程序、影响土地流转的因素和土地转包情况等方面进行。

（1）流转方式

根据《中华人民共和国农村土地承包法》（以下简称“《农村土地承包法》”）第32条的规定：“通过家庭承包取得的土地承包经营权可以依法采取转

包、出租、互换、转让或者其他方式流转。”[1]《中华人民共和国物权法》（以下简称“《物权法》”）也有相应规定。尽管法律明确规定了四种流转方式，但在土地承包经营权流转的过程中，各种流转方式的适用的普遍程度存在较大的差异。在课题组提出“您们村农地（田）流动有哪些方式?”问题时，选择“转包”的受访农户占79.60%；选择“互换”的受访农户占46.03%；选择“抵押”的受访农户占4.39%；选择“入股”的受访农户占8.50%；选择“其他”流转方式的占3.56%；还有15.12%表示“没有以上流转方式”。可见，就各省份实际存在的流转方式而言，转包与互换两种流转方式在各地较为普遍，抵押方式除黑龙江省有22.10%的受访农户表示在本村存在外，其他各省则微乎其微。入股方式除广东省有64.09%的受访农户表示在本村存在外，其他省份所占比例都很低。

在农民对承包地流转方式的期望方面，选择各种流转方式的农户的比例由高到低依次为：转包、互换、入股、抵押，具体分布情况如图5所示。值得注意的是，有21.29%的受访农户表示不希望承包地流转。于此，农民对土地的依赖乃至依恋程度可见一斑。另外，一些省份的农民对承包地流转方式的期望较当地土地承包经营权流转方式的实际运行情况发生了很大的变化。如四川、贵州、黑龙江三省的农户对“入股”表现出了较高的认同度；黑龙江省的受访农户中有40.33%希望能够以抵押方式流转，可见，黑龙江省农民对设立土地承包经营权的抵押制度有更迫切的要求。

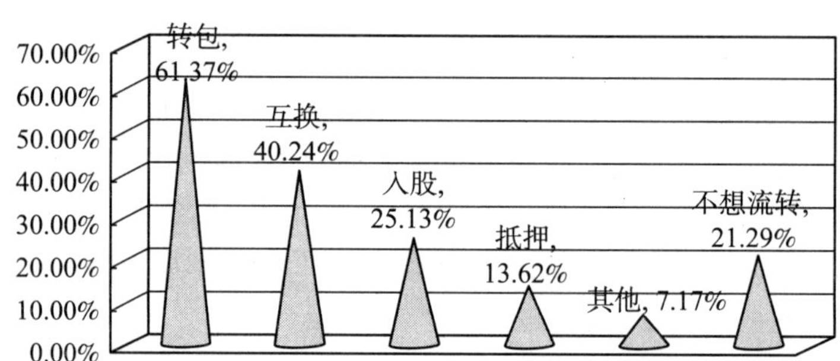

图5　农户对于农地流转方式的期望

调查结果还显示，在全国各省份，土地承包经营权流转的程度，与当地经济的发展状况和人口流动具有较高的关联度，即经济越发达、人口流动越大的省份，土地承包经营权流转的程度越高。

[1] 《物权法》第128条对土地承包经营权的流转方式也作出了规定，与《农村土地承包法》不同的是，其未规定出租的流转方式。

（2）承包地流转的程序

根据课题组的调查，在实践中，转包、互换流转方式的程序比较简单，而入股、抵押等流转方式的程序比较烦琐。而且，应当指出的是，对于抵押和入股两种流转方式，各省在需要办理的手续上也不统一。例如，在山东省，承包地的抵押全部要经过政府批准，这充分说明当地政府对抵押的管制非常严格。见图6。

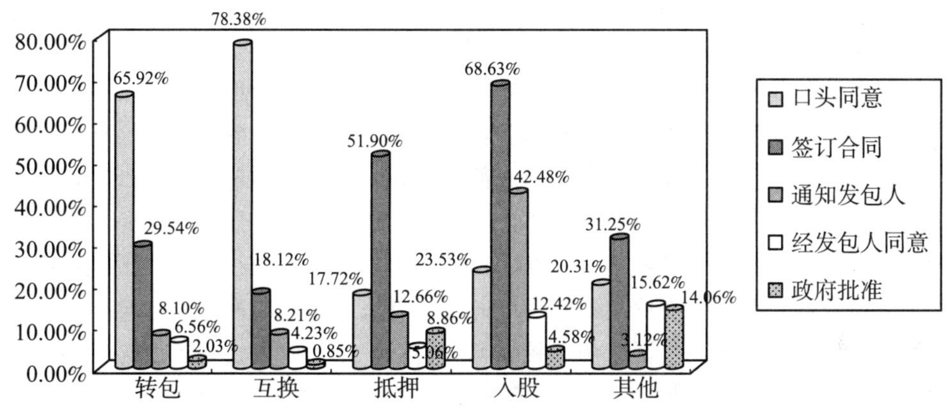

图6　各种流转方式需要办理的手续

课题组在访谈中了解到，《农村土地承包法》第37条对土地承包经营权流转程序即“土地承包经营权采取转包、出租、互换、转让或者其他方式流转，当事人双方应当签订书面合同。采取转让方式流转的，应当经发包方同意；采取转包、出租、互换或者其他方式流转的，应当报发包方备案。

土地承包经营权流转合同一般包括以下条款：（一）双方当事人的姓名、住所；（二）流转土地的名称、坐落、面积、质量等级；（三）流转的期限和起止日期；（四）流转土地的用途；（五）双方当事人的权利和义务；（六）流转价款及支付方式；（七）违约责任。”这一规定并没有在农村得到很好的贯彻。土地承包经营权的流转因更多的是基于“熟人社会”的制度语境予以展开，只要流转没有严重违反法律规定，村委会一般不会主动介入。

（3）影响承包地流转的因素

为了弄清楚影响承包地流转的因素，课题组提出了“您会在哪些因素的影响下把自己的承包地（田）流转出去?”这一问题，调查统计结果显示，在“土地收入不是主要生活来源”的情况下会把土地流转出去的受访农户的占44.58%；在“土地流转的收入比较高”的情况下会把土地流转出去的受访农户占35.02%；在“法律政策有规定”的情况下会把土地流转出去的受访农户占24.90%。可见，目前农民是否将承包地流转出去主要取决于该承包地对其所具有的社会保障功能的程度。同时，增收等经济因素对他们的流转承包地的行为抉择也有较大的制约作用。另外，法律和政策规定对承包地的流转亦有一定的影响。

(4) 承包地转包情况

关于承包地转包问题，课题组进行了专门调查，旨在了解流转现状与其发展趋势。在课题组提出“您有没有把承包地（田）转包给他人种呢?”这一问题时，表示将承包地转包给他人的受访农户占 23.01%；表示没有将承包地转包给他人的受访农户占 74.87%。其中有偿转包承包地的受访农户农户有 59.18%；无偿转包承包地的受访农户有 33.33%。[①] 可见，目前农民承包的土地多为自己耕种，但由于经济的发展，农民外出就业机会的增加，使得农地的社会保障功能有所减弱，导致将近 1/4 的农户全部或部分转包出自己的承包地。调查组在访谈中发现，农民之所以不愿意把承包地转包出去，主要是基于以下三个原因：其一，承包地一般不多，某些地区又在一定程度上实现了农业机械化，劳动强度较之于以前降低，有老人在家里照管一下即可；其二，承包地转包的收益不高，在仍然主要依靠农地解决生活来源和社会保障的情况下，农民还是不愿意放弃耕种“足以确保口粮”的农地；最后，多数农民在外打工的收入不稳定且不是很高，使得绝大多数农民很难成为“专业化”或有稳定收入的打工者，只能演变为游走于务工和耕作之间的“兼业化”的“两栖”农民。由此可以发现，承包地的转包或流转问题不是仅仅依靠完善承包地的流转制度能够解决的，其还需要制定相应配套制度与政策予以推动，使之真正实现土地流转的经济利益和增收价值。

（三）承包地的利用和保护问题的调查结果与分析

调查结果显示，承包地的保护和利用状况不容乐观！在近几年中，不少地方都存有在耕地上建窑、建坟（21.07%）和建房（28.79%）的现象；在耕地上挖砂采石采矿取土的也占有一定比例（14.06%）。而且，有 41.47% 的受访农户认为本村的耕地肥力下降或水土被污染，其中认为该情形严重的受访农户占 46.38%，认为该情形不严重的受访农户占 51.88%；耕地抛荒的现象虽然仍然存在，但受访农户普遍反映该情形并不严重（占 13.72%）。有个别地区出现了隐性抛荒（如承包地种一季，闲置一季）和变相抛荒（如在承包地上种植树木，以便今后不再耕种）的现象。尽管如此，在实践中，相关政府部门对擅自改变承包地用途没有监管或监管不力的现象较为突出。具体情形如表 1 所示。

---

① 因我们调查的农户多为留守农村者，他们除经商、打短工外，多自己耕种土地。一般来说，外出务工者多流转出土地，但他们在样本中数量不多，导致此处土地转包比率较低，然而，实际上承包地转包比率要高于此数据反映的情况。

表 1　　承包地利用中存在的问题及其监管情况

	占用耕地建窑、建坟（%）	占用耕地建房（%）	挖砂采石采矿取土（%）
	21.07	28.79	14.06
有人来处罚过	25.86	36.87	26.88
有人来但没处罚	16.62	14.48	7.91
没见过人管	58.44	44.40	62.06

此外，课题组对近五年来受访农户耕种的承包地（田）的数量也进行了考察，有66.70%的受访农户表示“没有变化”，有23.01%的受访农户认为实际耕种的土地减少了，但也有8.73%的受访农户表示耕种的承包地增加了。受访农户耕种的承包地增加的原因主要是因“转包了别人的土地”（75.80%）、“为亲戚朋友代耕”（17.83%）和“人口增加调整了土地”（15.92%）；实际耕种的承包地减少的原因主要是因“人口减少而调整了土地”（16.18%）、“国家征收征用土地”（27.05%）、“退耕还林还草”（8.94%）、“流转给其他人”（25.60%）、“自然灾害毁损承包地”（9.90%）、“自家建房”（2.90%）、“乡镇企业或工业开发区占了承包地”（10.63%）和“村里人口增加，土地数量不变或减少”（21.98%）。上述现象及其数据一方面反映出当前承包地的流转比较普遍，另一方面也反映出农村社会普遍的人地矛盾愈来愈尖锐。

在与农户访谈时，课题组发现，在承包地的利用和保护方面出现的种种问题，一方面是由于农民的耕地保护意识不强和经济利益的驱动，另一方面由于城市化和工业化的迅猛发展，使得耕地的污染情况较为严重。而相关的监管部门或组织机构没有很好地履行相应的职责，客观上放任了滥用耕地和水土污染现象的发生和泛滥。在经营承包地利用和保护方面，如何完善相关立法，以及如何能更充分地发挥司法和基层政府的作用，是有认真检讨、反思与完善的空间的。

（四）土地征收问题的调查结果与分析

土地是农民赖以生存的根基，而土地征收关涉土地所有权的转移，对农民生存、生活的影响，无须赘言。在本次调查中，课题组关于土地征收的调查主要从四个方面展开：土地被征收的数量、征地补偿款分配及发放、土地被征收后农民的主要生活来源和失地农民的生活现状等。

1. 土地被征收的数量

土地征收在此次被调查的农村虽然不是普遍现象，但已不容忽视。据调查，有约1/3的受访农户表示其所在的村存在土地被征收的现象。调查组从访谈中了解到，土地征收随着城市化进程的加快而逐渐增多，而且土地征收的发生与所在村的地理位置和经济发展水平有较强的关联度，即靠近城市周边和经济水平发展较快的农村，其土地被征收的概率高于地理位置较偏僻、经济水平发展相对落后的农村。同时，农民对土地征收的态度因土地征收的目的也有所不同，具体而言，对于完全以公益事业为目的的土地征收，农民一般持支持态度；而对于以商业用地为目的的土地“征收”，① 农民的态度就比较复杂，农民是否支持该类土地征收，往往与农民能否从中获得应有的合法权益，以及该用地是否将对当地环境造成污染不无关联。

2. 征地补偿款的分配与发放

农民虽然深知征地补偿款无法解决其失地后的生活来源等根本问题，但在不得不接受上述两种征收的现实下，便以获得合理的征地补偿为底线。随着对农民合法利益保护的加强，对失地农民给予合理的征地补偿也越来越受到重视。调查结果显示，有78.78%的受访农户表示获得了相应的土地征收补偿款，但仍有12.17%的受访农户反映根本没有获得过征地补偿款，另有5.57%的受访农户则表示不清楚是否获得了征地补偿款。在对表示发放了土地补偿款的受访农户作出进一步调查时，有52.17%表示其所在村主要是按照被征收土地的数量进行分配的；分别有13.39%、9.22%的受访农户表示是按照人口及土地的数量的综合因素和单纯按人口的数量分配补偿款的；另有3.48%的受访农户表示不清楚征地补偿款是如何分配的。

虽然《中华人民共和国土地管理法》（以下简称《土地管理法》）和其他相关法规、规章都对征地补偿的程序、标准、监管做了较为明确的规定，但调查组通过访谈发现，大多数农民对征地补偿款的确定、发放等具体情况并不了解。可以说，农地征收的补偿在实践中往往是一笔糊涂账。由于征地补偿款的发放直接关系到农民的切身利益，因此，如何真正做到公平补偿并合理界定“公共利益”颇值得学术界和实务界进一步务实性的探讨。同时，在实践中还需加强有关征地补偿的法律宣传和程序监督，以使征地补偿款的发放与分配成为实现“良性”征收的重要途径。

3. 被征地农民的主要生活来源

对土地被征收农民主要生活来源的调查也成为本课题组关注的一个重要问题。在受访农户中，有39.13%表示土地被征收后的主要生活来源是打工或经

① 使用“征收”一词是民间的认识。以纯商业目的而取得集体土地，应排除在《物权法》第42条之外，理论上应属规划地。

商；有31.48%的受访农户表示土地被征收后的主要生活来源仍依靠务农，选择以补偿费为主要生活来源的受访农户仅有13.22%，另有1.57%的受访农户表示土地被征收后已经丧失了生活来源（见图7）。调查组在访谈中发现，政府除发放征地补偿款外，在征地后能提供给农民的其他安置措施十分有限，而依靠打工维持生活的农民普遍对其晚年或没有劳动能力时的生活保障感到忧虑，对生活前景缺乏足够的信心。因此，虽然征地补偿款十分有限，并且征地补偿款也不可能成为农民未来持久生活保障的唯一途径，但对没有其他生活来源替代的农民而言却是十分宝贵的，可见，切实关注失地农民的生活状况并尽快完善相应的保障措施无疑有着重要的现实意义。

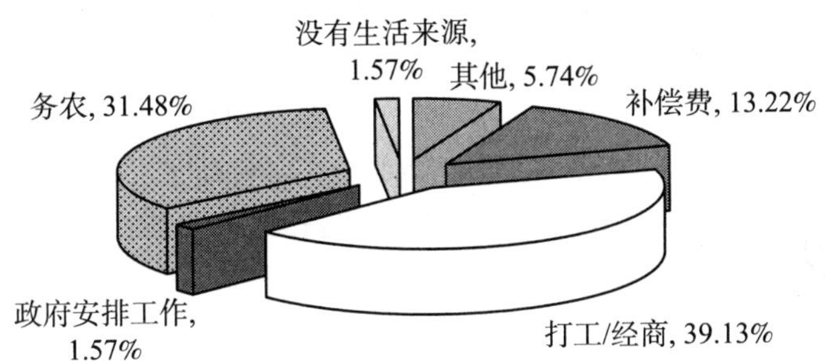

图7　被征地农民的生活来源

4. 完全失去土地的农民的生活现状

在课题组调查中，有14.12%的受访农户表示其所在的村存在完全丧失土地的农户。农民完全丧失土地的原因比较复杂，具体而言，有33.46%的农户是因为国家、集体建设占地导致完全失地；有11.81%的农户因规模经营而完全失地；因退耕还林和农民自建房而导致完全失地的比例均为2.76%；其他原因导致完全失地的比例竟高达41.34%。对非因自身原因丧失土地的农民的主要生活来源的调查显示，依靠自己打工、经商或转包他人土地为主要生活来源的比例高达62.20%；依靠政府补偿、政府安置和失地保险的农户分别仅占4.33%、0.79%和0.39%。不过，由于完全失去土地的农户大多数已不在当地生活，因此，对该问题的调查主要仅限于本村村民的客观陈述，存在一定的局限性。但种种现象表明，现实中虽然农民完全失去土地的现象并不普遍，但因该部分农民的生活一般都比较困难，故仍需对完全失去土地的农民的利益保护给予特别重视，并应当建构一种有利于其利益保护的健全的制度。

（五）承包地纠纷问题的调查结果与分析

承包地纠纷能否得到有效解决，是农民合法土地权益能否得到切实保障的重要判断标准。因此，课题组对承包地纠纷问题从承包地纠纷的原因、承包地纠纷的主体和承包地纠纷解决机制等三个方面展开了调查。

1. 承包地纠纷的原因

根据课题组的调查，有63.04%的受访农户表示其所在的村没有发生过土地纠纷，有35.74%的受访农户表示本村发生过承包地纠纷。通过对承包地纠纷发生原因的进一步调查，在表示本村发生过承包地纠纷的受访农户中，有33.44%反映纠纷的发生原因是承包地分配不合理，有19.60%反映纠纷是农民将承包地流转而引起的，有10.42%反映纠纷是因为征地补偿不合理造成的，有9.95%反映纠纷是因为村集体调整土地不合理而造成的，还有6.38%反映是因为抛荒户返乡讨要承包地造成的。除此之外，选择其他原因导致承包地纠纷的受访农户也有35.61%，此处所谓的“其他”原因，经即时访谈得知，主要是指由相邻承包地边界不清而引起纠纷（见图8）。其他访谈获得的材料也证实承包地边界纠纷为农村承包地纠纷之常态。可见，承包地纠纷在农村社会发生的原因呈多样化趋势。并且，在土地承包静态运作而非市场化运作中，纠纷的发生反映率也不算低，值得警觉。

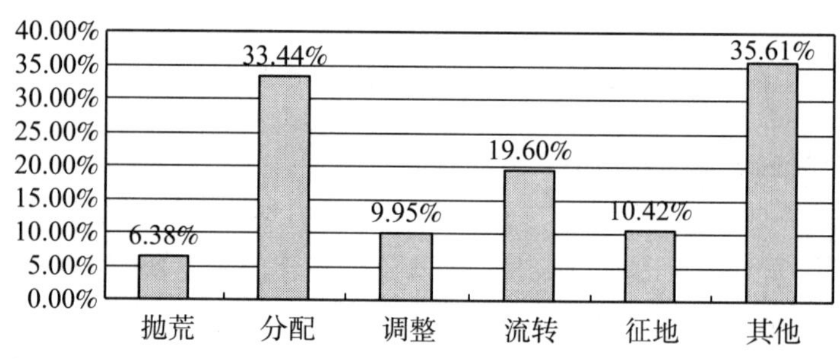

图8　承包地纠纷原因

2. 承包地纠纷的主体

在对发生承包地纠纷的主体的调查中，有62.05%的受访农户表示该类纠纷发生在农户与农户之间；有26.28%的受访农户表示该类纠纷发生在农户与村民委员会之间；表示该类纠纷发生在农户与乡（镇）人民政府、开发商和县级以上人民政府等部门之间的农户的比例非常低，分别为3.11%、2.95%和0.62%。据可知此，承包地纠纷主要发生在农户与农户之间，故该种类型的纠纷在法律上主要表现为平等主体之间的民事纠纷性质。另外，说明在已承包耕种的土地时，公权力与私权利的矛盾不十分突出。

3. 承包地纠纷的解决机制

为了了解承包地纠纷的解决途径，课题组在调查中提出了“你们村承包地纠纷一般通过什么方式解决?”这一问题，表示本村存在承包地纠纷的受访农户中有高达67.19%反映该类纠纷是通过村委会调解解决的，另有19.13%反映该类纠纷由农户与农户之间协商解决的，而选择向人民法院诉讼和上访作为解决承包地纠纷的途径的比例仅为1.09%和1.56%。这一调查数据在课题组对各地基层人民法院所做的访谈中也得到了相应的印证。大多数基层人民法院反映，每年受理的承包地纠纷案件的数量较少，如贵州省清镇市人民法院在2005年、2006年受理的承包地纠纷案件仅为3至5起。同时，由于村委会调解成本低，且村干部对本村土地、人员的情况十分熟悉，也有一定的威信，有利于在处理纠纷的基础上维系争议双方赖以生存的社会关系，因此，大多数在承包地上发生纠纷的农户选择了村委会调解这个途径。而诉讼这种公力救济的方式在当前承包地纠纷的解决中所发挥的作用具有较大的局限性。那么，基于承包地纠纷解决途径的现状，农民认为最好采用哪种方式解决承包地纠纷呢?在调查中，认为以村委会调解解决土地纠纷最好的受访农户有54.28%；认为采用双方当事人自行和解最好的受访农户有30.02%；认为到人民法院诉讼、上访或以其他方式解决承包地纠纷最好的受访农户仅分别占6.53%、1.40%和3.27%。可见，农民选择诉讼等方式解决承包地纠纷的意愿仍然较低。访谈中得知，民间熟人社会对诉讼的认知还带有抵触情绪和成本支付的困难。

（六）宅基地使用权问题的调查结果与分析

课题组对宅基地使用权状况主要调查了三个方面，即农民占有宅基地的数量、宅基地使用权的取得根据及宅基地使用权证书的发放、宅基地使用权的使用及流转问题。

1. 农民占有宅基地的数量

改革开放以来，关于农村宅基地使用权的法制建设不断发展，但也存在不少问题，因此，需要进一步了解农村宅基地使用权制度运作的现状，以便对该制度加以完善。本着“合理用地、保护耕地”的指导思想，《土地管理法》和国土资源部颁发的《关于加强农村宅基地管理的意见》等法律、法规和规章都反复强调：“农村村民一户只能拥有一处宅基地，其宅基地的面积不得超过省、自治区、直辖市规定的标准。”课题组以该规定为基础提出了“你们家现在有几处宅基地?”的问题，有90.11%的受访农户表示自己仅有一处宅基地，表示自己有两处宅基地的受访农户有7.78%，表示自己有三处和三处以上宅基地的受访农户也分别有0.83%和0.44%。可见，“一户一宅”制度得到了较好执行，但也存在超占、多占宅基地的现象。通过访谈，调查组发现，农民拥有两处及两处以上宅基地往往存在一定的历史原因，而近年来新增的占有两处以上宅基地的情况较少。此外，由于中国各省农村的情况差异很大，故各省规定的每户宅基地面积标准也有所不同。根据访谈可知，大多数农户的宅基地都没有超出规定面积，但也有一些省份存在较为严重的超标现象，如在山西省的农村，有许多农户的宅基地面积达到500～600平方米，有的甚至超过1 000平方米。因此，强化“一户一宅”制度的执行力度，并加强监管，显得十分重要。

2. 宅基地使用权的取得根据和宅基地使用权证书的发放

在各地，宅基地使用权取得根据是什么是课题组关注的问题之一。当课题组提出“在你们村，根据什么取得宅基地？”的问题时，有26.07%的受访农户表示是根据“儿子的数量”取得；有24.07%的受访农户表示是根据“子女的数量”取得；而表示“有钱就可以多买”、“权力大、地位高的人就可以多要”的受访农户分别为14.12%、5.17%；还有36.41%的受访农户表示是依据其他标准取得宅基地的。就各省进行比较，在山东、河南两省根据“儿子的数量”取得宅基地的情形最为普遍，分别有73.03%和79.78%；在广东省有72.38%的受访农户表示主要是根据“子女的数量”取得宅基地的；而在贵州省则有40.33%的受访农户表示“有钱就可以多买”宅基地，在各省中比例最高。可见，宅基地使用权的取得依据在不同省是不同的，而且呈现出多样化特征。

宅基地使用权证是农民拥有宅基地的基本权利凭证。但根据课题组的调查，有72.54%的受访农户表示已领到了宅基地使用权证；有18.79%的受访农户表示未领到宅基地使用权证；部分领到、部分未领到宅基地使用权证的受访农户有1.95%；不清楚是否领到宅基地使用权证的受访农户则有5.45%。就各省宅基地使用权证书的发放情况看，该项工作完成最好的是黑龙江和江苏两省，其分别有99.45%和96.11%的受访农户反映领到了该证，而广东省的宅基地使用权证发放工作完成得很不理想，有56.35%的受访农户反映未领到该证。可见，在一些省份宅基地使用权证的发放工作还有待重视和加强。

为保护耕地，现行政策和法律对宅基地使用权取得设定的条件日趋严格，加之宅基地本身的稀缺性，各地农村出现了规避甚至公开违反法律占用、破坏耕地的严重现象。有鉴于此，学界提出了通过收费控制宅基地扩张的方案，以保护耕地，提高土地的利用效率。为了考察农民对该方案的接受性，课题组提出了“您认为取得宅基地是否应当缴费？”这一问题，绝大多数受访农户认为取得宅基地“不应缴纳任何费用”或“只应缴少量的手续费”，其中选择“只应缴少量手续费”的受访农户为48.36%，选择“不应缴纳如何费用”的受访农户为36.69%；选择“应按买卖宅基地的价格缴费”的受访农户比例很低，不足15%。可见，绝大多数农户仍然倾向于无偿或低价取得宅基地使用权，通过将宅基地使用权市场化，控制宅基地的扩张的方案恐怕并不能简单地认为能为实践所接受。

3. 宅基地使用权的使用、流转状况分析

宅基地使用权的目的仅限于建造自家居住的房屋，而不能为经营目的而建造房屋，但在课题组提出“在你们村，宅基地可以用作专门建住房以外的经营性用途吗?”问题时，有 43.30% 的受访农户表示不能将宅基地用作建住房以外的其他用途；有 38.02% 的受访农户表示可以将宅基地用作建住房以外的其他用途；还有 16.29% 的受访农户表示不清楚或不愿意明确回答是否能够将宅基地用作建住房以外的其他用途。其中，在四川、黑龙江、湖北和湖南四省均有超过一半的受访农户反映其所在的村宅基地可以专门用作建住房以外的经营性（主要是办小商店、小饭馆或小规模养殖、小作坊、修理店等）用途，具体比例分别为 51.70%、54.14%、55.25% 和 54.64%。由此可知，在农村社会，宅基地的使用目的并没有完全受到法律的限制。

法律不仅对宅基地的使用目的作出了明确限制，而且对宅基地使用权的流转也进行了限制，但面对“你们村有人将宅基地转给其他人使用吗?”问题时，有 36.35% 的受访农户表示本村有转让宅基地使用权的行为，有 62.84% 的受访农户则表示本村不存在此种行为。此外，《土地管理法》和相关法规虽然明确规定“农村村民出卖、出租住房后，再申请宅基地的，不予批准”，但在调查时，表示其所在的村有转让宅基地使用权行为的受访农户中，有 29.51% 反映转让宅基地使用权后可以再申请到宅基地，有 47.55% 持否定即应该再批准的看法，而另有 20.03% 的受访农户则表示“不清楚”。

总体而言，实践中宅基地使用权制度的运行存在一定问题，宅基地被挪作他用或假宅基地之名、行经营性使用之实的现象时有发生，而且，宅基地使用权的流转制度也极不规范，有待立法的研究与强化。[①]

（七）农村妇女权益保护问题的调查结果与分析

农村妇女权益保护问题一直是一个困扰各方的难题，课题组在此次调查中主要考察了农村妇女的土地权益和政治权利的保护问题。

1. 土地权益

（1）出嫁妇女土地权益的保护现状

根据对农村妇女出嫁后，发包方（如村集体）对原来分配给该出嫁妇女的承包地在承包期内的处理方式的考察，课题组发现，出嫁妇女的土地权益没有得到有效保护。具体而言，有 15.23% 的受访农户表示妇女“在出嫁后户口迁出时

① 比较遗憾的是，2007 年颁布的《物权法》在宅基地使用权制度的规范方面表现出保守的立场，基本上没有突破以往的相关制度，故以往宅基地使用权制度的不足未能在该法中被完善。

由发包方收回"，有4.61%的受访农户表示妇女"出嫁后无论户口是否迁出均由发包方收回"，有9.06%的受访农户表示"如果该女孩在婆家村（组）取得承包地，则收回；否则不收回"，有58.48%的受访农户表示"无论何种情况，有女孩的家人继续承包"，还有11.73%的受访农户表示其所在的村采用了"其他"的处理方式。可见，外嫁妇女的承包地多由其家人继续承包，在少数地区由村组收回，而由妇女自己继续承包的情况非常少见。即使名义上由该妇女继续承包，在多数情况下，其并不能有效行使权利，原因有二：第一，耕种不方便；第二，以户为单位承包的土地，是家庭财产的重要组成部分。在中国农村社会当前的伦理背景下，妇女既然嫁出，便不能对家庭财产主张权利，否则极易引发因获得财产而断绝亲情关系之严重后果。

根据《农村土地承包法》第30条规定："承包期内，妇女结婚，在新居住地未取得承包地的，发包方不得收回其原承包地。"那么，如果出嫁妇女在新居住地即婆家村（组）分得承包地，则即便其丧失原承包地也不影响其合法土地权益的保护，但有66.70%的受访农户表示娶进来的媳妇在本村不会分到承包地，而仅有9.67%的受访农户表示娶进来的媳妇在本村会分到承包地，还有9.89%的受访农户表示如果该妇女原来的土地已被收回，则分给承包地，如果没有收回，则不分。可见，出嫁妇女在新居住地事实上很难被分配承包地。出嫁妇女的土地权益的保护与"增人不增地，减人不减地"的农地政策具有密切的关系。在某些严格执行"增人不增地，减人不减地"政策的省份，如贵州、广东和山西等省，几乎所有嫁入妇女都不会分到承包地；而在普遍有机动地或进行小调整的省份，如山东和河南两省，嫁入妇女分到承包地的比例较高，分别为28.09%和38.76%。该情形充分反映出《农村土地承包法》关于妇女土地权益的保护在农村所处的尴尬境地。[①]

（2）农村离婚、丧偶妇女土地权益的保护现状

根据课题组的调查，农村妇女离婚后，其土地承包经营权也没有得到有效的保护。在农村，妇女离婚后，再婚前，一般会返居娘家。如果她在婆家有承包地，则承包地多由其夫继续耕种，很少由该妇女继续耕种。而其在娘家一般也不会取得承包地。调查统计结果显示，受访农户中有52.70%回答，本地妇女离婚回娘家的，其承包地"由其前夫继续承包"；有15.56%回答"由该妇女继续承包"；有10.62%回答由"发包方收回"；有7.50%回答"如果其在娘家村取得承包地（田）的，则收回，否则，就不收回"；还有12.23%回答村里没有这种

① 关于《农村土地承包法》中对农村妇女土地权益的法律保护的缺陷，陈小君教授等以具体案例的研析为分析工具进行了深入研究，具体内容参见陈小君等：《农村土地法律制度研究——田野调查解读》，中国政法大学出版社2004年版，第355~364页。

情况或者由离异者商量由谁承包。特别值得注意的是黑龙江省，该种情形仍由该妇女继续承包的比例为62.98%，远高于全国15.56%的平均水平，其主要原因在于黑龙江省人均土地多，人们的土地权利意识强，即使不能或不方便自己耕种，转包出去也能获得较高收益。

然而，与上述情形不同，在丧偶的情况下，妇女的土地权益得到了较好的保护。根据调查，如果丧偶妇女未改嫁，有82.55%的受访农户反映其丈夫的承包地由该妇女继续承包；丧偶妇女的前夫的承包地由发包方收回和由其丈夫的父母兄弟承包的比例都比较低，分别为11.06%和0.94%。

2. 政治权利

目前村民自治制度在各省基本上都得到了较好的贯彻执行，课题组所调查的所有村的村干部均是由村民选举产生，党的村支部（村委书记）也几乎是由村里的党员选举产生，只有极少数村干部由乡镇政府任命。同时，在调查中课题组发现，尽管妇女在村民自治中占有一定地位，但仍处于弱势，除所有村的妇女主任由妇女担任外，村主任、村书记之类的要职一般由男性担任。该情形存在的原因比较复杂，且不是本课题研究之重点，故此处不予详述。

（八）农民社会保障问题的调查结果与分析

1. 农民对社会保障的需求

调查组主要考察了农民对农民失地保险、农村医疗保险和农民养老保险的需求问题。调查结果显示，农民对这三种社会保障制度的建立均有迫切需要。受访农户中有84.84%反映需要农民失地保险；有96.57%反映需要农村医疗保险；有94.36%表示需要农民养老保险。

农民失地保险，是针对城市化以及自然灾害等原因而失去土地的农民无从解决基本生活问题所设计的保险制度。受访农户中很多农民对于失地的概念尚不了解，调查一开始对农民失地保险制度的建立表现出一种无所谓的态度，但经调查人员对失地保险的内涵予以解释后，农户们便表现出极其浓厚的兴趣，即使远离城市的纯农业区的受访农户也不例外。

农民对于农村医疗保险的认知因农村合作医疗制度的推广相对较为准确。由于医疗费是现阶段农民背负的重担之一，相当多的农民看不起病、不敢看病，而且因病致贫、因病返贫的现象也较为普遍，故合作医疗制度的建立给他们带来了一丝曙光。但是，在访谈中课题组发现，现存合作医疗制度存在相当多问题，农民对该项制度的意见颇多，其中主要问题有：定点服务，没有竞争，药价高昂；定点报销，可报销项目少，报销额度低；医院级别越高，报销比例越低。同时，我们还发现，尽管农民对合作医疗制度有较多不满，但他们对该制度却也有较高的认同。上述情形说明，农民对合作医疗制度的推行是比较欢迎的，不过该制度中存在的问题也急需解决，而农村医疗保险保险制度的建立可望成为完善合作医疗制度的一项措施。

对于农民养老保险制度，虽然部分受访农民表示没有听说过，但是都能很快理解它的内涵，并且也希望尽快能建立该种制度。课题组调查发现，由于人多地少，农业生产的比较效益低，现在农村很多年轻人都已外出打工，从而有不少60岁以上的老年人竟然成了种地的主要“劳动力”，有的甚至80多岁了还在种地。60岁以上的老人仍然担任主要“劳动力”现象产生的一个重要原因就是这些老人没有生活来源，因此，多数农民表示迫切需要建立农民养老保险制度，甚至表示感谢课题组考虑了这个问题。

2. 农民对社会保障资金来源的选择

建立农民失地保险、农村医疗保险和农民养老保险等制度，首先需要解决的就是资金筹集的问题。受访农户对于上述三种社会保险制度所需要资金之来源，选择如图9所示，其中，选择由国家及其包含国家在内的共同出资（国家、集体、个人共同出资）者占多数。由于在多数农村地区集体经济处于崩溃边缘，而免除农业税费政策的实施导致集体收入来源枯竭，集体经济财力更加有限，故很多受访农户能够体谅集体的艰难，较少受访农户选择单纯依靠集体经济财力来建立上述各种社会保险制度。同时，绝大多数受访农户也表示，完全愿意也应该自己出资建立上述各种社会保险制度，但由于自身经济能力十分有限，依靠自己出资建立这些社会保险制度不现实。因此，在无奈之下，受访农户倾向于选择依靠国家出资建立各种农村社会保障制度，加之近几年国家陆续推出多项惠农政策，这也反映了农民对中央政府的信任和依赖。

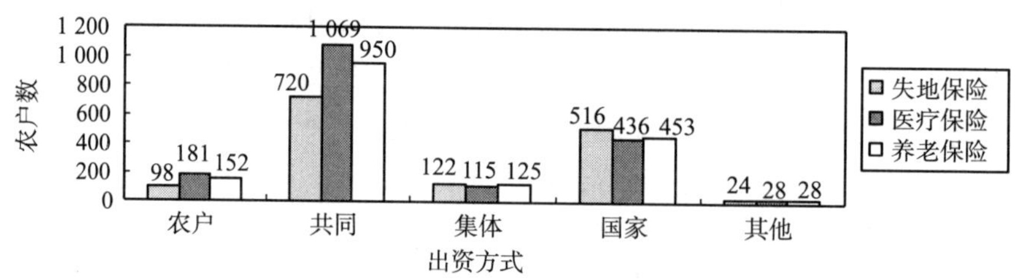

图9　农户对建立社会保障资金来源的选择

（九）农村公益事业问题的调查结果与分析

农业税费取消后，大多数村集体资金的来源基本断绝，且负债累累，仅靠财政转移支付维持日常运转，从而无力承担耗资颇大的乡村公益事业。同时，随着村庄合并，村干部数量减少，对村民的动员能力也日益减弱，以致现在村干部的基本职能是调解纠纷的“救火队员”，再无精力管理公益事业。

根据课题组的调查结果显示，农业税费取消后，农村公益事业基本上还是由村委会负责管理，由乡（镇）政府和村民小组管理的比较少。[①] 在农村公益事业建设实际由谁出资方面，受访农户的选项比较分散，有 38.15% 认为是集体出资，有 28.35% 认为是政府出资，有 26.05% 认为是农民集资，有 22.33% 认为是政府、集体和村民共同出资，还有 9.09% 认为是由其他主体出资。这反映了当前农村公益事业建设客观出资主体呈现出多元化倾向。当课题组问及农民心目中理想的出资主体时，农民最倾向于依靠国家财政解决农村公益事业建设的资金难题，而对村委会和自身出资缺乏信心。受访农户对村公益事业期望的出资方式的具体统计结果如图 10 所示。

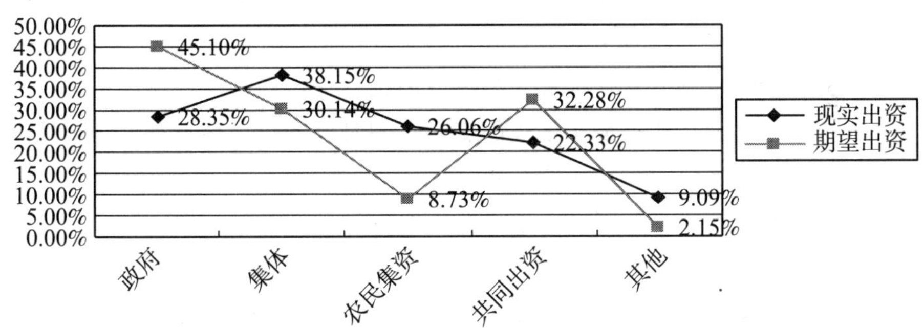

图 10　农村公益事业现实出资方式和农户期望的出资方式对比图

由农民出资进行公益事业建设时所需资金现在基本上依靠“一事一议”方式收取。由于国家减轻农民负担的政策已经深入人心，农民的权利意识也明显增强，所以，调查中没有发现集体借“一事一议”搭车收费的情况。但是，以“一事一议”方式所获款项极其有限，难以从根本上解决农村公益事业的建设问题。而且，各地对以“一事一议”决定事项设定的否决比例太低，仅仅只要有 1%（甚至更少）的人不同意，则该议项将不能通过，此举更使农村公益事业建设的筹资举步维艰。相当多的乡（镇）、村两级干部认为国家粮食直补款本身较少，不能对农民增收起到根本性作用，从而建议将该款项集中起来用于公益事业，以解决公益事业资金筹措困难的问题。课题组在调查中还了解到，大部分村民有为公益事业出资的意愿，但前提是自己能够获得收益。需要指出的是，对于

① 根据调查，有 77.56% 的受访农户表示农业税取消后，村办小学、村建道路等村公益事业有人管（理），其中有 71.58% 的受访农户反映这些村公益事业是村委会（村集体）在管（理），有 15.53% 的受访农户反映是由乡（镇）在管（理），还有 4.80% 的受访农户反映是由村民小组（生产队）在管（理）。

各种集资，村民最担心的问题是资金的使用、管理问题，即如何保证集资款能够真正用到公益事业上，而不是用来偿还村级债务，甚至被贪污、挪用。可见，一些地方的村民对村委会等组织缺乏基本的信任，希望建立切实可行的监督制度。

三、调查结论

（一）关于承包地所有权的归属

在承包地所有权归属的认知方面，将近半数的受访农户认为其承包地属于国家所有，尤其是在四川、贵州和湖南三省，持该种看法的受访农户甚至超过了半数，这种现象与现行法律规定的“农民集体所有”的制度产生了较大的偏差。结合访谈和我们以往的调查情况，该现象的制度产生一方面与农民对承包地所有权的法律概念缺乏正确的认识有关，另一方面也从一定程度反映出国家公权力有不当介入土地权利的运作造成了消极的影响，同时也是村委会对有关法律规范的误读或其借国家权力给农民施压的结果。

在对承包地所有权的归属期盼予以考察时，竟有近半数的农民倾向于未来承包地所有权归农民个人所有，不过，对此结论的深度访谈交流的反映值得注意，即被访农民之所以倾向于“承包地私人所有”，在一定程度上是因为他们将完整的土地承包经营权等同于土地所有权。这反映出农民对土地承包经营权的物权性和稳定性的期望与需求。

此外，在经济发展中等和经济欠发达地区，农民对农民集体缺乏足够的认同感，这种状况应引起法律制度设计者与研究“三农”学界的深思。

（二）关于土地承包经营权

随着法律、政策对农民土地权益保护的日益强化和农民法律意识的逐步提高，目前农民的土地承包经营自主权基本得到村集体和基层政府的认可，土地承包经营合同的签订已成为我国广大农村承包土地的普遍做法，但土地承包经营权证书的发放工作仍然存在一些问题，有少数农民没有领到该证书，发证工作存在死角。

法律上关于土地承包经营权之承包期限的规定体现了“增人不增地，减人不减地”政策的精神，但因其在实践中的实施缺乏必要的弹性，而且没有科学合理的配套制度消解该制度的缺陷，以致“土地承包期限30年不变”的规范在农村的运行引发了较多问题，不少农民集体为解决矛盾，通过变通、规避法律政策，在承包期限内对承包地进行了所谓适当的调整，这已经成为不容忽视的现实存在。因此，对“土地承包期限30年不变”的法律规范的利弊得失进行系统的研究，为土地承包经营权及其相关配套制度的进一步完善提供理论与立法上的支持，亟待加强。

在土地承包经营权的流转方式上，目前法律上规定的转包或出租、转让和互换等方式均得以普遍实行，而入股、抵押等方式仅存在于个别省份的部分地区，但农民普遍存有促使流转方式多样化的期望。而且，由于承包地承载着对绝大多数农民较强的社会保障功能及农民对土地的深深眷念习惯和依赖之情，农民对承包地一般以自主经营为主，但也有一些地区的农村存在流转承包地或大规模流转集中经营的现象，且有发展的趋势。影响承包地流转的制约因素主要为农民对承包地的依赖程度和农民从流转中可获得的收益并非理想。此外，虽然现行法律规定了在多种情况下承包地流转需要经发包人同意或到有关部门备案，但在实际运作中，该规定并没有得到执行，承包地流转经村委会或基层政府同意或备案的情况比较少，这种情况表明，如果流转为物权变动而缺乏应有的公示程序，未来引发的问题则不可避免。由此，必须引起立法者的重视。

（三）关于承包地的利用和保护

耕地的利用和保护状况不容乐观，耕地被转化为非农用途的情况时有发生，在耕地上建房、建坟、建窑等滥用承包地的现象屡见不鲜。而且，出于利益的驱动，在耕地上采石、挖砂、采矿等现象不仅存在，在有些地区甚至还比较严重。同时，承包地因过多使用化肥导致肥力下降的现象较为普遍，个别地区的水土污染也不容忽视。更严重的是，上述违规行为不仅未受到有关部门的处罚，甚至连过问也较为鲜见，这说明有关行政部门对耕地监管的力度不够，有失职之嫌。与此同时，有另一个现象值得欣慰，在农业税取消后，承包地抛荒的现象有所改观。

（四）关于土地征收

土地征收制度的运行存在的较多问题已严重影响到农民合法的土地权益的充分实现。农民对于因公共利益而进行的征收能够予以理解和支持，但对工业扩张用地的所谓征收态度较为复杂，倾向于不赞成或至少国家不应与之争利。在征收过程中，农民较为关注自己的利益能否得到有效的保障，而保护耕地的意识较为淡薄。关于各种征收款的发放，实际操作与法律规定之间存在很大差距，大多数农民并不了解关于土地征收的法律规定的内容、程序及相关的政策，故农民的利益很难得到有效保障。土地被征收的农民有相当一部分的生活来源主要靠自己打工或经商，也有相当一部分农民仍依靠剩余的土地为生。完全失去土地的农民根本不能靠土地征收补偿款长期维持生活，而征收方又很难妥善长期安置，农民只能自寻谋生之路，其未来的生存和发展状况令人堪忧。

（五）关于承包地纠纷

实践中承包地纠纷并不常见，且发生原因呈多元性。现有的承包地纠纷主要是因边界引发的，因此，承包地纠纷往往发生在农户与农户之间。至于农户与村委会之间也有一些纠纷发生，但这种纠纷多由承包地分配不合理、不公平，以及土地征收引发。上述有关承包地的纠纷的解决方式以村委会调节为主，当事人之间和解为辅，很少诉诸司法解决。在此问题上，引发纠纷原因的多元化和解决纠纷路径的单一性，也颇具思考的价值。

（六）关于宅基地使用权

在农村，“一户一宅”制度得到了较好的执行，但仍存在极少数超占、多占宅基地的现象，超占、多占宅基地，主要是由历史原因造成的。目前，宅基地使用权的取得基本上不收取费用，宅基地使用权证的发放情况较好。尽管宅基地使用权市场化问题引起了学术界的讨论，但农民倾向于无偿或低价取得宅基地使用权，而且，多数农民对宅基地使用权流转的相关法律规定不甚了解，认为其功能依然是自己居住，流转的要求并不迫切。

（七）关于农村妇女权益保护

目前，农村妇女的土地权益没有得到有效保护。娶进的媳妇一般不能在新居住地取得土地承包经营权，而出嫁妇女的原土地承包经营权多为其娘家人行使，因此，很多妇女在出嫁后土地承包经营权丧失。离婚妇女的土地承包经营权也没有得到有效保护，妇女离婚后，再婚前，一般会返居娘家，如果她在婆家有承包地，则承包地多由其前夫继续耕种，而其在娘家一般也不会取得承包地。调查结果显示，在丧偶的情况下，妇女的土地权益得到了比较好的保护。上述情况的产生与“承包期30年不变”的法律规定和“增人不增地，减人不减地”的农地政策的实施有关。我国现行法律规范和政策虽然考虑到了对妇女土地承包经营权的保护，但却不符合农村社会的实际。不过，妇女在村民自治中能占有一定的地位。

（八）关于农村社会保障制度的建立

农民对国家建立相关农村社会保障制度，即农民失地保险、农村医疗保险和农民养老保险都有迫切需要，而建立这些社会保险制度所需要的资金来源，是阻碍其建立的主要因素，故农民从朴素认知的可行性出发，多主张应当由国家或包含国家在内的共同出资（国家、集体、个人共同出资）来建立农村社会保障制度。同时，因为村集体财务状况恶化，很少农民主张依靠集体资金建立社会保障制度。可以说，该制度的普遍并实质性建立任重道远。

（九）关于农村公益事业

农村步入后农业税时代后，大部分村集体没有了经济来源，很多村的财务陷入困境，从而使村干部的动员能力日趋减弱，针对有些耗资颇大的村公益事业，村委会显得有心无力。目前农村公益事业所需费用基本上靠一事一议收取，大多办不了，维持现状都比较艰难。大部分村民也愿意为公益事业建设集资，但前提是自己能够从该事业中受益，因此，这依然是个难以实际运作的问题。此外，村民对于筹集的资金的管理也有所顾虑，担心集资款不能够真正用到村公益事业上，而是可能被贪污、挪用甚至偿还村级负债，这在一定程度上反映了农民对村委会缺乏基本信任，也当然增加了村公益事业依靠农民一家一户集资的难度。

中国十省研究总报告

一、导言

（一）研究的背景与意义

1. 研究背景

“三农”问题几乎就是中国问题，“三农”的核心无疑应是农民，而农民问题的关键又不可回避地集结于农民的土地权益。土地是农民的命根子，是进行农业生产最重要的物质基础和前提，也是目前我国绝大多数农民用于生活保障的唯一资源，所以，“三农”问题归根结底是土地问题。“问题都是在一定的语境中生成、发现的，也是在一定的语境中理解和解决的。……严肃的现实社会问题，通常不能孤立地得到有效解决，而要考虑问题的现实条件和历史背景，有些甚至涉及复杂的社会文化背景和政治背景。”① 因此，对于农地问题的解决也必须在中国“三农”问题的独特背景下进行探究，即农地法律制度的构建和完善应以我国当前指导解决“三农”问题的政策和法律为基础并兼顾国际要素。

（1）政策环境

我国是一个农业大国，党和政府历来重视“三农”问题。近些年来，党中央、国务院以科学发展观统领经济社会发展全局，按照统筹城乡发展的要求，采取了一系列支农、惠农的重大举措，更于2006年在全国范围内全面取消了农业税，使农民不堪负重的趋势得到了有效的遏制，从而使农业和农村发展出现了积极变化，迎来新的发展机遇。党的十六届五中全会通过的《中共中央关于制定

① 张掌然：《问题的哲学研究》，人民出版社2005年版，第210～211页。

国民经济和社会发展第十一个五年规划的建议》和党的十七大报告为做好当前和今后一个时期的"三农"工作指明了方向。温家宝总理在2007年的《政府工作报告》中也强调指出:"推进社会主义新农村建设,必须把重点放在发展农村经济、增加农民收入上。坚持稳定和完善农村基本经营制度,坚持因地制宜、从实际出发,坚持尊重农民意愿、维护农民权益,反对形式主义和强迫命令。"这使我国保护农民权益和实现农民权益的现实回归有了明确的导向。此外,农村社会保障制度的建立也开始受到重视,时任副总理吴仪在全国新型农村合作医疗工作会议上要求:坚定信心,扎实工作,不失时机地全面推进并确保2007年新型农村合作医疗覆盖全国80%以上县(市、区),确保新型农村合作医疗深入持续发展。可见,我国"三农"政策较之以往更加明确、更加细致、覆盖面更加广泛,这为农地问题的深入研究提供了一个良好的社会氛围。

(2)法律现状

2002年通过的《农村土地承包法》是我国规范土地承包经营权的重要法律,其对家庭承包关系中双方当事人的权利和义务、承包的原则和程序、承包期限和承包合同、土地承包经营权的保护、土地承包经营权的流转;其他形式的承包、土地承包关系争议的解决和法律责任等均作出了较为完整的规定,是研究农地立法问题的主要法律依据。2007年通过的《物权法》较之于《农村土地承包法》内容更完整,其对集体土地所有权、土地承包经营权和宅基地使用权等均做出了新的规范。这两部法律是本报告研究的最主要的立法文本。《中华人民共和国民法通则》(以下简称《民法通则》)、《土地管理法》和《中华人民共和国合同法》(以下简称《合同法》)等其他有关农地权利的法律规范也是我们分析的依据。

而且,在国家主导下,我国各地农村出现了丰富多样的制度实践,对农地制度的变革进行了积极探索,形成了一些卓有成效的经验和模式。同时,在农地理论研究方面也已经形成了百花齐放、百家争鸣的局面,对农地法律制度的实践与变革方案开展了热烈讨论,极大推进了农地理论探索的深度和广度。这为我们进行研究提供了优良的学术环境。

此外,因为"人类基本上是'他的环境的创造物'",① 故我国所处的自然因素也是我们在完善农地法律制度时不得不认真对待的制约因素。就自然环境而言,虽然我国幅员辽阔,地理位置优越,但地形地貌复杂,后备资源不足,且我国农村人口众多,土地资源相对较少,人均耕地在世界上处于低水平,不及世界人均耕地0.25公顷的47%。而且随着我国经济的不断增长,人均土地资源将继

① [英]哈·麦金德:《历史的地理枢纽》,林尔蔚、陈江译,商务印书馆2007年版,第22页。

续减少，农民失地现象会更加严重，人地矛盾也会进一步突出。[①] 因此，自然环境和制度环境一样，成为我国农地法律制度研究的国情基础。

总之，如果对上述农地法律制度构建的特定的时空环境熟视无睹，缺乏对当代中国农村社会“特质”的分析，其构建的农地法律制度必将泯灭其中国特色，最终丧失其在中国农村社会的可操作性。

（3）国际（或地区）环境

中国现实环境下的“三农”问题的复杂性和解决的艰巨性还表现为其内含了国际要素。当前中国处在一个经济全球化的背景下，民主法治实践日益完善，寻求人与自然和谐发展的绿色主义广为传播，在政治社会领域中重构公民与国家关系、倡导服务与协商的思潮方兴未艾。在今天这个“地球村”中，不管愿意与否，都不可避免地卷入了这一高速运转的体系。农地问题的研究与解决必定受制于这个大环境。有关研究也表明：农地问题和经济全球化有着密切的关联。经济全球化在给我国带来巨大经济利益的同时，也对农地问题产生了复杂的影响，加剧了农业产出的持续负增长，阻遏了城市化发展进程，加深了城乡结构性断裂。[②]

尽管农地法律制度的构建以民法为主，尤其以物权法律制度为核心，而“物权制定与人类生存息息相关，与一国之经济体制唇齿相依，不具有债权法那样的普遍的性质，尤其是其中关于土地制度的规定，因国家、民族和历史传统的不同而具有特殊性。”[③] 但必须指出的是，中国传统文化及其赖以存续的社会母体从深层扼制了商品交换和市场竞争，否定了以自由、平等、私权、效益为内核的市民社会价值法则，使中国民法文化先天不足，后天不良，相沿数千年难有进展，从而中国民法的法典化、现代化不能寄望于固有传统。这种传统对农地的物权体系构建具有极为深远的影响。因此，虽然农地法律制度的构建不能不正视和尊重立法的社会基础，照应到国情、国史和国民长期形成的固有观念和思维方式，但不可否认的是，人类生活的某些方面尤其是经济生活及其所确立的法律文化，又确实有着某些一般规律可循，而这些规律从很大程度上反映了世界各民族法律文化共同的结晶，即不论是东方、西方甚至那些现在仍被称之为野蛮民族的人群中，其法律都是发展着的。[④] 因此，对西方国家尤其是大陆法系国家（或地区）民法或物权法制度和相关理论的借鉴也将是不应回避的。故我们必须意识

① 李小云、左停、叶敬忠主编：《2003～2004 中国农村情况报告》，社会科学文献出版社 2004 年版，第 116～117 页；张广荣：《我国农村集体土地民事立法研究论纲——从保护农民个体土地权利的视角》，中国法制出版社 2007 年版，第 2 页。

② 蓝海：“从经济全球化视野重新审视中国的‘三农’问题”，载《湖北社会科学》2004 年第 7 期。

③ 梁慧星主编：《中国物权法研究》（上），法律出版社 1998 年版，第 3～4 页。

④ 曹诗权、陈小君、高飞：“传统文化的反思与中国民法法典化”，载《法学研究》1998 年第 1 期。

到，任何解决农地问题的政策措施如果忽视经济全球化和某些法律文化的共同性的作用，都必定是不完善的。

除此之外，相关和相类似的问题同样存在于世界各国和地区，如粮食生产保障与安全，农民利益的切实保护，农业的扶持与振兴，农村的全面重建。所有这些决定了中国农地问题的解决也含有世界性因素，从而具有讨论和借鉴国际（或地区）经验、教训的内在基础和前提条件。

2. 研究的意义

农地问题涉及诸多法律制度，横跨公、私两大法域，牵涉国家、集体和农民三方主体之间的利益冲突与协调，其解决需要立法、司法、执法各环节的通力配合。但因在农地法律制度层面，最重要的问题并非农村与农业，而是人——农民的问题，[①] 故农地法律制度的设计应以对农民的土地权益保障为重要依归。

由于农地问题的特殊重要性，解决该问题关系到我国改革开放和现代化建设的全局，也是实现社会稳定发展的根本，因此，本课题以农地立法问题作为研究对象，具有如下重大现实意义：第一，有利于从法律上促进“三农”问题的解决，加快全面建设小康社会的步伐；第二，有利于促进社会主义新农村建设，实现农村社会的科学、和谐发展；第三，有利于农民身份的改变、社会保障的实现和基本人权的维护；第四，为立法者提供立法参考文本和理论支持，进而为法院审理农地案件提供裁判依据。

（二）研究的问题

近十年来，学术界关于农地制度的研究成果颇丰，但这些研究成果主要集中于农业经济学、农村社会学和政治学等领域，法学界对该问题的专项深入持续性研究较少。在《物权法》制定过程中，该领域引起了部分学者的密切关注，但其研究多仅涉及农地物权的单项内容，基本上未形成多层次研究的思路和成果。而且，针对农地立法问题，法学理论探讨主要集中在三个方面：其一，在农村土地所有权的归属方面，存在着主张国有化、私有化和坚持完善集体所有制等观点；其二，在农地征收方面，主要着力于公共利益的界定、征收程序的完善和补偿标准的提高；其三，在土地承包经营权方面，主要探讨其法律性质以及如何促使该权利物权化的问题。

总结法学界对农地法律制度的研究成果，不难发现这些研究主要存在以下缺陷：第一，未能密切关注农地制度并非单纯的法律问题，从而客观上割裂了农地制度与政治经济体制和历史传统的密切联系，致使研究未能深入；第二，社会实

① 陈小君等：《农村土地法律制度研究——田野调查解读》，中国政法大学出版社 2004 年版，序言。

证之研究方法的运用亟待加强，研究内容单薄，不够全面，缺乏对农村社会环境和实际状况的深入全面的了解，从而难以提出更妥当、务实的应对措施；第三，缺乏对农地权利法律制度的体系化探讨，研究成果多是农地立法问题中若干具体制度的设计，对农地法律制度的整体和谐及逻辑体系的完善明显忽视；第四，研究视野偏狭，研究成果大多集中在土地承包经营权方面，对宅基地使用权及前两者之基础的集体土地所有权的实现关注相对较少；同时，从国际视野①和社会性别视角等方面探究妇女土地承包经营权保护等问题的成果尚待深入，从基本人权视角研究农村社会保障立法的成果也比较薄弱。上述对农地立法问题研究的薄弱现状，僵化了农地立法问题的研究对象，进而影响了研究的深入。②

在本报告中，课题组针对法学界关于农地立法问题研究领域存在的薄弱环节，除传统的法学研究方法外，还坚持运用社会实证方法重点研究以下三个问题：

1. 农地立法的国情基础

农地立法尽管牵涉的范围广泛，但其主要是对农民土地权利的规范，事关农民的切身利益，故必须考虑农民的生产生活方式、现行法律规范和政策的实施所造成的农民利益的得失、农民对土地权利实现的期盼等情况。因此，本课题组没有自我设限，以流行的法律模式和理论去“套”中国农地法律制度运行现状体现的复杂情况，而是深入田间地头，认真听取农民对土地法律和政策的一些朴素的意见和建议，仔细了解村干部和中国基层政府涉农部门的官员有关农地法律和政策在农村社会实效性的基本看法。上述素材均从不同方面反映了我国农地立法应当给予高度重视的国情基础，从而在本报告中被加以周到细致和反复的分析。

2. “纸上的法”与“行动中的法”之距离

课题组没有为获取资料的便利而限于对时髦的法律词语进行逻辑演绎，而是

---

① 在国际人权法对国家责任理论的重新构建下，国际社会保护妇女的呼声终于率先打破了公共领域与私人领域的物理划分这一沉寂了几个世纪的坚冰，牢固的公共领域与私人领域的物理板块终于有了松动，公共社会的平等与自由伦理开始进入家庭。正是这种对传统公共领域与私人领域的突破，各国（地区）法律纷纷通过司法实践，在国内法中保障妇女权益免遭侵害。参见周安平：《性别与法律——性别平等的法律进路》，法律出版社 2007 年版，第 169 ~ 170 页。基于国际人权法开保护妇女权益之先河，故本报告认为对我国妇女土地权益保护的研究为国际视野中妇女人权问题研究的深化。

② 2008 年 10 月 12 日，党的十七届三中全会通过了“关于推进农村改革发展若干重大问题的决定”，该决定既是对改革开放 30 年来“三农”问题解决进程总的回顾与总结，更是在新的国际、国内形势下对当前及今后一段时间内行动目标的展望，但因为课题组组织的田野调查是在 2007 年 5 月至 2008 年 9 月开展的，其中问卷设计和访谈提纲中不能完全体现十七届三中全会反映出的政策精神，所以本研究报告将研究的背景限于党的十七届三中全会之前。在此情形下，为了使研究有的放矢，故本报告在梳理研究问题时所收集、整理的资料以 2008 年 10 月之前的研究文献为主。在下一阶段，课题组将专门以十七届三中全会的政策精神为指导开展新一轮田野调查，以便对农地立法问题作出进一步的深入、细致研究，并作为本报告研究内容的延伸。

知难而进，自觉采纳了有别于传统经院式、学究式说理与论证的社会实证研究方法。尽管基于法律条文进行规范研究在民法学中是一种主流方式，在我国目前民法学研究水平整体相对薄弱的情况下也具有积极的意义，但相比较而言，我国民法学界对法律制度的实证研究则显得更为欠缺。而缺乏实证研究成果所支撑的农地法律制度，要么难以被现实生活接受，要么偏离了理论设计的初始目标，而对解决中国农地问题的帮助有限。因此，本报告不仅关注“纸上的法”，更关注“行动中的法”，并将研析这两者之间差距所生问题作为重要研究对象。

3. 农地立法体系的构建

“近代以降，体系化一直被视为科学和理性之标志，在多个知识领域彰显其重要价值，其对于知识的掌握和利用发挥着特殊功能：借其可以实现对以往知识的鸟瞰和更好掌握；借助于体系化，可以科学地思考或处理问题，并验证在思考或者处理问题中所取得的知识。自近代以来，法学领域日渐受自然科学思维模式影响，自然科学方法开始引入法律学及法律实务，具体表现为模仿自然科学的方法将法律规范体系化，体系思维也渐渐深入法学内部。”[①] 在民事法律领域，体系化与系统化正是其内在要求，民法体系化有助于在整个民法典的体系制度中充分贯彻民法的基本价值观念，减少和消除民事法律制度之间的冲突与矛盾。[②] 因此，在当前全面建设小康社会的关键时期，准确把握国内外形势，顺应时代要求，根据我国国情对农地立法的体系化构建进行研究是我们的主要任务。

（三）研究的基本理念

研究农地法律制度的视角很多，各学科都在为农地问题的解决献计献策，在农地法律制度的研究中既不能对这些已有成果熟视无睹，但是也不能陷入其中不能自拔。由于“私法正是自主体制度得以展开，又是以对主体（从终极意义上讲以对自然人）的关心和关怀为归属”。[③] 故只有通过农地私权利的重构，在法律意义上解放农民，才有可能化解困扰农村经济发展的难题。[④] 而从最基本的价值层面看，法律的存在是着眼于人的，没有人及其能动活动，也就无所谓法律制度，当然也就不存在对正义的追求。因此，在目前情况下，必须突出强调农地权利是农民生存的制度基础，更是回归农民人格的内在要求，对农地法律制度的完

---

① 舒国滢、王夏昊、梁迎修等：《法学方法论问题研究》，中国政法大学出版社2007年版，第432～433页。

② 王利明：《序言》，许中缘：《体系化的民法与法学方法》，法律出版社2007年版。

③ 彭诚信：《主体性与私权制度研究——以财产、契约的历史考察为基础》，中国人民大学出版社2005年版，第120页。

④ 陈小君等：《农村土地法律制度研究——田野调查解读》，中国政法大学出版社2004年版，序言。

善应当注重坚持以人为本，从倡导不与民争利、让利于民过渡到重视限制公权力滥用、还权于民。通过实地调研，我们认为，就后农业税时代的农地权利法律问题的解决而言，研究的基本理念应当在以人为本的引导下从以下三个方面予以更新：

1. 以农民主体性的充分彰显为目标

“人作为主体并不在于他是一个实体性的人，而在于他在与世界的关系中处于一种能动性的地位，如果失去了能动性的地位和对世界的积极主动的关系，人尽管还是人，但却不会是主体。”[①] 因此，从法学角度来看，农地法律制度的研究应关注农民的主体性问题。由于“三农”问题就是农民权益问题，解决农地问题实际上也是为了保护农民的土地权益。农民作为法律和社会受保护的当然对象，是一个有自由意志的主体，故在农地法律制度完善的过程中，必须尊重农民意愿，更多倾听来自农民集体和农民的声音，不能以“救世主”的姿态代替农民安排土地权利的实现，而应当注意突出农民的主体意识，发挥农民的聪明才智，使农民能够充分参与相关法律的制定，给他们充分的选择权。

2. 以农地问题的整体性思考为工具

农地问题不仅是一个法律问题，也是一个政治问题、经济问题和社会问题，对农地法律制度的思考，应当重视整体性思维，将该问题作为一个宏大的系统来加以解决，即农地法律制度的研究还必须重视农村（农民）土地权利保护体系化问题。由于农地问题的解决本身属于权利配置的范畴，故在农地权利配置中，不能“头痛医头，脚痛医脚”，应当考虑一揽子解决方案。多年来课题组重点考虑的是农民的土地权利和农地的利用问题，但也已充分认识到这些问题不是孤立的，而是与集体土地所有权问题、土地承包权经营权的实现和流转问题、农地发展权问题、农地权利的救济问题、农村社会保障问题、农村土地资源保护和生态效益问题等共同构成一个系统，因此，将涉及农地权利的各方面问题作一个整体来思考解决方案非常必要。其中，系统立法方案的设计显得尤为重要。

3. 以妥当、务实的研究态度为保障

在当前，学界对农地法律制度的研究投入了很多的智识，提出了多种变革主张，而且从理论上来说均有较为充分的理论依据，但是，“就改革方式的选择而论，最根本的问题不是什么在理论上是最优的，最有效率的，而是在现实生活中，什么是可以被接受的，即在利益冲突的社会格局下，什么样的改革方式是可以被采纳的，阻力不是大到无法进行改革的程度；然后，在可被接受的各种改革

① 李楠明：《价值主体性——主体性研究的新视域·导言》，社会科学文献出版社 2005 年版，第 3 页。

方式中，什么是可行的，也就是说是行得通的，能够实现真正的、实际的体制变迁的”。[①] 换句话说，在研究农地法律制度时，应始终保持一种妥当、务实的态度，并基于一种社会使命感，寻找在当前情况下解决中国农地问题乃至“三农”问题的有效路径，而不能仅仅为了创造一种生长于社会“真空”中的完美理论而提出不能解决实际问题的时髦的新观点，保障最终设计出科学系统且能够满足农民需要的农地法律制度示范文本。

（四）研究的基本思路与方法

为了使上述研究不流于空泛，本研究报告以贯彻落实科学发展观、建设和谐社会和社会主义新农村的宏观背景为基础，依循两大线索展开：第一，沿解释论之路径，立足历史实证分析、法律实证分析和社会实证分析三个基点对现行农地权利法律制度进行解读；第二，以解释论为基础，沿立法论之路径，从农地立法构建的价值目标和功能模式、农地权利体系的梳理与整合、农地权利的运行机理和农地权利的救济四个维度对农地权利法律制度进行科学系统地构建。其中将充分重视采用田野调查方法，深入了解和分析我国现行农地权利法律制度及其运行现状，以在法律意义上解放农民为目标，以从农地权利体系的构建到农地权利的运行直至救济和保障为核心，围绕农地权利和农民权益，通过研究形成较为科学、完整的农地权利体系。

本研究报告在对中国农地权利历史发展线索梳理的基础上，主要运用以下两种方法：

1. 实证分析方法

本研究报告主要采用了社会实证方法和法律实证方法。其中，运用社会实证方法，重点展开针对我国农地权利法律制度体系、农地权利运行状态的田野调查，通过以问卷抽样调查和对典型对象个别访谈的形式进行广泛的实地调研，全面了解农地权利法律制度在我国农村社会运作的实然状态，探寻农地权利法律制度构建的现实社会环境，进而展开对其成因、问题与基本对策的探求。这是本报告进行研究的突出主线和基本手段。同时，运用法律实证方法，对我国农地权利现行法律制度进行初步解读，探求影响中国农地立法的相关制度背景和社会环境因素，结合社会实证研究的成果，探究农地权利法律制度的应然功能和实然功能之间的距离及其产生的缘由，以剖析现行农地权利法律制度及有关政策的疏失，为完善农地立法提供逻辑严谨、材料翔实、准确且扎实的铺垫。

---

① 樊纲：《渐进改革的政治经济学分析》，上海远东出版社 1997 年版，第 154 ~ 155 页。

2. 价值分析方法

法律的价值体现了人对法律的要求，即作为主体的人对法律所提出的各种具体愿望和条件。由于任何法律都反映着一种主体的价值追求，同时，主体的价值追求只有体现在法律中才是有实效的。主体往往把对社会和物质的价值期望和追求植入法律中，故法律正是以记载、表达主体对社会和物质的价值追求为己任的，因此，古今中外的法律都是主观化的产物，法律自始就浸透着主观的理性。通过法律，不但社会主体的行为都必将按照法律所预设的人类价值追求而进行，而且主体可控的物质世界亦将按照法律预先约定的方式而被运用。[①] 可见，在农地法律制度构建过程中，其应当接受一定的价值指引，并将该价值尽可能客观地植入具体的制度之中。所以，本报告在研究中采用了价值分析方法，力求以适合我国国情的法律价值为引导，设计出与我国农村社会现状相适应的农地法律制度。

此外，为了完成构建农地立法体系之任务，以通过农地法律规范的体系化实现农地法律制度的功能，本报告的研究还将适当采用系统分析方法。

（五）研究的主要素材来源

1. 法律解读

自 1978 年以来，我国从联产承包责任制的确立开始了农地制度的改革，随着时代的演进，国家不断以法律来确认和巩固农地制度改革的成果，其中《民法通则》、《农村土地承包法》和《物权法》是对农地制度进行规范的重要法律。由于《民法通则》关于集体土地所有权的规定并未在宪法规范的基础上予以具体化，致使缺乏可操作性；其对于土地承包经营权也定性抽象、规范简单，与实际当中联产承包经营制度的具体内容之间存在很大差异，使土地承包经营权呈现明显的债权性质，从而产生了诸多难以克服的局限性。[②]《农村土地承包法》是规范土地承包关系的专门法，其对土地承包经营权各方面内容均作出了详细的规定，但土地承包经营权的物权性表现得并不突出，[③] 而且土地承包经营权在设立、流转、调整以及救济过程中均存在缺陷。《物权法》作为调整财产关系的基本法，历经波折、几经沉浮，在千呼万唤中出台，其在集体土地所有权方面却墨守成规而未能取得必要的进步；在土地承包经营权方面除明晰了该权利的用益物权性之外，在内容上基本沿袭了《农村土地承包法》的规范和精神；在宅基地

① 谢晖：《法律信仰的理念与基础》，山东人民出版社 1997 年版，第 168～169 页。

② 梁慧星主编：《中国物权法研究》（下），法律出版社 1998 年版，第 708 页。

③ 如根据《农村土地承包法》第 37 条第 1 款的规定，承包地“采取转让方式流转的，应当经发包方同意”。该规定违背了土地承包经营权作为一项物权的性质，使土地承包经营权具有了债权的属性。

使用权方面为避免繁琐的重复规定而采用了设计引用性法条的立法技术，以致丧失了针对宅基地使用权的不足而予以完善的良机。同时，自留地、自留山使用权尽管得到《中华人民共和国宪法》（“以下简称《宪法》”）的确认，但在民事法律规范中却存在明显缺失，致使该制度领域事实上处于无法可依的状态。可以说，由于上述法律制度与农村社会现实脱节而不能满足农民解决农地纠纷的需要，故这些法律规范在司法实践中的制度功能并未得到充分发挥。[①]

2. 实地调查

实地调查的真实数据和面对面的深度访谈是本报告研究工作顺利展开的重要前提，因而课题组为实地调研工作高效推进，做了大量的前期准备。鉴于实地调查采取问卷和访谈相结合的方法，问卷和访谈提纲成为收集素材的主要工具，故问卷和访谈提纲内容的妥适性至关重要，因此，严密论证、精心设计问卷和访谈提纲成为工作的重点。

首先，课题组成员对国内外研究农地问题及相关问题的文献进行了分类综述和消化吸收，对农地制度从法学、经济学、管理学、历史学等角度进行了若干理论上的初步探讨，为问卷和访谈提纲内容的设计作了理论上的整理和铺垫。

其次，集中研究设计问卷和访谈提纲。根据课题组成员的反复讨论，为了保证农地立法问题研究的体系化和完整性，问卷内容被研究设计为六个有机联系的调查模块：按照农地权利法律制度运行的制度逻辑分为农地权利的体系梳理、农地权利的运行、农地权利的救济三个宏观模块；同时，因法学界一度忽视对宅基地使用权的深入研究、轻视从国际视野和社会性别视角对妇女土地承包经营权等权益之保护的分析、缺乏对农村社会保障法律制度的高度关注，故问卷特别选择设计了宅基地使用权问题、妇女土地承包经营权保护问题和农村社会保障制度问题三个模块。

再次，在正式调查之前，课题组选择了 2 县 6 乡（镇）进行试调查，并在此基础上潜心分析问卷和访谈提纲的利弊得失与实效，反复研讨，对原问卷和访谈提纲内容又进行了修正和补充，并同时组织了对调查人员之调查技巧的培训。

最后，2007 年 5 月初至 9 月，由课题组专家担任组长的 65 人次 5 个调查组分为五路，对中国东部、南部、西部、北部、中部五个各具特色的农业经济区域的 10 省 30 县 90 乡 180 村近 2 000 户农民进行了前后历时 4 个多月的大规模实地调查，共收回 1 799 份有效问卷和 200 余份访谈记录以及几十份农村土地纠纷判

① 陈小君、高飞、张红（执笔）：“湖北省农村土地承包权运作调研报告——以对湖北省 26 市（县、区）的田野调查为依据”，陈小君、张绍明主编：《地方立法问题研究》，武汉出版社 2007 年版，第 399 ~ 403 页。

决书、调解书等珍贵的第一手资料，形成了11份境内实地调查报告和9份研究子报告。从2007年10月到2008年9月，课题组主要成员又用了近一年的时间有选择地在课题组的农地调查观察点进行了论证性、补充性的访谈与交流。本研究报告在分析中使用的材料如未作特别说明，则均来自于上述这两个时间段内进行的调查。

3. 比较法研析

由于西欧各国有发达的农业和先进的农地立法，且其是区域经济合作的典范，对于已经加入WTO的中国而言，有许多成功的经验值得借鉴；拉美国家为发展中国家，其农地立法有非常鲜明的特色，不少国家均有专门的农地立法，其中蕴藏着中国农地立法需要参考的因素；我国台湾地区和祖国大陆同根同源，但其通过土地制度变革为其农业发展奠定了良好的基础。因此，在研究过程中，课题组成员先后赴西欧、拉美代表性国家和我国台湾地区进行了专题立法调研活动，撰写出3份境外立法调研报告。这些立法调研活动为我国农地立法的比较研究提供了难得的素材，拓展了研究团队的学术视野，并为课题组后续研究提供了比较法意义上新的切入点。

二、农地立法构建的价值目标与功能模式

法律的价值，指在主体人与客体法的关系中所体现出来的法律的积极意义或有用性。只有当法律符合或能够满足人们的需要，在人与法之间形成价值关系时，才是有价值的。[①] 法律的价值目标，表现为广泛认同的预见和期望的法律价值关系运动的方向和前途，其在人们的法律实践中具有重要的指引和导向作用。[②] 在农地立法过程中，为了使农地法律制度的功能得以充分的发挥，应当以我国国情为基础，结合我国农村社会的发展趋势，确立我国农地法律制度的价值目标，从而更好地指导农地立法的制定和完善。法律功能，是指法律作为体系或部分，在一定的立法目的的指引下，基于其内在结构而与社会单位所发生的，能够通过自己的活动（运行）造成一定客观后果，从而体现自身在社会中的特殊地位的关系。只有认清法律在法治秩序中的功能定位，才能设计和部署目前及今后走向法治的具体措施和步骤，从而正确认识并消除中国法治之路上的诸多障碍。[③] 在实现人类追求的价值目标时，法律的功能具有工具性的特性，其存在是

---

① 范健、张中秋、杨春福编著：《法理学——法的历史、理论与运行》，南京大学出版社1995年版，第169页。

② 谢鹏程：《基本法律价值》，山东人民出版社2000年版，第18页。

③ 付子堂：《法律功能论》，中国政法大学出版社1999年版，第10页、第12～13页。

人类从事一切活动的前提，而且法律的功能也可以为人类法律的价值目标的实现提供条件，法律的价值正是有赖于法律的功能为之服务才能够实现其目标。当然，法律的价值目标对法律的功能定位具有指导作用，法律价值目标指向的不同将直接决定法律制度功能定位的差异。

（一）农地立法的价值目标

在我国，农地立法的价值目标体现在以下几个方面：

1. 自由

在农地法律关系中，必须以“人”即农民为价值依归，促使农民的各种合法权益的实现，这就需要农地法律制度以自由为其价值基础。具体而言，就是通过农地法律制度的构建，使农民从“生而为农”的身份烙印中走出，摆脱土地对农民的天然束缚，改善农民终其一生对土地的依赖状况，还农民自由之身，实现农民的迁徙自由、就业自由和对土地权利的市场交易自由，真正在农村社会做到“从身份到契约”的转换，使“农民”一词从身份之标志转换为职业之表征，保障农民的各种合法土地权益得以充分的实现。

2. 平等

平等是民法产生和发展的理念基础，平等原则是民法的基本原则。按照马克思主义的平等观，平等主要指在社会中人与人处于同等的社会地位，享有同等的权利，从一般意义上来说，就是在法律上相同的人同样对待。在农地立法中，平等的价值目标可以从两个方面分析：其一，是农民与城市居民的平等对待问题。这种意义上的平等与上文所述自由属于一体两面。其二，是农民相互间的平等问题，其主要包括全体村民平等享有土地权利和男女平等享有土地权利。例如，这种意义上的平等要求在考虑妇女与新增人口的生存权与发展权的基础上，对农地权利的配置作出符合农村社会实际的制度安排。

3. 效率

在农地立法过程中，应当追求“物尽其用、地尽其利”，使土地能够提供最多的产出，以便农民得到更多的利益。但是，在农地立法的研究中，一方面，不应偏袒于经济学意义上的产出最大化之效率理念，而主要关注法律意义上的效率之体现，即实现在法律的“公平”原则基础上的效率追求；另一方面，应使法所追求的应然之价值预设转化为实然的规则体系之运作，并将效率定位于农地法律制度的运行过程，从而为满足法律关系主体之需求创造机会和条件。因此，作为农地法律制度的价值目标之一的“效率”，意在通过合理的权利模式之选择与体系化的规则之设计，使土地所承载的实现农民基本权益、保障农民发展前景的功能得到充分发挥，使农地制度在权利体系构建和规则设计上优化农地权利的配置、提升制度运行各环节的效率。前者主要体现为农村土地承包经营权的物权性的强化、农民作为法律关系的一方平等主体独立参与农地征收过程等，后者主要表现为建立农民集体行使所有权的合理制度，促使土地承包经营权在包括抵押、转让等多种方式下充分流转等。除此之外，我们还应在保护耕地的前提下注重提高土地利用的效率与强度，并通过科学的制度安排推动土地整理规制，避免土地的过分分散导致的低效或无效益，以促进农地资源的有效利用，进而产生强农惠农、土地增收的作用。①

4. 秩序

一般认为，法律应当通过一系列的规范为人的活动确定界限，使一般社会主体能够据此对自己行为的法律后果进行预先估计，从而选择对自己无害的行为方式，但更重要的，法律必须寻求一种有利于其运转的制度环境，致力于达成一种良好的社会秩序。人类社会秩序是社会主体之间相互作用、相互制约、遵循社会规范而形成的一个稳定的、连续的、有机的统一状态，它具有一致性、确定性、规范性的特征。社会秩序是人类存在和发展的必要前提，是人类社会生活有序进行的重要保障。② 在农地立法中，应当构造促进农村社会持续发展、保障农村经济快速增长、解决农民生活贫困的社会秩序，否则，农地问题乃至“三农”问题的解决会面临重重困难，各种有利于农民权益保护的法律和政策也将难以践行。

由于“法律规范人的行为主要依靠人与人之间的利益抗衡，”③ 而法律关系的主体又往往因其需求的多样性而基于不同的利益对法律表现出不同的期待和价值追求，从而导致法律的价值目标之间产生交错和冲突，故立法者必须对审慎地考虑不同价值目标的作用领域，权衡各种价值目标之间反映的利益关系，寻求保护不同法律主体的利益追求及其相互之间的利益平衡得以实现的路径。在农地立法中，自由、平等、效率、秩序反映了各种利益主体的不同价值取向，我们认为，农地法律制度的构建应当以平等为基础、以自由为追求、以效率为动力、以秩序为保障。

（二）农地立法的功能模式

根据我国目前的基本国情和制度环境，农地法律制度应当具有下述几项

① ［葡萄牙］Maria da Glória Garcia：“葡萄牙农地法律制度的演变”，载《“农村土地立法问题：国际经验与中国实践”国际研讨会论文集》，中南财经政法大学中国农村土地法律制度研究中心，2008 年 4 月，第 39 ~ 40 页。

② 辛鸣：《制度论——关于制度哲学的理论构建》，人民出版社 2005 年版，第 118 页。

③ 付子堂：《法律功能论》，中国政法大学出版社 1999 年版，第 82 页。

功能：

1. 政治功能

作为不动产的土地，对每个国家和民族乃至每个人都具有巨大的政治意义，故各国（地区）土地法律制度的构建，均承载着较强的政治功能。反映在我国农地法律制度的构造上，首先就要求在不触动当前宪法确立的所有制关系的前提下，通过对农地权利的体系化设计，明确各种农地权利的享有者，促使其高效运行，并强化其保障。换言之，我国应当淡化或化解国内外学界有关农地归属的公有制与私有制之论争，坚持土地的社会主义公有制的基本经济制度，在现有政治框架内促成农地权益效率的提升。

2. 社会功能

“实现社会和谐，建设美好社会，始终是人类孜孜以求的一个社会理想，也是包括中国共产党在内的马克思主义政党不懈追求的一个社会理想。根据马克思主义基本原理和我国社会主义建设的实践经验，根据新世纪新阶段我国经济社会发展的新要求和我国社会出现的新趋势新特点，我们所要建设的社会主义和谐社会，应该是民主法治、公平正义、诚信友爱、充满活力、安定有序、人与自然和谐相处的社会。”[①] 可见，以人为本的和谐社会是我国发展的理想前景。农地法律制度的构建正是这样一种社会发展蓝图制约下的规则模式之呈现，其具体表现为农地权利配置与体系构成、权利运行和救济机理之完善，以及农地承载的社会保障问题之解决等。可以说，农地立法的社会功能要求通过强调农民土地权益的赋予及保障，提升农民的社会地位，保障农民的幸福生活，从而为促进农业与其他产业、农村与城市的和谐共存创造条件。

3. 经济功能

法律的经济功能，是指法律对社会经济关系和经济活动直接发生影响的能力，其目的在于建立和维护一定的社会经济关系和经济秩序。[②] 根据 1993 年《宪法修正案》第 7 条的规定，我国实行的经济体制由计划经济变为市场经济，因此，在我国农地立法中，应充分体现社会主义市场经济的精神，承认农民集体及其成员的物质利益，保护他们对财产的进取心，同时，确认和保护农民集体及其成员享有合法土地权益，鼓励他们为提高经济效益而占有、使用或转让土地权利。这些体现农地立法经济功能的要求同样有着比较法上的依据。受欧盟指令的调整，欧盟国家之间的土地使用呈现出更加开放的姿态，即它们必须向其他成员国开放农地市场，允许农地的自由买卖、租赁和抵押，以实现农地资源

① 胡锦涛：“深刻认识构建和谐社会的重大意义”，载《人民日报》2005 年 2 月 20 日，第 1 版。

② 赵震江主编：《法律社会学》，北京大学出版社 1998 年版，第 262 页。

的优化配置。[①]

农地法律制度的政治功能、社会功能和经济功能是一个有机的整体，故在农地立法中应当统筹考虑，缺一不可。为了给农地立法的价值目标的实现充分创造条件，在我国应以农地法律制度的政治功能为前提，以经济功能为基础，以社会功能为保障。

三、农地权利体系的梳理与整合

（一）现行农地权利类型之梳理

根据我国现行法律制度的规定，农地权利类型主要包括集体土地所有权、土地承包经营权、宅基地使用权、集体建设用地使用权和自留地、自留山使用权[②]等。

集体土地所有权，是构建农地权利体系的基石。按照物权法原理，他物权必然产生于自物权即所有权，自物权是他物权之母权；无母权则无他物权。因此，其他农地权利类型均由集体土地所有权所派生。[③] 尽管《宪法》、《土地管理法》、《物权法》、《农村土地承包法》等对农村土地所有权归属状况的规定非常明确，即除法律规定属于国家所有的以外，属于农民集体，但集体土地所有权在实践中却被有意无意地轻视甚至忽视了。根据课题组关于农户对农村土地所有权归属状态之认识的调查，认为承包地所有权属于村集体（村民委员会）的受访农户仅占29.57%，其中四川、贵州、河南、黑龙江、湖北、湖南6省的受访农户认为承包地所有权属于村集体（村民委员会）的均低于20%。可见，集体土地所有权在实践中已经被严重弱化。这种状况，在本课题主持人组织的2001年教育部“十五”规划人文社科研究项目——“农村土地法律制度研究”——的调研中有近似反映，[④] 最近5年来该状况并未有明显改变。

土地承包经营权，是土地承包经营权人对其依法承包的土地享有的占有、使用、收益的权利。[⑤] 该权利是当前农民享有的一种重要的土地权利，也是社会各

---

① ［阿根廷］Claudio Marcelo Kiper：“阿根廷农牧业土地的利用、收益和开发的法律形式”，载《“农村土地立法问题：国际经验与中国实践”国际研讨会论文集》，中南财经政法大学中国农村土地法律制度研究中心，2008年4月，第14～17页。

② 在课题组调查的湖南省湘潭县茶恩寺镇不少村如护湘村都拥有大片的自留山，多达数千亩，主要种植竹子，是当地竹器加工业的主要原材料。

③ 崔建远：《准物权研究》，法律出版社2003年版，第88页。

④ 陈小君等：《农村土地法律制度研究——田野调查解读》，中国政法大学出版社2004年版，第5页。

⑤ 参见《农村土地承包法》第125条之规定。

界最为关注的农地权利。但在社会实践与法律制度层面，土地承包经营权制度都存在诸多问题，影响了其基本功能的正常发挥。从土地承包经营权权利变动这一角度可以把各问题分为以下情况：在取得阶段，如何保障包括妇女在内的新增人口平等获得该基本经济权利，从制度层面解决一户中人多地少和人少地多的不公平现象。在流转阶段，如何促成土地承包经营权在流转主体宽松界定、流转内容自愿、流转方式多元、流转效力肯认、流转纠纷解决等方面全面实现流转自由的问题；[①] 从比较法的角度看，我国农地法律制度的建构，也应于通常的农业使用领域内赋予农地直接使用人广泛的权利，并倡导鼓励农地的正常合理进行以农业用途为目的的流转。[②] 在土地征收中，土地承包经营权作为独立征收客体加以充分、有效保护的问题。面对土地承包经营权制度设计问题，相当一部分民法学者以此作为解决集体土地制度之弊端的契机，积极从私法角度献计献策，从而进一步促进了土地承包经营权制度的完善。

集体建设用地使用权，是指乡（镇）村集体经济组织投资或集资，兴办乡镇企业及进行各项公益事业、公共设施等非农业建设而使用土地的一种用益物权。根据《土地管理法》第 43 条的规定，集体建设用地使用权主要涉及兴办乡（镇）企业、村民建设住宅[③]或者乡（镇）村公共设施和公益事业三类用地，其他任何单位或者个人进行建设需要使用土地的，必须依法申请使用国有土地。依照上述规定，农民个体工商户兴办工商企业的用地，也应在申请经批准后使用国有土地。这种不甚切合本土农村实际的制度设计，在实践中引发了大量规避法律的现象。另外，集体建设用地使用权的流转（包括抵押）也受限于法律的规定，既违反了物权法平等一体保护原则，也限制甚至是剥夺了农民集体对土地所有权、土地利用权的收益权能和处分权能，损害了农民集体及其成员农民的合法权益。[④] 可见，该种类型农地权利的法律规范还很不完善，亟待加强。

---

① 耿卓："农地承包经营权流转自由之实现"，载《甘肃政法学院学报》2009 年第 1 期。

② ［阿根廷］Claudio Marcelo Kiper："阿根廷农牧业土地的利用、收益和开发的法律形式"，载《"农村土地立法问题：国际经验与中国实践"国际研讨会论文集》，中南财经政法大学中国农村土地法律制度研究中心，2008 年 4 月，第 14～17 页；［摩尔多瓦］Sergiu GOJINETCHI："摩尔多瓦对农村土地制度的立法概况"，载《"农村土地立法问题：国际经验与中国实践"国际研讨会论文集》，中南财经政法大学中国农村土地法律制度研究中心，2008 年 4 月，第 50～51 页。

③ 需要说明的是，虽然根据《土地管理法》的规定和法理的逻辑，宅基地使用权为集体建设用地的一种，但鉴于《物权法》在"用益物权"编以"宅基地使用权"为题做了专门规定，把其定位为一种独立的有别于建设用地使用权的独立用益物权类型，本研究报告在论述时也将宅基地使用权与集体建设用地使用权分别论述。

④ 值得肯定的是，广东省在此方面率先做了积极有益的尝试。广东省根据本省的社会现实、相关实践经验以及本省的社会、经济发展需求，于 2005 年出台了《广东省集体建设用地使用权流转管理办法》，为集体建设用地使用权的流转在制度完善及实践方面均做出了有益探索。

宅基地使用权，是农民因建设住宅而无偿取得、使用集体土地所形成的独立类型的用益物权。宅基地使用权与农民集体成员的资格紧密地联系在一起，具有社会福利和社会保障功能，且包含宪法所赋予农民之生存权这一重要内涵。但对于这一重要权利，我国现行法律的规范却非常原则，缺乏可操作性，而且法律所规定的一些审批程序在实践中也被大打折扣，以致在同一地甚至同一村不公平现象时有出现。

地役权是《物权法》以专章形式规定的一项较有代表性的新制度。[①] 根据《物权法》第156条的规定，地役权是指不动产权利人按照合同约定利用他人不动产以提高自己的不动产的效益的权利。尽管从严格意义上说，在《物权法》颁布实施以前，我国是不存在地役权的，但从宽泛意义上看，无论该法是否颁布，都存在地役权性质的解决方案。由于地役权内容极其宽泛，种类繁多，和人们的生产、生活息息相关，因此了解地役权的实际运行情况，梳理社会实际生活对地役权的需求以及其中存在的问题，在法律上给予回应和解决是我们亟须完成的课题。

自留地、自留山使用权。自留地、自留山是在进行农业、农村社会主义改造、推进合作化的过程中，土地由农民私有转化成公有后遗留给农民自用并可以自由支配的一类土地。自留地、自留山“在‘大跃进’和人民公社化浪潮的推动下，合作化时期留给社员的自留地曾被收归公社所有，从耕作用途上看，它一般被辟为公共食堂的菜园，并随政治环境的变化而变化，时而被下放给社员，时而又收归集体。这种反复在1958～1962年表现最为明显”。[②] 也就是说，自留地、自留山最初以资本主义的尾巴——农民个人私有——的形式遗留了下来，在以后的历次政治运动中最终被革除，进而实现了所有权与使用权的分离：所有权归农民集体，使用权归农民个人。当前除了《宪法》对自留地、自留山使用权有所涉及和《物权法》将之确定为不得抵押的财产外，[③] 现行法律对自留地、自留山使用权的规范几乎是空白。因此，我国理应在未来的农地立法中对自留地、自留山使用权明确定位，从而将其纳入法制化轨道。

---

① 需要说明的是，虽然本课题组开始第一轮大规模农村社会实地调研前《物权法》即已颁布，但此次调研中并未设计关于地役权的问题，不过，本课题组成员通过深度访谈对地役权在农村的使用情况进行了较为深入的了解。

② 黄荣华：“农村地权研究：1949～1983——以湖北省新洲县为个案的考察”，复旦大学2004年博士学位论文，第99页。事实上，在改革开放初期，自留地、自留山也同样因中央和地方相关政策的出台与变动而产生了反复，如在辽宁省东港市。参见杜江等：《对东港市自留山历史遗留问题的探讨》，载《现代农业科技》2009年第4期。

③ 《宪法》第10条第2款后半句规定：“农村和城市郊区的土地，除由法律规定属于国家所有的以外，属于集体所有；宅基地和自留地、自留山，也属于集体所有。”《物权法》第184条规定：耕地、宅基地、自留地、自留山等集体所有的土地使用权不得抵押，但法律规定可以抵押的除外。

农地使用权之抵押权。在理论上，我国农地用益物权因流转需要可适用担保物权中的抵押权制度自不待言，但实际上法律却采取了基本禁止的十分谨慎的立法态度，其是否具有正当性，在我们获得调研数据和深度访谈素材后，颇令人深思。我们以为，一个开放的法制建设中的中国，如给弱势的农民群体让利，农地流转之抵押制度的适用应为题中之义。因此，抵押之担保物权纳入农地权利的体系范畴正当其时。

上述各种农地权利虽然在法律中有或多或少、或粗疏或细密的规范，但农地权利的体系化要求和农村社会的实际需要深入探究，其各种权利在构建上的不足之处值得检视，极具整合之必要。

（二）农地权利体系之整合

对现行农地权利进行有效整合是农地权利体系立法构建的基本前提，也是本课题后期研究中提供农地法律制度示范文本的重要基础。就我国现行农地权利类型而言，其体系化构建应当以农地立法的价值目标为指引，既要考虑农地权利类型的完整，又要尽可能使各种农地权利的内容充实，从而促使农村法律的制度功能的完满实现。

1. 集体土地所有权

在我国现阶段，集体土地所有权是在一定的范围内为了全体成员的整体利益，由全体成员以集体或集体组织的名义享有土地所有权，并在集体利益的基础上实现成员的个人利益。由于村集体所承载的行政职能淡化了其私权属性，当村集体的“所有人角色”更多地为完成政治上的职能时，所有者的角色就当然为公法所吞没。[①] 同时，法律缺乏关于单个农民作为集体成员的一分子通过何种途径参与到集体土地所有权的行使中去，分享行使土地所有权带来的收益的规范，致使农民未能合理享受到集体土地所有权的利益。上述情形已经影响到农民对集体土地所有权归属的期望。根据课题组的调查可以看出，有46.41%的受访农户倾向于承包地最好归个人所有，而访谈材料显示，该情形在一定程度上既与不少农民混淆了集体土地所有权与土地承包经营权的性质有关，又与集体组织虚有、弱势及不称职有关，也反映了集体成员对集体土地所有权所蕴含的收益权能、排他效力的强烈而朴实的渴求。因此，在关于集体土地所有权的制度设计上须切实赋予其作为所有权应具有的权能内容，特别是在国家征收农村土地的制度设计方面，应充分尊重集体土地所有权的处分权能和农民集体基于土地所有权的收益

① 陈小君等：《农村土地法律制度研究——田野调查解读》，中国政法大学出版社2004年版，第9页。

权，切实保障农民集体具备运作的经济基础。

根据法律的规定，农民集体是农村土地所有权的主体，但从我国当前农村土地所有权的运行状况来看，集体土地所有权在实践中出现了主体虚位、错位、收益被剥夺、保护力度不够等诸多问题，亟待解决。而且，由于受到以物的“利用”为中心代替以物的“所有”为中心的思想的影响，出现了淡化所有权或集体所有权虚无的趋势，这对作为农村土地所有权主体的集体利益的保护十分不利，使集体土地所有权的功能难以彰显，进而直接影响到土地承包经营权权益的全面落实和农民其他权益的保护。因此，以集体土地所有权制度的变革为切入点，对推动农村土地法律制度的完善和保障农民合法土地权益的实现具有不言而喻的特殊意义。

2. 土地承包经营权

土地承包经营权是家庭承包制的产物，是农民集体成员作为集体土地所有人一分子所应获得的一项独立财产权，是他们就业并获得生活来源与保障的主要法律手段，也是农民生存权乃至发展权内容的体现。该权利是当前国家政策、法律规范和社会关注的重点，也是学界研究的焦点。

就土地承包经营权而言，其主要存在两个问题：一是权利的自主行使问题；二是无地农民对享有土地承包经营权的期盼。随着法律、政策对农民土地权益保护的日益强化和农民法律意识的提高，目前农民对农地承包经营自主权的认识更明确、坚定，要求也更加强烈、充分，警惕非法干预的自我保护意识明显增强。同时，外在社会环境也在改善，村集体和基层政府对土地承包经营权自主性的认可程度有所提升，法律上物权性质的确定，使对该权利的保护也更为有效。但基于改革开放中形成的“增人不增地、减人不减地”政策约束，如何使未承包到土地的农民实现享有土地承包经营权的问题，仍然是实践中的一大难题。

根据课题组对“增人不增地，减人不减地”的农地政策的调查，仅有25.90%的受访农户认为该政策“好”，而认为该政策不好的受访农户则高达56.03%。因此，充分保障无承包地的农户与失地农民是农地立法中一个不可回避的难题。有学者指出，可以变集体成员通过承包土地而获取福利和体现所有人一份子的身份为集体成员从农民集体分得一定地租来获得福利和体现所有人一份子的身份，变责任田经营系集体成员唯一的或主要的就业途径为普通或次要途径。[①] 也有学者明确主张，将农民集体改造为股份合作社法人，在社员之间进行土地股份的平均配置，保证社员享有集体土地所有权之利益的平等性，同时根据

① 崔建远：“土地上的权利群论纲——我国物权立法应重视土地上权利群的配置与协调”，载《中国法学》1998 年第 2 期。

马克思主义的地租理论，规定社员承包农民集体所有的土地应当支付地租，并将该地租作为农民集体的收益在社员中按照股份进行分配，从而使无地人口也能够分享集体土地所有权之收益，以实现土地的社会保障功能，促使严格执行“增人不增地，减人不减地”的农地政策，避免在承包期限内调整承包地。[1] 本课题组通过对农村社会实践的广泛调查认为，在废除两千多年历史的“皇粮国税”即农业税后的农村，又立即以“地租”形式增加土地承包经营权人的支出，农民在感情上很难接受，哪怕是为集体谋利也难以实行，而目前许多地方实行的“大稳定，小调整”政策似乎更具有务实性。

3. 集体建设用地使用权

集体建设用地使用权是农村集体投资兴办公用事业、工商业（乡镇企事业、村办企业）或农民兴办工商业（各种形式的企业）的建设房屋等使用集体土地而形成的土地使用权，具体包括乡村企业和公用事业用地的使用权[2]。对于该制度，法律并未给予足够的规范，《物权法》也通过转介条款将规制依据指向公法性质的《土地管理法》，冲淡了该权利的私权属性，没有体现私法的权利本位，影响了农民集体及其成员对该权利所生利益之公平享有。由于集体建设用地使用权的法律规范目前尚处于空白，而学界对该项权利的研究刚刚起步，本研究报告对该领域将在今后作出专项研究，后文不再赘述。

4. 宅基地使用权

宅基地使用权在《物权法》“用益物权”编被专章规定，凸显了该权利的私权之用益物权属性，值得肯定。需要特别指出的是，宅基地使用权是与农民具有切身利益关联的重要的土地使用权，是对农民居住环境的基本保障，也是农民生存权的内容之一，其配置合理与否关系到农村社会稳定、农村经济发展和农民生活安定。由于我国当前有关法律规定限制了宅基地使用权的流转，造成了土地资源的浪费，阻碍了经济的发展，并且催生了宅基地使用权隐性市场，扰乱了社会经济秩序。对于农民而言，尽管该权利是如此理所当然和必需，但限于理论研究的浅陋，对宅基地使用权的取得（分配及其标准）、流转（包括抵押）等的规定，有必要反思和检讨，并应当认真思考在实践中完善审批程序，解决宅基地使用权制度中存在的诸多问题。其中，就“一户一宅”之规定，[3] 考虑到土地利用

---

① 高飞：“集体土地所有权主体制度研究”，中南财经政法大学 2008 年博士学位论文，第 189 ~ 190 页。

② 这类使用权在全国普遍存在，不过其具体形式因经济发展水平不同而有较大差别。公用事业用地如修路、建校、村部办公等使用权在各地普遍存在，而工商业用地使用权主要在沿海经济发达地区则较为广泛。

③ 《土地管理法》第 62 条规定：“农村村民一户只能拥有一处宅基地，其宅基地的面积不得超过省、自治区、直辖市规定的标准。”

效率之维持与耕地保护、城乡规划等政策，应该坚持，并在制度设计上作出明确规范。

在现行法律、法规以及实践中，宅基地使用权与集体建设用地使用权相并列而独立存在，该种处理方式是不妥当的，因为两者并无本质区别。有鉴于此，未来的集体建设用地使用权的构建应包括乡村企业用地使用权、公用事业用地使用权、农民个体工商企业用地使用权及宅基地使用权等。

5. 地役权

一块土地的有效充分利用往往离不开对其他土地的适度使用，因此，作为人类生产生活基本物质基础的土地等不动产，欲实现“物尽其用、地尽其利”的目标，在实践中除了相邻关系提供的有限保障手段外，往往离不开地役权提供的制度安排。《物权法》专章规定地役权，其通过张扬地役权在不动产利用中的重要功用，凸显了地役权的私权之用益物权属性，对物权体系之构建可谓意义重大。

在社会实践层面，乡村地役权主要存在于以下领域：一是房屋建筑而生的地役权；二是土地灌溉耕作方面的地役权；三是宗族传统文化习俗引生的地役权。[①] 其存在方式大致可以分为以下三种：其一，以相邻权（相邻关系）的形式表现出来，即名为相邻权而实为地役权；[②] 其二，将地役权的功能内化在农村土地制度之中，即以集体所有制下的公共道路通行权与水利设施利用权以及土地承包经营权的流转与调整来替代实现地役权的功能；其三，以基于利益关系相对简单、权利意识相对淡漠出现的非权利（法制）化途径如感情通融，这在一定程度上消解了地役权制度适用空间。

6. 自留地、自留山使用权

自留地、自留山使用权在我国不少地区仍然存在，该权利主要因客体的特殊性而形成不同于一般的以农业耕作为目的的土地承包经营权。尽管自留地、自留山使用权的权利内容与土地承包经营权等用益物权在根本上是一致的，但其与土地承包经营权相比在法律依据、取得、流转、权能以及是否有偿等方面都存在差别，故应该将其作为一种独立于土地承包经营权的用益物权类型。鉴于法律规范方面存在空白，未来农地立法应当对该权利的获得与运作予以明确规制。

7. 抵押权

担保物权，是为确保债权的实现而设定，以直接取得或者支配特定财产的交

---

① 王德庆：“清代土地买卖中的‘除留’习惯——以陕西紫阳契约与诉讼为例”，载《唐都学刊》2006 年第 2 期。

② 在《民法通则》颁布到《物权法》出台这个阶段，地役权虽然没有在立法上得以确立，但与之有密切关联的相邻关系已经有了初步的规定。而学界也多从相邻权角度对相关社会问题加以研究。参见梁慧星、陈华彬：《物权法》，法律出版社 1997 年版，第 271 ~ 282 页。

换价值为目标的重要权利，《物权法》第四编专章设有抵押权、质权和留置权三项担保物权。随着社会主义市场经济的发展，以债的形式发生在民事主体间的经济联系日益频繁，保障债尤其是合同之债的履行，对于鼓励交易、增加财富和维护经济秩序，至关重要。在理论上，我国农地用益物权因流转需要仅可适用担保物权中的抵押权。但实际上，该项制度却基本没能走进农村土地权利保障的视野，被排斥在政策和立法正式安排之外。

本课题组成员无论是在几年前的还是本次的十省调研中均了解到，通过抵押方式流转土地承包经营权的情况在民间早有市场。在课题组提出“你们村农地（田）流动有哪些方式?”问题时，有八个省的农户反映有抵押方式，平均选择“抵押”的受访农户占 4.39%，平均选择希望能够以抵押方式流转农地的占 13.62%。甚至在黑龙江省有 22.10% 的受访农户表示抵押方式在本村存在，且有 40.33% 的受访农户希望能够以抵押方式流转，其他省受访农户其对“希望能以抵押方式流转”题的选择比率均明显高于对实际抵押流转题的选择比率，说明各省农户对农地抵押制度有迫切的要求。[①] 对于已存在的农地抵押实际运行程序和管理，各省极不统一：在山东省，承包地可以抵押，但一律要经过政府批准，说明当地政府对抵押的管制非常严格；而在农地抵押较开放的黑龙江省，受访农户的 80% 反映双方签订抵押合同即可。随调研问卷开展的深度访谈也证明了，在一个开放的现代社会，大多数中国农民对抵押制度的实施意义特别是法律后果已有比较清醒的认识。有相当一部分农民在受访中表示，之所以未选择农地流转的抵押方式，一方面是担心农地风险可能对自己的实际利益产生不测影响，另一方面也担心政府的管制。可见，在当下农村社会，农民较少以土地承包经营权进行抵押更多是基于实然的考虑，并非不需要改制。

有鉴于此，在农地权利体系中，担保物权制度理应进入农地立法全面考虑和构建的视野，以保障广大农民和集体能真切感受到担保权对于土地承包经营权、宅基地使用权抑或集体建设用地使用权乃至地役权等一系列用益物权所带来的“物尽其用”的实惠或利益。

考虑到实践中抵押主要是在土地承包经营权流转时需求最多，对加快推进农地的增值最直接和最有必要，加之农民已具有适用之心理预期，其需要配套的制度设计问题较之宅基地使用权等农地上的权利则简单许多等多重因素，因此，抵押权在农地权利适用时，当选土地承包经营权为其立法展开之突破口或进路，进而有条件的辐射适用于其他农地权利。

8. 其他农地权利

除上述权利类型外，在农地上还存在其他权利类型，如以集体土地为基础产

① 参见本课题调查总报告的相关材料。

生的征收征用补偿权、对农地债权性利用形成的债权性权利、农民的社会保障权和成员权（社员权）以及土地发展权等权利。

征收征用补偿权是农民集体及其成员在基于公共利益的土地征收征用中，享有要求国家对其予以公平补偿特别是合理补偿的权利。为使农民集体及其成员充分享有征收征用补偿权，并保障征收征用补偿权的实现，抵制征收征用权的滥用，应明确赋予农民集体及其成员参与协商、谈判的权利以及参与形成合理补偿过程的权利。

利用农地的债权性权利，一般以合同的形式出现，故直接适用《合同法》的规定即可。

关于社会保障权，农民表达出强烈的需求。[①] 而健全的社会保障制度的建立，首先需要解决的就是资金问题。由于在农村社会，集体经济实力、财力处于虚无状态；农户自身经济能力十分有限，故要完善农村社会保障制度，提高农民的社会保障水平，必须借助外力，因此，现实要求国家成为建立社会保障制度的主导力量。农村、农业对城市工业的多年强有力的保障与支持为国家现代化付出了几代人的努力，在中国发展进入现代化、信息化、国际化的时候，工业、城市反哺农村、农业正当其时，并应持续相当时日。可见，基于中国农村、农业的广泛性、弱质性、基础性的特点，决定了农民应当对国家享有请求提供一定社会保障资金的权利，失地农民更应如此。[②]

农民作为集体经济组织的成员，其应还享有成员权，通过成员权的正当行使，农民参与到集体事务的决策，从而分享集体的收益。不过，在现实生活中，农民的成员权的实现与行使与集体经济组织常年纠缠不清，实现路径也还有待疏通。尽管《物权法》对代表农民集体行使所有权的组织进行了规范，但集体经济组织的虚无以及经济功能被村委会（自治的政治性组织）所取代，导致农民对集体经济组织的认可度比较低。因此，必须在法律上规范农民个体于其所属农民集体中的成员权，使农民个体享有土地所有权利益，同时明晰农民集体意志的归属和意志的表达程序，建立农民集体行使土地所有权的路径，使该权利之行使真正体现全体集体成员的意志力量，以避免被个别人、个别组织所操纵。

土地发展权是指集体及其成员改变土地现状用途和强度等利用方式，进行非农建设开发过程中动态的权利归属与利益分配，以落实土地用途管制，耕地与环

① 根据课题组的调查，有 96.57% 的受访农户认为应建立农村医疗保险制度，有 94.36% 的受访农户认为应建立农村养老保险制度，有 86.88% 受访农户认为应该建立农民失地保险制度。

② 国务院在《关于在全国建立农村最低生活保障制度的通知》中明确提出："农村最低生活保障资金的筹集以地方为主，地方各级人民政府要将农村最低生活保障资金列入财政预算，省级人民政府要加大投入。地方各级人民政府民政部门要根据保障对象人数等提出资金需求，经同级财政部门审核后列入预算。中央财政对财政困难地区给予适当补助。"

境保护政策的基础性财产权与制度设计。[1] 因土地资源在一些场合如征收征用、规模化经营中显示出其所蕴涵的巨大经济效益，农民集体已经充分认识到土地资源对自身利益的重要性，但却未享有该种发展权所生之利益，农民作为成员更谈不上分享了，并且这在法律上也没有相应的规范。而源于西方的土地发展权理论却是一种可以借鉴的理论解释模式，[2] 并可依此理论进行相应的制度构建。土地发展权作为一种对土地因改变用途而激增的价值的法律表达，主要用于国家征地中补偿利益分配的解释。在物权平等保护原则下，该理论还可以进一步解释集体建设用地使用权流转的正当性，更充分体现了“还权于民”的思想。[3]

9. 农地权利体系的层次

在上述各种农地权利中，集体土地所有权为原权利，这是第一层次的权利，处于农地权利体系的核心。以集体土地所有权为基础，将派生出土地承包经营权，集体建设用地使用权，宅基地使用权，地役权，自留地、自留山使用权和债权性农地使用权，这是第二层次的权利，是农地权利体系的基础。同时，由集体土地所有权衍生出征收征用补偿权、农民的社会保障权和成员权、土地发展权等是第一、二层次各种农地权利实现的保障，其处于农地权利体系的第三层次，是农地权利体系的外围支柱。总体来说，农地上权利构成了集束且丰富的土地权利群体系，由于该体系的构建源于实践，故其将随着实践的发展而不断变化。我们既要从权利构造、运行及救济这个实践的逻辑脉络展开较为抽象的宏观探讨，同时，还须就各种具体权利的不同运行阶段进行深入细密的专门研究。

（三）权利主体的利益实现

民事权利的设定大多体现了主体一定的利益目的，即主体为了追求一定的利益而从事一定的民事活动而取得权利。没有利益，民事权利的设定就失去了意义。[4] 因此，农地权利体系的构建必须考虑促进权利主体的利益实现。在我国，农地权利的主体主要包括农民集体与农民个人，而双方主体角色多重、力量对比

---

① 孙弘：《中国土地发展权研究：土地开发与资源保护的新视角》，中国人民大学出版社 2004 年版，第 7～8 页。

② 土地发展权制度的建立始于 1947 年英国《城乡规划法》。该法规定，一切私有土地将来的发展权移转归国家所有，但国家必须支付相应的对价；美国在分区制度基础上，创立了可转让的发展权制度，即土地发展权归属于土地所有者且是一项定量的可转让的财产权。法国、德国、意大利、加拿大、新加坡、韩国以及我国台湾地区等陆续建立了土地发展权制度，或类似于土地发展权的土地开发管理制度。参见孙弘：《中国土地发展权研究：土地开发与资源保护的新视角》，中国人民大学出版社 2004 年版，第 7～8 页。这两种立法模式尽管有所不同，但都以保护土地所有人的合法权益为核心和目的。这也说明，农民集体作为土地所有权人同样应享有该种权利所生之利益。

③ 陈小君：“新土改应突出农民主体意识”，载《南方农村报》2008 年 10 月 9 日。

④ 王利明：《民法总则研究》，中国人民大学出版社 2003 年版，第 204 页。

失衡、行动目标与策略各异，故为了确保农地权利所蕴涵的利益得以实现，必须理顺农民集体与农民个人的法律地位及相互之间的权利义务。所以，本研究报告以上述农地权利体系的构造为依据，在努力反映农村社会的发展要求的基础上，对农民集体与农民个人的利益实现途径进行分析。

1. 农民集体的利益实现

集体土地所有权，不但发挥着巨大的经济功能，而且还发挥着为九亿多农民从生存到养老提供保障的社会功能以及对抗公权力干预、限制私权实现时的防御功能。这三项功能存在内在的关联，其中经济功能的发挥一方面是为了维持集体自身的正常运作，为农民集体行使土地所有权、表达其独立意志奠定物质基础，使其有力量对抗公权力的不当干预，充分有效地发挥私权本身内在的防御功能；另一方面土地的经济功能为其社会功能——从生存、养老到医疗、教育提供社会保障——的发挥提供物质上的条件。不仅如此，依托于社会保障功能，农民集体在发挥土地所有权防御功能时，又为经济功能的实现提供有力保障。

然而，尽管农民集体是农地权利的重要主体，但我国法学界对其法律地位的理解存在诸多争议，法律上也没有农民集体作为农地权利主体的可操作性规范，因此，关于农民集体享有的农地权利之实现的研究基本上是一个理论空白，理应展开深入、系统的探讨。① 其中除了科学构造集体土地所有权主体外，从自身运作、权利行使条件以及物权法的基本原理来看，农民将来在取得土地承包经营权、集体建设用地使用权与宅基地使用权等土地权利时，均应支付相应的对价（表现为地租、缴费等形式）。因为只有一定的经济实力和物质基础，集体才能维持自身正常运作，发挥各项职能，为集体成员，即农民服务。②

当然，就土地承包经营权而言，党和政府为减轻农民负担，增加农民收入，相继彻底取消了农业税及其他税费，有其正当性，但就学理而言，国家通过取消课加在农民身上公法负担的方式剥夺了农民集体对农村土地所有权的收益权能，并不利于集体的壮大与发展。对于具有生存权性质的宅基地使用权，近期来看，继续坚持无偿取得原则有其必要性与合理性，是符合实际的。但从长远来看，根据土地所有权的法律属性和市场经济的要求，宅基地使用权作为设立在农民集体

① 法律的制定是为了法律的运行，但在集体土地法律制度的研究中，不少已有成果脱离制度发展的宏观背景，忽视影响制度构建的特定的时空环境，缺乏对集体土地权利运作的深入探究，故作为农地权利主体的集体制度的可操作性构建方案仍然暂付阙如。本课题组已有成员对集体作为农地权利主体的运作现状进行了细致研究，并对相关的制度完善提出了若干建议，具体内容参见高飞：《集体土地所有权主体制度研究》，中南财经政法大学 2008 年博士学位论文，第四、七章。

② 以上所述只是一种应然情况，在社会现实中，还必须建立科学、完善的监督机制，保证集体仅仅服务于农民。

所有的土地上的用益物权，应支付对价，切实体现和保障农民集体作为土地所有权主体所应享有的收益权能的需要，这也是充实农民集体、增强其服务能力的必然要求，也有利于农民集体资金的筹集，且有助于提高土地的利用效率。同时，宅基地有偿使用还是宅基地使用权有序流转的必要条件。[①]

不过，因为农民集体作为集体土地所有权之主体时概念内涵模糊、缺位和利益虚化，[②] 加之在一定条件下国家公权力的强势介入和农民个体的“原子化”[③]，致使集体土地所有权制度形同虚设，成为具文。要有效地发挥集体土地所有权的制度功能，应当把集体土地所有权的主体改造为一个实在的经济组织，确实赋予其经济职能，并能够通过行使包括土地所有权在内的各种权利获取收益，为其正常运转奠定经济基础。在具体运行机制上似可充分利用村民委员会的现有资源，借鉴政治生活中的“议”与“行”、经济领域中的公司治理结构原理等，“明确村民委员会的法律地位，将其改造为集体组织的真实代表机关，进而脱离政治职能赋予的繁杂事务，行使经济组织的职能。”[④] 不过，以法律肯定农民集体有向农地使用权人收取地租的权利的命题，需加强调研论证，并考虑通过努力完善配套制度为农民集体该权利的确立积极创造条件，走好“平衡木”，尚不必操之过急。

2. 农民个人的利益实现

农民作为农地权利的主体，除享有成员权之外，其主要还享有土地承包经营权、宅基地使用权、地役权和自留地、自留山使用权等。

在土地承包经营权中，应当关注农民享有的成员权的具体内容及表现形式，将该权利的实现与土地承包经营权的取得相联系，并以农民的生存权和发展权的实现为目标，以成员权的享有为基本前提，重视对承包地调整制度的完善。同时，考虑到土地公有制的特性，集体土地所有权不能转让，应当强化各种土地利用权的财产性，允许其在法律限定的条件下自由有序的流转，从而保障权利人享有的各种土地权益的实现，并根据具体农地权利的类型差异，赋予其相应的配套

---

① 课题组的调查表明，受访农户对于是否建立宅基地有偿使用制度的分歧较大，表示赞同的占48.4%，表示反对的占36.7%。

② 高飞：“集体土地所有权主体制度研究”，中南财经政法大学2008年博士学位论文，第66～73页。

③ 农民原子化是指在农民现代合作能力尚不具备而传统的合作方式又已解体条件下出现的弱小、孤立状态。参见贺雪峰：《新乡土中国》，广西师范大学出版社2003年版，第60页。

④ 陈小君：“农地法律制度在后农业税时代的挑战与回应”，载《月旦民商法杂志》第16期，第27页。课题组也有成员提出了将农民集体改造为股份合作社法人的思路，其主张对集体土地股份合作社法人的民法构造可以参照公司法相关成熟的制度予以设立，同时彰显其特殊性，其中，分别以社员大会、理事会作为集体土地股份合作社法人的意思机关（权力机关）和执行机关（代表机关）。参见高飞：“论集体土地所有权主体之民法构造”，载《法商研究》2009年第4期。

权利。需要说明的是，鉴于土地利用模式与社会经济条件相适应性，规模经营并非对土地的利用特别是土地承包经营权自由流转强调的唯一目的，而只是其自然产生的一个结果。事实上，即使在发达的西欧国家，主导的经营模式也非租佃经营的大农场，而是家庭农场。因此，我们在建构农地法律制度时，不能无视明显的地区差别，一味盲目的甚或强制推行农地的规模经营。

在土地征收过程中，应明晰集体与个体权利的双重属性，使农村承包经营户享有各种实体和程序性权利，以切实保障其由于土地承包经营权的丧失而置换来的失地补偿权。

同时，如何保证农村妇女公平享有土地承包权益，是一个较少受到关注的棘手问题。“从夫居”的习俗、封建思想的影响、现代教育的缺乏以及性别歧视的陋习在当代中国社会还有不少残存，直接或间接地侵害了农村妇女就业选择权，而《农村土地承包法》第30条的规定具有不可操作性，在权利主体的设定上存在明显缺陷。[①] 因此，有必要对这些法律规范进行修订。

宅基地使用权由农民集体成员享有，在宅基地上建造的自有住房的所有权属于农民。尽管《物权法》明确了宅基地使用权是一种用益物权，但其对该权利的规范却极为粗疏简略，其中既未明确宅基地使用权人能否转让以及在何种情况下可以转让宅基地使用权，也没有规范应否准许城镇居民购买宅基地使用权，这些均有待未来立法进一步完善。

地役权在农村社会的适用，自留地、自留山使用权问题，当前尚未引起学界足够的重视，故如何维护地役权人和自留地、自留山使用权人的权利须进一步深入研究。

（四）农地权利体系构建的外部约束

在农地权利实现过程中，国家无疑是一个基本的产生根本影响的主体。在农地法律关系中，国家主要以公权力主体的身份出现，其不仅对农地拥有行政管理权，而且作为宏观调控的外部主体，出于平衡多元主体之间的利益及发展社会经

---

① 《农村土地承包法》第30条规定：“承包期内，妇女结婚，在新居住地未取得承包地的，发包方不得收回其原承包地；妇女离婚或者丧偶，仍在原居住地生活或者不在原居住地生活但在新居住地未取得承包地的，发包方不得收回其原承包地。”参见陈小君、麻昌华、徐涤宇：“农村妇女土地承包权的保护和完善——以具体案例的解析为分析工”，载《法商研究》2003年第3期。《民法通则》第27条和《农村土地承包法》第1条的规定赋予了农村承包经营户的民事主体资格，农村承包经营户在承包土地获得土地承包经营权时必须以“家庭”的名义出现。《民法通则》和《农村土地承包法》所确定的农户或家庭承包制以家庭为单位，土地承包经营权理所当然掌握在家长手中，妇女的土地权益为家庭掩盖，其土地权益完全被家庭掌握。妇女作为家庭成员与其他成员就以家庭名义获得的土地承包经营权所产生的共同共有关系，在该妇女结婚离开家庭，且解除共同共有关系时，其土地权益极易遭受损害。

济之考虑，其还拥有限制集体土地所有权及其派生之权利的农地征收权（力）。[①] 由于以土地为生的农民难以承担起建立较高层次的社会保障的能力，加之在现行法律制度下，国家的土地征收权在行使过程中极可能产生巨大的寻租空间，从而使集体和农民的权益受到侵害，以致他们成为农地征收的牺牲品，因此，不仅国家征收权作为公权力于行使过程中应在实体、程序方面受到严格限制，而且在征收土地时，国家对农民负有责无旁贷的扶持即支付合理费用的天然义务。也就是说，对农民土地权利既要给予充分的尊重，依法保障其权利自由性，又要出于农地保护或其他社会公共政策目标的考虑，对之加以适当限制。[②]

详而言之，为了维护土地的社会主义公有制，保护、开发土地资源，合理利用土地，切实保护耕地，守住耕地底线，国家必须妥当行使土地用途管制、编制土地利用总体规划等权力。此外，国家还应当加强立法完善户籍制度，赋予农民迁徙自由权，并积极投入资金，致力于建设农村基础设施、提高义务教育水平和建立农村社会保障体系，造就农民集体及其成员之权利发挥最大功能的制度环境。[③]

总之，由于我国现行法关于农地权利的规定比较散乱，《土地管理法》、《农村土地承包法》、《物权法》等从不同角度进行了规定，前者侧重于行政管理，后两者则侧重于私法保护，在内容上存在明显冲突和矛盾。因此，在构建农地权利体系时，应保证各种农地权利内容的协调统一，以避免立法资源的浪费，实现农地利用效益的最大化。同时，考虑到农地权利体系构建关涉土地自然资源的维护，有必要对权利主体行使权利的行为予以适度限制，并禁止其对土地的非理性开发。[④] 因此，我们认为，农地权利体系的构建应以内部构建为基础，同时关注对农地权利体系的外部合理约束进行探讨。具体而言，在我国，应当以物权法定为原则，以物权体系为基础，以《物权法》规定的农地物权为骨架，系统整合并构建农地权利体系，并将该体系内容完整地置入未来制定的民法典中，结束《农村土地承包法》、《物权法》各自为政的现象；亦应研究以农地权利紧密相关的承包地流转权、征收征用补偿权和社会保障权以及土地登记、土地管理、土地

---

① 国家在农业税取消前还享有收税权。该权利之所以被取消，尽管是国家财政实力增强的缘故，但不可否认，这在客观上却是国家在集体所有领域的一次进步的撤退。

② ［葡萄牙］Maria da Glória Garcia：“葡萄牙农地法律制度的演变”，载《“农村土地立法问题：国际经验与中国实践”国际研讨会论文集》，中南财经政法大学中国农村土地法律制度研究中心，2008 年 4 月，第 39 ~ 40 页。

③ 高飞：“集体土地所有权主体制度研究”，中南财经政法大学 2008 年博士学位论文，第 169 页。

④ ［阿根廷］Claudio Marcelo Kiper：“阿根廷农牧业土地的利用、收益和开发的法律形式”，载《“农村土地立法问题：国际经验与中国实践”国际研讨会论文集》，中南财经政法大学中国农村土地法律制度研究中心，2008 年 4 月，第 15 页。

规划等，使土地管理法、社会保障法和环境法等在完成各自任务时，在农地权利体系的构建中也有所作为。

四、农地权利的运行机理

鉴于农地权利之多样性，本研究报告从集体土地所有权，土地承包经营权，宅基地使用权，自留地、自留山使用权，农地权利登记和农地征收制度等六个层面对我国农地权利法律制度的实际运行机理进行体系化的分析、研究。

（一）集体土地所有权：自公权主导回归私权自治

1. 集体土地所有权实际的公权化运作机理背离了其私权属性

根据民法理论，农民集体对农地的所有权原本是一种排他性的私权，在民事法律关系中，国家、集体和农户的法律地位是平等的，任何一方都不得随意强行介入甚至剥夺其他主体的所有权。然而，由于作为农村土地所有权主体的农民集体在实践中具有诸多缺陷，决定了其自身并不能有效地行使所有权，因此，我国法律规定了集体土地所有权的行使主体为农村集体经济组织。同时考虑到我国体制建设中的历史原因，法律规定“村集体经济组织”可由村民委员会替代行使土地所有权，对“村内集体经济组织”可由村民小组替代行使土地所有权。[①] 由于“村民小组虽然作为一个经济单位，但其组织并不规范，没有法定代表人。”[②] 故村民小组代位“村内集体经济组织”行使集体土地所有权具有一定的缺陷。缘于此，实践中，往往由村民委员会代位“集体经济组织”行使集体土地所有权。在此种情形下，作为村民自治组织的村民委员会就具有了公私双重角色：一方面它是国家权力在乡村社会最低层级的代表人或代理人，当面对国家时，其以弱者的身份出现；另一方面它也是集体土地所有权主体的代表人或代理人，当面对农户时，其又以强者的身份出现。[③]

在集体土地所有权的运行过程中，我国现行法律实际剥夺了农民集体对土地所有权的最终处分权，并植入了村民委员会这一复杂主体，从而使得集体土地所有权的实际运作机理呈现出公权化的色彩。[④] 这在课题组的实地调查中得到了证

---

① 在课题组成员前期调查的地区，仅广州市白云区存在独立于村委会的集体经济组织代位行使农村土地集体所有权的实践，而且其运作良好。参见陈小君等：《农村土地法律制度研究——田野调查解读》，中国政法大学出版社 2004 年版，第 113 ~ 116 页。

② 课题组访谈过程中有法官如是说。

③ 刘云生：“集体所有权的身份歧向与价值悖离”，载《社会科学研究》2007 年第 2 期。

④ 程宗璋：“农用土地的所有权问题研究”，载《中州学刊》2003 年第 1 期。

实。就所调查的10省而言，几乎半数的受访农户认为承包地属于“国家所有”（41.91%）；只有不到1/3的受访农户认为属于“村集体所有”（29.57%）；分别有很少的受访农户认为属于“乡（镇）集体所有”（3.56%）或“村小组所有”（6.23%）。从访谈得知，在很多农户看来，村集体代表国家，所以才有这么大比例的受访农户认为承包地属于国家所有。这种有失偏颇的判断与课题组多数成员近几年中数次调查的结论几乎一致。因此，以法律的形式明确农民集体之土地所有权的私权主体地位及所有权的运作程序是后农业税时代农地立法的当务之急。

2. 集体土地所有权回归其私权的运作机理具有现实性

由于公权力严重干扰了集体土地所有权的正常运行，农民对承包地所有权的归属之期望与现行法律的规定明显不一致。在课题组实地调查中，就农户对农村土地所有权归属期望的情况来看，有近半数的受访农户（46.41%）认为承包地归自己最好，但是，我们在同期的访谈中了解到，这并不表明将来农地私有化会更符合农户的意愿。造成这一现象的主要原因在于公权力已经深深嵌入集体土地所有权运行的各个环节，造成了集体土地所有权制度内涵的异化，[①] 致使村集体的职能日趋式微，在现有的农村经济形势下村集体缺乏对农民的影响力。同时，有许多受访农户虽然表示承包地归个人所有最好，但其真正意图不是希望实行农村土地私有化，而是希望享有更稳定且更少受到干预的土地承包经营权。此外，我们特别注意到统计数据的横向比较，在主张承包地归“国家所有”还是“集体所有”上，各省受访农户的看法显示出相当大的差异，如广东、江苏和山东等经济较发达的省份的农户倾向于“村集体所有”，这是因为三省文化与经济发达，很多受访农户完全知悉农地属于集体所有，并且也切身感受到村集体在现实生活特别是经济发展中所起到的重要作用，所以对“村集体所有”的期盼较高；而四川、贵州等省受访农户期盼承包地归村集体所有的比例则较低。可见，农民集体经济的发展有助于其成员有意识地行使成员权，使其成员享有相应的权利、承担相应的义务，并促使农民集体之私权利主体功能的发挥，避免农民集体的运作陷入停滞或混乱，从而成为法律文化弘扬的重大推动力量。

实际上，不管农户表现出“个人”取向还是“集体”取向，折射出的均是集体土地所有权回归私权的运作机理极具现实意义。尽管农民集体所有权由于存在主体虚位、权能残缺等缺陷，为不少学者所诟病，但也有学者从社会学的角度论证了农民集体在我国现实存在的意义和必要性。[②] 我们认为，在当下中国公有

① 刘俊：《中国土地法理论研究》，法律出版社2006年版，第132页。

② 毛丹、王萍：“村级组织的农地调控权”，载《社会学研究》2004年第6期。

制体制中，应考虑在具体的制度设计上以法律的形式明确农民集体独立的民事主体地位，通过限制国家权力不当介入农地处分权的运行而使农民集体成为真正的所有权人，从而克服农民集体所有的缺陷；在农地法律制度完善过程中不但不能因噎废食，草率地废弃集体土地所有权制度，还应当以立法技术淡化集体土地所有权主体的公权化色彩，使其能够切实代表农民行使所有权，并加强对公权力的限制，堵住因其滥用而侵害集体土地所有权的管道，使集体土地所有权制度走出公权力的羁绊，并回归其物权本质，以防御来自公权力的不当干预，实现基于集体土地所有权而产生的利益。

3. 明确农民集体的私法主体资格，构建理想的集体土地所有权主体

我国现行民事立法未对农民集体的独立民事主体资格作出细致规定。既然农民集体是宪法和法律确立的农村土地所有权主体，就应当立足于我国所处的时空环境，依照民事主体的内涵对其进行充实，使其符合民事主体的特性，同时在立法上理顺农民与农民集体之间的权利义务关系，改变社员与农民集体关系中存在的不对等模式，避免农民集体在运作中失去物质基础，从而陷于瘫痪，最终损害集体成员及农民的利益。这样就可以通过农民行使成员权积极参与农民集体土地事务，实现集体土地所有权主体的民主决策和顺利运行；同时，在国家征收集体所有的土地的过程中，“农民集体”这一法定的农村土地所有权主体才有足够的话语权，进而在公平条件下与国家进行博弈，切实维护农民的权利。可见，只有构建出合理的农村土地所有权主体，使其在开展民事活动时淡化公权色彩，才能使农民集体在面对国家和农户时摆正自己的位置。因此，构建科学的农村土地所有权及其主体制度是解决我国农地法律制度运行中产生系列问题的一个关键，也是完善我国农地法律制度的重心所在。

（二）土地承包经营权：逐步强化物权效力、拓展自由流转的制度空间

1. 土地承包经营权之物权性的实现机理

在我国改革开放后相当长的时期内，土地承包经营权呈现出明显的债权性，从而产生了不利于维护农民生产积极性，不利于农地市场流转，不利于农地使用制度稳定等难以克服的局限性问题。[①] 由于土地承包经营权的债权属性，农民相对于农村土地所有权主体的集体，始终处于弱势地位，出现了部分村干部利用村委会的名义任意撕毁早已生效的土地承包合同，肆意侵害农民的合法权益，承包方与发包方之间毫无平等性可言，严重影响到农民经营土地的积极性等一系列问

① 梁慧星主编：《中国物权法研究》（下），法律出版社1998年版，第708～709页。

题，从而使土地承包经营权处于一种不稳定的状态，土地的利用价值大打折扣。为克服土地承包经营权的上述弊端，党和政府以立法和政策的形式作出了回应，即出台了“农地承包期30年”、“严格控制机动地的面积（禁止超过整个集体耕地面积的5%）甚至不允许再留机动地”和“增人不增地，减人不减地”等规定。在《物权法》通过以前，我国试图以此强化土地承包经营权的物权性，使农户与农民集体处于平等的法律地位，同时促进农地规模化经营。尽管这些目标并未一一达成，但土地承包经营权的物权性意义却由此深入百姓，深得人心，并为弥补土地承包经营权债权性缺陷和抑制实践中的不良做法发挥了一定的积极作用。

然而，课题组调查结果显示，经过20多年的制度磨合和运作后，大多数受访农户（74.10%）并不认同“增人不增地，减人不减地”、“承包期30年不变”等政策、法律。究其原因，主要在于土地承包经营权的取得以农民的成员权为基础，而在农业税取消后，土地承包经营权基本上成为农民享有集体土地所有权利益的唯一渠道，但是，上述保持承包地稳定规定过于刚性，几乎完全关闭了农民集体一员实现其成员权的路径，同时排除了土地承包合同的双方当事人通过意思自治变更权利义务的可能性，加之缺乏应对实施上述政策后导致的消极效果之弥补措施与规定，从而产生了一些农户因人口减少而人少地多，另一些农户因人口增多而人多地少的明显不公平或失衡的现象。这种失衡的分配格局在没有配套制度予以平衡的情况下，必然在农户中产生对无偿获得的产品和利益配置不公的不满心理，更有对新政策调整和新立法出台的强烈期盼和渴求；当这些合理期待和要求得不到基本满足或调和预期时，则很可能产生一系列社会不稳定因子。[①] 可见，在当前集体土地对于农民具有基本社会保障且集体土地所有权利益分解于土地承包经营权的情形下，土地承包经营权物权性的彻底实现背离了农民由来已久的“均田地”的朴素的公平理念，并确实造成了承包期内人口增加的部分农户因承包地未能增加而生活出现困难。长此以往，在城乡二元体制下，又必然造成农民阶层的收入分化，在取消农业税并实行农业补贴且农地收益有所增加的今天，这种分化愈发明显。由是可知，此项政策的实施虽在一定程度上起到了保护农民利益的作用，但也已危及人口增加的农户合法权益，如同一把双刃剑，这或许是该政策的设计者们始料未及的，如果背离中国农民的现实需求，现阶段一味强调土地承包经营权的物权性，僵化地以较长的承包期限来保障土地承包经营权的稳定性，其法律后果可能会适得其反，从而既不能实现土地承包经营权物权性所欲发挥的制度价值，也不能得到农户的理解和集体的严

① 王卫国、王广华主编：《中国土地权利的法制建设》，中国政法大学出版社2002年版，第133页。

格执行。[①]

然而，根据物权法的基本原理，土地承包经营权作为物权应有其独立性，保持土地承包经营权的稳定性是一种必然的制度逻辑，因而“大稳定，小调整”的土地承包制度显而易见具有短期性和阶段性特点，现有农户之间人地不均矛盾最终将应由作为集体土地所有权主体的“农民集体”向土地承包经营权人收取适当的土地使用费（租金）加以较为彻底的解决，即农民基于成员权取得土地承包经营权时，其须对土地所有权人即农民集体承担缴纳一定租金的义务。[②] 也就是说，土地承包经营权人应以交付合理的租金作为其取得土地承包经营权的前提。为此，有两个法律问题或前提条件应当明确：第一，由于农户和农民集体都具有相互独立性，农民集体自己也应有合理的利益诉求，故收取租金的额度应由农民集体成员大会决议确定，而不能由村委会独自决定。第二，租金的用途必须明确和公开，应用于村集体全体农民，即为全体农户谋福利，包括眼前利益（如修建水利设施、公共设施和环境改造等等基本福利项目）和长远的社会保障（如成员的失地保险、养老保险和医疗保险等社保项目）。

现行法律并没有明确赋予农村土地所有权人在发包土地时收取土地使用费即租金的权利，也没明确规定土地承包经营权人有缴纳适当的土地使用费即租金的义务。但根据本课题组调查结果显示，多数村集体公益事业资金枯竭，眼前的事情无人管理，更不要说长远打算，如果立法只考虑到农户的双重身份就忽视了其在农民集体中这一身份主体应尽的必要义务，必将走向另一个极端。农民个体与农民集体相辅相成，利益攸关，在我国现阶段，农民集体的存在价值是重要的、多元的，且富有体制与制度深意，如果架空农民集体，无视集体利益，很难说是公平合理，更可能无法实现中国式农地制度设立和变革即缩小城乡差距受惠于数亿农民的初衷。而且，由于农民的相应财产利益（如土地承包经营权）之获得，必须通过成员权之行使或以成员权为基础，而现行“增人不增地，减人不减地”的土地政策，忽视了对新增人口的成员权的保护，其在一定程度上直接与公平原则相悖离和冲突。所以，农民集体以收取的租金给无地和失地的农民作出一定的经济补偿正可作为实行“增人不增地，减人不减地”政策的有益有效补充，完成实现土地承包经营权的长期稳定的现实与法律目标。自然，对农民集体收取的租金的使用应当有严格的制度保障，而其推行也应当是一个逐步发展和完善的过程，在当前刚完成废除千年“皇粮国税”的农业税的社会环境下不可操之过急。

---

① 实地调查结果显示，大多数受访农民（74.10%）并不认同“增人不增地，减人不减地”的政策，对“承包期30年不变”的法律规定也表现出同样的态度。之前课题组成员的类似几次田野调研结果均与此意见一致。

② 林苇：“论农村承包地调整”，中南财经政法大学2009年博士学位论文，第146页。

对此，我们分析认为，在我国农村社会和国家政治经济环境下，承包地调整问题的解决应采“三步走”的方略：第一步是在近期实行“大稳定，小调整”的政策；第二步是在条件成熟的地区逐步推行地租制，并以收取的地租补偿未分配或失去承包地的农民集体成员，从而保持土地承包经营权的稳定；第三步是将地租制施行于全国，真正实施物权意义的“增人不增地，减人不减地”规则，使土地承包经营权的独立财产价值得以充分圆满的实现。

2. 土地承包经营权自由流转的强化

从土地承包经营权流转的社会实践来看，其自由是有限的，未达到法定的要求：

第一，承包经营权流转方式有限，法律没有赋予农民更大或更合理地选择空间。《物权法》已将土地承包经营权规定为物权，这样的权利本应可以采用适合于物权的一切流转方式进行流转，但该法却沿用了之前原有法律规定的流转方式，完全没有新的突破和丝毫变革，特别是仍未规定允许土地承包经营权抵押。根据课题组的调查，如前所述，农户对土地承包经营权的抵押已有现实操作更有是有一定的需求，十省随机受访农户中有 13.62% 希望土地承包经营权可抵押，在黑龙江省甚至有高达 40.33% 的受访农户希望能够以土地承包经营权为客体设定抵押权。

第二，流转程序不合理，阻碍了流转的顺畅进行。从我国现行法律关于土地承包经营权流转程序的规定来看，个别规定既有悖于物权法的基本原理，也不符合市场经济发展的效率要求。如按照《物权法》第 128 条及 133 条的规定，即土地承包经营权流转的具体操作，准用《农村土地承包法》。而按照《农村土地承包法》第 37 条的规定，对于通过家庭承包方式取得的土地承包经营权，“采取转让方式流转的，应当经发包方同意”。这样的规定存在两个严重的问题：[①] 一是在理论上违背了土地承包经营权的物权性质，这在一定程度上使得土地承包经营权的“用益物权”之定位有名无实，因为只有普通债务的转让才须征得债权人（即原对方当事人）的同意；二是在实践中为集体土地所有权人对土地承包经营权的流转提供了干涉空间而且该条规范的立法指导思想已经落后于社会现实，因为农户进行土地承包经营权流转时并未遵守或已无须遵循这一规定。[②] 这样规定的结果，就有可能在司法实践中适用法律时出现不合理的判决。

---

① 陈小君：“后农业税时代农村土地法律制度的完善”，载“中国私法网”：http：//www. privatelaw. com. cn/new2004/shtml/20051120 - 010431. htm，2008 年 8 月 20 日访问。

② 从问卷调查来看，最常见的流转形式中，无论转包还是互换，通知发包人的比例很低（分别为 8. 10% 和 8. 21%），村委会一般也管不了。可见，农民本人并不认同该规范，没有实践该规范，一般情况下村委会也没有去主动管。

第三，尚未建立完善的配合土地承包经营权流转的相关制度。土地承包经营权在形式上的物权性只是其能够安全、稳定流转的前提和保障，而土地承包经营权大量进入规范化的流转状态后，能够加速农地的集中，扩大农地经营规模，使“生产者可以从规范决策、组织生产、农业生产力资源配置、先进农业科技的应用等进行科学安排，合理配置，从而达到科学种田、节约成本、提高效益的目的”，[①] 从而最终实现农地规模经营的政策及物权的立法预期和目标。上述目的的达成受制于多种因素。本调查结果表明，影响农户决定流转土地承包经营权的因素主要有两个：一是土地收入不是主要生活来源；二是土地流转的收入较高。在具备前者条件下，会把土地承包经营权流转出去的受访农户为44.58%；在具备后者条件下，会把土地承包经营权流转出去的受访农户为35.02%。如果土地承包经营权流转形式没有进一步的突破，即不完善建立规范的抵押或入股等配套制度，农民的致富、农业的兴旺、城乡二元差距的缩小将依然无果。此外，根据《农村土地承包法》的规定，土地承包经营权流转采用主要有转包、出租、互换、转让等方式时，当事人应当签订书面合同。但调查结果表明，该规定并没有得到很好的实施，农户主要通过口头形式来进行流转。[②] 流转的形式是采取书面还是口头形式都应有当事人自主选择。目前之所以不强求当事人采取书面形主要是基于以下理由：一是缺乏必要性，因为农村是一个乡土社会、熟人社会，虽没有正式的制度安排，但基于个体特征的熟悉就能保障信任的产生，从而也有其特殊的执行保障机制；二是可行性不强，即文化水平的有限、相关知识的欠缺，这是一个现实障碍；三是有政策和习惯替补，即国家可以提供参考模板或者在效力上予以补正以及承认当地的惯常做法。

从制度完善的角度看，未来的农地立法应对土地承包经营权的以下主要内容做出科学、合理的安排：第一，制度设计应有利于土地承包经营权流转的顺畅：首先，《农村土地承包法》第37条的规定由于违反基本的法理，忽视了土地承包经营权的物权属性，滞后于社会现实，为流转的不法干预提供了借口。从物权法原理来看，土地承包经营权既然是用益物权，那么，所有权主体应当不针对特定的某个土地承包经营权人，土地承包经营权发生了变动，只须由新的土地承包经营权人去履行相应的义务，承担相应的责任即可，故如何流转应由转让人与受让人约定，与所有权人无涉，所有权人在其中的容忍义务是法定的。因此，《农村土地承包法》第37条的规定应予废除。其次，根据《物权法》

① 湖北省洪湖市经管局：《规范农村土地流　促进土地适度规模经营》，载“中国农经信息网”：http：//www.caein.com/index.asp？xAction=xReadNews&NewsID=40893，2009年1月18日访问。

② 根据课题组的问卷调查，以口头形式进行转包和互换的分别为65.92%和78.38%。

的规定，[①] 土地承包经营权的变动采登记对抗主义。目前，基于认可农民普遍采用口头协议的同样理由，这种登记对抗主义有其现实合理性。但随着交易的复杂化和开放性，登记对抗主义将来应逐渐过渡到登记生效主义。第二，土地承包经营权流转方式应多元化。从民法基本原理出发分析，在不影响公共利益的前提下，法律应当通过制度设计，将各种流转方式均考虑适用于土地承包经营权之上，抵押这样具有较强物权效力的流转方式自然不应成为例外。第三，加强土地承包经营权流转采书面形式之优选理由的宣传与示范。在当前及今后一段时期采取口头形式的农地流转有其现实合理性，但随着流转的规模化、复杂化、频繁化，这种现实趋势要求更精细稳妥的法律制度安排则是必然的，口头协议将难以满足新情况，农地流转交易，包括抵押权适用在陌生农户中的书面化开展将成为常态，因此，加强农地承包权流转规范性的宣传和示范，使农户认识其土地用益物权交易的便捷与安全性兼顾的意义极有必要。第四，应加强土地承包经营权流转形式的规范实施，为促进土地承包经营权流转之最佳效能的产生提供条件、创造机会。为实现农村经济的规模化发展，一方面要为农户生活摆脱过度依赖土地提供条件和创造机会；另一方面也要通过地尽其利的制度工具，致力于提高农地的比较效益，实现土地承包经营权的规模性全面良性流转，从而加快农民脱贫致富的进程。

（三）宅基地使用权：由随意性操作渐入科学规范轨道

宅基地使用权的运行一般包括宅基地使用权的取得、使用和流转三个方面：

1. 规范初始取得，促进宅基地使用权各项基本功能的实现

宅基地使用权是农民基于其集体成员身份而拥有的法定性权利，鉴于农村社会欠发达和农经济水平较为低下的社会现实，这一权利具有明显的社会福利性质和社会保障功能，这种状况在我国未来很长一段时间内将会持续。受此影响和决定，我国的宅基地使用权取得制度反映出两个方面的特点：一是农民取得宅基地使用权无需支付宅基地使用权的对价；二是所取得的宅基地使用权的范围以保障农民的基本生活为限，严格控制其规模以保护耕地和集体利益。

这是基于初始公平的考虑，作为拥有平等成员权的农民，关于取得宅基地使用权依据的制度设计，须贯彻平等的价值目标和涉及粮食安全的耕地严格保护原则。

---

① 《物权法》第127条第1款规定："土地承包经营权自土地承包经营权合同生效时设立。"第129条规定："土地承包经营权人将土地承包经营权互换、转让，当事人要求登记的，应当向县级以上地方人民政府申请土地承包经营权变更登记；未经登记，不得对抗善意第三人。"

但课题组调查中，问及“在你们村，根据什么取得宅基地”这一问题时，有14.12%的被调查者回答“有钱就可以多买”，其中在贵州的此问题的回答比例达到了40.33%。同时，整合十省的问卷，对此表示有两处或三处以上的情况仍然存在，平均比例依次是7.78%、0.83%和0.44%。这说明，实践中一户多宅、超占宅基地等现象存在或有存在的基础，由此，不但有违宅基地使用权保障农民基本生活的基本制度理念、有违取得宅基地的初始公平，很可能对耕地造成破坏。控制宅基地使用权的非法和不当取得应当在公平的理念引导和保护稀缺之耕地资源的大框架下展开。

调查结果还显示，全国分别有26.07%和24.07%的被调查者认为村里面取得宅基地是依据“儿子的数量”或“子女的数量”，这种实践中的做法反映了一定的习惯理性，但过于粗略，为防止该制度被滥用，应在此基础上基于成员权，明确制定具体的宅基地使用权取得规范条件，以促进宅基地使用权社会保障功能的真正实现。

2. 完善相关立法，强化宅基地的合法使用权

宅基地使用权具有社会福利性质和社会保障功能，是农民生活的基本保障之一，则其用途上应基本局限于生活必须之用。大体应包括：居住、小面积出租和一般性的从事于邻居无重大不利影响的商业行为。[①] 其他商业活动，特别是一些具有个人独资和合伙企业以及会对邻里生活造成不利影响的个体工商户的活动应在宅基地上进行。我国《土地管理法》第43条规定，除经依法批准兴办乡镇企业、乡（镇）村公共设施和公益事业以及村民建设住宅所需土地可以使用农民集体所有土地外，其他任何单位和个人进行建设，只能申请使用国有土地。从形式上看，《土地管理法》既未允许也未限制农民在自有住宅中从事工商业活动，但从解释论上来说，我们以为，随意改变宅基地的基本用途有违立法初衷和中国农村现实，应予以合理控制。

我们在访谈中了解到，一些农民个体工商户由于人手不足，资金不够，既没有精力来履行手续烦琐的国有土地出让手续，更无财力支付昂贵的国有土地出让金来取得建设用地使用权，故在急于拓展税源彰显政绩的部分基层官员的默许甚至“牵线搭桥”下，有农户便“欺上不瞒下”的将以宅基地名义取得的土地改作或转让为工商业用地。此种现象表明，强化宅基地的规范使用，不能简单一禁

① 虽然我们对实践中在住宅（或在宅基地的非住宅空间）从事小卖部经营的行为没有统计，但从了解的情况来看，几乎百分百的农村小卖部经营都是在其上述地点进行。这一现象可以从以下几个方面得到解释：一是农村小卖部主要出售居民日常生活用品，且没有固定的经营时间，因此小卖部必须有人常住；二是一户一宅的限制和生活习惯使得一户人家很难出现分别在住宅和小卖部居住的情况；三是小卖部地点的选择大多在人口比较集中的地方，而人口集中的地方能够从事经营的场所只能是在住宅或在宅基地的非住宅空间进行；四是下文所说的农民很难或不愿因通过申请获得小卖部经营场所（涉及成本问题）。

了之，必先完善相关的法律规定，为农民个体工商企业留下适合其生存的法律空间又须有效控制其滥用。

3. 顺应现实要求，取消宅基地使用权流转不合理的限制条件

宅基地使用权的流转，是指宅基地使用权人将其宅基地使用权通过出租、转让和入股等方式让与他人使用的一系列交易行为。据课题组调查了解，一些地区农村住房闲置，而经济发达地区城乡结合部的“小产权房”交易现象时有发生。我国现行的“禁止城镇居民在农村购买宅基地”的规定，无疑是针对这一现象的规范。“禁止城镇居民在农村购买宅基地”的规定虽然仅仅是限制了宅基地使用权的受让对象，但实际引发的后果是，有购房需求的城镇居民无权购买宅基地使用权，而有权优先购买宅基地使用权的农村居民因能够无偿申请宅基地，故他们不会购买他人的宅基地，而农村住房闲置的情况的确存在。在此种情形下，宅基地使用权市场的发育缺乏必要的制度空间，从而最终要么因住房闲置而损害了农民的利益，并造成土地资源的极大浪费，要么因“小产权房”交易不受法律保护，在一定程度上损害了作为城镇居民的买方的利益。

然而，主张宅基地使用权的放开流转并不意味着万事大吉，其由此可能导致的负面效应或许会消解掉开放流转带来的益处。因此，如何在交易中体现出农民集体作为宅基地所有权人的利益、如何区别对待不同取得方式和取得成本的宅基地使用权主体所进行的交易、如何保障农民在宅基地交易中利益得以充分维护、如何防止资本侵入农村后可能发生的农民失地情形、如何在资本的最大收益冲动和宅基地使用权的基本保障功能之间找到合适的平衡、如何在交易中贯彻意思自治和法律调控，如此等等，都需要立法设计者进行深入而全面的思考。我们认为，宅基地使用权是否以及如何进行流转体现了自由与限制的博弈和冲突，具体制度规范设计应以调和其中的自由和限制为主要内容，其主要包括：（1）宅基地使用权应采用有条件进入市场的模式。即在下列情况下应当允许宅基地使用权自由流转：一是作为宅基地使用权主体的农户全家迁入设区的市，转为非农业户口；[①] 二是在房屋继承中，遗产分割后房屋归属者具有非农业户口或者已不具有本农民集体成员资格；三是作为宅基地使用权主体的农户全家成为其他农民集体成员。除此之外的其他情形，应以不允许宅基地使用权流转为原则。（2）在宅基地使用权流转过程中，本农民集体成员享有同等条件下的优先购买权。（3）宅基地使用权流转需区分具体情况的不同而分别向农民集体缴纳相应费用，以体现农民集体的所有者身份。影响宅基地使用权人缴纳费用的因素主要包括：获得宅基地使用权的原因；宅基地使用权与房屋在交易价格中所占比重；宅基地面积与

① 此项建议系借鉴《农村土地承包法》第26条第3款。

规定的人均占有面积之间的关系等。（4）宅基地使用权流转出后不得再行向本农民集体申请宅基地使用权。

（四）地役权与自留地、自留山使用权：从保守的制度立场转至开放的立法姿态

在农地权利体系中，地役权作为是一项新的用益物权种类，经历了一个从用益物权缺失（更遑论地役权了）转向体系完整、种类全面的用益物权制度的巨大转变，体现了立法从保守到科学、开放的立法进步，值得肯定。

就调研情况来看，农村社会实践中存在诸多现象可以通过地役权的制度构造实现当事人之间的利益平衡，维护当事人的合法权益，并实现规范化、法律化，但因当事人对地役权制度缺乏认知和法制大环境的制约，地役权制度未能发挥其应有的积极作用。

由于我国物权立法与大陆法系存在一定的传承关系，同时又根据本国实际做了一定程度的改造，因此，作为舶来品的地役权在当下中国这个语境中如何理解、适用需要我们在实施《物权法》时加以认真思考。进而言之，这种传承与改造是否符合我国的现实国情，我国城乡二元结构与地役权的城市、乡村二元分类是否有着某种关联，在新的社会条件下，乡村地役权又会呈现出何种面貌，这些同样也值得我们深思。就具体操作层面而言，在广大农村，地役权设定的主体如何确定，地役权的公示问题，有偿设定地役权时的费用分担（对需役地权利人而言）与分享（对供役地权利人而言）问题，甚至在当事人双方协商不成或处于僵局时的补救方案设计，[①] 都是地役权适用中亟须解决的难题。

值得注意的是，在农地权利体系中，自留地、自留山使用权也是农地立法中不可忽视的内容。一般认为，自留地、自留山使用权是一种源于农业而以实现社会主义改造为目标的特殊权利类型。这种权利在实践中问题丛生，在理论上研究薄弱却又没有得到应有的关注，在属性上晦暗不明，在制度构造上模糊不清。从法律理论和历史变迁来看，自留地、自留山使用权应当属于用益物权的范畴，不过其有别于土地承包经营权。自留地、自留山使用权制度虽然在我国法律中缺失，从而处于农地权利的边缘，但其存在于我国广大农村社会却是一个事实，故

① 调研中了解到，在湖北监利县就有因谈判主体不明、无法达成补偿协议而出现邻近农村难以引水灌溉农田，从而实实在在地影响了农业生产，给相关村民带来很大不便。另据报道，重庆市垫江澄溪镇人和村三面环水，50 年淹死 53 人，修建一座便民桥成了村民多年的梦想。2008 年，村民砸锅卖铁凑款 20 万元，加上捐款和拨款总计 150 多万元开始造桥；相邻的村子以要经过他们村里的道路为名，索要 4.8 万元的修路费。由于人和村村民未支付该笔款项，因此运建筑材料的公路被挖断 5 次，修桥工程被迫中断。参见杨继斌："修桥记——农民自建基础设施样本观察"，载《南方周末》2009 年 6 月 24 日。

在民法典制定时应将其纳入以便使其能够规范运行。

可以说，农村社会现实情况迫切要求在理论上对地役权和自留地、自留山使用权给予科学、务实的说明，在立法上坚持一种开放的不断满足现实需求的立场，进而进行相应的制度构建。

（五）农地登记制度：从行政管理手段到物权的公示公信

《物权法》的颁布实施给我国的农地登记制度带来了契机，这将使我国农地登记制度从过去公法性质上的行政管理模式向私法上的物权登记的公示公信模式变迁过渡。因此，如何很好地施行和规划农地登记制度，将对我国农地制度是一个历史性的转变，对于进一步对农民的土地权益的保障有着更深远的现实意义。

马克思曾经指出，“在每个历史时代中所有权是以各种不同的方式、在完全不同的社会关系下面发展起来的”。[①] 在我国，由于农村集体所有权的私权属性萎缩、公权属性凸显也正是由其历史发展所决定的。土地归属一向为法律制度设计的核心。农地产权登记制度，是政府通过公示公信力来保护农民土地合法权益，维护农地流转交易安全的基本制度。土地登记是以国家公信力作保证，直接决定权利人的实体权利。[②] 土地登记是土地交易的正式基础，是记载土地产权信息的过程，其功能也在于为获取、处置土地产权提供安全可靠的基础，对保护弱势群体的农民也有积极作用，可见，土地登记制度在我国农村具有重要的应用前景，是农地承包经营权物权性强化的必由之路。农地权属登记对于物权法上的权属公示具有重大意义。但实际上，我国在现行农村集体土地所有权的实际运行过程中，其私权属性并未得以充分体现，已经背离，甚至在一定程度上异化成了公权。虽然现行法将土地承包经营权界定为物权，但并不表明其物权属性在实践中得以充分体现。因此，为了完善农地登记制度，最主要的方面就是恢复其私权属性，明晰其主体制度，从而将集体土地所有权从实质上纳入民事权利体系中，使之与其他民商法律制度成为一个和谐的整体。

在当前农地登记制度实然层面上，我国传统模式一直都是采取行政管理登记方式，也就是说，就农地的国家行政管理手段而言，国家主要是通过农地登记将土地的权属关系、用途、面积、使用条件、等级、价值等信息情况记录于专门的簿册，以确定土地权属，进而颁发《农地承包经营权证》等，同时，各级政府又下设立专门职能部门对农地进行行政管理，如各级土地行政管理部门主要以审批、登记、备案、处罚违法用地行为等手段为媒介，具体实施对农地利用情况的

① 《马克思恩格斯选集》（第1卷），人民出版社1995年版，第177页。

② 潘善斌：《农地征收法律制度研究》，民族出版社2008年版，第127页。

监督检查及其他行政管理，这是国家加强对土地管理的重要判断依据，同时也为保护权利人享有合法土地权益提供了信息支撑。这样看来，传统模式下我国农地行政管理登记模式，其性质完全是公法性质的，而非民事上的登记行为。但该行管模式的弊端是：不利于保障农民土地产权；不利于农地使用者合法权益的保护；不利于促进农地资源的合理配置以及严重制约着农地流转等制度。而且该传统模式的思想至今还对农地登记制度有着深厚地影响，制约着农地法律制度的发展。

从公示公信应然的层面上看，农地登记行为应该是一个民事权利的私法上的登记行为。在理论上，“物权法的核心是不动产物权，而不动产物权的核心又是土地，依传统民法理论，土地所有权应该是最完整的物权，是他物权建立的基础，自然是典型的私权”。[①] 物权公示的目的在于使人“知”，由于物权具有排他性，其变动主要产生排他性的效果，如果没有由外界辨认其变动的表征，则会使第三人遭受不测的损害。因此要使农地物权具有排他性，防止他人对物的争夺或侵害，必须规定农地物权公示的制度和公示的方法。若无物权的公示制度，则在现代物权交易频繁的情形下，不仅物权交易的安全会受到损害，而且也是将损害第三人的利益，并引起物权交易的紊乱。因此物权的公示制度对于维护物权的归属秩序、占有秩序以及物权交易的安全，皆具有重要意义。

尽管在《物权法》出台后，其规定的农地登记对抗主义，对农民土地合法权益的保护、维护农村社会稳定、促进土地合理、有序流转，带动农民耕地的保护意识、解决农村土地科学管理系统等等均具有十分重要的现实意义。但是，从农地法律制度的发展趋势来看，我国应当以《物权法》第 129 条[②]规定为基础，在农地登记方面，进一步强化农地登记制度的物权法上的私法效力，弱化其传统行管职能，突出强调农地一旦依法登记，其所有权和使用权均受法律保护，不可任意侵犯，同时突破过去长期以来对农地登记采取的行政管理功能侧重模式，健全和规范农地产权登记制度，以明确农地权利主体的归属和农地用途的法定性。此外，现行法律实行土地承包经营权变动的登记对抗主义，这种立法模式有其现实合理性，但随着土地承包经营权流转的复杂化，登记对抗主义将来应逐渐过渡到登记生效主义。

（六）农地征收：从适用强制过渡到权益平衡

农业税的取消恢复了农地的财产属性，也使得土地价值大为提升，因而在当

---

① 关涛：“我国土地所有权制度对民法典中物权立法的影响，载《法学论坛》2006 年第 2 期。

② 《物权法》第 129 条规定：“土地承包经营权人将土地承包经营权互换、转让，当事人要求登记的，应当向县以上地方人民政府申请土地承包经营权变更登记；未经登记，不得对抗善意第三人。”

前中国城镇化过程中，如何规范国家对农村土地征收行为，以及如何防止农民的土地权利遭受不当侵害成为后农业税时代的一个重大课题。我们认为，当前应当从充分尊重私权、保护私权的高度规范农地的征收问题。

1. 严格界定公共利益

土地征收具有公法性质，它涉及对相对人的土地权利的剥夺，是一种严重损害私权的行为，故征收符合公共利益乃是各国法律所确立的土地征收权行使的首要前提，进而言之如何明晰公共利益的含义，是规范国家正确行使土地征收权的前提条件。尽管学界关于公共利益的界定存在分歧，但为保护私权，在公共利益的界定方面应当注意以下几点：

第一，将商业目的排除在公共利益之外。按照《土地管理法》[①] 第21条的规定："国家进行经济、文化、国防建设以及兴办社会公共事业，需要征用[②]集体所有的土地或者使用国有土地的，按照本章规定办理。"于此，经济活动被认定为是公共利益的一种表现形式。然而，因为经济活动虽然可能间接涉及社会公共利益，但是直接目的是否就是为了社会公共利益无法完全肯定，而且在现实中有经济活动往往涉及政府自身的收益，政府作为征收权的行使者，很难在涉及自身利益的情况下做出公正的决定。因此，农地征收只能是为了发展公共利益的目的，应绝对禁止为商业目的的征收。

第二，限制政府界定公共利益含义的自由裁量权。由于政府产生、存在的目的就是为了公共利益，故土地征收在必须由政府执行，但因"来自于政府中官员及工作人员对个人利益的追求，从而导致公共目标与私人目标发生冲突"，[③] 故在我国，土地征收后，国家取得的收益比村集体和农户所获得的补偿还要多，[④] 从而有关部门在土地征收中滥用权力的现象非常普遍，为了遏制有关部门利用权力非法征收土地并从中牟取暴利，应当以法律的形式严格界定公共利益，避免公共利益的外延无限扩大。

第三，注重采用列举式明确规定公共利益。为限制政府公权力的滥用，我国应在法律中明确规定公共利益的内涵，禁止由行政机关自行决定如何理解公共利益，以避免行政机关基于自身自利性的膨胀而不能受到足够的制约。根据《中共中央关于制定"十一五"规划的建议》，应当坚持"最严格的耕地保护制度"，故法律最好对公共利益的含义进行例示性（列举式加概括

---

① 该法于1987年1月生效，先后于1988年12月、1998年8月和2004年8月被修订。

② 该处所述"征用"实为"征收"。

③ 祝灵君、聂进："公共性与自利性：一种政府分析视角的再思考"，载《社会科学研究》2002年第2期。

④ 陈小君等著：《农村土地法律制度研究——田野调查解读》，中国政法大学出版社2004年版，第41～42页。

式）规定。[①]

2. 重视完善征收程序

没有程序的公正就没有实质的正义，尤其是在政府可能行使行政权力限制或者剥夺私权利时。我国现行法律虽然对土地征收程序有明确规定，但总体而言，现行规定过于原则，不具有可操作性，而现实土地征收过程中，严重的越权审批、先征后批、少征多占、以合法征地掩盖非法占地等违反程序的现象十分突出，因此，通过完善土地征收程序，规范政府土地征收权，是保护私权的重要一环。土地征收程序的完善涉及到几方面：

第一，确立土地征收部门对征收是否符合公共利益的认定程序。对公共利益的认定须严格遵循法律对公共利益的界定，而不能由行政机关自由裁量。如果土地征收部门认定需用地人申请事业符合公共利益，应提前书面通知拟被征地人，给予被征地人一定的异议期。在法定期间内，被征地人对需用地人申请事业符合公共利益有异议的，可以向法院起诉，由法院依法裁决。

第二，健全土地征收部门对征地范围的确定程序。土地征收部门根据法律的规定，如果认定需用地人的申请符合公共利益的要求后，应当正式通知需用地人和被征地人，主持双方就土地征收事项举行听证。土地征收部门在听取双方当事人意见的基础上，根据双方提供的证据以及自己通过调查收集的证据，综合决定是否批准需用地人的申请以及征地数量等事项，即对征地范围的确定，并非由土地征收部门和需用地人根据申请自行决定，而必须有被征地人的参与。而且，应当完善土地征收听证规则，拓宽相对人要求举行听证的事项范围，并将听证程序上升为法定程序，且作为土地征收的必经程序。

第三，完善征地补偿程序。由于我国农村现状是人多地少，而且农村没有建立普及的社会保障制度，农民的生活依赖于土地，失去土地就失去了生活来源，因此，在土地征收中，为避免土地征收造成农民生产和生活困难，应当建立信息公开、告知并说明理由、听证等程序性制度[②]以及事前补偿程序性制度，防止征收补偿款被拖欠和截留。

第四，建立土地征收的撤销程序。在土地征收过程中，需用地人没有在一定期限内使用土地，或者没有严格按照公共利益目的使用土地，或者在法律确定的合理期限内未支付全部或大部分补偿费，被征地人有权向人民法院提起撤销征地并收回被征收土地的诉讼，以此作为对土地征收的事后监督。[③]

---

①② 石佑启：《私有财产权公法保护研究——宪法与行政法的视角》，北京大学出版社 2007 年版，第 137 页、第 149～155 页。

③ 贺佃奎：“农村土地征收的权力行使限制和权利保护机制”，载《河南科技大学学报》（社会科学版）2005 年第 3 期。

3. 依法扩大征收客体

农村土地征收在我国是指将集体所有的土地收归国家所有，其法律后果是土地所有权在国家和集体之间发生变动，但不可忽视的是，农地承包经营权是一种用益物权，其可以依据法律的规定进行流转，具有交换价值，在集体土地所有权被征收由国家取得土地所有权时，土地承包经营权亦归于消灭，因而其应被纳入土地征收的补偿范围。因此，对农村土地的征收应不限于土地所有权，而且应当包括土地承包经营权。

将土地承包经营权纳入征收的客体范围符合法律的一般原则。在现实中，征收直接影响的是土地承包经营权人的利益，但在我国法律中却没有将土地承包经营权人作为被征收的主体对待，这是忽视土地承包经营权人权利的一贯做法的延续。而且，在土地征收过程中往往由集体所有权人来代表土地承包经营权人争取对土地承包经营权的补偿，这极可能导致集体土地所有权人牺牲承包经营权人的利益以获取私人利益。土地利益的领域同样也是“风能进、雨能进、国王不能进”的范畴，土地承包经营权人作为用益物权之权利人，却无法为自己的土地物权争取保障与补偿，因此将土地承包经营权排除在征收补偿的范围之外显然不妥。

同时，将土地承包经营权纳入征收的客体范围有利于保护土地承包经营权人的合法权益。如果将农村土地征收客体仅限于土地所有权，土地承包经营权人将在征收补偿过程中丧失表达自己意愿的机会，如果土地承包经营权不是征收的客体，那么承包经营权人的利益难以得到保障。因此，在法律中明确土地承包经营权人为被征地的一方当事人，赋予其在土地征收中知情权、协商权和申诉权，更加符合保护土地承包经营权人合法权益的精神。我国《物权法》第 132 条规定：“承包地被征收的，土地承包经营权人有权依照本法第 42 条第 2 款的规定获得相应补偿。”这在指导思想上满足了扩大征收客体的要求，但如何贯彻执行显然尚需时日。

4. 合理确立补偿标准

我国当前的土地征收制度是计划经济体制的产物，其体现的是牺牲农民利益，以农业的巨额地租来保护工业、发展经济的指导思想，因此，一直以来土地征收制度中所确立的补偿标准极不合理。这种状况在 2004 年修订的《土地管理法》中仍然没有改变。在我国，为摒弃补偿范围过小且补偿标准低，不能完全体现农地的实际财产价值的法律规范，应当在法律中明确规定给予被征收人“完全补偿”。

因为公平交易最能体现财产的真正价值，通过市场认定财产价值才可能是公正的，所以“按照国家规定给予补偿”或“给予合理补偿”规则，理应以市场价值补偿为原则，以切实保障被征收人的基本生活需求为依归，并坚持补偿标准的动态性，根据经济、社会发展情况适时调整。[①] 同时，政府应与当事人平等协商，而不能单方面强制执行大可商榷的“合理补偿”标准伤及农民的权益。

此外，应坚持征地补偿方式的多元化。土地补偿的方式可以是货币补偿，也可以采用实物补偿和债券的方式作补充。对于一些有稳定收益的公共事业项目，如高速公路、供电供水设施等，可以采取将被征土地折价入股的方式补偿，使权利人能够获得较为长期的稳定收益。而且，在土地征收后，土地承包经营权的补偿中应考虑我国的一个现实，即土地是中国农民的“命根子”和饭碗，其承载着农户的基本生存保障功能，农民失地就意味着失去其生存来源。因此，补偿制度应更多地考虑今后农民的基本生存保障问题。

五、农地权利救济

有权利必有救济。在权利的归属、运行过程的每个环节都离不开及时、充分和有效的救济。“人类的权利自始就与救济相联系的。当人类脱离了盲动或依附而获得了一定的权利时，也必与之相适应的救济手段相随。”[②] 对于农地权利救济制度，可以从权利类型、救济手段、救济方式等诸多视角进行分析，但我们认为以下两种分类更为重要：其一，从救济手段上将农地权利救济制度区分为民事救济、行政救济和刑事救济；其二，从权利的内在设计到权利的外在保护的角度，将农地权利救济制度区分为实体上的救济制度和程序上的救济制度。

民事救济、行政救济和刑事救济等三种手段在运作机理上各有不同，这既决定了他们各自的适用范围，也使运用三种手段对具体权利进行从不同角度加以救济成为必要。在农地权利救济制度的设计上，因缘于农地权利的私权属性，民事救济必将成为农地权利救济制度体系中最核心的内容。但是，由于农地不仅仅是作为私人权利的客体存在，也是一个国家赖以存在和发展的基础，故为国家之将来计，有必要对私人权利进行适度限制，以防止农地权利被滥用，因此，行政救济和刑事救济手段可以辅助民事救济完成保护农地权利的使命。由于农地权利的民事救济在三种救济手段中的核心和基础地位，应着重研析农地权利救济中的民事救济问题，其中既包括民事实体法上的农地权利救济，也包括民事程序法上农地权利救济。

---

① 石佑启：《私有财产权公法保护研究——宪法与行政法的视角》，北京大学出版社 2007 年版，第 165 ~ 167 页。

② 程燎原、王人博：《赢得神圣——权利及其救济通论》，山东人民出版社 1998 年版，第 368 页。

(一) 民事实体法上的农地权利救济

民事实体法上的农地权利救济应区分不同的权利类型而分别考虑。根据我国法律的规定，农地权利主要可分为两种：其一为农民集体成员权；其二为以农地为客体的财产权，包括所有权、用益物权、担保物权等。对于前者，因其是以集体经济组织成员的身份为前提的，从而与单纯的财产权利明显不同，其包含对某些人如发包方案确定后出生或死亡的人、发包方案确定后户口迁入或迁出的人是否有承包土地的权利，发包人和该当事人各执一词而产生的纠纷。关于如何对该种当事人进行救济法律上并无明确规定，明显存在法上的漏洞。我们认为，法律之所以对该种情形未作规定可能与《农村土地承包法》实施时二轮延包已经完成，迄今没有开始新的发包行为有关，然并不意味着没有在法律上对此加以规范的必要。一方面，农业税取消和一系列惠农政策导致二轮延包过程中不规范的行为和矛盾逐渐暴露出来，其中有不少属于村委会以“非本村村民”为理由剥夺和限制集体成员应享有的土地承包经营权而产生的纠纷。如果法律上不明确成员权的确定方法，则这一类纠纷的解决势必面临很大的困难。另一方面，虽然土地承包经营权 30 年不变，但并不意味着承包地不能够做任何调整，特别是在解决新增人口的土地承包经营权问题时，明确成员权资格的确定规则显得尤为必要。

在确定成员权资格的程序方面，因为现行法律没有单独为其设计一种全新的制度，故当前直接根据民事诉讼程序进行处理是一种可以参考的方案。鉴于该种纠纷需要及时处理的要求与民事诉讼的较长诉讼周期不相协调，我们认为，就此问题单独规定特别的救济程序为妥，[①] 在具体制度设计方面，可以参考民事诉讼特别程序中有关选民资格案件的处理规定。

依据我国宪法和法律的规定，土地所有权不能进入市场，因而集体土地所有权纠纷的表现形式主要有两种，即土地所有权边界纠纷和土地征收纠纷。因为土地所有权范围与村集体行政边界重合并由后者决定，故土地所有权边界纠纷也就同时属于村与村的边界纠纷，因此，该纠纷应当在边界纠纷救济程序中加以解决。至于土地征收纠纷，现行《物权法》仅在第 121 条规定“因不动产或者动产被征收、征用致使用益物权消灭或者影响用益物权行使的，用益物权人有权依照本法第 42 条、第 44 条的规定获得相应补偿”，至于究竟补偿哪些内容，用益物权人在征收补偿过程中享有哪些实体和程序性权利则只能留待《土地管理法》

① 为了通过立法建立健全农村土地承包经营纠纷解决机制，及时、有效化解农村土地承包经营纠纷，我国制定了《农村土地承包经营纠纷调解仲裁法》，从该法关于农村土地承包仲裁委员会的受案范围的规定来看，其未把认定农民集体成员权纠纷纳入其中。由此可以推断，将来如果发生一些人员是否有权承包经营集体土地的纠纷时，该法对此类纠纷的处理将无能为力。

的修改去完成。[①] 但是，我们认为，在具体的制度设计中应坚持两个原则：一是补偿要充分、及时，不仅仅考虑土地的市场价值，还要考虑到土地在农民生活中的地位和农民将来的生活保障；二是要公开透明，保障土地权利人在获得充分、及时补偿过程中的程序性权利。

就集体土地所有权之外的其他农地权利纠纷而言，主要包括土地承包经营权、宅基地使用权、地役权、抵押权[②]等土地权利纠纷。对上述农地权利进行救济一般可适用传统民法对物权提供的保护措施，其包括物权法上救济和债法上的救济。具体来说，物权法上救济手段包括物权确认请求权、返还原物请求权、排除妨害和消除危险请求权、恢复原状请求权等，[③] 债法的救济则主要是合同法上的债权保障机制和侵权法上的损害赔偿请求权。所不同的是，传统民法中的土地侵权救济以所有权保护为核心展开，而在我国社会主义公有制环境下，我国的农地权利救济主要以土地承包经营权、宅基地使用权等他物权（特别是其中的用益物权）的保护为核心展开。

需要注意的是，由我国农地法律制度的特性所决定，与土地有关的交易行为往往发生在一个相对封闭的空间，农地权利侵害行为也就主要发生于熟人之间。本课题组调查结果显示，有62.05%的受访农户表示承包地纠纷发生在农户与农户之间，只有26.28%的受访农户表示承包地纠纷发生于农户和村委会之间。这显然是一种发生于熟人社会的纠纷，与作为民法建立的基本认识的“陌生人社会”[④] 产生的纠纷具有较大的差异。但是，随着农村社会的发展，各种农地权利自由流转的范围更加广泛，农地权利主体范围的逐步扩张，该情形必将面临严峻的挑战。

（二）民事程序法上的农地权利救济

民事程序上的农地权利救济可以根据救济程序的不同作进一步区分，如和解、调解、仲裁、行政复议、信访、诉讼等，这些救济程序虽在内在机理上存在差异，但均为针对一般权利而设的权利救济机制，体现了普遍性的权利救济要

① “土地管理法修改工作已经开始进行”，参见 http：//www. mlr. gov. cn/xwdt/jrxw/200905/t20090504_119360. htm.

② 在这里，抵押权的客体是权利而非土地本身，不过，即使以农地使用权进行抵押在法律上也存在较多的限制，如根据《物权法》第180条的规定，以招标、拍卖、公开协商等方式取得的荒地等土地承包经营权可以抵押，但《物权法》第184条则规定，除法律规定可以抵押以外，耕地、宅基地、自留地、自留山等集体所有的土地使用权不得抵押。

③ 参见《物权法》第33条至第36条。

④ 关于陌生人社会的论述，参见徐国栋：《民法基本原则解释——以诚实信用原则的法理分析为中心》（增删版），中国政法大学出版社2004年版，第46~48页。

求。土地权利作为民事权利的一种，与其他民事权利相比并无太多特殊之处，当然可以依据这些权利救济机制进行救济，故本报告将不具体论述这些权利救济制度在农地权利中的运用。然而，由于农地纠纷的主体范围毕竟不同于一般的民事纠纷，这些主体基本上处于一个比较封闭的"熟人社会"之中，彼此之间极有可能非常熟识，故农地权利纠纷在实践中的运作仍然体现了一定的特殊性。本课题组调查显示，在承包地纠纷的解决途径中，有19.13%的受访农户表示纠纷以当事人和解方式解决，有67.19%的受访农户表示纠纷由村委会调解；受访农户表示到人民法院起诉从而以诉讼方式解决纠纷的仅为1.09%；另外，有1.56%的受访农户表示是通过上访解决纠纷的。这在很大程度上反映了农民的真实想法。在对"你认为采用哪种方式解决承包地纠纷最好?"问题的回答中，认为当事人和解最好的受访农户所占比例为30.02%，认为村委会调解最好的受访农户所占比例为54.28%；另外，认为到人民法院诉讼最好的受访农户所占比例为6.53%，认为以上访解决纠纷最好的受访农户所占比例为1.40%；主张采用其他方式解决纠纷最好的受访农户所占比例也有3.27%。可见，熟人社会中的纠纷更多是由该民间社会本身去消解，而非直接求助于现行法律固定下来的主流救济途径。这是在未来的农地权利救济制度设计时应当考虑的问题。

诉讼时效制度也是农地权利救济程序中应给予关注的一个重要问题。在设计农地权利纠纷的诉讼和仲裁中，诉讼和仲裁时效制度应只适用于农地权利中的债权请求权，而对于上文中提到的物权确认请求权、返还原物请求权、排除妨害和消除危险请求权、恢复原状请求权等物权请求权则不能适用。

（三）有关农地权利救济的特殊视角

除根据一般性的农地权利类型进行权利救济机制的分析外，我们认为，还有两个视角必须予以特别关注：一是对农村妇女土地权利进行特殊救济的国际视野和社会性别视角；二是在更为广阔的社会保障视野来定位农地权利的救济机制。

一切权利救济归根到底都是对权利主体的救济，因此，权利救济过程中必须考虑主体的特殊状况即国情。农民是弱势群体，农村妇女又是其中更弱势的群体。在一些地方的农村，村民委员会经常利用所谓村规民约实施侵害妇女权益的行为，这一方面表明对村民自治的界限有加以明确的必要，另一方面也说明在农地权利方面，妇女的权益确实较之于男子更有可能受到侵害。其中突出的表现就是出嫁女、离婚妇女的农地权利很有可能在法律上或者在事实上不能获得保障。因此，在现代民法更注重实质正义的背景之下，立法中应有针对性地提供可操作性的规则，使农村妇女享有与男子同等的土地权益，同时对妇女的土地权利及其救济机制加以特别规范。具体而言，其应包括两个方面：一是在实体上通过制度设计保障妇女与男子享有平等的土地承包经营权等农地权利；二是在程序上充分考虑妇女实现该权利的现实障碍，从而通过制度上的设计弥补这一问题。

对农民土地权利的救济还涉及到社会保障问题。因农地在实际上负载着为农民提供基本生存资源的社会保障功能，故必须把农村社会保障体系的建立作为对农地权利予以救济的一个重要环节予以考虑。该方面最为典型的体现就是农民失地保险制度的建立。当农民的土地权利遭受到自然灾害的毁损时，其丧失的可能不仅仅是土地权利，更为重要的是失去了对未来生活的保障和信心，因此，单单依靠传统民法学提供的理论和规则无法在实质上解决失地农民遇到的难题，故必须将其纳入更为广阔的社会保障的视野之中给予切实的关怀。

六、结语：研究任务与目标

本课题研究的一个主要目标就是为我国农地立法设计一个规范文本，因此，在分析研究现行以《农村土地承包法》和《物权法》为主的农地制度条文之利弊得失的基础上，以取得的理论研究成果为指导和铺垫，完善农地法律制度不仅是我们研究的直接追求，也是研究的最终指向和我们对立法论主张的贯彻。

由于在整个民法法系的历史中，民法典诞生的深远法治深意是无与伦比的。民法典的问世，开辟了一个新纪元，整个民法法系都因而产生了深刻的变化。而中国民法典的制定已经提上议事日程。而建立在罗马法基础上的大陆法系民法典是一种体系化的存在，强调法律制度的整体观，正如德国法学家拉伦茨所言，民法体系可分为外部体系和内部体系，二者是表里关系；内部体系包括概念、类型和原则，甚至游离于体系之外的事物的本质，而类型、原则是无法依据抽象概念而得出的；法典编纂的任务就在于构建一个逻辑清晰、结构科学的外部体系以妥帖的反映内部体系的本质及意义脉络。① 因此，对农地法律制度的完善应在遵循民法典体系的基础上进行，而不试图设计一个包罗万象的统一的农地法文本。具体来说，我们的最终任务和目标主要是：

（一）设计未来民法典中有关农地权利体系的完整内容

制定体系合理、完整的农地法律制度的一个难点就是相关理论研究不足，本课题将致力于全面整合与确定农地立法的体例结构，完善制度设计。具体而言，鉴于本课题构建的农地权利体系将在民事主体制度的引领下，以土地物权体系为主，其在农地法律制度的完善过程中，一方面将从民事主体的内涵对农民集体进

① 陈小君："我国民法典：序编还是总则"，载《法学研究》2004年第6期。

行充实，以完善民事主体立法，另一方面则将农地制度的系统基本设计完整地置于物权制度中，并兼顾土地债权制度的整理，最终表现为对民法典中主体制度以及物权编和债权编相应制度的建立与完善。

（二）促使不合理的现行制度的废止

在作为民事基本法之一的《物权法》颁布实施后，《农村土地承包法》中有关物权性的土地承包经营权内容本应被该法吸收甚至升华，使《农村土地承包法》中的相关规定成为具文。然而，《物权法》的相关规范却具有较大的局限性，其关于物权性的土地承包经营权的规范并不完整，还不能完全取代《农村土地承包法》，这种明显缺陷只有留待将来民法典物权编予以弥补。同时，因《合同法》颁布较早，《农村土地承包法》中规定的债权性的土地承包经营权未能体现于《合同法》中，这也需要在将来民法典债权编加以完善。通过这种推动《农村土地承包法》中土地承包经营权按照性质不同分别回归民法典相应编章的努力，《农村土地承包法》将最终被废止。

另外，尽管《物权法》的颁布对农地物权尤其集体所有权的规范具有里程碑式的意义，但其中关于集体土地所有权的规定却不符合《物权法》在民法典中的科学定位。《物权法》本应是一种财产基本法，但其中对所有权按照国家、集体和私人进行分类，使该部分内容具有强烈的主体法色彩，因此，我们认为，在未来民法典中应当对其中有些规范进行整理，并将其置入民法典总则主体法的编章之中。同样，这种构建科学体系的努力结果将使《物权法》中的相应规范失效。

（三）实现农地立法与相关制度的衔接

由于农业生产的特殊性和农地制度的变革，在欧美大陆法系国家普遍存在专门规范调整农地利用和农业生产的法律，即农地法。在这些国家，农地法是一个兼具公法私法性质，或者是新的法律类型社会法的一个部门法。它强调农地的生产性和社会性，希望通过农地权利的安排，不仅达到组织农业生产的目的，而且达到组织和平衡发展农业社会共同体的目的。属于这种制度安排的国家有西班牙、阿根廷、葡萄牙、哥伦比亚、哥斯达黎加、巴拿马、秘鲁、委内瑞拉等。[①]无论是强调农地法的公法私法的混合性，还是突出其社会性，均显示出国家可以为了农业生产的发展而对农地权利的配置进行必要的干预。这主要表现为两个方

① 高富平：《土地使用权和用益物权——我国不动产物权体系研究》，法律出版社 2001 年版，第 345 ~ 349 页。

面：在对农民（农场主）土地权利给予充分尊重，依法保障其权利自由性的前提下，出于农地保护或其他社会公共政策目标的考虑，对之加以适当限制；在保护耕地的前提下注重提高土地利用的效率与强度，并通过科学的制度安排推动土地整理与规划，避免土地的过分分散导致的低效或无效益，以促进农地资源的有效利用。由于民法典是对私权的规范，故农地法律制度的构建应当和农地法律制度中规划整理、征收、登记、社会保障等规范相衔接和协调。

中国四省调研总报告

一、前言

2008年12月，党中央召开了十七届三中全会，对农村制度建设和创新作了全面部署，并对新时期、新形势下土地承包经营权流转提出了新的政策依据。基于这一新政的出台，有必要对农村土地承包经营权流转状况作进一步的深入调研，通过对农村土地承包经营权流转现状及农民流转土地主观意愿的考察，以期对党的此项有关农村土地流转的重大方针政策进行现实解读和立法、理论以及对策上的回应。

同时，距2007年开始至2008年完成的本课题组第一轮田野调查又跨2年，社会经济形势发生了一定的变化，农民对一些焦点问题的认识和看法是否会随之变化，有什么因素影响农民对同一问题在不同时期产生不同的看法，也需要进行新一轮的了解。通过前后两次调研结论的比较，总结出农民对哪些问题的认识具有稳定性，哪些又具有易变性，从而为理论特别是立法与政策研究提供实证依据。

此外，上一轮调研时，受问卷题目数量和侧重点的限制，关于农村自留地（山）和集体经济组织发展壮大的意义及途径两大问题并能未纳入调研范围。本课题组在农地权利体系梳理整合后，希望通过第二轮调研对上述问题进行补充性的实证调查，以使农村土地问题立法研究视野更加宽阔，体系更加全面，研究更加深入，更具现实针对意义。

有鉴于此，课题组调查人员30余人分为4组于2009年7~8月对黑龙江、山东、贵州和湖北4省8县（市、区）24乡48个村480个农户进行了新一轮的田野调查。每省的调研样本保持了数量一致，便于纵向比较。我们在省份的选择上主要考虑到以下两个因素：第一，黑龙江是我国农业大省，其地貌以平原为主，地广人稀，人均占有耕地面积大，农业机械化程度高，具备农地规模化经营和大范围流转的客观条件，对于本轮重点考察承包地流转问题具有一定典型性。贵州、湖北和山东，在地理位置上自西向东：贵州"七山二水一分田"，受地理因素影响，农业发展受到一定限制，但湄潭、金沙两县作为较早的国家农村土地制度改革的试点地区，各项改革措施一直走在全国前列；湖北作为中部地区，虽有江汉平原为依托，但耕地面积较于农业人口仍显不足，人地矛盾甚为突出，在承包地的经营上，分散化的特点较为明显；山东作为东部农业大省，农业经济较发达，在专业性合作社的建设和农地流转上具有一定的创新。因此，上述四省的农村特点和农业发展水平在全国有一定代表性。第二，四个省的八县（市、区）中，有我们设立了五年的"乡村试验田"5个，这种持续性调研，对于深化农地问题立法制度改革无疑具有强力推进作用。

在本次调查中，课题组共收到有效问卷480份、访谈笔录96份。以下分析均取自于上述调查获得的成果。

二、对调研数据及访谈笔录的分析解读

（一）关于土地承包经营权流转状况的分析

十七届三中全会通过的《中共中央关于推进农村改革发展若干重大问题的决定》（以下简称《决定》）指出："加强土地承包经营权流转管理和服务，建立健全土地承包经营权流转市场，按照依法自愿有偿原则，允许农民以转包、出租、互换、转让、股份合作等形式流转土地承包经营权，发展多种形式的适度规模经营。有条件的地方可以发展专业大户、家庭农场、农民专业合作社等规模经营主体。"与以往政策相比，其明确提出建立土地承包经营权流转市场，并将市场化运作模式引入到土地承包经营权流转领域；同时，为了配合土地承包经营权流转市场的形成，其允许农民采用"股份合作"这一新的模式流转土地承包经营权，而"股份合作"的流转模式在《农村土地承包经营法》和《物权法》中均未被肯认；最后，《决定》还赋予了农民更大的经营自主权，鼓励在有条件的地方培育规模化经营主体。可见，十七届三中全会关于农村土地流转制度的新政策，是我国农村经过了30年的改革发展后，在新形势下为农村土地制度的完善指明了方向。

对于这样一个备受各界高度关注的新政策，在出台近一年后农民对其认知状况如何，是课题组此次考察的一项重要内容。在实地调查中，当问及"党中央在十七届三中全会上，对承包地（田）流转规定了一些新政策，您知道吗？"

时，大多数受访农户回答“知道”，占受访总数的69.6%。调查人员通过访谈了解到，随着农村生活、交通、通信条件的改善，各种政策信息已能够通过现代化的媒介工具较顺畅的为广大农民所知悉；同时，地方党政部门较为有效的宣传也是农民能够及时了解相关政策的重要渠道。不过，农民对党中央出台的关乎其切身利益的政策也有着极高的敏感度，一旦某一政策被冠以“支农惠农强农新政策”之名，农民便迫切地想了解该项新政策。

然而，当调查人员追问受访农户十七届三中全会关于承包地（流转）政策的具体内容时，绝大多数农户却表示不清楚，可见，受访农户选择“知道”新政策仅是停留在“听说过”的程度，对具体内容知之甚少。据受访的村委会干部所言，他们在比较之后发现，新政策与原政策之间并没有什么不同，其切身利益也没受到什么实质影响。[①] 上述现象表明，《决定》虽然为农村土地流转制度的改革作出了新规定，但其作为抽象的政策纲领，需要基层党政组织采用通俗易懂、便于理解的方式对其进行宣传和解读；同时，将政策转化为具体的措施，积极引导农民走上适度规模化的农地经营之路，也应是各级党政部门在落实《决定》时需要重点实施的。

与以往政策法律不同，《决定》在承包地流转方式上采取了更为开放和多元化的价值取向。在关于农村现有之流转方式的调查中，课题组发现传统的转包、出租、互换和转让仍是目前农村最常见的流转方式。其中，“转包”和“出租”既是当前农村社会存在的最主要的流转方式，[②] 也是农民最希望采取的流转方式。[③] 对于“股份合作”这一较新的流转方式，在山东、湖北和贵州三省调查县乡暂时尚未存在，但在黑龙江省克山县，这一流转方式已经悄然兴起，有5户当地受访农户在被问及“你们村承包地（田）流转有哪些方式?”时，其选择了“其他方式”，并注明是“反租倒包”；[④] 在哈尔滨市阿城区也有3户受访农户表示希望今后以入股的方式流转土地。克山县受访农户所称的“反租倒包”实际上是一种股份合作模式，而“反租倒包”之所以被党中央明令禁止，是因为该模式曾经导致村集体变相收回农民的土地承包经营权而导致侵害农民权益的不良

---

① 贵州省金沙县某村委会主任表示：“当时镇政府称中央出台了新政策要组织大家学习，我看了后觉得跟原来的政策没什么两样，就没在意了。你现在要问我政策新在哪里，我还真说不出来。”该情形在其他省县也较为普遍地存在。

② 在受访农户中，分别有80.2%和44.4%表示其所在村承包地（田）流转方式有“转包”和“出租”。

③ 在受访农户中，分别有73.3%和42.7%表示希望今后承包地（田）流转采用“转包”和“出租”。

④ 克山县北联乡“反租倒包”模式是2003年其利用黑龙江省政府开展农机作业合作社试点的时机，争取到省政府投资100万元，购买了大型农机设备后，在具备条件的数村按人均分配的耕地计算到户，每户每亩出资作为股金，组建了农机作业合作社，并在短期内实现了合作社的盈利与分红。

后果；而“股份合作”之所以为《决定》所提倡，是因为该模式以尊重和保护农民的土地承包经营权为前提，农民在流转土地承包经营权后，获得了股权并从中享受利益，而村集体在获得农民承包地后可以进行规模化经营以发展、壮大农村集体经济，可见，克山县的“股份合作”模式实现了农民集体和农民个体的利益协调双赢。从黑龙江地区的调研情况来看，以“股份合作”模式流转承包地在人均耕地面积较多、机械化耕作程度较高的地区已收到了较为良好的社会效果和经济效益，并且具有较好的推广前景。

“抵押”这一流转方式在各地通常都少见，仅有1.9%受访农户表示其所在村存在土地承包经营权抵押现象，但希望采用抵押方式流转承包地的受访农户却达到17.9%，这说明在目前政策法律仅允许“四荒地”承包经营权抵押的情况下，农民私人间的抵押行为受到较大的抑制，隐形的抵押交易表现不太活跃，但该情形并不表明农民没有以抵押方式流转土地承包经营权的需求。根据访谈得知，部分农民希望通过承包地抵押获得更多的周转资金，因此，允许土地承包经营权抵押在农村生活中存在一定的合理性。访谈也表明，农民未选择抵押流转，是担心政策的不稳定和法律的严禁后果可能产生的不测，并非不必要。

在存在“转让”这一流转方式的选择上，地区间的差异较大。贵州省受访农户表示其所在村存在承包地“转让”方式的比例较高，占42.5%；在黑龙江、湖北两省，分别有17.5%和15%的受访农户表示“转让”方式在其所在村存在，是仅次于“转包”和“出租”的主要流转方式；但在山东省，仅有2.5%的受访农户表示存在承包地“转让”现象，这说明承包地转让在当地非常少见。通过访谈得知，农民转让承包地大多是因其户口迁到了城镇，并在城镇有着稳定的工作和收入，因而愿意将承包地转让以彻底脱离农民身份；有少数农户则是因为承包地太多而劳动力又确实有限，故转让了部分承包地以减轻劳作压力，并防止发生承包地无人耕种出现撂荒的情形。

从调查数据分析可知，“转包”和“出租”这两种权利人与土地占有关系暂时分离的流转方式最受青睐。通过承包地的转包和出租，农民从过去对土地的过度依赖中解放出来，并以外出务工、经商的方式拓展了其生活和工作的空间。同时，土地作为农民生存条件的基本保障功能仍然存在，作为土地承包经营权人，其仍可在一定条件下重新回到土地上从事农业生产，获得生存保障。2007年底蔓延至今的全球金融危机导致我国沿海发达地区的大量企业倒闭、裁员，许多外出务工农民又重新返乡务农，而借助转包、出租的流转模式，大量返乡农民通过收回承包地耕种来维系其基本生存，使其不至流离失所、生活无依。而且，不少受访农户在接受访谈时也表示，外出务工、经商毕竟不稳定，非长久之计，随着年龄的增长、体力的下降，终究有一天要重新回家务农，所以承包地不能丢。农民的这一心态既能解释其对转包、出租这两种流转方式的热情，也能说明为何承包地转让的现象在当前农村生活较少。

虽然承包地（田）流转在农村社会是一个较为普遍的现象，但在面对“您有没有把承包地（田）流转给他人种呢?”这一问题时，仅为49.8%的受访农户表明其把承包地（田）部分或全部流转给他人耕种，该比例并不如预期之高，其中在黑龙江和湖北两省将承包地（田）流转给他人耕种的比例分别为63.3%和56.7%，然而贵州省该现象则较低，仅为30.8%。可见，大范围、高频率的承包地流转现象在我国农村社会没有出现，农村土地主要还是由土地承包经营权人自己耕作。在流转收益上，收钱或收取对价物流转承包地开始成为普遍情形，有35.4%的受访农户表示在将土地承包经营权流转出去时获得了相应的对价。其中黑龙江和山东两省“收钱流转”承包地的农户较多，分别占到55.8%和40%，这与两省种地收益较高密切相关。但在湖北、贵州两省，由于种田收益较低、劳动力缺乏，故“无偿流转”占有相当大的比例，分别为18.3%和15.8%，而黑龙江省“无偿流转”的比例仅为0.8%。湖北、贵州两省不少受访农户表示，本来种地收益就不高，加上村里劳动力缺乏，如果再收钱流转，很可能就流转不出去；现在虽然是无偿交给他人耕作，但地总不致荒芜，即使以后收回土地也可以马上进行耕种；还有部分农户将土地无偿流转给亲友耕作，他们认为，在流转费用不高的情况下，不如无偿流转给亲友耕种更放心。可见，“无偿流转”的农户关注的不是承包地的流转收益，而是承包地是否会出现被抛荒和收回的风险。因为一旦土地撂荒，作为发包方的村集体就能够以出现合同解除事由为由收回承包地，使其丧失今后据以生存的保障。“贴钱流转”在受访地区基本已不存在，该情形反映出在农业税费免除后，承包土地已经不再是一种负担，土地承包经营权的财产价值得到了一定程度的提高。①

在面对“您会在什么情况下把承包地（田）影响流转出去”这一问题时，“土地太少，自己种不划算”、“自己家里没人种”、“种田收益不是主要收入来源”仍是影响农民流转土地的主要因素，分别占到48.1%、47.7%和45.6%。但在黑龙江和山东两省，“流转收益比较高”也是影响土地承包经营权流转的重要因素，分别占到52.5%和38.3%；但该因素在湖北、贵州两省表现得不明显，仅为24.2%和16.7%。通过访谈得知，在湖北省农民流转承包地的收益大约为每年100元/亩左右，贵州为100元/亩至300元/亩不等，如果是实物则为每年

① 2002年9月下旬至11月初，我们在5省14县（市、区）调查了406户农民，由于当时农户耕种承包地须缴纳较高的农业税费，故该次调查不仅反映出有偿流转在农村中不占十足的主导地位，还有10%的受访农户表明如果其将承包地给别人耕种时会贴钱。参见陈小君等：《农村土地法律制度研究——田野调查解读》，中国政法大学出版社2004年版，第23~24页。

200斤/亩大米、玉米或其他粮食。在山东省，土地承包经营权流转收益每年一般在300元/亩至800元/亩之间，如果是粮食作物则在300斤/亩至800斤/亩左右；在黑龙江省，流转收益高的可以达到每年1 000元/亩，甚至可以得到更高的对价。

可见，影响农民流转土地承包经营权意愿的主要因素是经济利益的比较和衡量。首先，农民会衡量种地和外出务工的收益，如果外出务工的收益较高，农民会选择暂时放弃耕作而寻求收入更高的劳作方式。在这种情况下，劳动力缺乏现象会比较突出，为防止其承包地无劳力耕种而抛荒就需要通过流转保证土地的被利用率。此时，农民在一定程度上会选择无偿流转承包地。从访谈中获悉，湖北、贵州、山东等省普遍存在劳动力不足的现象，而在黑龙江，由于人均耕地面积大、农业机械化程度高，规模化经营较宜开展，故在该地区，劳动力不是影响农户流转土地的主要因素。但在黑龙江省，受访农户大多表示会在耕地规模小、流转收益高于自己耕种收益时选择将承包地流转出去，这同样是出于经营成本的考虑：机械化程度高虽适宜规模化经营，但如果农户承包地较少，在劳动力成本支出相近的情况下就会对其收益产生负的影响。所以，在农地规模不大时，黑龙江省农户在衡量自己耕种收益与流转收益后往往倾向于选择将承包地流转出去。

在流转信息获取途径上，在面对“您主要是从哪里获得承包地（田）流转信息?”时，有57.5%的受访农户表示是“村委会”提供了流转信息；而在面对“您认为由谁提供承包地（田）流转的信息比较好?”时，仍有高达69.2%的受访农户选择“村委会”。这说明在当前农村社会农民对村委会的信任和依赖程度都比较高，村委会仍是最主要的流转信息传递的媒介，同时，村委会在信息提供方面也确实发挥了较大的作用。但是，也有相当多的农户是通过私人间的联系获得流转信息的，所占比例约为39.4%，这与农村熟人社会的特点也较相符。在小范围的土地承包经营权流转活动中，私人间流转信息的传递较为便利也受到农户的认可。在加强土地承包经营权流转的政策背景下，政府在提供流转信息方面也有所作为，表示主要从政府获得流转信息的受访农户占26.7%。然而，对中介机构提供流转信息的模式普遍不被受访农户接受，这与在提供土地承包经营权流转信息方面中介机构的缺位和建立的滞后性有关，如黑龙江省受访地区均未设立专门从事土地流转的中介机构。在调查人员对受访农户介绍了中介机构在土地承包经营权流转中能够发挥的功能后，希望由中介机构提供流转信息的受访农户也仅有8.3%。大多数受访农户认为中介机构提供流转信息将收取相应的中介费用，会增加土地承包经营权流转的成本，这是其不愿意选择由中介机构提供流转信息的主要原因。

中央《决定》特别强调应建立承包地流转市场，而在农业企业、农村合作组织和种田大户参与的承包地大范围流转过程中，如果缺乏有效的信息传递平台，承包地的供求信息就会出现无法互通的尴尬局面。因此，地方政府在推动承包地流转市场建立时，是否应该更加突出自身的服务功能，引导、扶持中介机构建立规范化运作的承包地流转服务中心，以减少农户、农业企业和农村合作经济组织获得流转信息的成本，是一个值得思考的问题。

关于土地承包经营权流转，《农村土地承包法》第 37 条规定："土地承包经营权采取转包、出租、互换或者其他方式流转的，当事人双方应当签订书面合同。采用转让方式流转的，应当经发包方同意；采取转包、出租、互换或者其他方式流转的，应当报发包方备案。"该规定实际上对承包地的流转程序采取了较为严格的形式，其目的是为了充分保护农民的土地权益，即通过明确的法律规范引导农民流转承包地以维护自身利益。但在实践中，上述法律规定是否与农民的实际意愿相符呢？这也是课题组调研的一个重点。当问及"您认为承包地（田）流转时办什么手续既方便又安全？"这一问题时，在黑龙江和贵州两省，受访农户表示应"签订合同并经村委会同意"，分别占 47.5% 和 52.5%；而在山东省，受访农户则更倾向于"签订合同并经政府登记"这一模式，占 45.8%；但在湖北省，多数受访农户表示"仅签订合同（书面或口头）即可"，占 45%。湖北省受访农户在土地承包经营权流转中对流转方式的选择较为随意与当地承包地流转价格不高、流转方式多为短期的出租或转包方式有关，受访农民在接受访谈时解释道：选择口头协议是因为即使因承包地流转引发纠纷，最多也就吃亏一年，第二年收回承包地即可。

可见，虽然法律仅规定"转让"这一流转方式需要订立合同并经发包方同意，但在实践中却有相当多的受访农户将其他几种流转方式也纳入"订立合同并经村委会同意"的范围。这说明农民在承包地流转中对风险的防范意识在加强，其希望通过规范的承包地流转程序明确各方的权利义务，以避免纠纷的发生。由于"村委会同意"并不能使流转后的权利产生为第三人识别的权利外观，故相当多的受访农户选择"签订合同并经政府登记"模式，这说明已有农民意识到流转后的权利要避免侵害，还需要有政府登记行为的公信力作为更为有力的保障。

但是，农民选择口头协议的方式流转土地并不必然意味着纠纷的增多和使矛盾的化解存在困难。如湖北省不少受访农户表示承包地的流转多发生在集体组织成员之间，彼此都较为熟悉，仅靠口头协议就可以产生约束力，最多也只需要签订书面合同，无需经村委会同意或者经政府登记。从有关"承包地流转纠纷"的调查可以看出，湖北省受访地区关于承包地流转的纠纷并不多，而且一旦发生纠纷，绝大部分都可以通过自行协商或村委会调解的方式解决，并没有因未订立书面流转合同，或未经村委会同意而导致较严重的冲突。因此，是否应该针对不同的流转方式允许农民采用更灵活的流转程序值得深思。① 在山东，选择“签订合同并经政府登记”的受访农户大多也针对的是承包地转让和期限较长的“转包”行为，可见，农民针对不同的土地承包经营权流转方式对流转程序有不同的需求。

在将承包地流转给村集体成员以外的人时，四省受访农户有着较为一致的认识，有 64.6% 的受访农户认为此种情形需要办理一定的手续，其中“经村委会同意”是最为主要的方式，占受访农户的 37.3%；其次是“告诉村委会就行了（通知）”或“要经乡镇政府（或农业部门）同意”，分别占受访农户的 11% 和 8.1%。这说明多数农民在将本集体经济组织的土地流转给村集体以外的人时较为谨慎，大都希望通过较为严格的程序对承包地的向外流转进行一定的限制。

在承包地流转纠纷解决方面，调查显示村委会调解和自行和解是目前农村最主要的纠纷解决方式，受访农户在回答“你们村承包地（田）流转如果发生纠纷，通常如何解决?”这一问题时，选择“村委会调解”和“自行和解”的分别占 71% 和 50.8%。通过诉讼解决承包地流转纠纷的仅有 12.7%。采取“仲裁”方式解决承包地流转纠纷的也不多，为 4.8%；借助“上访”方式解决问题的则最低，仅为 3.1%。该情形说明，在当前农村社会，村委会较好地履行了调解村民纠纷、维护本村农地承包秩序的职责，且农民也能够信服和接受村委会的调解。同时，因为承包地流转大都在熟人之间进行，彼此之间即使产生纠纷，在无重大的利益受损时，也均愿意通过自行协商的方式解决。“诉讼”和“仲裁”鲜被农民选择，说明农民不到迫不得已并不愿涉入烦琐的纠纷解决程序中，这也为立法者在构建符合农民意愿且方便便捷的农村纠纷解决机制提供了参考。以“上访”方式解决承包地流转纠纷的现象最少，表明农民在解决纠纷的方式选择方面渐趋于理性，也在一定程度体现了其他纠纷解决方式的有效性。不过，受访农户选择上访途径解决纠纷的现象虽然不突出，但还是应该引起重视，它表明承包地流转纠纷依然可能引发较为严重的冲突，其还是影响农村社会安定团结的一个隐患。

土地承包经营权流转与劳动力的转移具有密切联系，只有在能够有效实现剩余劳动力的转移时，土地承包经营权的流转才能够高效、持久。在面对“你们村承包地（田）流转后，原来种地劳力的主要去向如何”这一问题时，分别有 87.9%、56.5% 表示是“外出打工、经商”和“在家打工、经商”，只有 6.5%

① 尽管法律规定承包地流转应当订立书面合同，但在司法实践中，对于口头流转协议，只要有相关证据佐证的，其效力也会得到认可。从该情形来看，该条款中的“应当”只是一个倡导性用语，并不是一种严格的形式规定。这也为农民采取较为灵活的流转形式打开了方便之门。

的受访农户表示原劳动力"闲着"。可见，在土地承包经营权流转后，原劳动力基本上实现了转移。当问及"您们村承包地（田）流转出去后，对原有的劳力就业问题，当地（县乡）政府有什么安排吗?"，选择"做了一些安排"的受访农户占45.2%，其中分别有32.9%、32.7%、22.1%和21%的受访农户表示当地政府进行了"劳动力培训"、"提供就业信息"、"维护外出务工农民的合法权益"、"联系就业单位、地区"。可见，就推动土地承包经营权的流转而言，地方政府在劳动力转移的配套服务上做了一定的工作，为承包地流转后的农户提供了扶持和帮助，但地方政府的作为离农民的期望值还有相当大的距离，如有43.8%的受访农户认为"政府没做什么安排"，其中分别有26.9%、27.9%、23.8%和22.3%的受访农户希望地方政府在"劳动力培训"、"就业信息提供"、"维护外出务工农民的合法权益"和"联系就业单位、地区"等方面为农民提供切实的帮助和引导，并发挥更为积极作用。在湖北、贵州两省，分别有68.3%和45.8%的受访农户对政府在劳动力转移的配套服务上的工作予以否定。这说明在经济欠发达地区，地方政府在实现承包地流转和劳动力转移就业的平衡发展上仍有许多工作需要加强。可见，虽然农民自发寻找各种增收渠道仍是劳动力转移的主要途径，但农民对地方政府在配套服务工作上的组织和帮助还是极为渴望的。

（二）关于宅基地使用权流转状况的分析

关于宅基地流转的现状，被调查地区均存在少量将宅基地转让给城镇人的情形。在问及"你们村有没有农户将宅基地（或住房）转让给城镇人?"时，仅有13.8%的受访农户表示"有"该种情形，但该情形的地区性差异明显，在黑龙江、贵州、湖北、山东四省分别占18.3%、18.3%、16.7%和1.7%。从访谈中我们了解到，在与城镇较临近的地区宅基地流转现象较为突出，而对于较偏远的地区，则基本上没有这一现象。虽然国家的政策法规一直禁止农村宅基地向城镇居民流转，但在城乡结合部，该现象根本难以避免。在本次调查中，黑龙江省哈尔滨市阿城区是唯一一个紧邻省会城市的近郊区，该区不少农户都有闲置的宅基地和房屋，在城市房价不断高涨的情况下，城镇居民普遍看好郊区农村宅基地的较低价格，在供求关系已经建立的情况下，尽管法律明确禁止，但隐性的宅基地流转市场仍然形成。通过进一步访谈发现，由于城镇居民获得的农村宅基地和房屋缺乏法律依据，双方的权益都不能得到有效保护，因此不但纠纷较易发生，而且矛盾还不易化解。

虽然农村宅基地流转给城镇人的现象较为普遍，但是在面对"您认为是否应当允许农户将宅基地（或住房）转让给城镇人?"时，表示反对的受访农民占有大多数，为受访农户的57.7%。尤其是在山东、湖北两省，反对的受访农户分别为81.7%和59.2%；而黑龙江和贵州两省，反对的受访农户也分别达到49.2%和40.8%，但该两省持赞成及无所谓态度的受访农户也有较高比例，分别为50%和59.1%。在问及“如果允许农户把宅基地（或住房）转让给城镇人，您认为应当具备下列哪些条件?”时，表示“不需要任何条件，农户只要愿意就可以”、“农户全家迁入县城（城市）并转为非农业户口”、“在房屋继承中，遗产分割后房屋所有人具有非农业户口或者不属于本村村民”、“农户全家成为其他村村民”的受访农户分别有37.3%、38.1%、24.2%和18.1%。其中选择“农户全家迁入县城（城市）并转为非农业户口”的受访农户在湖北、贵州、山东三省所占比例均为最高，分别为44.2%、40.8%和37.5%；但在黑龙江省，大多数受访农户则认为“不需要任何条件，农户只要愿意就可以”，占到受访农户的52.5%。大多数受访农户反对将本村的宅基地流转给城镇人或是将农民身份的改变作为流转的条件，说明农民一般还是认可宅基地的取得与集体组织成员身份间的天然联系，可见法律法规禁止宅基地向城镇居民流转有着较强的现实意义和群众基础。但是，仍然有部分受访农户认为不应为宅基地的流转规定太严格的限定条件，表明一些农民已开始认同宅基地及其地上房屋应属个人私有财产的观点，并希望能够自由处分宅基地。

根据《土地管理法》第62条第1款规定：“农村村民一户只能拥有一处宅基地，其宅基地的面积不得超过省、自治区、直辖市规定的标准”，这原本为硬性规定，但在现实中，农户超标占用宅基地的现象较为普遍，并未受到政府权力的管理介入。在访谈中有农户反映，虽然乡镇土地管理所负责宅基地使用权的审批，但由于土地管理所工作人员有限，管理的辖区范围大，涉及村落多，致使宅基地使用权的具体审批工作大都交由村委会完成，而对于村委会报请审批的宅基地，土地管理所一般都会批准，这就使得宅基地的利用情况较为宽松和粗放。不少村委会干部也表示，只要村民申请宅基地，一般都会批准，如果村民的宅基地距离公路较远，为出行方便申请在公路旁边重新建房时，村委会往往会允许。①

如果超标准占有的宅基地被转让，关于农户转让该宅基地获得的费用应如何分配，受访农户的看法存有差异。面对“如果农户无偿获得宅基地，其住宅面积超过村民平均数（或国家规定的标准），转让宅基地时所得到的转让费，您认为哪一种分配方式最合理?”这一问题，认为“根据具体情况将转让费中适当部分交给村集体留作村里办事用”所占比例最高，占受访农户的44.4%；其次是

① 为了出行方便而申请第二处宅基地的现象在地处山区的贵州省金沙县较为常见，在平原地区则显得不突出。

"完全应由出让农户全部获得"，占受访农户的33.1%，这与认为宅基地可自由处分的受访农户占37.3%的比例较为接近。但是，总体来看，多数受访农户对待宅基地流转收益的态度较为理性，其愿意将部分转让费用交给集体用于集体的公共事务建设，这反映出农民普遍希望壮大农村集体经济。还有12.5%的受访农户表示应"根据具体情况将转让费中适当部分交给国家"，持该观点的受访农户虽然不多，却表明一些农户对宅基地权属的认识不够清晰，其认为宅基地是由国家分给集体的，且由政府行政部门管理，故其收益就应当交一部分给国家。

在农户转让宅基地（或住房）后，是否应该允许其再申请的问题上，黑龙江、山东、湖北三省分别有62.5%、89.2%和55%的受访农户表示反对，但在贵州省表示反对的受访农户只有38.3%。与上述情形相对应，贵州省赞成农户转让宅基地（或住房）后可再申请宅基地的受访农户最多，有34.2%，还有27.5%的受访农户表示"只要交钱就应允许"将宅基地（或住房）转让的农户再申请宅基地。在贵州省访谈时，受访乡镇的村委会及地方政府普遍对农民超占宅基地现象持较宽容的态度，认为只要农民有经济能力建房，一般都不会在程序上设置障碍，该态度使得农户取得的宅基地占用农田及村公共用地的问题较为突出。此外，有一些受访农户认为应当考虑转让人的身份，主张只要仍然是本集体经济组织的成员，就应当允许其再次申请，所不同的是其不应再无偿取得宅基地，持这一观点的农户大约占受访农户的13.8%。

（三）关于自留地（山）使用权的状况分析

自留地（山）使用权在我国不少地区仍然存在，由于该权利主要因客体的特殊性而形成不同于一般的以农业耕作为目的的土地承包经营权，故自留地（山）使用权相关法律制度从立法到理论研究乃至现实考察一直都是一个被边缘化或者说是被忽视的问题。尽管自留地（山）应属重要之不动产，其使用权的权利内容与土地承包经营权等用益物权在根本上具有一致性，但其与土地承包经营权相比在法律依据、取得、流转、权能以及是否有偿等方面都存在较明显差别，因此应该将其作为一种独立于土地承包经营权的用益物权类型予以明确规制。通过进行农地制度体系化研究可以发现，自留地（山）使用权即涉及农户又牵连农村集体，极有必要对现状进行深入探究。

在此次调查中，黑龙江、湖北、贵州三省大部分受访农户都表示本村仍有自留山或自留地，占三地受访农户的70.6%。但山东省的调查样本中仅有10.9%的农户表示"有自留地（山）"，四个省的平均比例为55.6%，表示其所在村没有自留地（山）的受访农户也较多，占受访农户的44.2%。以下分析仅针对表示"有自留地（山）"的受访农户展开。

由于自留地（山）是为了充分利用剩余劳动力和劳动时间，生产各种农副产品，满足家庭生活需要而产生的，其一直是农村集体经济的必要补充。因此，按人口分配自留地（山）是最为主要的分配方式，选择该方式的受访农户有42.9%；其次是按户分配，为5.4%；按“劳动力”分配所占的比例最低，仅为2.5%。当问及“在减免农业税前您们村的自留地（山）与承包地相比在经营方面有什么不同?”这一问题时，有41.2%的受访农户表示“不用缴农业税”，有29.6%的受访农户表示“不用缴三提五统”，有21.3%的受访农户表示“不能进行调整”，有19%的受访农户表示“从来没有登记过，也没有发证”，还有16.7%的受访农户反映“政府一直没管”。可见，较之于土地承包经营权，自留地（山）使用权更为稳定，而且国家也基本上没有在该权利上设置任何负担。

尽管《宪法》第10条第2款规定：“宅基地和自留地、自留山，也属于集体所有。”但在调查过程中，对于自留地（山）的权利归属，受访农户的回答表现得明显模糊，认为自留地（山）应归个人所有的比例相对较高，占22.7%；其次是“村集体”或“村民小组”，分别占到15.2%和9.8%；最后是“国家”，仅占6.9%。可见，由于自留地（山）使用权功能的特殊性以及该权利的超稳定性，致使受访农户对该权利的归属产生了认识上的极大偏差。[①] 在自留地（山）的用途上，选择种植蔬菜的受访农户最多，为41.5%，闲置抛荒的受访农户极少，为2.9%。在流转方式上，“转包”是自留地（山）最主要的流转方式，为24.6%；其次是出租、转让，分别为13.3%和8.5%。

访谈中，不少农户认为自留地（山）是历史自然形成的，一直由自己耕种，不需要其他发包程序，从未缴过农业税（费），集体和政府也基本不管，故当然应归个人所有，具有现实永久性。可见，农户缺乏此为集体土地使用权的一种特殊类型的观念。同时，自留地（山）在经营和利用方面也与承包地不同，如从面积来看，虽然各省情况不一，但所到之处之所见，其数量应具可观性。浙江师大农村研究中心甚至有调研资料表明，某地一些村集体利用自留地（山）的制度，有意改变农耕地性质为自留地（山）后挪作他用，有损害农村集体和农户利益之嫌。由此说明对自留地（山）重新审视十分必要，而制定出有利于自留地（山）的规范性利用和流转的法律制度势在必行。

---

① 在土地承包经营权方面，由于行政权力介入过多，导致政府行为掩盖了作为土地所有权人的农民集体的私权利主体属性，在一定程度上造成了农户对村集体（或村小组）与国家之间界限的混淆，认为承包地所有权人是国家的受访农户所占比例最高。参见高飞：“集体土地所有权主体制度运行状况的实证分析——基于全国10省30县的调查”，载《中国农村观察》2008年第6期。本次调查因国家行政权力对自留地（山）使用权的介入极少，造成了农户对自留地（山）所有权人为个人的误解。上述现象的对比反映出，行政权力应当在何种程度上介入农村土地权利的运行是一个需要深入探讨的难题。

（四）关于集体经济组织壮大途径和方式的分析

农村土地集体所有是国家的一项重要土地法律制度。实践证明，这一所有权模式对于发展农村经济、维护农民财产权益起到了积极的作用。在当前新时期、新政策的推进下，如何发展壮大农村集体经济、构建实现集体土地所有权的有效模式是摆在人们面前的一个重大课题。由于在法治国家，法律制度是保障经济高效运行的重要手段，而且法律规范是客观存在着的现实经济关系的集中反映，其具有调整经济生活，规范经济行为，维护经济秩序，组织、管理、服务经济活动的功能，故经济发展必须依法进行，也只有在法治秩序中才能够健康运行。[①] 加之市场经济又是法治经济，我国社会主义市场经济只有以法治为前提和基础，才能得以顺利运作。而就我国现状而言，通过发挥集体土地所有权制度的作用发展壮大农村集体经济不可能完全通过自生自发而实现，其还需要人为理性进行构造而成，所以必须有人为理性构建的立法来促成和引导农村集体经济的有效实现。实践中，有的村已经改变了传统的村委会或村民小组的形式，设立了农民合作社或土地股份合作社，还有的村成立了股份公司。那么对于这些诸多的集体土地所有权实现的组织模式，农民的认知情况和支持度如何以及法律该做何为是一种亟待解决的问题。

在调查中我们发现，“村委会”和“村民小组”仍是多数农民认为的目前农村集体经济首选的组织形式，上述两项的选择者占到受访农户的64%。且贵州受访农户对村委会（或村小组）认可度最高，达到79.2%；其次是黑龙江，占67.5%；山东和湖北也过半数，分别为57.5%和51.7%。对于其他几种组织形式，“合作社”和“股份合作社”也受到农民一定程度的认可，总体平均分别为10.4%和16.7%；但在贵州，对这两种组织形式的认可度则非常低，仅为2.5%和9.2%，远远低于四省平均值。在黑龙江、山东和贵州，认可“股份合作社”的比例略高于“合作社”，在湖北则恰好相反。各地对“单独设立公司”的认可度都较低，一般都在3%左右。

以上数据结合半结构性访谈表明，绝大多数农民都认为村委会或村民小组在村集体的建设和集体经济的发展中具有不可替代的地位，是其目前心目中理想的集体经济组织的表现形式。在访谈中，不少农户也对现任村委会表示满意，称村委会在引导土地流转、联合农机协作、提供公共服务、解决村民纠纷等方面都发挥了重要作用。虽然选择合作社或股份合作社的农户比例虽然不高，但选择合作社或股份合作社的农户对合作社带来的收益予以充分肯定。不可忽视的是，在笔

① 付子堂：《法律功能论》，中国政法大学出版社1999年版，第139～141页。

者于黑龙江、山东和贵州的农户访谈中，有交流表明，农户对自己熟识的事物且无法与其他事物进行比较时，会出现选择性的偏好。有不少农民问，“什么是股份合作社和合作社?”，“在农村集体中怎么设立公司?”等等，对这些问题了解透彻后的农民与其他人的选择会呈现差异。为此，村委会或村民小组虽然成为此次农民集体形式之首选，但未必说明是现实统一的最佳选择。

对于（如果）一个强大的集体经济组织可以发挥的作用的设问，绝大多数受访农户选择“加强道路、水利、饮用水等公益事业建设”，其比例高达95.4%，说明农民最重视、最需要的是集体经济组织在公益事业建设方面的作为，这既与农民的切身利益息息相关，也最能体现乡村村落的集体属性。而当问及“农村集体经济组织的经费您认为应当主要用于本村哪些方面?”时，同样有95.4%的受访农户选择“加强道路、水利、饮用水等公益事业建设”，而在黑龙江调研样本对此选择比例竟高达100%，是本轮问卷调查中唯一个获得全选的选项。这充分说明农村的道路、水利和饮用水建设距农户的期望值还有相当的差距，而接着问及一旦村集体有自己的经费首先应做什么时，农民又将希望聚集在了这些公益事业的建设上。各路调研组均反映，对这一问题的反响，比我们设计论证问卷时预想的结果要强烈的多，农民兄弟强调：“问得好!”“解决了更好!”，有些村干部也受到触动感染。

对于村集体经济组织其他的一些作用如“改善农村文化、环境卫生设施”、“选择保障农村社会稳定和减少社会治安纠纷”、“投资村办企业”、“适当为成员（农民）提供社保经费”、“适当补贴失地、无地成员（农民）”，受访农户均有较高比例的选择与期待，回答迅速，其兴趣相当高，其分别为81.9%、57.1%、55.6%和55.2%。虽受访地区各有差异，但就村集体经济组织的上述各项职能而言，农民期待的差别并不大甚或高度一致，可以反映出这几个方面应为基本需求，两法律制度在实际中似乎没能发挥应有作用。

相对而言，就集体经济组织经费的作用一项，选择“保障集体组织管理人员管理费的发放”的选项的农户则略少，占40.6%。但在访谈中，受访的村干部普遍反映村干部的管理费不能有效保障，其从事村集体公共事务所获报酬太低，有时候还需要自己倒贴移动电话费或摩托车的油费的问题；相对地，40.6%受访农户不认为“保障集体组织管理人员管理费的发放”是集体经济组织应发挥的一项作用时，其比例并不显得低。说明农村某些地方的干群矛盾比较突出，也与将村集体管理人员视为由乡镇政府任命的准公职人员的看法有关。大多数接受访谈的农户表示，村干部的待遇应由国家解决而不应由村集体解决。还有受访农户表示，村集体经济组织本应发挥更大的作用，但因为管理人员的素养，使得村集体的作用不但没有发挥出来，反而成为少数人以权谋私的工具，这都成为他们为什么不愿意选择村集体经济组织的经费用来“保障集体组织管理人员管理费的发放”的理由。

对于壮大集体经济组织的方式的多项选择，大多数受访农户认为应通过“财政转移支付”的方式解决，占受访农户的68.5%，说明多数受访农户迫切希望在国家的扶持下发展壮大本集体经济。选择依靠“村办企业的利润”壮大集体经济组织的，占受访农户的61.7%，仅次于“财政转移支付”的方式。对于收取“一定比例的宅基地使用权转让费”、“农村集体建设用地使用权转让费”、“一事一议的出资”等途径，都有一定的选择比例，分别占受访农户的26.5%、27.1%和37.3%。特别值得注意的是，在此题中选择收取“一定比例的耕地承包费”的农户占到受访农户的35.63%，表明有部分农户还是愿意在合理的范围内通过交纳一定的耕地承包费来壮大农村集体经济，在访谈中进一步了解到，这部分受访农户对农村土地所有权的性质有着较清晰的认识。简言之，既然土地是村集体所有的，作为集体组织成员耕种集体的土地、交纳一定的承包费给集体用于本村（组）建设和福利完全是合理的。在接下来考察应如何收取耕地承包费、宅基地使用权转让费等费用问题时，绝大部分农户认为应由村民（代表）大会决定，其占受访农户的71.7%；而认为应由村委会决定的仅占13.1%；选择“乡镇政府”的更少，为7.5%；选择由村支书（村主任）决定的最少，仅为1.7%。上述数据说明新时期的农民对村民大会这一村民自治形式非常熟悉，有自治经验，认可度很高，它体现了农民对村集体重大事项决议方式民主化实践的认可及其对未来继续沿用的渴望。但仍有一定比例的农户选择可由政府或村干部个人行使权力，一方面说明农民对村民自治的认识程度存在差异，在农民权利意识中彻底剔除人治观念仍有相当长的路要走；另一方面也说明权力在中国乡村的强大渗透力和深度影响，但愿农村干部能权为民所用，勤政廉政，秉公行使职权，造福一方。

三、调研结论对立法或法制影响的基本认知

（一）党在十七届三中全会上关于农村承包地流转的新政策为广大农民熟悉尚有一个过程，但其对农村土地法律制度的改革影响肯定是深远的

党和中央政府历来重视“三农”问题，中共中央在《关于推进农村改革发展若干重大问题的决定》中，重点提出承包地流转制度的改革，实际上是强调

重申我国《宪法》、《农村土地承包法》和《物权法》的精神与规范内涵，其目的是为了持续增加农民收入、提供农民生活水平，维护农民的各项合法权益，也为解决我国农村长期存在的人地矛盾。从调研结果上看，农民对承包地流转、劳动力转移持有相当的热情和良好愿望，而中央的新政也为农村探索新型的土地流转模式，建立流转市场指明了方向，是应对未来的福泽之道。但党的新政如何转化为地方政府引导、帮助农民、服务农业发展适度规模经营的现代农业的具体措施，使新政的具体内容结合现行法律制度为农民所实际了解和掌握，除加大宣传力度外，政府吃透执政之策，主动依法的积极作为更应予以提倡。

（二）承包地流转的现象在各地广泛存在，但地区之间的差异仍很明显，法律须尊重现实中农民的行为自治

在农业机械化程度较高的省份，如黑龙江、山东，承包地流转的需要较旺盛，流转规模在逐渐扩大，流转收益也在逐步提高，各种新型的流转模式也开始被引入。但在中西部省份，流转的规模仍受到人地矛盾、地理地貌等各种因素的限制，流转的收入仍然不高，流转方式仍囿于传统模式。对于具备建立承包地流转市场、发展产业化、规模化经营的地方，应该抓住机遇，开拓进取，积极探索专业大户、家庭农场、农民专业合作社等规模经营主体的培育之路。而对于中西部地区，则应因地制宜，选择适应地区特点的流转模式，不能一味追求规模化和产业化。承包地流转贵在权利主体的自觉和利益权衡，贵在自治，不宜进行行政干预，特别不要和所谓地方政府的政绩结合，不得“一刀切”，农户是自己利益的最佳判断者，政府在改革和发展过程中应注重维护农民权益。同时，各地都应重视与承包地流转密切相关的劳动力转移问题，地方政府相关的配套服务必须跟进。

（三）规范的承包地流转程序在各地的认可度不一，但承包地流转频繁的趋势，其建立规范的流转登记制度和纠纷解决的多元化手段在立法上须未雨绸缪

就当下而言，对于流转期限较短的转包或出租等流转方式，较为灵活的流转程序更易为农民接受。但在流转期限较长、流转后对其自身利益影响较大的流转方式上，农民的防范意识开始加强，考虑倾向于对自身权益保护最为有利、安全的流转程序，对农地登记制度有新的认识。整体而言，农村承包地流转纠纷并不多，这可能与流转市场尚未建立、大规范与大范围的承包地流转并不十分普遍有关。但从长远看，提高农民的法律意识，规范流转的有关程序仍是非常有必要

的。调研显示，承包地纠纷多是通过自行和解或村委会调解，说明农村纠纷的解决还是具有其熟人社会的自身特点，但未来有否变数，与其土地的流转是否频繁相关联，这是建立农村纠纷解决机制所需重点考虑的因素之一或新的逻辑起点。

（四）村集体在承包地、宅基地流转及其发展上发挥着重要的作用，应进一步通过法律制度强化其各项服务和管理职能，彰显自身独特价值

村委会作为当前农村公共事务重要的承担者和建设者，长期以来，受制于各种因素，在自身建设和职能行使上仍存在一定问题，但依然是目前农民首选的村集体经济的组织形式。各类农村合作社和土地股份合作社在发展和解放农业生产力，发展农村土地的适度规模化经营以及在转移农村剩余劳动力上所发挥的作用也不容忽视。而这些较为新型形式的集体经济之建设离不开地方政府的扶持与积极引导。在今后，可以选择考虑建立或实验尝试，在保留村委会的组织形式及基本职能外，在有条件的地区，适当引入农村合作社的建立，将村委会原来行使的与农业生产有关的经济职能交由合作社行使等形式，从而推动以农民持续增收、集体经济不断壮大为双赢目标的现代农业的发展。期间，法律的作为切不可忽视。

（五）各地存在宅基地流转的隐形市场，所衍生的城乡矛盾逐渐显现，法制的通盘考虑和系统研究须尽快转化为新的立法和决策意见

当前，宅基地流转规模因地理位置不同而表现出较大差异，多数农民仍反对将宅基地转让给城市居民，即使可以转让，大多数农民认为还是应该规定一定的限制条件，宅基地可被自由处置的观点虽被多数农民所反对，但“小产权房”行为仍禁而不止，“城市包围农村”甚或与民争地的矛盾在进一步发展中。我们认为，在目前尚未解决宅基地诸如初始分配、分配标准、“一户一宅”确定原则、登记制度、有条件退出机制以及与土地集体所有者利益关系等一系列问题时，法律法规和政策禁止农村宅基地向城镇居民流转还是符合多数农民意愿的。而作为一项福利性权利，当事人的自由之铁律的遵循也应成为未来其新的立法制度或政策制定的基本原则。

（六）自留地（山）的利用较充分，但对于其归属或性质，农民在认识上仍与法律有较大差异，其运行问题应随其性质的物权法定而规范化

在农地权利体系中，自留地（山）使用权也是农地立法中不可忽视的内容。

但作为一种源于历史上以实现农业社会主义改造为目标的特殊权利类型，该权利在市场经济的农村实践中问题丛生，在理论上因未得到应有的关注而研究薄弱，其不仅权利属性晦暗不明，而且制度构造模糊不清。尽管自留地（山）使用权广泛存在于我国农村社会是一个事实，却因该权利规范在我国法律制度中缺失，从而处于农地权利的边缘，致使其运行在当前处于失控状态，久而久之可能会成为未来变相改变土地公有制性质的途径，导致农村集体经济和农民利益受损，因此，在我国以完善农村土地法律制度将之纳入其中并使之规范运行具有重要的现实意义和急迫性。

（七）农民普遍认识到壮大农村集体经济的意义，强烈期待集体经济能有效实现，其法律制度呼之欲出，当有所为

对于村集体壮大发展，多数农民还是希望通过政府扶持、财政转移支付的方式来达到。这既可能是因为现实中不少村集体经济能力和渠道极其有限，长期无法承担一些公共事务的建设，故而希望获得政府的扶持和帮助，但同时也表明农民在村集体与国家关系的认识上仍未摆脱传统的依附观念。但同时出现了部分农民愿意通过交纳土地承包费、宅基地转让费等自身造血功能的方式壮大集体，说明已有农民开始对村集体经济功能作用的认识趋于理性和自觉，意识到集体经济组织的壮大最终的受益者还是农民自己，集体利益与个体利益同等重要，愿意为村集体的发展壮大为所应为。这是我们在国家取消农业税后，村集体经济组织可否适当收取土地承包费用于公益和其他事业等提供的又一次实证依据。

第二篇

域外考察

海峡两岸农地物权变迁：在政府干预和市场支配之间的摆荡

一、引言

在土地私有制下，一个少地而生活困难的人向土地较多的人要求分种其地，并说“你总要让我生活吧”，不会被认为是讲理的人，而在公有制之下，这种要求则可以被认为是合理的。“土地是公家的”，村民们对集体所有制的理解是；人人都有权依靠土地生存。[①] 他们总是理直气壮。所以，从不同所有制的角度对财产权的认知将极其不同。

中国大陆农民享有的“土地承包经营权”与“集体土地所有权”有着密不可分的关系，既然农村土地属农民集体所有，又何须自己与自己签订合同另行取得承包经营权呢？其实，财产权在本质上即带着质与量的外延弹性，所有权和所谓的使用权到底区别有多大，并不是那么绝对；而集体和农户、农民个体到底是什么关系，这也是一个值得深入探讨的问题。“集体所有”的深层意义应该是农民全体意志之所寄，那么，农民的土地承包经营权则是在此全体意志之下各户所进行的权利分配。中国大陆物权法将这两种权利类型并列，此种权利配置（以保障农民基本生存与公平分配为核心）也是其他立法所无，应予肯定。

中国台湾自荷兰统治、清政府统治、日本统治以来，均显着有官方导向的色彩，而自2002年加入世界贸易组织（WTO），农业经营条件出现丕变，使得农业土地使用出现巨变，此不仅导致农业生产环境遭受破坏，连带亦降低了农民生

① 刘世定：《占有、认知与人际关系——对中国乡村制度变迁的经济社会学分析》，华夏出版社2003年版，第151页。

活空间之质量，农村似乎成为废墟或落后的代名词。①

目前两岸的物权法都继受了罗马法的制度精神，而在罗马法中，最引人注目的制度之一就是所有权，以私有制为基础的民法法系国家均是以罗马法为典范。在《优士丁尼法典》中，所有权制度较之于任何私法制度都更具有绝对性，即所有者享有绝对的财产权，其对所有物享有绝对的处置权，即使设定了负担，它们也被非常小心地与物之所有权严地区分开来。这种情形无论在过去还是在今天无疑都非常便于人们说："该物是我的，我的产权是绝对的，我可以随心所欲地处置我的财产，只不过在使用时才受到些许限制。我还可以通过将财产转让给另一人的方式把所有这些权利移转给他人"。② 台湾地区在继受罗马法之前，历经了数百年的长期演变，大陆地区在新中国成立后亦经历了分地、大集体、承包等过程，目前的大陆物权法虽以公有制为前提，但为了配合市场经济，其具体规范无不渗透着罗马法的精神。

物权或所有权关系可以被表征为社会认可给予个人的权利的任何组合，这里的权利涉及对有形或无形的东西，实施基本控制的权利，和/或对获得来自这些东西的收入，实施基本要求的权利。③ 至于私有或公有，其实也不是真的那么绝对，我们从两岸农地物权的制度变迁中可以窥其端倪。

二、中国台湾农地物权变迁：从一田两主到单一所有

从台湾地区近400年（1623年起）的土地分配制度发展史，我们可以看到，16世纪初荷兰殖民采王田制，明郑改为文武官田、清朝则采用垦户制、日本殖民者进行土地登记制，乃至"民国政府"1949年至1953年推行减租和耕者有其田的改革运动，对土地资源各个政权莫不戮力进行秩序的重整，使台湾农村地权起到结构性的变化。④

在大清帝国统治时期的台湾，属于中国法的一部分，基本上绝大多数人民的民事生活部分，仍放任人民自理，由天高皇帝远的民间不成文习惯规范所支配。而日本殖民者统治时期，基于资本主义殖民母国的利益考虑，以及其维新变法后学习西方的近代国家统治型态的要求，实难容忍这样放任松弛的法律体制继续存

① 陈明灿：《土地法专题研究》，台湾元照出版有限公司2008年版，第290页。

② ［英］F·H·劳森、B·拉登：《财产法》，施天涛等译，中国大百科全书出版社1998年版，第113～114页。

③ ［美］克里斯特曼：《财产的神话：走向平等主义的所有权理论》，张绍宗译，广西师范大学出版社2004年版，第45页。

④ 陈秋坤、许雪姬主编：《台湾历史上的土地问题》，台湾地区1992年版，编序第1页。

在，于是依其政策，采阶段性渐进方式处理，人民的原有习惯规范在其强制力之下，事实上已逐渐被转化为西方法律概念所替代，这也是“国民政府”20世纪40年代接管台湾之后，其法律制度实施于台湾时，所受到的阻力远低于大陆的原因。①

（一）“民国”以前之台湾农地物权演变

1. 荷兰殖民时期

早期的台湾仅住土番以原始方法耕作少许农地，大部分土地属狩猎之处。迄至荷兰人占据台湾（明朝天启四年即公元1624年起），其施行于台湾的土地制度概为以十亩为一甲，分为上中下以征收租谷，该土地被称为王田，不得私有，人民如同佃农耕作田主的土地，只有佃耕权而已，其所有权属于殖民者荷兰人。②

2. 郑氏治理时期

郑成功统治台湾23年，从明朝永历十五年（公元1661年）赶走荷兰人，参照商周以来的田制建立屯田之策，大部分兵团派至各地屯垦，称为营盘田，另有郑氏宗党及文武官员与地方富人协同招佃开垦收取租谷，完纳正赋的田地，称为私田或文武官田，并保持其土地所有权。至于接收自荷兰人的王田则改称为官田，仍袭用荷兰人的官佃制度征收租谷。③

3. 清政府统治时期

（1）垦户制。清政府统治台湾两百余年，清政府治台后，官府将郑氏时期的官田及私田（文武官田）归于民业，并酌减租额。④ 土地有民地与官地之分，民地是私人有耕作及管业权的土地，其余皆是官地。中国的法制古来以“普天之下莫非王土”为原则，因而皇帝有土地基本所有权，人民只有耕作及管业权而已。台湾的土地旧惯亦依从此原则，民众似乎亦有“四海之内皆王土”的观念，所以惯用官地民业之语，并称拥有土地耕作及管业权之人为业主。⑤

清政府在初期劫夺荷兰人与郑氏时代开拓好的土地之后，接着就把其余未开垦的广大原林旷野统归政府直接管制之下，不准开拓农民擅自进出和开拓。在康熙末年，清政府把开拓许可发给特定的人，这些人只限于有权有势之人，他们不费丝毫劳力就取得垦照，称为垦首。单凭一张垦照就能控制广大土地而坐享其成。此制终于在18世纪初叶以后导致开拓者社会产生了特有的土地所有关系，

---

① 刘恒妏：《台湾法律史上国家法律体系对民间习惯规范之介人：以台湾“典”规范之变迁为例》，台湾地区台湾大学法律研究所1995年硕士论文，论文提要第4页。

②③④⑤ 《台湾私法第一卷·日治时代临时台湾旧惯调查会第一部调查第三回报告书》，陈金田译，台湾地区1990年发行，第37页、第36～38页、第48页、第52页。

此被称为“三阶层土地所有关系”，即大租户、小租户与现耕佃人的三层土地关系，后来该制度逐渐发生了质的变化，以迄日本占领时期。[①]

清代台湾汉人取得土地的手段可说是五花八门，最为常见者莫过于霸占和向官方申请开垦执照两途。这些拓荒者先驱所占面积通常不小，因此，难以独力开垦，势必委之他人，乃有招佃之事，招佃同时亦为政府所支持，地主和佃人间的关系也随之普遍化。在康熙五十年，田园所有的型态已逐渐在蜕变中，已有垦首换佃困难而与佃权人互相买卖的事出现，有些新垦佃权事实上物权化。由于佃人往往对土地投下资本、劳力，对土地有所改良，生产力大大提高，致使其收益可能比垦首还高，从而提高了其地位。同时，有人愿当第二承租人，也有人愿意承买佃权，此情形发展为土地所有权质的分裂。这种垦佃关系与日耳曼法上之上下级所有权仍不同，因其基本上并无封建的身份关系。[②]

清代以降，由于农地一律归私业，而且租佃关系随开拓发展日日增加，官府亦一任人民私约，以致除宜兰地区外，在各地发生颇为复杂的土地权利关系，即向小租户承耕土地的佃人（称为现耕人）每年要向其缴纳一定的大租的关系。大租户又称垦户、垦首、业户或业主等，即向官府或番人取得土地开垦权之人。小租户又称佃户或田主等，台东地区称之为垦户。佃人称大租户及小租户为头家。[③]

（2）大租、小租之三层所有关系。大租是田园的业主向其土地权利人缴纳的租谷，小租是业主向耕作其田园之人收取的租谷。此制源于清代的土地开垦方法，荷兰殖民及郑氏时期的土地开垦并无成例，清朝康熙二十二年台湾归清后始适用大陆的开垦成例，即由人民报垦由官府发给执照，并准予作为永业。大小租与大陆一地二主、田骨及田皮、田面及田根或大苗及小苗等有关。官府虽然禁止此种惯例，却无法禁绝。清政府自康熙二十二年以来积极奖励移住民从事开垦，当事因开垦制度未完备，导致富豪绅衿乘机向官府申请垦照，或向番人承给，取得广大土地开垦。惟佃户以耕作获得利益而逐渐富有，终于取得土地实权，并再招佃（称为现耕佃人）耕作，并收取定额租谷，遂有大租（垦户所收者）与小租（佃户所收者）之例，田园法律关系日趋繁复而弊端丛生，而致非改革不可之地步。[④]

大租权最初是对土地的完全支配而具有物权性质，后来变成对小租户的收益

---

① 史明：《台湾人四百年史》，台湾地区蓬岛文化公司1980年版，第161、163页。

② 戴炎辉、张胜彦：“清代台湾汉人社会的土地型态”，载张炎宪主编：《历史文化与台湾1》，台湾地区台湾风物杂志之社1992年版，第264、266页。

③④ 《台湾私法第一卷·日治时代临时台湾旧惯调查会第一部调查第三回报告书》，陈金田译，台湾地区1990年发行，第90页、第160～162页。

权。该权利对土地原有直接关系，后来演变为一种收租的债权，但与一般债权不同，有谓：其类似一种“物上债权”（Realobligation，Realshuld），即在此范围内得以对抗第三人。[①] 有人则认为大租对土地有直接关系之收益权，具有对抗第三人之效力，所以应被认定为是一种物权。但是，因为大租权应该仅对小租户有对抗效力，故仍难被认定为是与土地有直接关系的权利。[②]

至于小租权的性质，当初只是一种永佃权，后来却成为对土地最大的权利，它是直接占有支配土地且得以对抗第三者，除负大租义务外，有完全使用、收益及处分土地的权能，已非永佃权，尤非地上或其他欧陆法上之用益物权，宜属附负担之所有权。[③]

此种三层开垦组织对土地所有制度产生很大的影响，早期从大陆来台的人大多一贫如洗，必须投靠有资本的垦户给予种子和农具，由垦户向官府申请开垦权，而官府对那些来台的移民，治安的问题也都交给垦户自行负责。尤其靠近生番地区需要自卫的武装力量，更属必要。佃户可获权利和生命保障。垦户和佃户的关系不仅是一种经济关系，还有身份性的主从关系，垦户不仅是业主，也是开垦组织之首，故也称垦首。佃户则从事实际的垦殖，往往对土地享有超出一般佃农所具有的支配权，这可以从佃户也被称为“垦户”的事实中表现出来。[④]

待乡庄建立之后，此种身份上的主从关系，便迅速消失，可是租佃关系仍存，成为后来所谓的大租权。这与欧洲中古封建庄园制下的领主与农民的身份隶属性质之上下级支配关系，迥然不同。[⑤]

4. 日本殖民时期

1894年至1895年，日本与清朝发生战争，清朝战败，台湾及澎湖诸群岛割让给了日本，自1895年6月17日起至1945年第二次世界大战结束止，日本在台湾展开了50年的统治史。[⑥]

日本统治后的有关土地权利最初以1898年7月律令第9号规定，依从旧惯；后来颁布台湾“土地调查规则”，并依调查结果确定业主权。又以1903年12月律令第9号及1904年律令第6号，确定大租权，并禁止新设或增加，同时限于同年6月1日消灭，至于有关土地及房屋的典权、胎权，仍从旧惯。[⑦]

日本占领台湾后旋即于1896年8月发布“台湾地租规则”，并从同年度开始着手征收地租。在确定所有权所在的过程中，其方针是指向以小租户为业主，

①②③⑦ 《台湾私法第一卷·日治时代临时台湾旧惯调查会第一部调查第三回报告书》，陈金田译，台湾地区1990年发行，第176页、第187页、第91页。

④⑤ 陈奇南：《台湾的传统中国社会》，台湾地区允晨文化1987年版，第47~48页、第63页。

⑥ 林淑美：“日本领台初期的土地改革与其资本在台发展之关联”，载《现代学术研究专刊6》，台湾地区财团法人现代学术研究基金会1994年版，第133~134页。

更进一步于1903年禁止大租权之新设，终于翌年以公债补偿方式，全面废除大租权，确立了小租户的单一土地所有权。[①]

1899年，日本在台湾全面测量、调查，确定业主登记于土地底册，以小租户为业主，至1904年完成，废止大租权，翌年颁布“土地登记规则”确保业主权。[②]

大租权的消灭，在“业”变迁到“所有权”的过程中有重要意义，日本人首先将旧惯上业户的概念废止，将大租从旧惯中划出来，定位为大租权，使一田两业主或更多业主的情况单纯化，产生外观上使人容易确认并可安心进行交易的业主权和大租权两个独立的权利。其次，使得一地一业主终局地确定，业主（此指原先的小租户）不必再长久地按时缴纳大租给大租户（此即该业主原先的业主，即大租户），致使业主权更进一步接近欧陆法上所有权绝对性、全面性等特征，物权概念的外延得以明确化，交易体制里业主权的交易更为便利、安全。[③] 大租权消灭的原因非只一端：

（1）因业主处分部分田园时，大租负担不一并处分，完全保留由未处分之部分田园负担；或继承人阄分遗产时，将全部大租额由公业地负担。等等。

（2）因官府处分而消灭：例如光绪十一年清赋，将附带于番界附近的隘租[④]一律废止，隘租具有大租性质。

（3）因大租户怠慢及小租户抗缴而消灭：有大租户只收租而不实查大租土地范围，或因阄分、典卖，大租变更多次终到连大租地点在何处亦难以查知而招致小租户怠纳。

日本占领台湾后，其鉴于同一地存在大租权及小租权不仅混乱有关土地法律关系，且会失去赋税公平，在1903年12月5日乃颁布律令第9号规定不得新设大租权及不得增加大租额。1904年5月20日颁布律令第6号规定，于同年6月1日废止大租权，并发给补偿金。[⑤]已如前述。

在19世纪，大租户和小租户的关系，大租户除了收取大租的合法地位之外，不再能对土地行使任何权力，也不再拥有任何利益，有时还收不到大租，但对官府纳课的义务仍存在，看起来似乎小租户已实际占有土地而可以毫无限制地依自己意思使用、配置土地，大租户形同纳课的农人。日本占领台湾之后

① 林淑美：“日本领台初期的土地改革与其资本在台发展之关联”，载《现代学术研究专刊6》，台湾地区财团法人现代学术研究基金会1994年版，第137～138页。

②⑤ 《台湾私法第一卷·日治时代临时台湾旧惯调查会第一部调查第三回报告书》，陈金田译，台湾地区1990年发行，第165页、第213～214页。

③ 魏家弘：“台湾土地所有权概念的形成过程：从业到所有权”，台湾地区台湾大学法律研究所1996年硕士论文，第257～258页。

④ 隘租是对番界附近的田园征收的租谷，以充隘寮、隘丁之经费。

经过调查访问，似乎有不同的理解，曾有大租户偶尔还能对欠纳之小租佃人逮捕送官的，但是这好像只是在街镇人多的地方，到了人烟稀少之处，恐怕就没有太大效果了。换言之，19 世纪中叶大租业主或许对反抗的佃人还有点力量抵御，但是显然是持续地减低了，不过一直到 1895 年，小租佃人也还不至于能绝对处置土地。[①]

（二）“民国”以前之农地物权类型

台湾自清治以降，土地不动产可大体为业主权、役权、赎权、典权及胎权五种：[②] 业主权乃是最完整且最有力的权利，其实质与欧陆法上之所有权近似。惟传统观念将领土主权与私法上所有权混淆，所以，业主权和所有权稍有不同。本来存在大租户与小租户的土地，其业主皆是大租户，后来因时势变迁，小租户亦成为土地业主。清朝光绪年间实施清丈时，南部和北部对业主的认定，已有歧异，日本占领后则一律以小租户为业主。役权有地役权及人役权，但台湾尚无成为惯例的役权。赎权即因某种目的使用他人土地的权利，其范围甚广，包括物权关系及债权关系。具有物权性质的赎权通常在承赎地基建造房屋及契约永佃时发生；具有债权性质的赎权，土地大多在承耕田园时发生。典权即交付价银、占有、使用及收益他人的不动产之权，且有债权担保效力。胎权即交付价银占有不动产字据或取得不动产、动产上的某种权利，以作为债权担保的权利，与现代之抵押权、质权颇为类似。以下再对业主权、役权和赎权详介之。

1. 业主权

业本来是指所有权，但我国古来对土地乃注重其使用收益权，遂至典、永佃、地基权人等于业的概念，多少均有其适用而视为业主者，换言之，他们对土地均有其业。而且一块土地也可能同时有二以上之业主，除永久或自由的业之外，尚有可能另有附期限、附负担的业，[③] 所以，纯以罗马法上的物权概念、所有权与限制物权的概念去理解业，难免格格不入。日本占领时期废除大租，显然是向罗马法完全所有权的物权法制倾斜之作。

业可说有两种意义，一方面指经营，另一方面指经营的物体，尤其指田宅等不动产。颇有英国法上 estate 的观念，即对土地本身的权利及其他一切的权利。

---

① 艾马克（Mark A. Allee）：《十九世纪的北部台湾：晚清中国的法律与地方社会》，王兴安译，台湾地区播动者文化有限公司 2003 年版，第 81～82 页。

② 《台湾私法第一卷·日治时代临时台湾旧惯调查会第一部调查第三回报告书》，陈金田译，台湾地区 1990 年发行，第 92 页。

③ 戴炎辉：《清代台湾之乡治》，台湾地区联经出版事业公司 1992 年印行，第 490 页。

业主者凡有权经营一定不动产之人原均可称之，但清律已以一业一主为原则，即除对土地有最大实权之人以外，不称业主。台湾有大租户及小租户两业主并存之土地，犹如一切认定两业主，本来大租户系律例上之业主，后来小租户取得土地实权，因而称小租户为业主。地租原则上由有业主资格之人负担，因而业主宛如所有权。①

业主权是对土地的最大私权，业主之名始于清代，且明确认定私人对土地的权利。清律规定的业主权实际效力除一、二项可视为基于王土观念的限制外，其权利并无限制，有关使用、处分亦无任何限制，其实质与所有权无不同。②

业主权总的来说，其效力乃系得以支配土地，取得土地所产的天然或法定果实，在土地设定役、赎、典、胎等权利，将土地出卖、交换、赠与以及变更、破坏土地实质等，第三者无权干涉。业主权亦非漫无限制，例如：公用征收；基于龙脉的限制；基于敬神的限制；基于官冲庄严的限制、基于伤煞等，及相邻关系上之限制等。③

2. 役权

役权概分人役、地役权，约定土地公用关系或分割土地时亦有约定同意对方通行自己土地或汲取井水者，均似于地役关系。亦有性质属人役的旧惯，即以养赡、酬劳、随奁或育才等名义，给予特定人终生或定时期使用收益不动产的惯例。④

3. 赎权

赎权乃是基于惯例称土地或房屋的贷借为出赎、承赎、招赎、认赎、许赎、赎耕、赎地、赎厝、租赎等，一般系指因某种目的而使用他人土地的权利，其范围甚广，既包括物权关系，也包括债权关系，具有物权性质的赎权通常在承赎地基建造房屋及契约永佃时发生，具有债权性质的赎权土地大多在承耕田园时发生，建筑发生于赎厝或税厝时。承赎地基建造房屋时在该房屋归废以前得以继续使用，承赎田园时在农作物收获后得以解约。概可谓一切的土地贷借均可称为赎，但依其性质或贷借目的，可分三种：赎佃，即目的在耕作或畜牧，可分为佃及永佃，佃具债权性质，永佃具物权性质；⑤ 赎地基，目的在建屋或建其他工作

①②③④ 《台湾私法第一卷·日治时代临时台湾旧惯调查会第一部调查第三回报告书》，陈金田译，台湾地区1990年发行，第141~142页、第150页、第284页、第285页、第287~292页、300~301页。

⑤ 《台湾私法第一卷·日治时代临时台湾旧惯调查会第一部调查第三回报告书》，陈金田译，台湾地区1990年发行，第309页。台湾的惯例佃与赎相似，佃之本来意义是目的在农牧的土地贷借，始于荷兰时期。日治后规定赎耕权（包括永佃）要登记后始生效力。

物，属物权性权利；[①] 赎地，即赎佃以外之债权性土地贷借。[②]

4. 其他

除上述几种权利之外，还需要简单说明两个概念，一是厝地，二是番地。厝地乃是对已建房屋或目的在建房屋的土地之称谓，亦有称宅地者。日本占领时期并称建物敷地，有市街厝地、村庄厝地之分。厝地一般又可称地基、基地、基、地基址，村庄周围大多种植莿竹。与田园同，本来是移住的民人（汉民）向番人承给，因先占取得或官府承垦荒地时取得者。如属向他人承给之土地，给出人由于不卖断而保留租权，因而与承给人发生地基关系，给出人称为地基主，承给人可以称为厝主，此类似一种租权关系。[③] 厝主又称为房东，即房屋所有权人，厝主对厝地之权利以无限制为原则，如属承给厝地，则厝主权利只限于此范围。厝主权基本永远存续。[④]

番地则是汉人向原住民承给土地开垦，约定每年纳租谷者，与大租不同处在于权利主体属番社或番人，负担番租之土地限于番地。台湾归属清朝后，官府严禁汉人赎耕番地，但汉人侵垦番地的事件不绝，雍正二年始准各番将番地租与（租赎或给垦）民人，但仍禁典卖。官府为保护番人，对番人因租与失去实权的番地，仍以番人为业主免除地租，绝卖的番地则以承买汉人为业主课征地租。[⑤]

（三）“民国”以前物权之取得方式

在台湾的惯例财产权的取得中，自日本占领后，一般不许先占土地，至于继受取得，可以从移转和设定两方面看：

移转取得，以继承为主；也可以以法律行为移转之，称为让渡，主要是买卖，即让渡大租、小租、水租、地基租、土地、房屋等。

设定取得，可分为给出、赎出、税出、出典与出胎。给出之有谓系将土地业主权转给他人，自己保留租权；又有谓系给出人与承给人约定收租关系，承给人每年要向给出人缴纳一定的租额。依台湾的惯例，给出田园或地基是将自己的土地提供他人开垦或建屋，约定收取一定的租谷或租金，并非将土地全部权利转给

---

① 赎地基是以建造房屋或其他工作物为目的承赎他人的土地，在该土地取得一种物权性使用权的关系。台湾有一旧惯，即厝地是房屋的从物，承给厝地建造房屋时，厝地权利一并移转。日治后原则上亦以厝主为业主，但明治三十六年12月5日号以律令第九号禁止设定大租以后，亦不准设定厝主因缴纳地基租而取得厝地业主权之地基关系，因而，只能认为是赎地基，给出厝地的业主并未放弃业主权，承给人只取得土地上物权性之使用权。厝主是房屋所有权，当时尚无地上权之名，与佃亦有区别，乃称赎地基。

② 赎地是赎地基与赎佃以外的土地贷借，例如承赎他人土地建造短期使用之摊位、仓库是。

③④⑤ 《台湾私法第一卷·日治时代临时台湾旧惯调查会第一部调查第三回报告书》，陈金田译，台湾地区1990年发行，第261~262页，第280页、第190、199页。

他人。给出虽年移转业主权，但给出人给出土地后，自己对该土地已无任何权利。至于承给人有无取得该土地的业主权，要视合同内容而定，[①] 依此而论似乎给出的目的在设定租权，因而在日本占领时期的1904年即废止此种权利取得方式，并禁止新设定。如果从给授田地供使用，并视其工作情形决定将是否归授或还授（即附带交还义务），即与让渡不同，台湾业户（大租户）授田予出佃户（小租户）的惯例，似属给出之类型。赎出，通常称业主将自己土地供他人耕作或从事其他作业，赎义有受契约义务束缚之意，似是仆字的转化。出赎人与承赎人各有权义，与给出不同者，给出得定永久关系，赎出有年限，所以不可能移转业主权。赎出类似一种土地的使用借贷，目的不一定在耕作，学者则将之定位为一种土地物权关系。税出，即租赁之意，多用于地基、房屋，其类似一种地上权。出典与出胎，出典似质权设定、出胎似抵押权设定。

清代关于土地之法制，虽有成文法与习惯法并存，唯成文法仅适用于公法关系，民间关于土地事项，悉依习惯，如土地物权之设立、移转、变更，仅凭当事人之意思表示一致，对内及对外即发生效力。日本占领台湾初期不动产物权变动之方式，仍沿袭旧惯，当时习惯上所公认之土地物权，有业主权、地役权、赎权、典权及胎权，日本殖民政府经过一段适用旧惯、广泛之土地调查等磨合期之后，于1921年3月下令自12月1日起为确立其内地延长主义之同化政策，采契据登记制，不动产之设定、移转，因当事人之合意而生物权变动，登记乃系对抗第三人之手段，基本上登记无公信力。[②]

虽然旧惯在适用上认定为有属地之效力，但在律令法制上，日本占领者表现的态度非常积极，配合了土地调查（1899年至1904年）的完成和大租权收买而废止，于1905年5月以律令第3号公布了“台湾土地规则”，该规则以登记为土地权利之生效要件，换言之，土地物权未经登记者即不享有物权保护，惟日本本国的民事法系采以登记为对抗要件。[③]

（四）“民国”时期农地改革

1. 第一次农地改革

台湾自1945年国民党政府从日本接收后，11月台湾省日产接收委员会依据行政院公布之“收复区敌侨产业处理办法”办理接收，针对耕地接收部分，

---

① 《台湾私法第一卷·日治时代临时台湾旧惯调查会第一部调查第三回报告书》，陈金田译，台湾地区1990年发行，第95～96页。

② 颜庆德、雷生春：《台湾土地登记制度之由来与光复初期土地登记之回顾》，台湾地区1993年版，第3页。

③ 黄静嘉：《日据时期之台湾殖民地法制与殖民统治》，台湾地区1960年版，第97～98页。

1946年10月成立公有耕地清查团，清查全岛公有耕地面积，并同时办理全省农户登记，确认实际上从事耕作的农民。①

1947年中国爆发内战，国民党政府为防止中国共产党势力的渗透并巩固对于台湾的控制，遂对农村的土地问题展开积极的改革。首先，由租佃制度着手，透过公权力的介入压低租谷以保障佃农收益；其次，将战后接收或当时已经放租的公有耕地出售给尚无耕地者；最后，征收地主的农地转售给佃农，彻底改变原来农村的经济秩序。②

1945年10月25日台湾从日本人手中接过来，国民党政府乃开始实施其“民法”、“土地法”，这个制度其实与日制有相当的同源关系，基本上是实行德国制与托仑斯登记制，其特色为：强制登记、登记有绝对效力，此两点却与日制不同，惟其物权法制所有权绝对、彻底的私有制，则相同于日制。光复初期，接管日本人留下之地籍资料，办理地籍厘整，换发土地权利书状，当时以“民法”物权编规定之物权类型换证，至于物权编未规定之不动产质权及不动产先取特权，则不许登记，但仍换发临时书状，并作临时登记。③ 农地④改革分三个步骤来进行，首先于1949年推行三七五减租，继之于1951年办理公地放领，最后于1953年实施耕者有其田，以贯彻农地政策的实施，繁荣农村经济、改善农民生活。⑤

台湾人口密度，较大陆各省为高，佃农需地情形迫切，因此，土地租佃流弊普遍而严重，一般佃农的佃权无保障。台湾的租佃制度如前所述，肇始于明郑成功与文武官田之制。稍后，为清代之垦佃制度与大、小租佃制度。1895年台湾割让给日本之后，日本首先调查土地，整理大租权。大租权经整理消灭后，小租户变成地主，完全取得土地所有权，从前的所谓现耕佃人，则成为完全的佃农。台湾租佃之症结，不外佃权不安定，与租额过高。而佃权之所以不安定，实因租佃之成立多为口头契约。且租期多属不定，以致地主多因其个人之利益，任意撤

①② 杨大德：“论台湾农地管制与农地财产权之保障”，台湾地区台湾大学法律学研究2000年硕士论文，第14页、第15页。

③ 颜庆德、雷生春：《台湾土地登记制度之由来与光复初期土地登记之回顾》，台湾地区1993年版，第214～215页。

④ 什么叫做农地？根据台湾地区“土地法”的规定，在台湾的法制上所谓的农地乃是包括地目为田、旱或渔、牧用地之土地。“司法院”第3438号解释对耕地（或农地）的下的定义亦雷同。但是依区域计划法编定的农牧用地，不管它的地目是田、旱或其他地目，均属耕地。农地（或耕地）有公有地也有私有地，公有地可能为国有、省有、市县有、乡镇有，都有可能，未经私人取得所有权者一律属于公有。参见陈铭福编著：《农地买卖转用实务》，台湾地区五南图书出版股份有限公司1984年版，第4～5页。

⑤ 熊孟祥等编著：《台湾土地改革纪实》，台湾地区文献委员会1989年编印，第1页。

佃，佃农生活朝不保夕，几无佃权可言。[①] 因而1949年开始推行耕地三七五减租，1951年2月公布“实施耕者有其田条例”，以耕者有其田为终极目标，兹分述之：

（1）三七五减租。台湾由于人多地狭，耕地地租极高，普通为五五对分，且有高达业七佃三的。因此，1949年国民党政府完成“台湾省私有耕地租用办法”，及相关法令，令全省各县市一律自1949年第一农作物收割时起依照实施。其后又拟定耕地三七五减租条例，于1951年5月完成立法，6月公布施行。

减租的内容包括：①确定减轻佃农租额负担，如规定佃农对地主缴纳地租，以各该耕地不得超过主要作物正产品全年收获总量千分之三百七十五为准；同时全部取消对于预收地租及押租金等一切额外负担。②租约一律以书面为之，租佃期间不得少于六年，必须办理租约登记手续，其间地主不得随意终止租约；出租人卖地，租约仍可对抗买受人；租约期满后，如承租人要续租，出租人原则上不得拒绝；出租人如要出卖、出典耕地时，承租人有优先购买或承典权。③佃农也应按期征租，欠租达两年以上的总额时，地主可以终止租约。三七五减租从1949年1月准备，4月开办，至9月完成，约有农户296 064户，租约377 364件，订约面积364 514甲。[②]

但是，推行减租的过程并不顺利，存在的问题也不少，例如业主对佃农潜在压力仍强：他们压迫佃农的方式不外撤佃、强迫退耕、超收地租、假自耕、押租金未退还；如果没有书面租约，绝大多数是对半分收；不少地主对政府法令置若罔闻，对佃农仍复施其封建余威，继续剥削如故。其次，县以下执行不够彻底，有的地主自己本身就是县长，乡镇一级更加疏忽，也是原因。

（2）公地放领。公地放领以1951年6月公布的“台湾省放领公有耕地扶植自耕农实施办法”作为依据。所谓公地放领即政府将公有耕地，准许合于规定资格的农民，依照规定手续，申请承领，即可取得土地所有权。公地放领的目的主要在扶植佃农，使之成为自耕农，并且，由政府以公有耕地首先放领，实为耕者有其田征收土地之先导。

公地放领的范围原则上以耕地为限，也包括大部分的水田、地及少数鱼池、牧地、农舍基地及水池、水道，在使用上为不可分者，一并附带放领。公地放领的对象为承租公地的现耕农、一般雇农、耕地不足的佃农、耕地不足的半自耕农、无耕地耕作的原地关系人而需要土地耕作者，转业为农者。

公地放领的程序如下：①查定土地；②公告、通知农民；③办理放领颁发证书，及管理。截至1953年共放领公地61 124公顷。

---

①② 周煌明：《台湾与大陆土地改革之比较》，台湾地区1990年版，第23～24页、第29～30页。

（3）耕者有其田。耕者有其田即土地为农民所有、所耕；耕作的成果完全农民享有。废除租佃制度，根绝因土地兼并而造成社会问题。原则上以不增加农民负担下使其取得土地；也兼顾地主土地资本投入工业。

实施耕者有其田过程如下：①举办地籍总归户。1952 年 1 月开始，先在高雄、屏东两县试办，8 月完成，9 月办理全省各县市的地籍总归户，翌年 2 月完成。以后计算耕地的征收、保留，都可以此为依据。②法案的颁布。主要是向地主购地，凡超过三甲以上的土地，均予以征购，委由台湾土地银行发行土地债券，并提出公营事业股票作为收购资金。承领土地的农民则于取得土地之后分十年以出产物偿还。1953 年 2 月公布“实施耕者有其田条例”，另有配套法律、规章三种：“实施耕者有其田条例台湾省施行细则”、“台湾省实物土地债券条例”、“公营事业移转民营条例”。③上述法案主要规范的原则在于全面消除租佃制度，采征收、放领及协议购买，并由政府贷款给农民；其在积极方面规定设置生产贷款，在消极方面规定承领耕地，农民于地价未缴清以前，不得转移。同时，移转地主土地资金发展工业建设；法案实施的主要程序是，先征收地主超额土地，放领给现耕农民，再由政府贷款现耕农民，承购地主出卖的保留地；征收和放领的地价，都以耕地正产全年收获总量的两倍半（稻子、甘蔗）计算，以免受物价波动影响；政府补偿地主的地价中七成由政府发行实物土地债券，分十年均等摊还，加给年息 4%，此项债券由政府指拨专款，设置还本付息保证基金，保证到期十足兑付，其余三成，一次以政府公营事业股票给付，以辅导地主投资工业建设；至于农民摊还地价，由承领农户分十年平均摊还，每年所缴地价及各项负担，不超过其三七五减租的负担。[①]

（4）台湾第一次土地改革的成效。耕者有其田政策就是要做到耕地为农民所享有。从 1949 年的三七五减租到 1953 年耕者有其田的实施，台湾呈现欣欣向荣的景象。主要成效表现在如下方面：①提高农民地位。农民经济情况、日常花费、对农场的投资，均有显著提升，前后四年增加了 14 倍。在传统社会，土地表彰社会价值，因之土地所有权重分配的结果，乃导致社会领导结构的转变。原来地主的领导地位，逐渐动摇、分散了。农民政、经意识则逐渐提高，土地改革后大量的农民竞选公职。②地尽其利，作物产量剧增。③农民收益提高，达成均富目标。

（5）农地所有权的重分配由减轻佃农租佃负担始，继而 1947 年、1948 年就放租公地进行放领，最末再着手征收民间地主的出租耕地，转售给承租的佃农。由于“耕地三七五减租条例”授权政府直接介入民间的租佃契约，以强制手段

① 周煌明：《台湾与大陆土地改革之比较》，台湾地区 1990 年版，第 35～36 页。

干预原先市场机制下的自由缔约，虽然立竿见影达到抑压高额田租、改善佃农生活的效果，结果却也造成小农不愿出租耕地以利邻人扩大生产规模。同时，如此的产权重分配也确立了家庭为生产单位的小农制，加上中国传统诸子均分的继承制度，造成农地面积日益零细化，生产单位的整合不易，终至企业化经营难以出现。①

为贯彻耕者有其田与农地农有农用政策，台湾早在1946年“土地法”修正，即在第30条规定：私有农地所有权之移转，其承受人以承受后能自耕者为限。该规范目的在确保农地供粮食生产之用，并防止农地落入非农民手中沦为投机炒作的工具。②

1973年以降，农地管制政策对农民的影响是多方面的，其在抓紧对农地的控制时，一系列的管制措施明显地限缩了财产权行使的范围：首先，限定编为“田”地目的土地必须从事粮食生产，限制了财产权人自由调整使用收益以追求更高经济利益的机会；其次，财产权人被加上负担从事耕作的义务，否则，将遭到课征荒地税与强制收买的命运，换言之，财产权人没有不使用土地的权利，最严重的处罚甚至是失去土地。另外，财产权人处分农地时，交易对象与处分的方式也有限制，受让人必须也是农民，此项规定使地主失去寻求更高交易价格的机会，被迫在有限的交易对象中接受不尽理想的价格；处分方式更受到不得分割及不得移转为共有的限制。③

在台湾，农地转作其他用途的需求十分强烈，但很难满足，特别是城镇扩张，对其边缘的农地转为工厂或住宅等非农用的诱因十分强烈，同时，这样的转移可以缓解土地需求的紧张和地价的飞涨，并且，农业衰退带来的小农生活困难问题也同时缓和。④ 但是，农地农用的基本政策促使限制农地变更他用的立法层叠出台，使这样的转移尤为困难。

农地农有与农地农用向为台湾当局农地政策的最高指导原则，然随着农业本身的变化（务农人口流失、产值下降及农民老化等）及非农条件之变化（工商业快速发展、非农部分生产力大幅提升、工商业对土地的需求日增等），使农地政策面临再度的重新定位，⑤ 特别是农地移转与开放自由买卖面临政策的选择。

但台湾由于耕者有其田的政策使出租人陷于不利，农地所有权人为维护自己的权益，不愿有新的租佃关系，农地制度陷于僵化，使有意扩农场经营规模的农

---

①②③ 杨大德：“论台湾农地管制与农地财产权之保障”，台湾大学法律学研究所2000年硕士论文，第17~18页、第31页、第35页。

④ 黄树仁：《农地农用意识形态与台湾城乡发展》，台湾地区巨流图书有限公司2002年版，第4页。

⑤ 陈明灿：《财产权保障、土地使用限制与损失补偿》，台湾地区翰芦图书出版有限公司2001年版，第298页。

民无法利用租入耕地方式达成扩大规模之目的，另一方面使有能力转业的农民为了保护其土地权益而不愿将其农民身份放弃，也不愿将土地出租，成为非志愿的兼业农。由于过去地主剥削农民的背景基本已消失，对佃农刻意的保护，其时空背景迥异。[①]

2. 第二次农地改革

（1）台湾在有计划的以农业培养工业的策略下，工业迅速扩展，农业在整个经济体系中的地位逐渐减缓，这在1962年至1963年间，实施耕者有其田地价缴纳之后，开始显现。1963年产业结构中农业比重低于工业，农业剩余劳力在1965年已不显著。1966年，农业的输出总值低于工业，1969年起，农业人口的绝对数开始减少，1973年起，农业劳动人口占总就业人口的比例低于工业就业人口。[②] 也就是说，台湾以农业为主的经济，已逐步转变为以工业为主，农业投资失去合理的收益，台湾面临农业偏枯的事实。[③]

台湾农业主要问题呈现出以下问题在：①农民所得相对于非农民的水平，自1967年起开始恶化，相对偏低。②农民兼业的比例甚高，且逐步增加。③农业劳动力由于青年外移（原因是工资率：农业远低于工商业），农村劳力平均年龄从1969年的33.8岁到1979年41.3岁，有逐渐老化的趋势。④农场规模过小，"三七五减租条例"促使出租耕地的流通性停滞，而农民有其田以后，由于祖产观念的牢不可破，农地分配趋向畸零化，耕地面积越来越小，不仅不适现代化机械耕作，且未达经济规模。[④]

（2）改革措施大抵包括：①提供扩大农场经营规模之购地贷款；②推行共同、委托及合作经营；③加速办理农地重测，以作整体规划；④加强农业机械化；⑤修正有关法令。[⑤]

经过20世纪50年代农地改革之后，当时的农地租佃问题已根本消除，以后所发生的农业收益低、农场经营规模小、农业发展受限制等问题，绝不是单纯农地分配问题所造成，再改革乃势难避免之事，但仍应坚持农地农用的基本原则，即仅适度开放农地买卖（买受人不一定非农民为限不可），并坚持以农用为限，以防土地投机。[⑥]

在第一次土地改革之后，多年来，除了少数地主有机会变更地目转用外，多数地权拥有人受到农地转用、转卖的钳制乃至废耕将遭受课征荒地税的处罚，不得不将土地维持在低报酬的生产状态，相较于其他工、商业的土地利用，农地地

① 牟宗允、毛育刚、林卿：《两岸农地利用之比较》，社会科学文献出版社2004年版，第286页。

②③④ 朱淑卿：《从财产权观点论台湾之农村土地改革》，台湾地区1991年版，第84页、第85~86页。

⑤ 熊孟祥等编著：《台湾土地改革纪实》，台湾地区文献委员会1989年编印，第224页。

⑥ 苏志超：《比较土地政策》，台湾地区五南图书出版有限公司1999年版，第593~595页。

权人因限制规定丧失进一步发展的可能。①

台湾地区在1979年起开始研拟第二阶段的农地改革，1982年11月正式推行。第二阶段农地改革是在解决农地的利用问题，以促进农地经营规模及提高效率，在不改变土地所有权的情况下，组织农民共同经营班，辅导设置合作农场，并接受委托经营，以扩大规模。另外，为配合扩大经营规模及农业机械化，同时进行农地重划，改善农场结构、发挥土地潜力，增加农民收入。②

台湾第二阶段的农地改革到1986年告一段落，1990年修正了“土地法”，废除了私有农地所有权转移受让人必须为自耕农的有关条款；1991年7月31日正式宣布废止“耕者有其田条例”。农业生产受到进口农产品的冲击，朝向技术密集与资本密集的方向发展，农业对农地的需求相对降低。“农业委员会”更于1993年8月推动农地释出方案，以满足非农用地的需求。1994年5月23日颁布修正“非都市土地使用管制规则”，使农地释出的重要原则包含在此规则中，不过目前尚存在土地滥垦、滥建现象，生态不断破坏、土地投机加剧。③

2000年年初台湾的“农业发展条例修正草案”总算三读通过，并附带修正了“都市计划法”，“区域计划法”、“土地法”、“平均地权条例”、“土地税法”、“遗产及赠与税法”等相关的部分条文，此次修正“农业发展条例”与相关法律，不难发现实为配合台湾加入WTO之际，必须对于农业方面将遭遇之市场冲击重新安排生产秩序。④新法首先进一步放松对于农地转用的限制，并实行总量管制；其次放宽了农地移转的限制，取消承购农地之自然人限于自耕农的规定；同时，喧沸一时的农地是否可以兴建农舍之争议，也确定允许无自用农舍之农民可在自有农地上兴建农舍，不过，限制其不得在五年内移转，且如移转或设定抵押权必须并同该农地一并为之。⑤新法中的农地管制措施包含：严格控制农地转作非农用途；限缩农地地权交易的对象；禁止废耕、课征荒地税；限制分割与移转为共有。⑥

按台湾地区“农业发展条例”第18条第1项规定，于条例修正（亦即2000年1月28日）后取得农业用地之农民，无自用农舍而须兴建者，于不影响农业生产环境及农村发展，得申请以集村方式或在自有农业用地上兴建农舍。另基于维护现有农民之利益，同条第3项规定对于修法前已取得农业用地者或其农地属共有耕地者，于修法后始分割为单独所有而无自用农舍者，仍准依现行相关土地

①④⑤⑥ 杨大德：“论台湾农地管制与农地财产权之保障”，台湾大学法律学研究所2000年硕士论文，第8页、第120页、第121页。

②③ 郭桂英、尚国琲、许松（执笔）：“两岸农地产权制度比较研究”，载林增杰等编著：《中国大陆与港澳台地区土地法律比较研究》，天津大学出版社2001年版，第108页、第109~110页。

使用管制及建筑法令规定，申请兴建农舍。[①] 关于农业用地移转与土地增值税的课征政策，从现行“农业发展条例”第 37 条第 1 项规定可知，作农业使用之农业用地移转与自然人时，得申请不课征土地增值税，其规范意旨不外在于运用土地增值税之免征，以供作农用的诱因。[②] 总体而言，此次法律更动的主要意旨在于放弃过去“农地农有农用”，亦即所谓的“管地不管人”的方式控制农业生产的耕作面积，并在不危及粮食安全的前提下，允许一定比例的农地转为其他用途。[③]

可见，台湾农地地权法制基本上是以农地农用与限制农地他用为指导原则，这来自于以农立国的传统观念、战时状态的存粮思维、加上平均地权的国策。但有人谓，此实已完全不合于今日台湾的现实，放弃农地农用不致失去粮食生产能力，农地转用的经济利益巨大，课予重税，以进口存粮，足可远远超过生产量。[④]

（五）台湾“民法”有关永佃权的修法情形

国民党政府在台湾推行土地改革政策，于 1951 年实施“耕地三七五减租条例”，对耕地承租人已给予较永佃权更为周密之保护，永佃权保护佃农之作用已大为减弱。1953 年继而实施耕者有其田，征收地主保留地以外之土地，转放现耕农民承领，使农民有田自耕，故永佃权几乎已无任何作用。其次，由于农业生产在台湾现今社会中之经济效益极低，少有人愿以永久耕作或牧畜为目的，于他人土地设定永佃权，所以“民法”研修过程中乃有删除永佃权之议。[⑤]

因此，2010 年 1 月 5 日“民法”用益物权部分将以农业之使用收益为内容之物权的“永佃权”删除并增订“农育权”一章，其基本内容包括：

1. 意义：农育权者系谓在他人土地为农作、森林、养殖、畜牧、种植竹木或保育之权。农育权之期限不得逾 20 年；逾 20 年者，缩短为 20 年，但以造林、保育为目的或法令另有规定者，不在此限。

2. 使用限制：应依设定之目的及约定之方法，为使用收益。如无约定，应依土地之性质为之，并均应保持其生产力或得永续利用。

3. 处分限制：本权利得为让与、设定抵押。

---

①② 陈明灿：《土地法专题研究》，台湾地区元照出版有限公司 2008 年版，第 271 页、第 272 页。

③ 杨大德：“论台湾农地管制与农地财产权之保障”，台湾大学法律学研究所 2000 年硕士论文，第 122 页。

④ 苏志超：《比较土地政策》，台湾地区五南图书出版有限公司 1999 年版，第 11 页。

⑤ 张元超：“永佃权的异弦更张”，载《月旦法学杂志》（第 49 期），台湾地区元照出版有限公司 1999 年版，第 32 页。

4. 地租：原则上为无偿，亦得约定地租。

5. 削减：因期限届至、终止、抛弃而消灭。

（六）小结

农业之角色已由过去仅为供应粮食之单一功能，变为兼顾粮食安全、乡村发展、生态保育等多功能性质。农业发展在台湾也面临发展困境，小农经济缺乏效率、农民高龄化、竞争力不足，亟须调整农业生产结构，所以鼓励长期设定农用物权，势在必行。[①] 同时，从财产权（Eiqentum）之观点言，优良农业用地此一资源之价值，至少具有三方面功能，亦即生产价值（权）、生态价值（权）以及使用变更（发展权），但台湾向来习以分区管制（zoning regulation）概念而模糊地处理，而在权利意识高涨之下，地权人每因其生态权、发展权未报偿而迭有违规使用情事，农地非法转用情形层出不穷。[②] 鉴于农业用地具有生产权外，尚存在生态权、发展权之功能，未来如何运用发展权移转（Transterable Development Rights，TDR）以实施机制来衡平相关权利义务，亦即如何运用"一束权利"（a bundle of rights）之理论，特别是农业地役权（agricutural easement）理论解决当前面临的难题值得探究，其中发展权格于物权法定主义，如何建立合适之公示制度、课税问题等，均须进一步考虑。[③]

三、中国大陆农村土地物权变迁：以集体所有权与土地承包经营权为例

（一）大陆农村土地物权变迁的基本理念

1. 所有权的观念植基于私有，中国大陆的土地制度多年以来即以公有制为基础，其对立面的缺位，导致所有权的不完全，这种不完全不仅是内容的不完全，观念的本身也是不完全的。"我的"的观念必是相对立于"你的"或"他的"，才能显现出其实质意义。如此严格界定所有权（一种对于财产完全支配权的归属状态和用益状态），是为了使土地（或其他类型财产）的权利（一种决定财产利益的归属和用益的权利）作为财产或财产上的利益更像个"权利"，即其必须具有私权的性质，换言之，它的内含与外延必须明确，而且，它必须是

① 陈立夫："民法物权编农用权章修正草案之评析"，载《法学丛刊》（第 213 期），第 47 页。

②③ 陈明灿：《土地法专题研究》，台湾地区元照出版有限公司 2008 年版，第 273 页、第 274 ~ 275 页。

稳定的（不会担心随时被收回或取消）。否则，它仅是来自当权者的“恩惠”，不是（或难称得上）“权利”，“物权法”（作为私权核心法律）的制定将失去意义。

2. “所有权的实质是一组权利，这些权利可能被授予个人、团体或小区等。而且，这些权利应该是不容被任意剥夺的。中国农村集体对土地的所有权在计划经济时代，即不具以上之性质，国家可以随时向集体的领导们下达指令，他们又按照这些指令去指挥农民，国家直接介入并拿走大部分的农业剩余。农村集体对土地的名义所有权在20世纪60年代初大跃进失败后，人民公社制建立在三级所有之上，即公社、大队和生产队各自分享一部分权力。截止到1980年代初，生产队一直是最基本的所有、生产、分配与核算单位。这样的体制在1980年代初被‘大包干’制所取代，土地使用权从土地的集体所有中分离了出来，并授予了农户。农户成为最基本的生产和核算单位。大包干将计划体制自上而下的命令原则改变为从底层开始的合同原则。”① 因为一切使劳动者和其利益相脱离的产权运行机制，其效果必然不佳，故大包干则是以农民（作为劳动者）直接和土地（产权）结合为中心的制度变迁。“变的是什么？过去政府控制全部资源，现在把土地让给人民，但同时却也把对农民的社会保障一并丢给人民，也就是说，政府把农民的生老病死全压到土地上了。所以农民在土地上‘刨食’，靠土地安身立命。”②

3. “马克思认为人类最初是以共同体的形式存在的，个人（进行生产的个人）系从属于一个较大的整体，而表现为不独立，共同体的压迫是人身依附之源，实现人的独立性是民主革命的实质。在压抑个性的共同体或统一体中，个人只是狭隘人群的附属物，个人本身就是共同体财产。”③ 这样的人身依附关系，在中国农村已经发生很大的变化。“中国农村新的产权形式是经过‘中央政策——地方政府——农村小区——农户’之间一系列分步达成的交易，首先最大限度地排除国家对农村社会产权合约的侵犯，其次增强农村社会内部资源利用的排他性。这种双重意义的排他性制度安排，一直也不是靠成文法律及其执行机构，而主要依靠尚未法制化的信息沟通、谈判、讨价还价，特别是事实上的退出权。与政治运动分配产生的产权已经不同。”④ 但是，国家不可能轻易放弃对集体的控制，集体也不可能轻易放弃对农民的控制，从这个角度看，公有制的基

① 裴小林：“集体土地所有制对中国经济转轨和农村工业化的贡献”，载黄宗智主编：《中国乡村研究》（第一辑），商务印书馆2003年版，第227~228页。

② 温铁军：《解构现代化》，广东人民出版社2004年版，第113页。

③ 秦晖：“马克思主义农民理论的演变与发展”，载武力、郑有贵主编：《解决“三农”问题之路》，中国经济出版社2004年版，第23页。

④ 周其仁：《产权与制度变迁》，社会科学文献出版社2002年版，第33页。

底，不可能消除。那么，如何在公有制的基础上进行有效率而且公平的土地利益私有化呢？同时，农村土地的制度安排不得不实现公平与效率的融合，“这两个互相矛盾的原则，必须具有既作为生产数据，又承担农民生活保障的双重功能”。①

（二）以主体为划分标准的三层所有制

1. 过程

中国大陆1949年以来农村土地制度发展的历史证明，集体土地所有权是在农民私人土地所有权的基础上形成的。大陆于1950年颁布土地改革法等，使农民们取得了土地所有权，② 其后开始了互助合作社运动，先是自愿式组织互助组（劳动协作关系），后来在共产党的领导下开始办农业合作社（类似于合伙的联合经营关系），即以土地入股、集体耕种、收益分红，但是土地所有权仍属农民所有。1956年由初级社转为高级社，农民的私有土地转归集体所有，取消“按土地”股份分红，实行“按劳”分配，1958年进而开展人民公社化运动，公社成为基本核算单位，土地归公社所有。这种超大规模的集体所有制度带来许多致命的问题，1962年调整核算体制，实行“三级所有、队为基础”，把土地所有权下放到生产队（即相当于公社化之前的自然村），直到1978年推行土地承包经营制之前，农村土地几乎都一直实行生产队所有的制度，这种土地所有制于1982年获《宪法》的确认，即吾人所称之集体所有制。③

大陆农村土地演变为集体所有，在1955年农村开展合作化运动，农村土地分配给个人的时候，共产党中央也重视促进农民的相互合作。但是，三十几年的计划经济和二十几年的改革，共产党终于认识到，单纯的两种公有所有权形式（全民所有制与集体所有制）并不等于公有制目的的实现，如果产权不明晰、在

① 温铁军：《中国农村基本经济制度研究》，中国经济出版社1999年版，第321页。

② 1949年以前，中国大陆的土地是属于私人所有的，农村主要是封建主所有制，同时存在大量小农经济，其后在农村政府没收了地主的土地，分配给无地或少地的农民，随后，引导农民走合作化的道路，经过互助组、初级合作社、高级合作社，逐步走到土地的集体所有制。惟农民个人没有经营土地的自主权，1978年以前中国农村土地基本上是由集体经济组织统一经营的，而集体组织的经营决策又常受到政府的直接干预，农民家庭并不是独立的经营单位，农民个人只能在集体的统一安排下劳动，并安排统一的标准领取集体组织所给予的报酬，这种方式，极大地束缚了农民发展生产的积极性（黄小虎：《土地与社会主义市场经济》，中国财政经济出版社2008年版，第53~54页）。不稳定的地权使农民对自己所拥有的地块缺乏长期的预期，农民在不可预测的某一天其土地会被拿走，同时也带走他投入土地的中长期投资，且一般不可能得到完全的补偿，自然失去对土地投资的信心，从而一开始就减少对土地的投资。得到土地的农民也未必安心，明年他可能就先去这块地。所以，其负面影响不言而喻（姚洋：《土地、制度和农业发展》，北京大学出版社2004年版，第7页）

③ 王卫国：《中国土地权利研究》，中国政法大学出版社1997年版，第95~96页。

特定财产和特定人之间无法建立排他支配关系，还是没办法有效组织与运行。[①]至于农户或个体，在土地自合作化运动后，基本已丧失了所有权，换言之，农民与土地仅有劳动的关系而没有财产的关系，在计划经济时代集体土地所有权乃是为了实现社会主义改造任务而形成，带着浓厚的政治性，土地公有制实在不像是"一定社区范围内的农民共同共有的所有权"，也不像是"一定组织范围内的全体农民"所享有的所有权。应然与实然的落差让我们看到，"集体"作为农民群众共同体，其土地权利实际上并没有化到个体，农民仿如农奴，为国家发展流血、流汗，这是计划经济时代的实然。"中国从50年代到70年代，政权一步步深入乡村，并成功地实现了对基层社会的监控，可是，在生存底线喘息的农民与当权者之间的挑战从来就没有停止过，'包产到户'在60年代许多地区都曾尝试过，并且顽强地保存下来。"[②]

20世纪80年代，大陆农村生产方式呈多样化与大幅度变动的态势，综合言之，其首先从按工计酬包工不包产，发展到包产，即从作业承包到经营承包，承包者在作业范围内的自主权扩大，承包者（即农户）自己必须对整个生产过程负起责任，实际上已成为集体内部相对独立的生产单位。同时，从包产到户进一步发展到包干到户，即"大包干"，按人口平均或按人劳比例将耕地分包到户，全部收获除上缴国家和集体提留之外，全部直接归劳动者个体所有。[③]至此，农民家庭终于成为土地承包经营的主体，其对于土地的权利日趋于明朗，其与土地的关系日趋密切。[④]

2. 概念

事实上，集体土地所有权本身是不完全的，其只能用于农业生产或农民宅基地等与集体密切相关的使用，如需作房地产开发等其他经济效益的使用，必须依

---

① 高富平：《土地使用权和用益物权——我国不动产物权体系研究》，法律出版社2001年版，第72页、第82页。

② 梁治平："乡土社会中的法律和秩序"，载王铭铭等主编：《乡土社会的秩序、公正和权威》，中国政法大学出版社1997年版，第450页。

③ 谢茹：《新中国农地制度述略》，江西人民出版社1999年版，第114~115页。

④ 在中国改革前的人民公社制度下，农村土地在法律上是归组织在人民公社的三级组织（即公社、生产大队、生产小队）中的社员集体所有的，社员（农户）根据生产队领导的日常生产安排从事劳动，以劳动后取得的工分及家庭人口等为依据参与分配。这时不存在土地在各个农户间的分配和调整问题。但自70年代末的农村改革以后，情况有了变化：法律上归集体所有的土地承包给各农户耕种，而作为承包者的农户对其承包地不拥有无限期的耕种权，因此在经过一定年限之后，就会产生对土地使用权的重新分配和调整问题。全国实行土地承包制改革以后，来自中央政府的政策意向是强调承包期长期化，以利于生产的提高。但是这种政策并不能得到强有力的贯彻，在村领导看来，土地调整是他们掌握集体财产（土地是最重要的部分）运作权的重要体现，因此，他们通常具有更频繁调整土地的冲动。不过，土地调整如果没有村民的合作也难以顺利进行，还必须克服村民的反对，不能草率行事（刘世定：《占有、认知与人际关系——对中国乡村制度变迁的经济社会学分析》，华夏出版社2003年版，第148页）

法征收转为国有土地之后，再由国家将使用权有偿出让；集体土地所有权的收益权能方面亦受到限制，而且，集体土地不得买卖、抵押或以其他形式非法转让。[①] 可见，集体土地所有权只不过是一个相对的权利，集体土地所有权在法的规范上还要受国家的高度掌控。不过，所有权受到公共利益的制约并不是一件特别意外的事情，可是国家与集体之间利益，绝对有必要予以厘清，以避免国与民争利的不良现象。而在大陆，“集体公有制既不是一种‘共有的、合作的私有产权’，也不是一种纯粹的国家所有权，它是由国家控制但由集体来承受其控制结果的一种农村社会主义制度安排。”[②] 故就农户和土地的关系来看，尽管集体所有权本身已标示了劳动群众集体所有的意义，但是在计划经济时代，农户或个体是没有什么发言权的。直到80年代农村改革如火如荼的发展起来，农民的权利才得到了基本的确认，它主要还是显现在农村“土地承包经营权”上，至于农民个体对“集体所有权”本身的拥有如何展现，从《农村土地承包法》上所见到的仅是集体意志的多数决，这与个体对土地所有权的直接行使，还具有明显的边界。

如果把所有权看作是一束权利的集合，国家、集体和农户（或个体）似乎各自分别拥有一部分，各方权利的消长则随时代的变迁而发生钟摆现象：先是土地改革，由当权者分地到农户；然后是合作化，从个体（农户）摆荡到集体和国家；之后就从国家摆荡到集体，甚至个体（土地承包经营权30年不变）。其间既充满制度的试验色彩，也产生了诸多疑问，如物权法作为私有制产权制度的规范，在以公有制为基盘的土地所有制度之下，如何对接？土地所有权的局限性如何突破？这些问题不仅令人好奇，也使人深深感受到问题的严肃性。

3. 公有制财产纳入物权法规范的体系问题

所有权以主体的不同作出分类，如果主体不平等，这在市场经济的体制之下就注定是一个跛脚的物权法。不论主体是国家、集体，还是个体，在民事法体系里面，基本上应该是平等的，而且所有权本身应该被还原成为一种完全的支配权。

同时，禁止个体拥有土地，固然有其历史渊源，且与国家现实体制相符，但土地作为自然资源，已经无可遏抑走向市场。无论是生产性的或是交易性的，亦无论是自然生产或工业生产，土地的市场价值已远非昔比，此时保留国家与集体两个层次对土地的财产权的实质意义有限，反而令土地产权的界限模糊（多了两层所有权）。为今之计，如果考虑到取消集体所有制或取消对于土地的集体所

① 江平主编：《中国土地立法研究》，中国政法大学出版社1999年版，第246～248页。
② 周其仁：《产权与制度变迁》，北京大学出版社2004年版，第7页。

有权付出的代价太大，那么，可以在集体利益化到个体的前提之下，仅保留集体协调与处置个体与个体间在土地经营上的利益关系的功能。而国家对农村土地的干预则应当回到行政的基本面（例如课税、征收），不必也不宜直接干预农村土地所有权的运行，从而让公法关系和私权关系分开。如此变革并不表示对公有制的摒弃，只是为了公、私分明，充分保障个体利益。

（三）主体定位

1. 集体的起源

大陆土地改革结束后，政府就引导农民走集体化道路，从互助组开始、经过初级社、高级社过渡到人民公社，一盘散沙的农民终于被组织起来，农民的身份也改变了，他们成为统一的公社社员。或许创建人民公社所支付的代价太昂贵了，但是，自然村落已有数千年的历史，其制度架构业已十分完固，不付出代价怎么能打破传统村落？公社的全部意义正在于超越了传统的循环，并为最终摆脱循环的贫困创造了前提。因此，凡想理解中国现代化的人都不能绕开公社，研究公社是把握中国现代化的一个很好的契入口。①

2. 大公社的形成与产权分歧

大公社时期土地形式上属“公社”所有，其表现形式为公社可以随意调动、无偿征用土地。大公社是一个居住着数万人口的大社区，其必须划分开来交给各下级单位使用，于是发生土地所有权与使用权的分歧，但大公社时期从来没有人提出过这样的问题。在大公社里，农民按照半军事化的方式被组织起来，农民家里的灶也拆了，一个自然村的农民（后来是数个自然村的农民）同灶共食。先是“吃饭不要钱”，后来不得不论斤计两；先可吃米饭，后来只得吃粥，最后连粥也难吃到了。② 于是，与公社成立初期热烈拥护的气氛形成强烈反差，公社在实际运作中时时感受到一种出自内部的离心倾向。在贫困地区，农民仍不时忍受着饥饿和寒冷的袭击，时间冲淡了人们的热情。

3. 公社、大队、生产队的三级所有

公社化运动可以区分大公社时期和公社时期。大公社被设计得如此美妙，使人不由得想起中国那源远流长的传统“大同”境界。但是，它破坏了传统村落的生存方式，接二连三的灾难迫使大公社的设计者向村落传统让步。于是有了“三级所有，队为基础”的人民公社。公社制度和村落传统之间的张力乃公社存在的现实状况，这种集体制度缺少那种克服小农自发倾向所必需的力量，经济不

①② 张乐天：《告别理想：人民公社制度研究》，东方出版中心 1998 年版，绪论，第 69～70 页、第 73 页。

得不求助于政治。20 世纪 70 年代的人民公社是在政治的强制之下运作的，事实证明公社本身最终还是无法克服它和小农之间的张力。大公社退却后，人民公社可以区分为公社、大队和生产队三个层面，公社处于制定政策、发号施令的阶层，其向上面负责，公社干部由上级委派，属“国家”干部。大队则处于中间层，承担“上情下达”的责任。生产队是人民公社基本核算单位，实行独立核算、自负盈亏、直接组织生产、组织收益分配。生产队拥有土地，有权“在政策许可范围”内使用这些土地。生产队是公社的细胞，国家的所有计划指标最终都落实到生产队。①

4. 主体摆荡——大集体？小集体？抑或个体（家庭）

农业集体化的过程是向传统家庭不断挑战的过程，集体先从家庭中分离出大部分生产职能，继而归并了家庭的土地，使土地成为集体的财产，大公社因此破坏了自己可能存在的社会基础，导致了普遍的灾难。而“三级所有，队为基础”的人民公社承认了家庭制度的合法性，恢复了传统家庭的部分职能。可见，公社制具有明显的二重性，其在小农家庭的基础上建立了社会秩序，但是小农家庭从一开始就是一种瓦解公社的力量。②

主体（法律主体）说到底就是意志，或者说是一种稳定的意思体，自然人固勿论，集体或多数人的集合体，假如有其统一的意志，它就有可能或必要被认定为、或自然形成主体的模样。意志的存在和对意志的压迫是两回事，不能说存在意志压迫关系时，主体就不存在。集体化的结果导致高度的个体人身依附关系，可以说是一种压迫关系，它“反映了社会的等级制度，是一种政治关系”，③ 可是此时个体的主体性仅仅是隐而不显，不可能完全被消灭。集体作为一种政治性的安排，其虽在高压之下藉政治力呈现客观主体性，一旦政治力减弱时，其主体性由于缺乏集体成员的支持，自然就会回归到基本面——主体缺位。

其实，主体（或法律主体）本来就是相对的概念，它不仅仅在法律上是如此，例如：法律规定妇女没有投票权，而动物享有基本权等。在事实上，主体（或法律主体）也是一个相对的概念，例如：组织体（如合伙）和合同的区别，其中间模糊地带的存在也是习法者皆知之事，组织体如果被认为有主体性，在必要的时候合同又何尝绝对没有？其次，作为自然人的个体，如果自甘为奴，其主体性其实已经大大打了折扣。因此，对于主体的观念实在不必搞得像宗教一样。

①② 张乐天：《告别理想：人民公社制度研究》，东方出版中心 1998 年版，第 7～10 页、第 373 页。
③ 李锡鹤：《民法哲学论稿》，复旦大学出版社 2000 年版，第 98 页。

主体概念不是一个绝对的概念，计划经济时代尤其如此，农村土地从地主分给农民，再逐步集中到互助组、初级社、高级社、人民公社，接着是分解到生产队，从生产队再分散到农户。“权利”从个体到团体，再从团体到个体，其中间地带可以统称为“集体”，集体的概念随不同时代而发生不同的理解，但是在公有制或国家作为最终权利者之情形下，集体制终难造就“所有权”此一概念在农村落实，集体所有制终难成就集体所有权，集体本身，一如个体，在计划经济时代，也终难成就“法律主体”这一概念。可见，寻回个体同时也要寻回集体，但个体可追，集体又如何呢？农村土地所有权于集体所有制的架构下，已经在生产队解体的时候失去附着，或者说在权利开始被要求落实时才发现，当初就没有绝对的权利附着在集体上，集体从来就未被作为一个绝对的主体看待，因为国家涵盖了一切。

5. 个体定位

尽管自然人作为主体从来就没有被完全否定过，但是计划经济时代对于农民来说，不啻是人民逐步让权的过程，直到濒临生存底线。国家从农民身上提取发展的资源，过度提取的结果反而造成对国家本身的伤害。个体最终为了保存他自己，还是尽其最大可能彰显他的主体地位，呈现国家和个体间的拉锯。20 世纪 70 年代的新决策在不触动土地的集体公有制，在保证国家和集体的经济利益的前提之下，以“交够国家的、留足集体的，剩下的都是自己的”之土地收益权的分割，换取土地使用权和一定的剩余索取权，使个体和国家、集体的关系能够平衡。同时，在集体社区内部，通过集体资源在合法成员间的平均分配，实现每个成员在集体所有制下的成员权，减小制度变迁成本。①

农村的主体是农民，但改革以前的农民只拥有很少一点归他们所有的财产，几乎近于无产者。改革前 20 余年以来农村财产的唯一主体可以说就是人民公社集体，农民的所谓“集体”财产并没有普遍构成真正的现实，甚至农民没把集体财产看作是自己也有一份的财产，部分农民甚至只要有机会就同样参与集体财产的侵占和蚕食。农民在改革前选择职业、迁徙和改变社会身份的自由，也是处于种种束缚和限制之中。而且农民怎样当农民的自由也在相当程度上遭到剥夺。②

70 年代末，在中国共产党十一届三中全会思想路线的鼓舞下，包产到“户”（家庭）的潮流只用了两三年的时间便席卷全国，它使原有的集体财产存在形式发生了根本的变化。农村土地几乎全部由农户“独立经营”，收益在农户和集体

① 谢思全等：《转型期中国财产制度变迁研究》，经济科学出版社 2003 年版，第 192 页。

② 周其仁：《产权与制度变迁——中国改革的经验研究（增订本）》，北京大学出版社 2004 年版，第 52～53 页。

之间分成，1984年以后普遍延长到15年以上。改革重建了农户私有的财产权利，财产的权利和身份的自由是“包”产到“户”的两大法宝。[①] 制度变革唤醒了农民个体的主体意识，从事实上主体性的回归到法规范层面对农民主体地位的确认，历经了相当艰辛的过程。其实，无论是公有制或私有制，国家乃是所有权最终得到实现的有力后盾，但国家的介入又极易导致所有权的限缩、无效，甚至绝灭。因此，尽管作为所有权归属主体的个体可以是国家，也可以是个人（或农户），集体作为社区式的共同体，也不是不能作为所有权的归属主体，但是，其利益还是需要透过某种方式化到个人。

6. 土地集体所有何去何从

由于“集体”既非法人，也不是自然人，更不是非法人组织，但是这个“劳动群众集体”也不是完全不能作为民法科学所包容的主体形式。要想在物权法中规定集体财产所有权，必须首先按照法律自身的逻辑对“劳动群众集体经济组织”进行重新构造。农村的“劳动群众集体经济组织”本来就是由农民“入社”形成的，而所有权的主体，即“队为基础，三级所有”的组织，不论所有权在哪一级组织，均应该承认该组织为法人，并按照法人的形态对其进行再造。[②] 然而，因法人形式众多，法学界主要提出农村社区法人制、自治法人制和农业合作社法人制三种模式，农村社区法人制可能使农民依附土地的身份性进一步被固化；自治法人制模式如果不能摆脱行政色彩，行政权借着指导村民而干预集体所有权行使也不无可能；由于集体土地之利益应由全体成员分享，为实现此目标，股份合作社法人制不失为一个选择。[③]

（四）客体定位

1. 土地权利的上浮下落

如果用财产归属作为依据，则人民公社的起点是高级农业生产合作社。从高级社诞生的那一年起，依托传统家庭组织形式而存在的农户，就彻底失去了土地、耕畜和大型生产工具的所有权；人民公社乃是高级社公有性质的彻底化和合作规模的进一步扩大。合作化的初级与高级之分是财产关系变动的关键，初级社是合作，高级社是集体，这样的集体显示了对私人财产权的剥夺。从高级社到人民公社（1958～1961年），再到人民公社的“三级所有、队为基础”时期（1962～

---

① 周其仁：《产权与制度变迁——中国改革的经验研究（增订本）》，北京大学出版社2004年版，第52～56页。

② 孙宪忠：“物权法基本范畴及主要制度的反思（上）”，载《中国法学》1999年第5期。

③ 高飞：“论集体土地所有权主体之民法构造”，载《法商研究》2009年第4期。

1984年），农民的私有财产权几近消失。[1] 人民公社内部的分配，建立在社员对集体财产的占有份额完全相等的假定之上。公社的分配原则在人民公社内部具体化为工分制。劳动者按照每天的工作量来评定工分，年末，队的净收入扣除国家税收、公共福利金等之后，按每个人在一年里累积的工分进行分配。[2] 这种分配制只看到了劳动力，已经掩盖了土地和农民的直接联系。

"三级所有，队为基础"是极其模糊的财产权概念，或者说是公社、大队和生产队各自均有其财产的范围，也可以说是三个层次共同拥有一个财产（或财产权），由于生产大队是生产队（小队）的集合，人民公社是生产大队的集合，故生产要素的支配权、生产的决策权、收益的分配权在不同层次之间毫无定规的上浮下落。但无论如何，有一点是可以确定的，社员（农民）已经没有或者说已经失去了属于自己的财产。[3] 因此，由国家全面控制农村各项资源的产权，构成了人民公社时期农村的《宪法》秩序。到了大包干时期，集体是以承包方式由农民担负起生产责任，按人口分配土地，集体退出农业的直接生产，土地产出之收益分配关系转变为：交足国家的、留足集体的、余下的都是自己的。这场革命性的变革使农村产权的《宪法》秩序发生根本性的变化，它意味着农户重新获得了人民公社时期失去的若干权利：财产占有权、经营自由权、劳动支配权、独立核算权、剩余索取权。这是对公社时期《宪法》秩序的否定，虽然仍存在产权不清晰的侵犯农户产权的现象，但这一本质性的变化却无法否认。[4]

农地承包制在产权安排上的最大特征就是在坚持集体所有制前提下，相对明确的界定农民个人对土地的产权，确定了农民个人利益（权利）的边界，从而形成了农民积极耕种土地的激励机制。但是，农地承包制在经过一段时期的运转后，原有体制下积蓄的、各种资源的潜力释放临近完毕，其制度的局限性与进一步发展的矛盾开始凸显出来。[5]

政府在禁止农民的土地自由入市时，却以行政手段大量低价征收农村土地，使农民的土地资产不断流失。大包干以后，农民承包土地的使用权（实际上只是耕作权）尽管可以"有偿流转"，但是，在农地流转中，用途的限定非常严格，农民流转耕地使用权所得对价（租金）极低，在江浙一带的估价仅有市场价的十分之一，不少地方租金甚至是负数，转包土地还要"倒贴"，而农民的非农用地只能由国家征收，不许进入一级市场，结果造成了一种便于以国家权力侵

①②③④ 林万龙：《中国农村小区公共产品供给制度变迁研究》，中国财政经济出版社2003年版，第35～36页、第43页。

⑤ 黄少安："从家庭承包制的土地经营权到股份合作制的准土地股权"，载《经济研究》1995年第7期。

入的农民土地产权残缺的制度，使农民的集体土地财产成了一大堆彷佛没有保险柜、随便堆在地上的金币，随时都有可能被别人拿走。[①]

农村土地承包制虽然在坚持土地集体所有的前提之下，由农户将农地“包”下来，即土地分包给了农户，但农民却只有经营权，该经营权还是有期限、有范围的。随着农村经济改革的深入，农民逐渐获得较为充分的耕种自主权，其也可以在一定条件下流转承包权，不过，土地用途不能轻易改变，也还没有土地处分权，可见，土地承包经营权终究有异于严格意义下的“所有权”。现实中农民一般对于土地产权具有矛盾的心理，他们既了解土地所有权难于归己，但潜意识里总还是把承包的土地当作自己的土地，不由自主就会将其与解放初期的土地改革联系起来，认为 80 年代初又是一次“分地”。因此，农民认为自己所承包的土地不可剥夺。[②]

2. 集体所有权和土地承包经营权的厘清

对任何一种公共所有的资源的使用，如果没有任何约束并且不付出任何代价，会导致这些资源无效率的使用。假如土地是完全公有的，大家都有权在这块土地上进行资源的取得，有权使用的单位就会过度的使用，直到它地力枯竭。假如某人可以独自拥有土地上的利益，那么他就会尽量使土地的现值实现最大化。公共所有权的低效率会因“搭便车”（Free rider）现象而更加严重，搭便车者要享受共同劳动成果却逃避自己应承担的责任。[③] 所以，近代所有权具有私的性质，这一点毋庸置疑，“其私的性质系指所有权具有排他的独占性而言，土地所有权人原则上得基于自己的自由意思使用、收益、处分土地”。[④] 尽管所有权的私的性质并不是对公有制的全盘否定，但其对土地所有权的内容的理解却增添了疑惑。在集体土地所有权框架下，“土地承包经营权自诞生之日起，一方面发挥了巨大的积极作用，另一方面一直在发展变化。土地承包经营权是家庭联产承包制的产物，是社区成员作为集体土地所有人中一分子所应获得的一项财产，是他们就业和获得生活来源的法律手段。”[⑤] 但是，土地承包经营权到底是一种什么性质的权利呢？这也同样是一个争议极大的问题。

在一物上可以有复数的权利存在，不论从物权、债权的二分观念去认识，或是把它看作是一组权利束，客体上的利益均存在多元的性质。而有些权利在厘清其性质时，会发现它们不能或至少不适合同时并存在同一客体上，集体所有权与

---

① 刘田：“想想农民利益——关于农民土地财产权的历史思考”，载《中国土地》2001 年第 9 期。

② 以上的观念来自于黄少安：“从家庭承包制的土地经营权到股份合作制的准土地股权”，载《经济研究》1995 年第 7 期。

③ ［美］理查德·派普斯：《财产论》，蒋琳琦译，经济科学出版社 2003 年版，第 106 ~ 107 页。

④ 温丰文：《现代社会与土地所有权理论的发展》，台湾地区五南图书出版公司 1984 年版，第 33 页。

⑤ 崔建远：“土地上的权利群论纲”，载《中国法学》1998 年第 2 期。

土地承包经营权就是如此。如果集体所有权是一种对物的支配权（尽管它一直受到来自国家的拘束），那么，农村土地承包经营权在某种程度上就与它不能兼容，我们很难想象这两类权利可以同时在同一物（土地）作相同内容的实现，所以，农民的土地承包经营权，要不就是盖过集体所有权的一部分权能，取得一定程度支配的状态；要不就是屈居一个不稳定的地位（随时面对被调整、收回的可能）。不过，这两种权利之间存在一个中间地带，即承包权人就算无支配地位，但是承包农户居于承包合同之一方的地位，还是应该享有合同上的权利。合同是导向权利取得的各种途径之一，在取得权利本身之前，合同赋予的是一种“去取得权利的请求”权，而不是权利本身，不过，也可以在法律规范上把这个取得权利的时间点界定在订立合同的一瞬间，也就是让一个合同同时具有改变权利配置的效力，一般来说是配置“物权”的效力。集体所有权和土地承包经营权通过合同进行权利配置时，承包的农户不论拥有了物权，还是仅取得合同上的债权，固然在事实上、法律上都是必须厘清的问题，可是，追根究底，只要法律能得以落实，无论是债权，还是物权，都必须依法保护，否则，法律上的权利实际上处于不稳定状态，此时法律即使规定土地承包经营权是一种物权，或合同本身即发生物权变动效力，也于事无补。

3. 集体所有权的定位

在旧意识型态中，集体所有权虽然是一种没有政府色彩的权利，但是却同样是一种有强烈政治意义的权利。这种所有权难以与民事法理相衔接。农村集体所有权本来是为“共同劳动、共同分配”、“消灭剥削”的政治目的，通过建立农村集体经济组织后形成的所有权形态。尽管农村近数十年来这种经济组织基本上已不存在，但是作为这种组织的所有权却一直保留至今。① 由于所有制不是一个孤立的概念，它包含有许多实在的内容和关系，要通过生产过程的各个环节来实现，故在农村包产到户后，因整个生产过程中起决定作用的已不是生产队而是农户，使集体经济至少已演变为不完全的集体经济了。②

土地（或任何的财产）被多数人拥有的时候，可以以各自由处分其按份拥有比例的形式存在；可以是不区分份额的享有权利和分担义务；也可能其成员并不固定，而完全以团体名义拥有一个所有权；还可能其成员虽按确定份额享有权利，但因共同目的的束缚，各权利人自己的份额不能随意处分或分割。③ 目前，

---

① 孙宪忠：“确定我国物权种类以及内容的难点”，载《中国民法学精粹》（2002 年卷），机械工业出版社 2002 年版，第 226～227 页。

② 马德安：“农业生产组织管理形式要由生产力发展水平决定——关于包产到户问题”，载《经济研究》1998 年第 1 期。

③ 孙宪忠：《中国物权法原理》，法律出版社 2003 年版，第 44～45 页。

大陆农村土地作为生产和保障的双重、共同目的，农民对其身份的处分或成员权的分割，实难任其自由。农民对集体土地的权利无论按家庭人口也好，按劳、按需也好，划分出一定的比例，也不是做不到，所以，从理论上来说，农民对集体土地的所有权应该有个具体的比例。但是这种权利既不是按份共同，也不属于总有、合有，它有自身独特的历史背景和存在目的，作为社区性共同财产，又存在着共同目的性拘束。因此，作为所有权主体意志执行者的集体组织与农民个体之间，对于土地的权利、彼此的定位和彼此的边界，必得有明确的区分。

在分析集体所有权时，一定要注意区分成员的两种身份。一方面，集体所有是指其成员全体所有，任何一个人都不能单独行使这种所有权，也不能单独享有这种所有权；其次，正因集体所有权是全体所有，只有作为这种集体的成员时，才能享有参与财产经营管理的权利，而失去成员身份，如发生死亡、迁徙、出嫁时，这种权利即应消灭，不会发生从共有财产中分割出其应有份额发生继承或其他转移，集体财产不受任何影响。① 如果仍然把这种所有权定义为一种“集体”所有权，那么就必须首先对集体与其成员之间的法律关系按照民商事法的基本规则加以规定，“共同劳动、共同分配”是一种比较接近原始共产主义社会的模式，即接近氏族社会的模式。孙宪忠教授提出一种方案，即将集体与成员之间的关系股份化，使成员对集体享有“真正的民法上的权利义务关系”，而集体“真正享有法律上的所有权”②，这是兼顾现实与可持续发展的见解。

4. 土地承包经营权的定位

在计划经济体制下，土地只是一种自然资源，是行政法上的客体，而不是民法上的客体，土地的利用基本上不属于民法的调整范围。③ 但是大包干以后，情形有了大幅的改变，农地的利用权凌驾于所有权之上，而呈现相对强烈的私经济面貌。

农村集体土地使用权可分为四种，即土地承包经营权、宅基地使用权、“四荒”土地使用权和农村建设用地使用权，此处以从农民集体土地所有权中分化出来的土地承包经营权为例予以说明。土地承包经营权在法律上早有根据，《民法通则》第 80 条、第 81 条规定了土地承包经营权，即“公民、集体依法对集体所有的或国家所有由集体使用的土地的承包经营权，受法律保护”；“公民、集体依法对集体所有或国家所有由集体使用森林、山岭、草原、荒地、滩涂、水面的承包经营权，受法律保护。”学界对土地承包经营权概念

① 刘士国：《中国民法典制定问题研究》，山东人民出版社 2003 年版，第 117 页。

②③ 孙宪忠：“确定我国物权种类以及内容的难点”，载《中国民法学精粹》（2002 年卷），机械工业出版社 2002 年版，第 277 页、第 283 页。

的表述基本与《民法通则》的规定一致。也就是说，土地承包经营权，是指公民或者集体在法律和合同规定的范围内对于集体所有的、或者国家所有由集体使用的土地和森林、山岭、草原、荒地、滩涂、水面的占有、使用、收益的权利。[①]

在中国理解权利，特别是私权，和西方不同，西方倾向于个体化，中国则倾向于团体化。[②] 从这个角度来了解土地承包经营权的性质，家庭承包制中的土地承包权是农民以社区集体成员的身份获得的一种权利，这种权利是与一般的所有权与经营权主体关系不同的一种特定的经济关系。在这里，承包关系的一方是作为所有权主体的社区集体，而这个社区集体是若干作为另一方的经营主体的集合体；另一方是作为经营权主体的承包社区集体土地的农户；而农民之所以能够取得经营权主体的资格，在于他们本身同时也是所有权主体。家庭土地承包权反映的实际上是一种集体整体与集体内部成员个体之间的产权关系。[③] 因此，有学者认为："土地承包经营权是一种过渡性的权利，依托它，农业用地使用者获得了越来越多的土地使用权，在农业用地上形成了所有权与使用权相分离的格局。"[④] 然而，与其将土地承包经营权看成一种过渡性的权利，不如看成是一种变化中的权利，随着时间的推移，土地承包经营合同中行政约束逐渐减少，农民的权利义务日益明确并固定下来。不过，对于这种逐渐发展变化中的权利，确定其性质较为困难，尽管该权利分离出来的目的在于使农民享有排他的支配权，但如粮食订购任务等仍限制着农民种植的选择，国家对此项权利的尊重亦还存有不足。

土地承包经营权的取得是通过合同完成的，但这种合同的性质须特别留意。"国家下达任务的完成，例如农业税、五花八门的收费征缴，都需要农村基层组织对土地承包经营权拥有较强的控制能力，因此，按人口平均分配土地的承包合同，并不是一个村集体将土地的使用权通过收取承包金出让给村民的合同这样的一个关系，它不是根源于村社与某一农户之间自由协商之后的合意，而是根源于四五十年来历史变迁中农户对村社土地拥有的原初性权利。"[⑤] 所以，它名为合同，但与市场经济之下西方近现代法学上之合同概念相比较，其更具有较强的身份性色彩，这与它源自于村社共同体的历史背景有必然的关系。村民作为村集体的成员，有权要求村集体分配给其应得份额的土地，成员的这种权利和土地联系

① 梁慧星主编：《中国物权法研究》（下），法律出版社 1998 年版，第 714 页。

② 引自刘守英与笔者访谈的谈话内容，2002 年 9 月 3 日于北京。

③ 谢思全等：《转型期中国财产制度变迁研究》，经济科学出版社 2003 年版，第 196～197 页。

④ 陈健："土地用益物权制度研究"，中国政法大学 1999 年博士论文，第 202 页。

⑤ 杨一介："农地制度变迁对物权立法的影响"，载王利明主编：《物权法专题研究》（下），吉林人民出版社 2002 年版，第 1037～1038 页。

起来的原因，主要是土地承包制度的形成，它使得农地使用制度具有了一定的社会保障功能。①

而且，在目前的制度下，农户的土地使用权并不完整，虽然统购统销的范围已大为缩减，但仍然存在。这显示农民的土地使用权不仅是一种权利，还是一种义务，从而损害了农民对土地的利用效率。② 至于农民的收益权，即使在人民公社的农地制度下也得到了一定程度的承认，只是实际上的收益微乎其微。在实行包产到户之后，收益分配确定的原则是，“交够国家的、留足集体的，剩下的都是自己的”。农民的剩余索取权看似明确，但是实际上的收益始终是不确定的，虽然有了分配的顺序，可是分配的比例并不确定，农民除了缴纳国家税收，还要负担乡、村两级的统筹和提留，以及名目繁多的集资、摊派和罚款，且多带有相当大的随意性，征收的数量、时间和方式都非常不确定。③

另外，还有性质比较特别的转包权。当土地承包经营权被转包时，会产生两个土地承包经营权，这固然增加了土地承包经营权的复杂性，但是为了促进土地利益的多元发展，这还是应当被肯定的。至于次承包人到底取得的是什么性质的权利？有谓“转包关系中转入方取得的仅是用益权，承包权本身还是存留在转出方手中，双方的权利义务关系由转包合同确定之。转包以不违背原承包合同为前提。”④ 该观点可予赞同。

（五）小结

1. 中国内地农村土地制度之特征

（1）土地的“社区”所有。理论上农村土地归农民集体所有，事实上则是一种社区所有的形式，具有本社区身份（户口）的农民才是农民集体的成员，死亡、迁出丧失身份者，同时失去一份基于土地所有权所生利益。原则上本社区土地应由本社区成员使用。

（2）土地的“平均”分配。全体集体成员是土地的统一产权主体，但不再对土地进行集中经营和使用。成员可平均分到一份土地，既不论资排辈，也不看贡献大小。

（3）土地的无偿使用。在集体经济力量薄弱的地方，集体提留名存实亡，

---

①② 宋红松：“农地承包制的变迁与创新”，载王利明主编：《物权法专题研究》（下），吉林人民出版社 2002 年版，第 1068 ~ 1071 页、第 1070 ~ 1071 页。

③ 宋红松：“农地承包制的变迁与创新”，载王利明主编：《物权法专题研究》（下），吉林人民出版社 2002 年版，第 1070 ~ 1071 页；另参见赵晓力：“中国近代农村土地交易中的契约、习惯与国家法”，载《北大法律评论》（第 1 卷 · 第 2 辑），法律出版社 1999 年版。

④ 屈茂辉：《用益物权论》，湖南人民出版社 1999 年版，第 291 页。

各种摊派却取而代之；在集体经济发达的地方，使用土地不仅无偿，而且还能得到各种“以工补农”的补贴，这是因为务农者放弃了在社区所有的非农就业而应得的那份较高的收入。

同时，由于土地是农民生存保障资源，所以土地所有权的流转和个人所有被法律禁止也就不足为奇了。[①]

2. 中国农村土地制度变迁的硬制约

在中国内地，农村土地制度变迁承受着诸多硬制约：首先，农民个人对土地的既有产权——承包经营权，不能剥夺。其次，土地集体所有的制度遗留，呈刚性存在。只要集体所有与农民利益呈现方向的根本一致性，能够对土地和生产要素的大范围流动、组合、扩展提供可能性，并且可以实现为社会财富的公平分配提供基本的制度保证，土地集体所有的继续存在就难以否定。最后，产权的安排意味着各方利益的分配格局，实际上是各阶层、各主体从各自利益出发，以其实力为基础的一个谈判、较量、妥协的过程。国家机关需要直接从农民手上取得收入，集体（社区组织）既要保存自己的存在还要承担社区内公共产品的生产，而农民个人既强烈要求保障个人产权，又不希望失去国家、集体（社区组织）的保护、依托，这种既一致又冲突的情况，最终的选择应是落在各方利益的均衡点上。[②]

中国内地农村改革以来，农地制度发生了深刻变化，打破了过去计划经济时代单一的公社制度，代之以自发形成的千差万别的农地制度。中国内地农村改革的一大特点是，国家从农村基层制度建设领域逐步退出，乡村社区权利逐步加强。1982 年的《宪法》确定了村集体的土地所有者身份，从而使农地制度建设由国家转移到村集体手中。[③]

如果把 1979 年到 1984 年的乡村土地制度改革过程和 1962 年以前的人民公社化过程进行对比，可以发现其中有基本的相似性，只不过两者变革的方向恰好是相反的。1951 年到 1962 年农民对土地先是有完全的所有权和经营权（土地改革），到所有权和经营权分离（合作化），最后土地财产权利均被集体收去（人民公社）；然后沿着集体劳作——→包产到户——→分田到户的轨迹，土地所有权和经营权重新分离，农民获得了相对较为完整的土地承包经营权，但所有权名义上仍归村集体。家庭组织代替原来的生产队，成为农业生产和经营的决

---

① 贾生华：“农村土地制度创新：股份所有、租赁经营”，载《经济问题探索》1989 年第 3 期。

② 黄少安：“从家庭承包制的土地经营权到股份合作制的准土地股权”，载《经济研究》1995 年第 7 期。

③ 姚洋：《土地、制度和农业发展》，北京大学出版社 2004 年版，第 1 页。

策单位。[①]

由于《农村土地承包法》在2002年的颁布和实施，中国内地农地改革有了不同的面貌，该法肯定了湄潭试验中的“增人不增地、减人不减地”政策，使农户土地承包经营权的稳定性有了很大的提高。但是，该法不允许调整土地的规定是否能够贯彻，还有待观察。回顾中国内地农村改革20多年的经验不难发现，许多地方并没有严格执行15年不变（1994年以前）或30年不变（1994年以后）的政策，而是定期或不定期地调整土地。农户也偏好这种土地安排，因为他们觉得这是公平的做法。[②]

在中国内地，农村地权的个人化，始终是一个不能回避的议题。由于农村土地市场化的程度很低，且在大部分农村地区，生存仍然对农民构成很大的压力，因此，土地利益的均分可以看做是农民克服生存压力的一个“集体”响应。“集体决策”不免导致农地制度个人化程度偏低，极难依据农户的“个体决策”进行地权分配。北京大学姚洋教授特别举了一个例子来说明这种关系：假设一个村子里只有两户农民，一户人均土地多，另一户人均土地少，土地较少的农户的生活无法得到保障，土地较多的农户则可以维持生活且略有盈余；以农民的个人意愿和市场的角色来说，土地较多的农户一般不会自动且无偿给予土地较少的农户土地，除非他预期明年自己家的人口将大幅增加，以至于其人均土地低于两户的平均水平，从而可以从另一户人家分回土地。这种建立在自利基础上的相互合作有多大可能性呢？可以肯定的是，这种可能性即使存在也是脆弱的，因为这种互惠关系必须建立在两家农户“循环的期望”上；土地较多的农户不但要预期自己家人口增加，而且要相信土地较少的农户在明年也预期自家人口会在后年增加等。在现实中，这类“单向性预期”很难都被满足，所以，土地利益的分配如欲同时满足两家农户的生存保障的可能便是，在农户之间存在一种自发性的道德约束，要求富者对贫者特别是生存受到威胁的农户，负担起帮助的责任。或者另有一种可能，存在一种社会加总机制即对全农户的满足指标进行加总，弱势者自然会受到较多重视，但这显然是一种对集体的强加，而不是对农民之间一对一关系的约束。这种强制约束看起来应该是有它的历史过程，像是一种中国传统村庄道德中集体生存伦理的延续，目前集体所有制及成员权似乎在法律上体现了这种伦理。[③]

一般来说，国家对土地权利的任何形式的干预都与《宪法》对土地集体所有制的肯定相背，既然村民作为一个整体，拥有了土地的所有权，同时自应

---

① 朱冬亮：《社会变迁中的村级土地制度》，厦门大学出版社2003年版，第155～156页。

②③ 姚洋：《土地、制度和农业发展》，北京大学出版社2004年版，第5～6页、第14～15页。

拥有对农地权益的决定权，国家政策只能给农民一定的经济和行政引导，不应直接干预。而且，当前村干部的权力较大，对他们行为有进一步规范的必要。①

正因为中国内地农村土地制度具有以上的特征和制约，使土地的集体所有权和土地承包经营权迥异于西方国家的土地权利类型，完全援引西方理论实不足以解读中国农村的土地制度，我们仅从其演化过程、现况以及西方法律角度予以窥视，并作出基本的认识，其中的局限性固难避免，作为正在变迁中的农村土地产权制度，其发展的方向应是西方式的，问题是如何在现有基础上、以何种方式使其持续健康的发展。农村土地法律制度的完善应该尽可能对各种利益层面作出反应。

四、结语

所有权意味着他人对所有者的权利有尊重的义务，但是由于所有权的多面性及合同的不完全性，所有权不可能是完备的，所有者对某种所有权的重视程度，取决于他从维护这种权利中获得利益的多寡。中国内地在农村土地联产承包责任制实施之前，土地所有权彻底属于国家，国家之所以向农民让渡部分土地权益，是因为家庭经营既增加了农民自己的收益也提高了全国食物供给，两得其利。然而，在第一波农地改革之后，农民与国家的利益冲突再一次显现，农民对地权进一步个人化的要求和国家的控制之间的冲突尤为突出。②

有人认为，所有权是一个只有私人财产制度才能加以具体说明的概念，集体财产制度是按照“最有助于社会利益的利用”来决定资源利用问题的，惟尽管个人所有权（私有制）表彰的是个人所有者的利益，集体控制的场合表彰集体的利益，即它们都是为了增进所有者的利益而利用。由此可见，所有权不必仅仅是一个私有制下才能具体说明的概念，集体所有制只要制度框架够合理和主体清晰，似乎也可以表征所有权的概念。在集体所有制下，农民的成员权则是土地集体所有制赋予村庄内部每个合法成员平等地拥有村属土地的权利。由于成员权的存在，每当一个新的合法成员进入村庄时，他都有从他人那里分得一份土地的权利，而每当一个成员离开村庄时，其他人享有将其土地平分的权利，结果自然造成土地分配随人口的变化而变化。③

但是，中国台湾从传统的一田二主跨入日据时期的单一所有权，再进而在国

①②③ 姚洋：《土地、制度和农业发展》，北京大学出版社 2004 年版，第 18 页、第 15～16 页、第 2～3 页。

民党政府时期延续了欧陆所有权单一之制，惟其耕者有其田的彻底实施及对土地所有权的高度限制，为工商业的发达提供了阶段性的支持基底。由此可以看出，中国台湾以私有制为主轴的农地地权变迁和中国内地农地地权的发展，都是不断的在对各方利益层面作出反应。由此观之，两岸的农村土地制度变迁尽管路径有异，但实质则殊途同归。

欧盟农地制度现代化：权利保障及其启示

欧盟国家因所处地区、社会政治经济制度、农业的现代化程度以及所面临的具体问题不同，在农地制度的处理上与我国存在较大差异。在解决农地问题的路径选择与政策方案上，欧盟模式毫无疑问是无法被直接复制与模仿的。但从发展经验和发展水平来看，欧盟及其成员国在农地以及更广泛的农业政策问题上的思路和措施，及其对国内农业发展和社会结构所产生的影响，可以成为我国农地制度问题的解决和立法政策的选择的有益借鉴。因此，我们以欧盟整体农业政策，以及欧盟成员国中有代表意义的，尤其是西欧现代化农业国家的农地制度与农业立法政策为考察对象，希冀能为我国农地法律问题的解决和制度完善提供有益思路。

一、以农地改革为前提的欧盟国家的农业现代化

农地制度在整个农业生产体系中处于基础地位，对农业发展和农民的权利收益都具有重要影响。良好的农地制度是实现农业产业结构合理布局，改善和优化各项农业制度绩效的前提；不当的农地制度则可能掣肘农业发展，并由下至上地影响到整个社会结构的稳定性。因此，欧洲国家的农业现代化进程大都始于农地制度的改革。

法国是欧盟成员国中最大的农业生产国，其农业总产值和主要农产品的产量均居各成员国之首。它早在18世纪下半叶采用新技术之前就已经成为一个典型的农业国家。农业的高生产力同土地的集体归属形式在各个层面形成了对立和冲突，农业共同体也因此从内部开始瓦解。考察农地集体所有形式在欧洲大陆崩塌的原因，可以归结为两个主要的方面：首先，在政治方面，农业共同体自治与国

家控制之间产生了冲突。[①] 其次，集体内部富裕农民与其他占地较少农民的利益冲突也加速了这种瓦解。分割集体土地的斗争持续了整个 18 世纪。法国大革命之前，集体所有形式的财产就已经大幅减少了。[②] 1813 年的一项法律允许市政机构将集体土地出卖给私人，或应居民请求将土地出租给他们，这也构成贫困农民向巴黎和其他大城市大规模迁移的一个重要原因。[③]

法国大革命完成了土地的重新分配，但直到 1955 年以前，法国仍然是以小农经济为主，反映在农地方面体现为每个农户平均占地面积小，土地细碎化。1958 年以后，政府采取了加速土地集中、归并小农场的政策。土地占有和经营的规模逐步扩大，使农场总数不断减少，农场规模日益扩大。[④] 20 世纪 80 年代中期，法国农业土地组合公司共有 2 000 余个，以土地合作为主的农业共同经营组织共有 2.5 万多个。他们作为中介组织去收购小片土地，再以优惠的价格卖给大农场，不仅掌握了对出售土地的优先权，也遏制了土地交易市场中的过度投机行为，逐步建立了农民与土地分离的退出机制和社会养老保障体系。[⑤]

土地改革的另一种模式以英国为代表。在欧洲各国中，英国的产业革命和农业资本主义发展最早。它最初是以小农为主的国家，从 16 世纪开始进行圈地运动，将大量土地集中在一起形成了大规模的农场和田庄。在此之前，英国除了大地主土地所有权以外，还存在许多作为小土地所有者的自耕农，以及小块土地的租佃者。而工业革命以后，小块土地制度和小农经营方式被消灭，到 19 世纪逐渐形成了以雇工经营的农场为主的格局。[⑥]

土地改革的第三种方式是通过征收大土地所有者的土地分配给农民。这也是土地改革的主要途径，为大多数欧盟国家，如芬兰、罗马尼亚、保加利亚、拉脱维亚、爱沙尼亚以及希腊、意大利等国采用。在这些国家，立法限制私人拥有土地的面积。超过规定面积的土地将被征收，并被给予远低于市场价格的土地补偿，从而将土地从大中土地所有权人转移到农民手中。这在落后地区常常会引起一些明显的生产危机。但经过多年发展之后，大多能够产生出一种相对于土地改革之前更加有效的结构，实现农业的总体进步。[⑦]

如意大利在“二战”之后实施土地改革的方向就集中于促进和扶植小农所

---

①②③ Paul Guichonnet, *Comunità di villaggio e proprietà collettiva in francia*, in *Comunità di villaggio e proprietà collettive in Italia e in Europea: Contributi al Simposio internazionale di Pieve di Cadore, 15 – 16 settembre 1986*, CEDAM, 1990. P. 364, P. 365, P. 366.

④ 陈英：“法国农业现代化及其对我国农业发展的启示”，载《学术论坛》2005 年第 5 期。

⑤ 张新光：“法国的农业现代化道路”，载《社会主义论坛》2009 年第 6 期。

⑥ 刘运梓：“英国几百年来农场制度的变化”，载《世界农业》2006 年第 12 期。

⑦ Emilio Romagnoli, voce *Riforma fondiaria*, in *Digesto*, *Discipline privatistiche*, *sezione civile*, XVII, UTET, P. 628.

有权的形成。为此，意大利成立了专门的机构对超额土地进行征收，并负责将征收取得的土地转卖给农民，将土地从那些不热心的所有权人转移到那些更加积极和有强烈耕种意愿的人手中，并通过信贷优惠以及技术培训推广等措施，在经济和技术方面给予他们支持，从而形成了一批新的、独立的、积极的小土地所有权人和小型农业企业主。

与之不同的是德国的土地改革。在德国，用于重新分配的土地主要是国有土地以及从自由市场中取得的土地，很少诉诸征收途径。

考察“二战”后欧盟国家的土地改革可以发现，土地改革常常伴随的是地权的重新分配。虽然各国土地改革的路径和方式不尽相同，但都以建立适应各自社会经济发展需要的土地所有权制度和结构为基本目标。

二、现代欧盟国家中农地与农业企业的关系

（一）立法重心从农地所有权向农业企业的转移

最近几十年，伴随社会经济的发展，欧洲的农地制度经历了深刻的改变。这种改变反映在法律层面上，一方面体现为其与农业企业的关系，另一方面体现为其与新兴的、并迅速盛行的环境主义文化的关系。[①] 对于后者，我们从当今欧盟农业政策中大量关于环境保护的规范中已经可以窥得一斑；而前者关于农地与农业企业关系的重新界定，则反映了农地所有权在农业法律制度体系中的地位逐渐边缘化。

在已经完成农业现代化进程的大部分欧洲国家中，农地更多的不是与所有权相联系，而是与农业企业相关联。

当农地所有权人与农业企业主非同一主体时，在企业和所有权的对立关系中，前者被视为建立在经营活动基础上的动态关系，后者则代表了对物享有排他权能的静态关系。企业作为生产的社会工具，在利益比较中超越了所有权。因此，在对农业租赁法律规范所有这些修订中，有利于企业的趋势占据了主导地位。[②]

即使在农地所有权人与农业企业主同一的情形里，在农地与农业企业的关系中，农地也仅仅作为后者的生产要素之一，与其他农业资产以及农业劳动者共同

① Giovanni Galloni, voce *Fondo rustico*, in *Digesto delle discipline privatistiche*, *sezione civile*, VIII, UTET, 1998. P. 378.

② Camera dei Deputati, *L'affitto di fondi rustici nei paesi della comunità Europea*, Roma, 1975. P. 25.

被纳入农业企业的生产体系，协同运转。而且，土地尽管是农业企业中的一个重要生产工具，却不是必需的。尤其在欧盟从20世纪80年代提出“农业功能多元化”的口号以来，农业活动以及农业企业的界定趋向宽泛，农业企业类型向多元化发展，并不必须以农地为依托。这导致的结果是，农地必然与农业企业相联系，反之则不然。在以农地为构成要素的农业企业内部，随着现代技术的发展，一些重要的动产以及高度专业化劳动的价值也几乎已经超越了土地本身的价值。农地相对价值的下降使得它丧失了在传统农业法律制度体系中的中心地位。即使在法律层面，农地也不再是现代农业生产的本质基础或者唯一特征。[①]

因此，在完成农业现代化进程，解除旧的土地制度对农业发展的束缚之后，无论在欧盟层面还是各成员国内部，农业立法和政策关注的重点都不再是农地所有权，而是农业企业。以农业企业而不是农地所有权为中心构建农业法律制度体系。但是由于在这些国家中，农地所有权与农业企业以及农业合同的密切联系，对农业企业的引导和规范仍可能间接对农地格局产生影响，而农地制度规范亦对农业企业的结构与形态具有影响。

（二）家庭农场在欧盟国家现代农业中的主导角色

至20世纪后半叶，工业和第三产业的发展吸收了大量的劳动力，西欧的农业劳动者绝对数量和比重都已经很小，农业经营规模也已经扩大，但占统治地位的仍然是所有权与经营权合一的家庭农场。[②]

家庭农场的盛行在一些国家中是政策主导的结果。例如在意大利，扶植和促进自耕农所有权的形成是从“二战”以后直到今天贯彻始终的一项政策。这一法政策方向最明显的体现在1948年《宪法》第44条的规定中。该条第1款规定：“为合理利用土地和建立公平的社会关系，法律对土地私有权加以必要的约束，依据地区和农业地带确定农地面积限制，鼓励并实施土地改良，改革大庄园，重组生产单位，扶持形成中小土地所有权”。该条文言及的虽然是“土地所有权”或者农业“生产单位”，但对农业生产单位的确定，对农地面积的限制，加上对农地权利人的约束、义务以及限制，直接制约着其上建立的农业企业的结构和规模。因此，后者才是该条文的真意所指。关于对中小土地所有权给予扶持的规定，更彰显了立法者的倾向，即向中小农业企业倾斜。

但仅仅是政策引导并不必然会形成家庭农场主导的农业生产格局。因为尽管

---

① Giovanni Galloni, voce *Fondo rustico*, in *Digesto delle discipline privatistiche*, *sezione civile*, VIII, UTET, 1998. P. 378.

② 董正华：“农民在农业发展中的地位”，载《学习时报》2005年第308期。

推动农地所有权与其实际使用人相结合，能够促进土地的生产效率，但当伴随农业机械化的推广，农业利润攀高时，农地的集中与规模化经营也会成为必然的需求。综观欧盟的现代化农业国家中家庭农场的主导趋势，可以推论出，除了地理条件因素的影响之外，家庭农场在欧洲现代社会经济条件下也是更有效率的农业生产机制。这一点尤其可以从英国农场制度发展的轨迹中获得有效的印证。

16~18 世纪的英国农业常常被视为农业资本主义发展的典型。工业革命以后，英国消灭了小块土地制度和小农经营方式，形成了以雇工经营为主的大农场经济。圈地运动后残存的小农在大工业冲击和资本主义农业的挤压下，至 18 世纪上半叶已经基本被淘汰了。[①] 工业化初期，农业同工业一样，大企业比小企业更具优势与竞争力。直到 1880 年以前，英国农业中，300 亩以上的雇工农场都处于有利地位，其数量和所占耕地面积的比重都在增长。而且，英国农场规模之大，为西欧各国所不及。在西欧 100 亩以上就是大农场，而在英国只算是中等农庄。[②] 然而，19 世纪末期以来，包括英国在内的西方国家中雇佣农场衰落了，家庭农场重新夺回了他们一度失去的优势。这是因为，世界范围内技术的发展带动了农产品产量的增长与出口增加，供求关系的改变使得农产品价格大幅下跌。大的农场企业失去了比较优势，农场主的利润以及地租价格都在下降，劳动力被吸引到其他生产部门，农业工人的工资上涨，加剧了雇工经营农场制度的衰落。此外，从 19 世纪后期到 20 世纪 30 年代，农业现代化——农业生产的机械化——使得农业部门所需的劳动力大为下降，而首先被排挤的劳动力往往是雇佣劳动力。[③]

因此，分析家庭农场在欧盟国家农业生产中占据主导地位的现象，总体上可以归结为两个方面的原因。一方面是因为雇工经营的大型农场成本高，这主要体现在对雇工的监督成本上。因为相对于标准化生产的工业，农业生产的结果受到多重变量的影响，很难对雇工的工作质量进行监督和控制。在农业利润一定的情况下，考虑到对雇工劳动的监督成本，农业效益并不会随着农场规模的扩大一直呈增长态势。当它到达一定边际时，效益的增长可能朝相反的方向发展。另一方面，农业技术的发展和机械化的普及极大地提高了农业生产效率，使得家庭有可能依靠自有劳力或者少量雇工，去经营比过去大得多的大农场。此外，欧盟及各成员国对农业一贯的支持政策也在一定程度上减轻了扩大农业经营规模的压力。

①② 刘运梓："英国几百年来农场制度的变化"，载《世界农业》2006 年第 12 期。
③ 董正华："农民在农业发展中的地位"，载《学习时报》2005 年第 308 期。

三、欧盟的农业法律政策

欧盟最早在其成立公约中就将“在农业和渔业领域的共同政策”纳入了共同体的政策活动中。《罗马公约》第32条第4款规定“与农产品共同市场的运行和发展相伴随的应当是建立一个共同农业政策”。①

（一）欧盟农业共同政策（Common Agriculturial Policy）

欧盟农业共同政策是欧盟内实施的第一项共同政策，分为两个彼此紧密联系的部分：价格政策和结构政策，以及之后因农产品范围的不断扩张而成立的共同市场组织。《罗马公约》第33条第1款明确了农业共同政策的目标：通过推动生产要素的改善和技术进步提高产量；提高农民收入，保障农业群体与其他群体同等的生活水平；稳定农业市场；保障农产品供应；保障消费者能够以合理价格获得农产品。

构成农业共同政策的两大主轴是：保持欧洲农业的竞争力和促进农村尤其是落后地区农村的发展。在漫长的发展阶段中，共同农业政策的政策重心经历了从直接的市场干预向促进农村地区发展的转变；从20世纪60、70年代片面强调农业生产增长的单一目标到之后的农业结构调整以及环境保护、粮食安全，维持地力等综合目标的转变。欧盟农业共同政策的发展经历了几个主要的阶段：②

1. 20世纪60、70年代刺激生产的最大化。

欧洲国家在20世纪60年代将农业生产置于绝对的中心地位。“二战”后，粮食短缺和大量农业人口的经济支持问题都还没有获得解决，因此，促进产量提高和保护小型家庭农业企业构成了农业共同政策的两个直接指标。

价格政策旨在促进农业产量的提高，保障农民收益，通过优惠的社会政策鼓励农民维持家庭农场经营所需的最小土地面积，尽管关于最小土地面积的标准在农业市场上已经显示出与欧洲小型家庭企业不相适应的趋势。

在这样一种背景下，1968年的“曼斯霍尔特计划”（Piano Mansholt），建议

① 关于欧盟委员会与其成员国之间的权限划分，《罗马公约》第5条明确规定了扶持原则。根据该规定，“仅仅对于所规定的措施的目标或者标准成员国不能完全实现时，而该措施的范围和效果在欧盟层面能够获得更好的实现时”，欧盟才能介入。依据公约第32条规定，“农产品和农业贸易”被保留给欧盟调整。事实上，农业共同政策建立在三大原则基础上：统一市场，欧盟产品优先，财政共同体，即成员国分摊成本，也只能通过欧盟的统一调整来实现。Olmi，voce *Agricoltura in diritto comunitario*，in *Dig. IV ed.*，*sez. pubbl.*，Vol. I，Torino，1987，P. 134.

② Alberto Germanò，Eva Rook Basile，*Diritto agrario*，Giappichelli，2006，P. 46.

通过直接支付和创造其他就业机会以减少农民数量；创办有一定经济规模的农业企业等。改变农业结构的计划被提出：将多元耕种企业转变为单一耕作企业，即所谓的生产的统一化；或者通过联合或股份化方式构建较大规模的企业，形成所谓的现代农业企业。这两种企业构成欧盟唯一扶持的企业形式。但这一计划的创新走得太远，超过了成员国农业结构的实际能力。许多国家关于所有权和企业的法律规范没有考虑社会因素，农业法中占主导的19世纪的个人主义所有权观念，长期以来成为在农业领域采用社会化手段的重大阻力之一。[①] 因此，首先是法国放弃了这一计划，转而采用欧盟第72/159、160、161号指令，[②] 保存农民家庭企业，并对其进行补贴，使其能够达到与非农业经济部门从业人员相应的收入。

如前所述，欧盟在这一时期制定了一系列指令，旨在对农业结构进行调整。其中，尤其值得提出的是欧盟第72/159号指令。它规定了农业企业从业人员的主体资质，会计账簿的建立，企业发展计划，农业收益与非农企业的对等，以及农业活动及其收益占整个企业经营及收益的50%以上，只有达到上述标准的企业才能享受欧盟补贴政策，而不是所有从事农业活动的主体或者企业都能得到扶持。显然，欧盟1972年的政策是明显倾向于生产型农业的。

同一时期，欧盟对农业人口的大转移也给予了支持。尤其是第160、161号指令通过经济扶持，对那些将土地转让给受扶持企业的人员实行提前退休制度，同时，对留在农业领域的人员进行职业培训和资质认定，推动实现减少农业就业人口的目标。

对生产的过分强调也导致了不利的负面结果，即生产过剩。于是在70年代末期，欧盟共同农业政策体系中已经开始隐隐浮现出一种新的观念，并开始寻求通过提高农业产量以外的方式实现农民收入的增加。

2. 20世纪80年代控制对生产过剩部门的扶持

欧盟共同农业政策第一次富有意义的转向始于20世纪80年代初。这一方面是考虑到价格干预带来的负面效果，即生产过剩的危险；另一方面，是考虑到需要扶持农业经济领域中那些非市场利益的目标，如环境保护、食品安全等，因为它们很难通过市场经济的规范实现。这些因素推动了共同农业政策在指导方针上的转轨，朝向反映农业政策、环境政策和地区政策的综合目标迈进。

欧盟第797/85号指令在坚持1972年确立的受扶持企业标准的同时，阐明其所扶持的企业是那些并非简单提高产量，而是按照市场需求转产，降低成本，节约能源并重视环境保护等指标的企业。同时，该指令还进一步提出了“农业功

---

① Alberto Germanò, Eva Rook Basile, *Diritto agrario*, Giappichelli, 2006, P. 47.

② 72/160指令涉及的是促进农业人口转移和用于改善农业结构的土地；72/161指令关于经济社会信息和农业从业人员资质认定。参见上引注16，Alberto Germanò书，第48页。

能多元化”表述，反映了共同农业政策的综合目标以及将环境保护等标准纳入到更加宽泛和多元的农业活动中的可能。

除将环境保护纳入政策目标外，地区农业结构调整也被纳入欧盟的政策考虑之中。1985 年欧盟颁布了一项法律，专门针对地中海地区农业结构和农业基础设施的改善，着眼于整个农业与社会经济其他部门之间的协调合作，以实现整个农村地区经济结构的优化。同时，1988 年出台的一项规则阐明了欧盟的另一项政策，即旨在通过经济结构调整推动地区整体社会经济发展，来解决欧洲当前存在的地区发展不平衡问题。

农业结构调整方面的另一重要举措是对所扶持企业标准的改变。1989 年的一项法规放宽了扶持企业的范围，不再局限于 1972 年所确定的农业主导型企业，而是将农业活动泛化，对那些一半以上收益来源于农业活动、林业、旅游、手工业的企业，以及那些在欠发达地区为保护自然生态环境，农业收益不低于总收益 25% 的企业给予资助，从而确立了多元化的农业企业模式。

3. 20 世纪 90 年代继续控制农业生产以及促进农村发展

欧盟上世纪 90 年代的农业政策是继续巩固 80 年代已经开始的导向。共同农业政策从 1992 年开始实行改革，通过价格政策、激励措施以及补贴手段，影响农业企业的生产，将农业生产和农村发展作为其两大并行的支柱。从 20 世纪 70 年代末期，农业生产过剩就一直伴随着共同农业政策，没有获得根本解决。因此，欧盟在 1992 到 1996 年间制定了一系列规则，引导特定农产品的减产，休养土地和适应市场需求；减少化肥用量以及使用不损害环境的生产方式，对 50 岁以上农民适用提前退休制度，并给予补贴；鼓励在生产过剩地区植树造林，实现环境保护以及填补林木短缺的目的。其中，涉及农地的法律政策主要是对土地实行强制性休耕制度，政府给予补助，以控制粮食产量。

欧盟在 1994 年乌拉圭回合谈判中与美国达成了关于农业贸易的协议（Trattato di Marrakech）。该协议约定对农业采用非关税保护，降低关税以及出口补贴。为应对这一新的形势，欧盟必须改革农业支持体系，将对农产品市场的扶持转到对农民收入的扶持，即对农民的直接支持制度，并将其与农业生产、环境保护以及鼓励植树造林等指标相挂钩。

20 世纪 90 年代末期共同农业政策主要围绕两个方向进行：一是重申共同农业政策于 1992 年提出的改革目标，减少农产品最低价格保障，转向直接针对农民的收入支持制度；二是农村发展，即通过直接干预促进欧盟内部农村地区整个社会经济的全面发展。

1999 年共同农业政策改革的重点之一是强调农业的地方性，在农业的规模生产之外提出高品质农业，即体现地方差别与类型化，强调农业生产者所在地域的自然和文化特征。这一改革将政策关注的重点从农业企业的性质转向功能，使其扮演的角色不再仅仅局限于粮食生产，而更加强调其在与其他经济活动协作关系中所体现出的地方特色。农业企业功能的多元化已经初现端倪。

4. 2003年的中期改革以及转向直接支持农业收入的绿箱政策

共同农业政策的核心是通过“欧洲农业指导和保证基金”对成员国农产品进行价格支持。这也导致欧盟农业开支的过分膨胀和欧盟财政负担过重。农业基金在初期一直高居欧盟总预算的60%～70%，即使在《2000年议程》调整之后，农业基金也仍然占到欧盟总预算的40%左右。其中，真正用于农业结构调整的基金大约只占到总额的10%左右，绝大部分基金被用于价格补贴。再加上欧盟东扩，农业补贴将继续增加，欧盟日益不堪重负，不得不进行改革。

2003年改革是在共同农业政策1999年确立的六年计划（2000～2006年）之中进行的，因此称为中期改革。此次改革主要的创新在于废除农业补贴与农产品产量挂钩的做法（蓝箱政策），引入对农民给予“单一农场支付”的办法（绿箱政策）。依照这一规定，用于欧洲农业的公共支出（占欧盟总预算的46%）应当流向对农民的特别补偿，并保留在那些被扶持对象的手中。[①] 但其对农民的扶持是附条件的，即扶持对象应当保证生产安全、健康和高品质的粮食产品，履行环境保护义务，确保遵守公共健康、动植物健康的规定，尽全力保护所处地区的文化财产和自然风景。只有达到上述标准的农业生产者才能够享受财政支持。尽管为了适应某些国家保护农业弱势领域的需要，欧盟在这一政策上保留了一些弹性，允许成员国依据本国农业情况，在一定时期内维持有限的产量挂钩支持，以避免出现农田抛荒现象，但这仅仅作为例外情形存在。

此外，共同农业政策重新采用了1999年规则所确定的关于农村发展和减少价格干预的一系列方案与工具。它将通过每年提供12亿欧元资金的补贴机制大力推动农村发展政策。这一政策为农民适应新的质量标准和环境规范提供了基本支持，尤其是有利于改善农业生产的基础设施和生产质量。[②]

共同农业政策改革的这一方针也被欧盟委员会纳入到棉、油、烟草市场共同组织的改革之中。后一改革的主旨是要推进农业的可持续发展模式，并主要通过两条线来实现：限制对优势行为的扶持，奖励合格健康产品；创新农业经营活动，发展农业生产收益的替代来源。实现上述目标的唯一方法就是采用仅向农业企业单一支付的方式，使农业支持与所涉及的三个部门相脱钩。在这一改革方案中，欧盟委员会还考虑到这样一种事实，即欧盟的棉油和烟草生产主要集中在发

---

① Alberto Germanò, Eva Rook Basile, *Diritto agrario*, Giappichelli, 2006, P. 69.

② Franz Fischler, *I risultati ed il futuro della PAC. Cosa accadrà dopo Cancun?*, in *Nuovo diritto agrario*, 1/2003, P. 12.

展中国家。因此，尤其在这些领域可以通过资金转移方式强化欧盟的农村发展政策，通过财政支持帮助这些地区实现经济结构的优化。[①]

（二）欧盟农业政策对农地制度的影响

欧盟的共同农业政策虽然没有直接指向农地制度，因为后者属于各成员国自行规范的领域，[②] 但是在现代欧洲国家中，农地制度常常是与农业企业以及农业合同紧密联系的。因此，欧盟旨在提升其农业竞争力以及改善农业结构、促进农村发展的法律政策无疑也将间接地对成员国的农地制度及其结构安排产生影响。

例如在20世纪70年代初期，欧盟第72/159号指令确立的享受补贴政策的企业标准就在一定程度上促进了农地的适度集中与规模化经营。根据该指令，农业企业的企业主可以是自然人，也可以是法人。这一做法的理由很明显。战后欧洲农业格局主要是由数量众多的农民家庭建立的各种小型农业企业形成的。他们世代生活在同一片土地上，使用相同的耕作技术，很少采用新技术，也很少进入市场，其生产主要是自给自足。自耕农是当时欧盟国家农业中常态的和典型的主体。而如果欧盟要实现一个具有强大生产力的农业，以填补仍然存在的粮食短缺，建立在世界市场上具有竞争力的农业，就必须考虑改变农业结构。自给自足的小农显然不是承担上述目标的优选。因此，当欧盟选择扶持具有资质、建立了企业账簿、制定了企业发展规划的现代化农业企业时，小块土地所有权人或者租佃人就不再是欧盟农业结构政策规范的原型，这在一定程度上对小土地所有者以及租佃人形成了冲击。而向更大规模农业企业的政策倾斜以及金融、技术方面的扶持措施，必然会引导土地的集中化趋势，加速实现农地经营的规模化。

此外，共同农业政策实行的农民提前退休制度，对其给予补贴，使他们将土地转让给受扶持的大型农业企业的措施，则一方面促进了农业劳动力的转移，帮助实现农业从业人员的分流；另一方面为大土地经营者的扩张提供了可能。这为解决人地矛盾，实现土地规模经营、采用现代化农业生产技术，提高农地的生产效率创造了有利条件。

2003年农业共同政策对农业补贴支付方式的改革，也对农地所有权人与租赁人的利益分配产生了影响。2003年改革将对农产品的价格支持转变为对农业生产者收入的直接支持，后者取代之前的各种补贴成为唯一的支付形式。其支付标准与农业企业的占地面积、雇员数量以及人均产量等参数相联系，并可依照受

① Franz Fischler, *I risultati ed il futuro della PAC. Cosa accadrà dopo Cancun?*, in *Nuovo diritto agrario*, 1/2003, P. 13.

② 《罗马公约》第295条规定，“本公约对各成员国既有的所有权法律制度完全不干预”。

益人所享受补贴的土地份额化，随土地一并或者单独转让。这意味着享受补贴的权利本身具有独立于土地的价值，成为一项新的财产，可以作为享受补助企业的一项财产自由流转。当农业企业主是其所使用土地的所有权人时，对企业的补贴将产生土地价值或者土地租赁价格的上升，因此，它是有利于土地所有权而不是直接有利于农业企业的。这样，当受益人是土地的承租人，即使用他人土地的企业主时，问题就出现了。基于享受资助的土地而确定的补贴却被转移给该土地的承租人，这将产生土地资本价值的流失。实践中，因承租人在租赁合同终止时将享受补贴的权利带走而产生的纠纷不在少数。

四、农地租赁与流转

（一）农地租赁与买卖形式的此消彼长

欧盟国家中，买卖和租赁是农地交易的两种主要形式。这两种形式对于实现农地流转都具有重要意义，并且在一定条件下两者可以互相转化。

剑桥大学学者邓曼（D. R. Denman）对英国农地所有权制度考察的结论认为，当土地的租借权人与完全拥有地权的人均为私人、家庭企业或者信托管理人时，相对于前者是私人，而后者是机构或者政府部门的情形，土地流转从租赁转向买卖，再从买卖转向租赁的发生概率更高。[①] 如果这一论断合理，可以将其前提扩展适用于大陆法系国家中的土地承租人与所有权人。鉴于欧盟国家中土地承租人与所有权人为私人的情形覆盖广泛，我们可以预期，在这些国家中，土地租赁与转让这两种流转形式在相当长的时期内将呈此消彼长的趋势。

根据该学者的考察，英国通常土地流转的方向是从租赁转向所有权，但由于土地私人所有始终是主导的所有权形式，因此，这种流转方向随着条件的改变，仍然存在逆转的可能。[②] 在英国，土地买卖经历了几次高潮。第一次是在 19 世纪 70 年代以后，农业的黄金时期结束，农业利润大幅下降，农场主要求大土地所有者降低地租。土地所有权人随时可以终止租赁合同，也打击了农场主的投资热情。于是，政府不得不出面干预，于 1910 年出台金融法案，对地主进行征税，并限制租金价格。第二次农地转让的高峰期是在两次世界大战期间，日益高涨的维护成本、地租价格的下降、工资的增加以及高额的遗产税使得大土地所有者不愿再出租土地，土地租赁转向土地所有权的永久转让。“二战”后，法律政策向

①② D. R. Denman, *The Social Character of the Ownership of Rural Land in England*, in *Contributi per lo studio del diritto agrario comparator*, Giuffrè, 1963, P. 174.

土地的租佃人倾斜，政府几乎剥夺了土地出租人终止农地租赁合同的权利。1948年的英国农业法规定农民享有终身租佃权，并要求出租人依据法律规定承担维护农地良好运行状态的默示义务。此外，对承租人给予较强保障的法律政策方向和措施也使得地租的增长远远落后于农地收益的涨幅。[①] 这些都严重削弱了土地出租人的利益，进一步加剧了农地租赁的困境。从1958年开始，法律政策开始转向，适度降低对农地承租人的保障水平，并矫正在地租确定问题上的弊端，农地租赁也开始回升。

从英国农地在不同历史时期中租赁与转让趋势的变化可以看到，对土地流转形式的采用受到社会经济条件、市场环境以及主体偏好等众多因素的影响，但尤其不可忽视的是法律政策因素。英国“二战”后初期的立法旨在强化对农地租佃人的保护，但实际上却事与愿违，因为它过分损害了农地所有权人的利益，打击了其出租土地的积极性，反而抑制了农地租赁市场的发展，损害了潜在的农地租佃人的利益。

法律政策影响对农地流转方式采用的另一个事例是意大利关于农地租赁合同的规范。

意大利1982年的《农业合同法》在土地改良问题上给予了租赁合同双方当事人基本平等的地位。二者都可对土地进行重大投资改良。但事实上，二者面临的具体结果是不同的。简言之，出租人因土地改良产生的土地租金增长与承租人因此所获补偿的差距悬殊。因为租金的金额总是很微薄的。通常租金增长不仅不能对土地出让人进行土地改良形成足够的刺激或动力，甚至还达不到对其所做经济努力的合理补偿标准。而对承租人土地改良的补偿则相反。法律规定，对承租人所进行的土地改良的补偿标准依照改良措施导致土地增值部分的价值计算。这样，承租人获得的就不仅是所支出费用成本的补偿，还包括土地增值部分，即他能够因此获取利润。这对承租人实施改良行为形成了有效的激励。此外，实践中还常常出现改良措施本身具有可观的价值，对其的补偿是一笔巨大的数额，甚至超过土地本身的价值，因而发生土地所有权人无法支付，只好被迫出卖土地的情形下。在这种情形下，依据优先购买权的规定，土地承租人就很可能获得土地的所有权。这样，承租人改变土地状态的权能事实上就变相成为其取得土地所有权的一个有力工具。

在租赁类型上，多数欧盟国家的立法趋势都是执意削弱和限定合同种类。在租赁关系内部，租赁的长期性、租金的微薄以及承租人对土地享有的宽泛权能，

① D. R. Denman, *The Social Character of the Ownership of Rural Land in England*, in *Contributi per lo studio del diritto agrario comparator*, Giuffrè, 1963, P. 175.

显著地缩减了农地租赁关系与永佃权、用益权等物权类型的差别，以至于产生了立法政策上的二难境地，即租赁究竟应作为从内部取得土地所有权的途径，还是应当坚守在债的领域，仅仅作为土地用益权能暂时的、可撤回的移转的工具。

（二）现代农地租赁合同的法政策趋向

欧盟现代化农业国家在农地租赁合同的立法上反映出一些显著的共同特征，主要体现在四个方面：第一，禁止转租；第二，农地租金的法定定期调整制度；第三，承租人享有对农地改良获得补偿的权利；第四，规定农地租赁合同的法定最短期限。

早在20世纪30、40年代，西班牙法律就严格禁止农地的转租。这主要是基于租赁的人身关系性质，允许承租人将所租赁土地的经营权再转让给其他人将会破坏原租赁合同关系的平衡。1942年《意大利民法典》区分了自耕农租赁与非自耕农租赁，对于前一情形，规定承租人未经出租人许可不得转让（第1624条）；在后一情形则更加严格，鉴于其显著的人身性质，其中包含了承租人应当以自己或其家人的劳动直接经营管理土地的内涵，因此，民法典直接禁止自耕农再转让其租赁的土地。若出租人允许转租，应当被视为出租人与新的承租人之间建立了新的土地租赁关系（第1649条）。

德国、意大利、荷兰、西班牙等国都规定了土地租金的定期调整规则。这主要是因为，为适应农业经济的需求，农地租赁合同通常都规定了较长的期限，而最初约定的合理租金价格则可能因为市场供求以及价格的变化变得不公平。针对这种现象，许多国家就规定了土地租金定期调整的强制规则。土地租金的调整和价格确定通常被委托给特定的行政机关，或者由相关领域的代表以及法官、农业部委任的成员等组成的专门委员会来完成。①

土地改良补偿的规定是欧盟各国农业租赁合同中的重要组成内容。依据该规则，允许不考虑当事人之间是否达成协议，赋予对土地实施了改良的一方，无论是出租人还是承租人，获得对改良补偿的权利。出租人主要通过土地租金价格的提高获得补偿，承租人则可向土地所有权人请求补偿。

意大利在这一点上走得更远。尽管土地承租人享有的是债权性质的权利，但意大利1982年《农业合同法》赋予了农地的承租人与永佃权人、用益权人类似的权能。最能够佐证这一点的就是其关于土地改良的规定。意大利之前的法律规定，在合同没有规定的情形，当事人对土地进行的改良需要行政主管机关的特别

---

① Giovanni Carrara, Sergio Ventura, voce *Fondi rustici*, in *Novissimo Digesto Italiano*, VII, VTET, 1957, P. 441.

授权。允许作为自耕农的承租人不经主管机关授权自主进行细微改良，仅仅在实施改良前20天通知出租人即可。这里所谓的细微改良是指由承租人或其家人实施的，不改变农业生产的整体格局和秩序，旨在使耕种活动更加有效和便宜的措施。而1982年《农业合同法》第16条第1款规定："土地改良行为，对农业工厂或者生产体系的改变或者增加，……只要不改变土地的农业用途，并遵守地区发展规划，当该规划不存在时，在不违反土地所处地区的耕种属性前提下实施"。该条文明确允许了1942年《意大利民法典》第1632条以及1971年特别法所禁止的，未经特别授权不得进行的改良活动，彰显了立法者扩大土地承租人权能范围的意图。事实上，除了土地用途以及地区规划之外，土地承租人的活动范围是十分宽泛的。几乎只要不超出农业领域的任何改良措施都是被允许的。

这一立法转变无疑具有重要意义，尤其是对承租人而言。承租人被赋予宽泛的改良权利，甚至能够改变生产体系和格局，事实上就已经享有参与决定土地用途的权利。这样，承租人所享有的权能就不仅限于替代所有权人使用或者用益土地，而同样具有对土地的处分权能，这种处分甚至可以对抗土地所有权人的意愿。为削弱这一情形的不合理性，意大利法律规定，决定土地用途的权利同样也属于所有权人，并赋予农地所有权人在实施上的优先权。但事实上，这种优先权依据1971年法律的规定在自耕农租赁情形很难实施。无论如何，这形成了决定土地用途的权能不可分割原则的例外。①

规定农地租赁合同的期限也是欧洲各国通行的做法。法国租佃法规定租约期为30年，意大利耕地租赁的最短期限为15年。租赁的长期性为农业生产的稳定发展提供了前提。在英国，农地租赁的长期性使得租赁权人的权利不再被视为一种对人性质的权利，而作为一种土地所有权形式或者准不动产，其与完全拥有地权（freehold）的差别只在于期限及其他一些限制因素。但在对土地的支配控制方面，或者说在土地所有权层面，承租人对农地的权利与完全拥有地权的权利人并不存在质的差异。② 土地租借权（leasehold）的权利人在法律上也被当做所有权人来处理。

（三）农地的自由流转与限制

尽管多数欧盟国家都规定农地和其他土地一样可以自由流转，但为避免土地

① E. Casadei, *La salvaguadia della destinazione economica dei fondi ogetto di concessione agraria*, in *Proprietà e gestione produttiva della terra*, *2° tavola rotonda italo-polacca*, Giuffrè editore, P. 59.

② D. R. Denman, *The Social Character of the Ownership of Rural Land in England*, in *Contributi per lo studio del diritto agrario comparator*, Giuffrè, 1963, P. 166.

的碎裂化，保障土地经营的规模效益和充分的农产品供应，各国也对农地流转做了许多限制性规定。

德国是对农地流转进行管制的典型国家。德国自1918年起即建立了农地交易的国家监督制度，具体包括农地转让许可制度、农地租赁许可制度、耕地合并制度等，并通过一系列的立法对其进行规范，如1952年的《土地租赁法》、1961年的《土地交易法》，以及1956年制定的《耕地合并法》等。[①] 此外，鉴于农地租赁在德国发挥着重要的作用，1990年德国统一之前，大约38%的联邦德国的农地是通过租赁方式来经营的，[②] 它还在1985年重新制定了两部土地租赁法：《土地租赁合同申报及监督法》和《土地租赁交易法》。依据这些法律，农地的转让和租赁都必须经过政府主管部门的批准才能生效，否则即属违法行为。这种许可制度一方面有效地限制了土地从农业用途向非农业用途的转变，另一方面也避免了土地的过度分散，对于维护适当的农地结构和规模效益都具有积极意义。

法国也对农地流转做了一些限制规定。例如，它规定，私有农地一定要用于农业、不准弃耕、劣耕和在耕地上进行建筑；土地转让不准分割，只能整体继承或出让；设置土地事务所和土地银行等相关机构促进土地的有效管理和流转；对于土地市场的管理和规范，法国采用直接干预的方式，控制土地的收购和转卖。[③]

1942年《意大利民法典》中专节规定了“乡村土地所有权的调整”，首创了“最小耕作单位”概念，[④] 以防止土地的过分分割，鼓励农业的企业化生产。其第846条规定：“对用于耕作或者适宜进行耕作的土地，在转移所有权、分割或者以任何名义处分，或者设定或转移其他物权时，必须以最小耕作单位为基础进行操作”，即农地流转和任何其他处分行为都不能突破最小耕作单位的限制。

对农地流转的限制还表现在对农地继承的严格规定上。为确保农地生产的适当规模，防止土地的过分碎裂化以及农业企业的瓦解，许多国家，如德国、法国和意大利等都规定了农地的整体继承规则。依据该规则，低于一定面积或一定价值的农业土地只能由其中一个继承人继承，其他继承人则获得相应的价金补偿，不允许对土地进行分割。

①② 孙宪忠：《德国当代物权法》，法律出版社1997年版，第217页、第218页。

③ 李珂、高晓巍：“发达国家农村土地流转的经验及对中国的启示”，载《世界农业》2009年第6期。

④ 1942年《意大利民法》典第846条第2款：“最小耕作单位应当理解为一个农业家庭劳作所必须的足够的土地面积，根据先进的农业技术规则为适合某一耕作需要而划分的土地，不在此限”。

五、农地征收

（一）欧盟关于土地征收的发展演进

关于土地征收问题，欧盟的态度经历了一个演进过程。1950 年《欧洲人权公约》将所有权纳入基本权利范畴。其补充协议第 1 条确立了关于所有权的三个基本原则:[①] 第一，任何人对其财产都享有权利；第二，对所有权的剥夺仅在遵照合法性原则和国际法原则前提下，并基于公共利益目的才能进行；第三，国家拥有规范财产使用的权力，使其符合一般利益。但最初欧洲人权法院在因公共利益的征收问题上较少进行干预，而是赋予成员国立法者广泛的裁量权。自 20 世纪 80 年代后半期以来，欧洲人权法院开始确认，人权公约补充协议第一条隐含了对征收补偿债务的规范。后者的法律依据在于，应当在一般利益与所有权人个人利益之间保持公正衡平的原则。[②] 这成为欧洲人权法院在确定征收补偿金额问题上的一个基本标准，以避免被征收人的利益相对于征收目的被过分牺牲。

基于这一法政策方向，欧洲人权法院确认，对征收补偿的支付构成所有权保护的一个基本内容。但这一点在欧洲人权公约中并没有明确的反映。此前，欧盟也一直秉持着公约的这一精神，对征收问题持谨慎态度。但在公约生效的近半个世纪以后，欧洲人权法院在其所确立的利益相当原则基础上作出一系列判决，明确了征收补偿应当与被征收财产价值形成合理关系的规则。[③] 依据这一规则，欧洲人权法院认为，只有征收补偿金额与市场价格相当的情形才构成与被征收财产价值的合理关系，并与利益相当原则相符。这一规则仅在特殊情形下允许例外，即仅在国有化，社会、经济、政治改革，宪政制度变革等情形中，才允许土地的征收补偿价格低于市场价格；通常在个别的征收情形中，对财产的征收补偿应当是完全和充分的，与被征收财产的实际价格相等。[④]

欧盟成员国的国内法对农地征收做了更具体的规定。如意大利法区分农业用

---

① 欧洲人权公约补充协议第一条规定："每个自然人或者法人对其财产享有权利。非基于公共利益目的，并基于法律和国际法一般原则所规定的情形，任何人的所有权不受剥夺。前款规定不影响国家颁行其认为必要的法律的权利，对财产使用方式进行规范，使其符合总体利益，或者保障对税收或者其他财产负担以及罚款等的支付"。

②③④ Mario Trimarchi, *Proprietà e indennità di espropriazione*, in *Europa e diritto privato*, 4/2009. P. 1030, P. 1031, P. 1033.

地与建设用地，规定了不同的补偿标准。[①] 关于农地的征收补偿标准，意大利2001年颁行的《为公共利益目的的统一征收法典》（以下简称意大利《征收法典》）延续了早在1971年第865号法律就已经确定的补偿标准。意大利《征收法典》第40条规定，应当结合土地上实际种植的农作物以及土地上的建筑设施的价值，确定平均农业价值作为计算征收补偿的标准。如土地并未实际耕种，则依照该地区主要农作物的平均农业价值计算。各农业地区土地的平均农业价值由主管的省委员会每年依据该地区实际种植作物的类型确定。2002年的一项特别法更将各农业地区省委员会的职能扩展至决定非建设用地的整个补偿金额。[②]

（二）以欧盟成员国意大利为例的征收规定

依据意大利1971年第865号法律的规定，对农地征收的补偿还应当与农业企业的经营活动相联系，考虑因征收行为给农业企业整体经营活动带来的损失因素。1998年意大利最高法院的一项判例确认，即使在农业企业主并非土地所有权人的情形，也应当将企业因土地被征收所遭受的损失纳入补偿范围。[③]

在征收程序方面，意大利法总体上分为征收法令的预备阶段、颁行征收法令和支付征收补偿三个阶段。

征收法令颁发的预备阶段主要是指，出现征收事由，使得拟征收财产被预先置于征收效力约束之下。关于发布征收行政法令的前提，《征收法典》规定了三种情形：（1）待实施的工程被列入城市总体规划或类似性质和效力的文件中；（2）宣示了公共目的；（3）已经确定了征收补偿金额。

在第一种情形，城市总体规划文件被通过就相当于宣示公共目的。当规定了实施公共工程或者公共目的的城镇总体规划或类似文件通过生效后，规划所涉及的农地就预先受到征收效力约束，期限为5年。当通过的是非城市规划的其他文件时，征收机关应当在这一期限内发布行政公文，宣示公共目的。否则，征收的预先约束力失效。但在特定情形下，主管机关可通过上述程序重启这一阶段。发布征收法令的第三种情形指涉的是拟征收农地的自愿转让情形。在该情形中，被征收农地的所有权人与征收方协商确定补偿金额，并达成自愿转让协议后，征收机关可基于该协议直接发布农地征收的行政命令。

---

① 意大利区分建设用地和非建设用地，设立了不同的补偿标准。其中，前者主要依据土地的市场价格确定，通常情形下补偿价格与市场价格相同；后者包括农地和其他非建设用地，如依照城市总体规划用于公共绿地或者公园、体育场等的土地。其征收补偿标准主要依照土地所在地区的平均农业价值确定。平均农业价值由各省主管的委员会依照该地区的农地市场行情以及该地区主导的农作物等价值因素逐年确定。

②③ R. Garofoli, G. Ferrari, *Codice dell'espropriazione*, Neldiritto editore, 2008, P. 662, P. 658.

对于预先受到征收效力约束的农地，征收机关应当在规划文件或类似文件颁发或通过前的至少20日内通知所有权人征收阶段开始。个别征收应当通知本人。被征收人超过50人以上的，由当地法院在布告栏进行公告通知。被征收农地的所有权人可在之后的30日内达成意见，交由征收主管机关审议，以形成最终决议。

尽管意大利法规定，关于征收中产生的争议，如关于征收文件、措施、协议以及征收机关的行为等都适用行政诉讼法，但关于征收补偿的争议，包括补偿金额的确定和支付等则是诉诸民事诉讼。

意大利的农地征收制度具有两个方面的特色：

1. 征收方式

这一点不仅限于农地，也适用于整个财产征收领域。意大利的农地征收除直接通过行政命令实现以外，也允许通过被征收土地所有权人的自愿转让实现。

《征收法典》第20条第2款规定，征收机关在适当情形，为使征收程序更加迅捷，可以邀请被征收农地的所有权人和可能的征收受益人进行协商，以确定征收补偿标准。对此，征收主管机关一方面应当权衡当事人意见，另一方面应当参考拟征收农地所处农业地区省委员会的意见。后者在征收法令颁发之前咨询核定农地的地区价值，并决定暂时的征收补偿标准。临时确定的征收补偿标准文件将依照民事诉讼程序送达所有权人和可能的征收受益人。被征收土地的所有权人在收到通知后的30日内，可告知征收机关同意征收补偿决定。该声明是不可撤销的，它被视为所有权人同意征收机关占有其财产，所有权人有权取得80%的征收补偿预付款。从征收机关占有该土地之日起，所有权人对征收补偿依法定利率标准产生的利息享有权利，直至整个补偿金额付清为止。

当所有权人同意征收补偿标准，并声明土地上不存在第三人权利时，他应当在通知征收机关后60日内提存相关证明文件，证明其对土地具有完全的、无负担的所有权，并进行公证。所有权人提交这些文件后，征收方应当与原所有权人订立土地转让文件。若所有权人接受补偿而拒绝订立转让文件，征收机关可直接颁发征收法令，并可以进入占有土地。

此外，征收方应当在15日内将达成的土地自愿转让协议转交给登记机关进行登记，并负担登记费用。支付商定的补偿金额后，征收机关可以直接或者应征收发起人的请求，颁发和实施征收法令，取代自愿转让协议。若所有权人同意补偿标准但未能提供土地上不存在他人权利的证明，或者未在规定期限内提存所要求的文件，或未主张取得属于他的补偿金额，征收机关可将补偿金额提存，然后颁发和执行征收法令。

若经过规定期限，当事人未对补偿标准达成协议，征收机关应当将补偿事项交由农地所处农业地区的省委员会确定。[①] 农地所处农业地区的省委员会应在 90 日内对拟征收农地做出评估报告。该报告提交给征收机关，并通过附回执的挂号信函通知当事人，后者可在收到通知后的 30 日内查阅或提取复印件。当事人明确接受报告所提出的补偿金额时，征收机关授权支付或提存补偿金；若当事人在收到通知后的 30 日内未明确表示接受该补偿，征收机关应当向公共金融机构提存补偿金。

不同征收方式对被征收人的影响涉及补偿金额的差异。对于农地的自愿转让，意大利《征收法典》第 45 条第 2 款确认可依照法定征收补偿标准提高 50% 补偿金额。当自愿转让涉及的是自耕农情形时，即被征收土地主要是由土地所有权人自己或其家庭成员耕种时，补偿金应当是依照法定征收标准确定的金额的 3 倍。

2. 补偿范围不仅限于农地所有权人，也包含农地的直接耕种人或利用人

前述 1971 年的特别法和意大利《征收法典》都规定了附加补偿制度，对被征收土地的直接利用人，即对土地享有用益权利的主体进行补偿。这里所涉及的农地的直接利用人不仅包括土地的承租人，也包括农业企业主等。附加补偿依据农地上实际种植的农作物的平均农业价值计算，其金额相当于土地所有权人在除自愿转让场合可能产生的增值情形以外所获得的补偿。[②]

意大利《征收法典》第 40 条第 4 款还专门规定了对自耕农或者农业企业主的附加补偿。依照该款规定，在土地所有权人为自耕农情形（农业企业主），对企业主的补偿不仅包括因失去土地所有权的补偿，也包括因丧失作为生存依托的土地导致的经营损害产生的附加补偿。但是在自耕农的自愿转让情形，如前所述，适用 3 倍补偿金标准，而不再适用附加补偿制度。土地直接利用人对附加补偿的权利独立于土地所有权人对征收补偿的权利。因此，前者向征收方请求支付附加补偿的权利可以单独行使。

六、欧盟农地制度对中国农地立法的启示

欧盟及其成员国的农地制度、农业法律政策以及农业发展所面临的具体问题

---

① 依据意大利 1971 年第 865 号法律第 16 和 17 条的规定，土地征收的受益人可以在申请并取得行政命令之前，依据征收法律所确定的补偿标准向被征收人支付补偿金额。后者在 30 日内可以表示接受补偿金并订立自愿转让农地的协议。只有当被征收人沉默或者明确拒绝该补偿金时，才需要对被征收土地进行估价以确定最终补偿金额。《统一征收法典》第 45 条第 3 款进一步明确，当事人之间的自愿转让协议具有征收的行政命令的效力，即使征收方未在约定时间内支付补偿金，该协议也并不因此丧失效力。

② R. Garofoli, G. Ferrari, *Codice dell'espropriazione*, Neldiritto editore, 2008, P. 655.

与我国存在较大差异，这种前提的差异有时候甚至导致了二者在法政策方向上的完全背道而驰。如果仅仅从欧盟国家关于农地制度的法律文本出发，分析其在农地问题上的政策措施，就将问题过于简单化了。在此基础上形成的结论也不会对我国农地制度的完善提供有益的帮助，相反很可能成为有害的误导。因此，在对农地制度的横向比较考察时，必须具体分析不同国家中作为法政策依据的前提，及其面临的需要解决的具体问题。在这一框架中，不仅仅是关注其法政策选择的结果，而是去分析它们在各自特定的现实条件下，通过法律政策确定的解决路径与具体措施，才有可能为我国农地立法与社会变革的实践提供借鉴。我们对欧盟农地制度考察的意义也正集中于此。

考察欧盟及其成员国在解决其农地问题上所采取的法政策方向与措施，对我国农地立法的启示主要体现在以下几个方面：

（一）政府在农地制度的政策导向上应发挥主导作用

综观欧盟国家的农地流转与交易制度，包括农地流转和限制的法政策，可以看到一个鲜明的特征，即“尽管在保障地权基础上的分散交易能促进公平和效率，而且与行政干预相比副作用更小，但政府仍要发挥作用”。[①] 这是因为基于农地本身与社会利益紧密联系的特征，政府需要也应当介入，一方面引导农地发展方向，帮助实现土地效用和福利的最大化；另一方面，对土地利用以及流转进行管制，以消除个体行为的负外部性，保障农地资源的有效利用以及社会目的或功能的实现。这里政府的作用主要体现在以法律作为贯彻农地政策、实现农地改革及其他社会目标的工具，通过立法建立农地市场运行的规范框架，引导和规范农地交易及发展趋向，确立农地交易的边界以及附加社会义务和控制。

（二）确立明晰、稳定和有保障的土地权利制度至关重要

学者认为，有保障的土地权利制度主要在三个方面对农业家庭活动产生影响：[②]

1. 更有保障的地权能够降低在权利保护以及解决土地冲突方面所耗费的成本，刺激对土地的投资。

2. 土地转让的几率增加，从而提高土地投资的报酬。

3. 地权更有保障将增加信贷供给量，改善信贷供给不足限制投资的情形，促进投资增加。

---

①② ［德］克劳斯·丹宁格：《促进增长与缓解贫困的土地政策》，贺达水、张惠东译，中国人民大学出版社2007年版，第5页、第32页。

尤其值得关注的是第二个方面。土地权利的稳定性程度关系到潜在的土地权利受让人是否能够对土地形成合理预期，愿意进行土地交易。稳定有保障的土地权利可以促进地权的流转，使土地向更加有效率的方向流转。而在土地权利保障较弱或者缺乏保障的环境中，通常难以订立长期的土地租赁契约。欧盟国家大多确立了农地的私人所有权制度，其尊重私人所有权的法律传统有利于形成稳定有保障的土地权利，从而为农地的有效流转提供了前提。

此外，长期的农地租赁关系以及承租人权利的可转让性也能够给予土地使用人或者潜在的投资者以稳定的预期。这也是欧盟国家大多对农地租赁合同规定了较长的最低法定期限的一个重要原因。而在土地私人所有权缺乏的情形下，“如果现有制度能可靠保障租约合同，赋予使用者安全的、可转让的、长期的租约权利将会使其获得大多数与更高地权保障有关的投资收益”。[①] 在这种情况下，只要地权的持续期限足够长，同样也能够对投资产生激励。因此，长期并自动续期的、有保障的租赁可以替代土地的私有化，实现土地私人所有权的社会功能和目标。我国《土地管理法》以及之后的《农村土地承包经营法》和《物权法》等都明确规定了耕地30年的承包期，并规定了承包期内土地调整的禁止。土地使用的长期性以及立法政策是明确的，将这种长期使用关系作为物权关系处理和保护的措施更加强化了地权保障，从而在一定程度上实现了农村耕地的私权之用益物权的积极功能。

（三）农地自由流转对于优化农地资源配置具有重要意义

如前所述，我国法律明确禁止了承包期内对农地的调整，这有利于形成稳定的土地用益物权。因此，土地承包经营权的市场交易应发挥资源配置的替代作用，甚至是更优功能的彰显。

欧盟国家主要采用的两种农地流转形式中，尽管不同时期和社会经济条件下，人们会倚重不同的土地流转方式，但在多数欧盟国家，农地租赁形式的灵活性以及相对的低成本使得它成为更为通用的流转方式，甚至可以替代永久转让地权实现农地的集中和规模经营目标。因为总体比较而言，租赁的交易成本较低，初始资本条件要求低；土地所有权的转让则成本较高，通常只有投资具有足够高的产出报酬时，土地买卖才会被予以考虑。在资金短缺情形下，农民显然更愿意采用农地租赁形式，而不是通过向银行按揭筹集资金来完全拥有地权。同时，土地转让还受到人们的预期，风险偏好以及资本等因素的影响，交易成本会使其局

① ［德］克劳斯·丹宁格：《促进增长与缓解贫困的土地政策》，贺达水、张惠东译，中国人民大学出版社2007年版，第8页。

限在特定阶层内。[①] 销售市场也比租赁市场受到信贷市场不完全和其他因素，如农业补贴等的影响更大。这导致农地租赁市场相对活跃，而买卖市场由于受到避免因土地流转导致土地格局的不合理改变，如地权重新分配导致的土地细碎化或者土地投机、兼并等问题的影响，相对薄弱。

由此可见，农地流转形式的采用及其效果受到多种因素的制约，包括地权的稳定性和受保障程度、农地收益的高低以及农业人口数量等都将对农地的实际流转产生影响。例如，农地流转与农地的收益高低存在正相关关系。当农地收益过低时，农地需求必然不高，农地流转的市场也就不存在。在这种情形下，即使法律规定允许农地自由流转，也仅仅是一纸具文。因此，要真正实现农地有效流转，除了立法本身须对此持开放态度外，还应当注意为农地权利流转市场的形成和发展扫除外围障碍，创造有利条件。

此外，在农地流转方式的规范上，立法应当持开放态度，对农地流转形式的规定应当尽量多元化。因为各种流转形式都具有相对的比较优势，在流转形式上的开放规定能够为市场主体提供更大的选择空间。允许市场主体自己进行判断和选择农地的流转方式，能够促进农地资源向更有效率的生产者手中转移，从而更有效地实现农地资源的优化配置。

（四）农地征收补偿应当平衡公共利益与个人利益，并保护土地实际利用人的利益

欧盟法对所有权的规范尽管不多，却高屋建瓴地确立了所有权保护原则。首先，它将所有权纳入基本人权范畴，确认其应当受到更高层级的保护；其次，在征收领域内，确立了维持所有权人个人利益与公共利益公正平衡的利益相当原则。欧洲人权法院在此法政策基础上，进一步发展出征收补偿应与被征收财产实际价格形成合理关系的规则，即除了国有化、社会经济政治改革等情形以外，在通常的个别征收情形，补偿金额应当与被征收财产的市场价格相当。

意大利关于农地征收补偿的规范将农地的直接利用人纳入到补偿对象的范围之中，设立附加补偿制度，更好地保护了农地利用人的利益，也有利于实现对土地权利的稳定预期，促进土地的有效利用和流转。这一制度为解决我国农地征收中，保护和实现土地承包经营权人的土地权利问题提供了有益借鉴。

---

① ［德］克劳斯·丹宁格：《促进增长与缓解贫困的土地政策》，贺达水、张惠东译，中国人民大学出版社 2007 年版，第 5 页。

（五）农地规模应当因地制宜，无须片面追求规模经营

在对欧盟国家农地制度的考察中，我们已经看到，即使是在发达的农业国家，以家庭经营为主的农场仍然是农业企业的主流。尤其是英国农场制度发展的轨迹清晰地显现了，农地规模应当与社会经济状况和需求相适应，因为农业生产的规模经营并不必然意味着农业生产效率的提高。

但同时我们也应当注意到，实现机械化，扩大土地经营规模，几乎是欧盟国家从传统农业向现代农业转型的必经之路。为实现这种转型，各国政府都采取了一系列引导措施和倾斜政策，帮助实现土地的适度集中、技术推广与教育培训等。政府在农业土地格局和农业生产结构的调整上甚至发挥着主导作用。

我国的农业现代化同样将面临土地的规模化问题，但地区经济发展水平以及地理条件等差异，决定了各地农业规模化经营的内在需求是不同的。在经济相对发达地区，土地相对充裕的地方，可以推广农业机械化，促进实现土地的适度集中与规模经营，提高农业生产率；而在经济发展相对滞后，土地资源稀缺的地区，面临尖锐的人地矛盾，土地的规模化经营并不现实。在农业人口过剩的大背景之下，推行资本化的大规模农业经营制度既有“钱从哪里来”的问题，也有“人往哪里去”的问题。[①] 因此，我国农业的现代化进程应当依据地区现实条件，通过工业化和第三产业的发展逐渐吸收和转移农业人口，改变人地比例，通过土地流转适度集中土地，扩大农地经营规模，引入和推广农业机械化，带动农业生产结构的转变，最终实现农业的进步和发展。

① 董正华：“农民在农业发展中的地位”，载《学习时报》2005 年第 308 期。

阿根廷农牧业法制化：土地的利用、收益和开发的私权构造

一、引言

不享有农地所有权的主体欲从事农业，应就农地缔结租赁合同或租佃合同。农地合同不属于民事合同，不适用民法典第1197条，因为农业法有超越当事人意志的最高目的。在农业领域，意思自治的适用受到或应当受到限制。

农地租赁合同在民法典中未被特别规定，而仅在“物的租赁”一节中被提到。这是因为当时还不存在佃农或承租人的问题。这种法律制度的后果是农业家庭不稳定、合同期限极短、承租人必须将其产品卖给出租人。人口的激增和农牧业的发展，导致了租赁合同或租佃合同的大量增加，产生了许多被民法典编纂者忽视的问题，于是在1948年通过了目前仍有效的第13246号法律。

第13246号法律调整农牧地租佃和农牧地租赁，不适用于附带的放牧合同和收成合同。

农牧地租佃和租赁的法律要件是“农业经济目的”。在农地租赁上，该目的仅限于“以价金的支付换取农地的持有”，在农地租佃，可从宽解释，其要件是：（1）当事人双方各自出资（如一方提供土地或劳力，另一方提供原材料和资金），共同努力；（2）产品按照当事人约定的份额分配。

这两种合同都要遵守公共秩序。

二、农地租赁合同

（一）法律定义

农地租赁合同的一方当事人为潜在的农牧业生产者，他按约定支付价金，以

对位于城镇之外的农村不动产进行利用和收益，其目的是农牧业开发。

两个要素：(1) 农村不动产（1963 年 8330 号法令有界定）之利用和收益的转让；(2) 实质要素为农牧业开发之目的。

（二）特征

一般特征：(1) 双方性；(2) 产生的合意性；(3) 协议的实质目的是农业活动；(4) 自治性：建立的是一种农业法上的法律关系；(5) 属人性：成立时须考虑承租人的适格、道德的和个人的条件；

特别特征：(1) 有偿性；(2) 连续的阶段性：按约定定期缴纳租金的同时，约定的条款就被分阶段地履行；(3) 要式性：须采书面形式并登记在不动产登记簿上；(4) 实定性：当事人可获得的利益或结果是可估定的，不同于射幸合同的不确定性。

（三）期限

13246 号法律为农地租赁合同和租佃合同规定了最短期限。前者为 3 年，或者若涉及农地的利用和收益，也为 3 年。

对此，必须强调两个问题：(1) 目前，大量的农业合同通常由一个公司订立，或者是为了某一单纯的收成而订立，因而产生了大量的附带性合同，这些合同被明确地排除在该号法律的调整范围外，也就是说，这些合同为非典型合同，欠缺明确的法律框架；(2) 对于某些当事人来说，租赁的最短存续期间对 22438 号和 24701 号法律确定的土地可持续发展是有害的。

现在有法律草案规定了自由缔约和当事人对权利的规范行使，缔约不受制于法定的最短存续期间，当事人有义务对土地实施理性的开发。

至于最高期限，民法典规定的是 10 年。

承租人或佃农有义务实施土地改良工作的合同，可以订立最高达 20 年的期限。

禁止默示地延长租期。

（四）禁止

第 8 条关涉土地自然资源的维护，禁止对土地的非理性开发，这是对主体意思自治的限制。

该条赋予出租人如下诉权：(1) 撤销合同；(2) 敦促承租人停止禁止的行为。

两种情形下，出租人可请求损害赔偿。在不可抗力或意外事件引起土地侵蚀或干涸时，任一当事人可在裁判上主张撤销合同。

（五）无效

无效的规定如下：

第 17 条规定，强制下列行为的合同条款无效：

1）对农作物、收成、动物和任何开发的产品进行强制出售、保险、运输、处分或交易。

2）就以下事项强制缔约：a）实施农活，包括收割和运输；b）生产要素的取得。

3）强制利用与正当的农作技术不符的方法或要素。

4）以固定数量的收成或相当的金钱作为报酬的合同。

5）加拿大式的合同。这些合同在固定的份额之外，还确认以数种方式对收成进行额外的固定分配。

6）禁止转租和转让，唯一的例外是出租人同意。

（六）不得扣押的财产

下列财产不得扣押、不得被强制执行、不受制于出租人的优先权：承租人的动产、土地开垦的必要财产、承租人及其家属在租赁期间内的生活必要财产。

三、主要义务

（一）出租人

缔约时如果为灾地或荒地，出租人应负担治理费用的 50%。

当地的出租人应根据规定建立学校。

（二）承租人

遵守农牧法规，按照合同的约定开发土地。

有义务维持土地免受灾害或荒芜，承租时若为灾地或荒地，应负担 50% 的治理费。

有义务维持建筑物并改良土地。

四、农业租佃合同（或农地利益分成合同）

农业租佃合同第一次由13246号法律调整。这是一项在罗马、雅典就存在的制度，它在中世纪和现代被用于农业。

农业租佃合同：一方将农地的使用和利用转让给从事农业的主体，后者将之用于农业开发，进行管理，合同的目的是按双方约定的份额分配取得的果实、产品或利益。

这是一种介于租赁和合伙的中间法律形态。

佃农有权将土地的一部分用于居住、放牧和菜园。

（一）种类

a）农业型；b）牧业型；c）混合型。

（二）法律规定的特别义务

a）农业型。

1）应亲自实施开发，不得由他人替代。

2）佃农应提供合同所包含的、约定目的所要求的或当地习惯所要求的物，并按照农牧业法规实施开发。

3）维持建筑物等设施的义务。

4）出租人对果实收获以及分配开始之日期的告知义务。

b）牧业型。

1）对不可归责于它的原因导致的动物灭失，佃农不负其责。

2）除另有约定或习惯，照管费用由佃农负担。

出租人的义务有：

1）确保租佃所用之物的使用和利用，并对其瑕疵负责。

2）按形式作记录，未作记录的，作不利于他的推论。

（三）租赁和租佃的区分

1）承租人可自由利用土地，而佃农是出租人的合伙人，所有和土地利用相关的事项都应共同决定。

2）租赁的出租人不对灭失负责，不分担种子的费用；租佃的出租人则相反。

3）租赁的出租人仅出土地；租佃的出租人以劳动资料出资，佃农则以劳力出资。

4）承租人没有亲自耕作土地的义务，佃农必须亲自劳动。

5）承租人若死亡，其继承人可以继续；佃农若死亡，合同终止，租佃的出租人若死亡，佃农可以选择继续或不继续。

6）在牧业租佃，如果仅交付动物而非土地，期限可以自由约定，习惯上为1年。

五、附带性的收成合同

收成合同：一方当事人向另一方转让农地的使用和利用，以换取一定的价金或实物，以便附带性的承租人对农地实施开发，以获得两个收成，不管这两个收成是在该土地上一年内获得，还是每年获得一个收成。

理论上认为，收成合同具有租赁合同或租佃合同的特征，这取决于是支付价金，还是按收获物的份额分配。

收成合同只是在三年的法定期间方面不受限制。

六、用益权

这是民法典规定的一种有期限的物权，期限由当事人约定，但在用益权人死亡时，用益权消灭。用益权有不得改变物之本体的限制，用益权人有权收取果实，可以使用和利用该不动产。

七、农牧业信托：融资之选择

这是在阿根廷正在利用的另一种方式。

中小型农牧业企业的现实凸现了两种表面对立的情势，一面是为了保持生产增长的节奏而对外部融资手段日益增长的需求，另一面是不能按约定条件清偿其债务。

意欲对其竞争力进行最大化的企业可以利用其力所能及的一切工具：资本市场的各种手段就是其中一部分。

这些工具的目的是划定计划破产之风险的范围，并最终降低融资成本。农牧业信托是农牧业行业发展融资的一种选择方案。

其中心理念在于：构造不同于其所有权人之财产的财产，以过渡的形式分离这些财产（农地、畜群、农作物等）的权属，并将其用于预先决定的投资计划的实现。

在这种融资工具中，总括财产根据投资者的出资构成，其管理交由一家特定目的的管理公司。如此构成的总括财产并不组成公司，不具备法人地位。

依这种合同的效果，在特定期间内或直至条件实现时，信托人（投资人）和财产所有权发生分离，转给受托人（银行或管理公司）。受托人未获得完整的所有权，这种信托所有权受法律、合同目的或财产使用目的的限制。

八、土地的保护

22428 号法律第 1 条规定：旨在维持和恢复土地生产力的私行为和公行为，被宣告为普遍利益。

国家应当采取必要的措施实施适当的控制。

阿根廷通过了联合国公约，据此，国家承诺有效反对国土的荒芜化和干旱化。

荒芜化包括土地的非理性利用。

社会意识的唤醒，对于土地理性开发的实现以及所承担的国际义务的履行，是决定性的。

第三篇

理论研究

集体土地所有权：从公权主导到私权实现

所有权在物权法体系中占据着最重要的地位，是整个物权制度乃至民法制度的基石，是社会生活和社会秩序的基础，也是人格独立与伦理发展的重要前提及维护社会公共利益的法律手段。① 因此，在新时期考察集体土地所有权制度面临的现实困境，探寻集体土地所有权之制度缺失根源，以此为基础建构适合我国农村社会实际运行状态且满足农村社会需要的集体土地所有权制度，对于我国完善物权制度及其农村土地法律制度的改革具有积极的意义。

一、集体土地所有权的法律性质反思

（一）私权：集体土地所有权的应然属性

新中国成立至今，以农村土地所有权主体制度的变迁为标准，我国农村社会先后经历了农民私人土地所有权时期、高级社集体土地所有权时期、人民公社集体土地所有权时期和现行集体土地所有权时期四个阶段。除农民私人土地所有权时期外，其他阶段均为集体土地所有权的不同表现形式。现行集体土地所有权制度是 1982 年《宪法》确立的，《民法通则》、《土地管理法》、《农业法》、《农村土地承包法》和《物权法》等法律先后对宪法规范予以具体化。根据上述法律的规定，现行集体土地所有权私权的一种，其主体为农民集体，具体有乡镇农民集体、村农民集体和村民小组农民集体三种形式。②

然而，在我国，作为农村土地所有权之主体的“集体”又是一系列政治运

① 崔建远：《物权法》，中国人民大学出版社 2009 年版，第 178～179 页。

② 高飞：“我国集体土地所有权主体的法律界定——一个法解释论的视角”，载张海燕主编：《山东大学法律评论》（第六辑），山东大学出版社 2009 年版，第 115～124 页。

动的产物，其在创制之初本来就没有遵循法律主体的制度逻辑，故“集体”不是一个严格的法律术语，因此，以“集体”为基础而构造的作为民事权利的集体土地所有权之主体——农民集体——难以在我国法律制度中被准确定性。

由于“集体”作为法律术语的不准确性，“农民集体”也不是一个内涵确定的法律术语，其只能表现为一个看不见、摸不着的、极度抽象的集合群体，该种情形从根本上影响到作为民事主体的“农民集体”的制度功能的发挥。可见，“农民集体”的法律内涵模糊已经成为集体土地所有权主体制度面临的最为致命的困境，在此种制度背景下，集体土地所有权作为一种私权只能是一种理想的制度。

（二）公权：集体土地所有权的实然属性

由于农业生产的特殊性和农地制度的变革，在大陆法系国家普遍存在专门规范调整农地利用和农业生产的法律，即农地法。在这些国家，农地法是一个兼具公法私法性质，或者是新的法律类型社会法的一个部门法。因此，在各国农村土地法律制度中，农村土地所有权之主体与国家的关系问题一直是各界关注的重点和必须厘清的制度前提。

从 20 世纪 50 年代初期开始，我国向苏联学习实行国民经济计划管理制度。由于计划经济在本质上是一种行政经济，故基于行政经济与民法调整之间存在着相互排斥的关系，在计划经济体制下，不存在公法和私法的划分，经济领域中的一切都属于公法范围，不属于私法范围，从而此时的法学理论认为民法也是公法。该情形在实际生活中的表现就是，国营企业（甚至包括集体企业）的一切经济活动，几乎完全由国家指令性计划决定。农村经济组织同样按指令性计划生产，农副产品由国家统购。① 即使在《民法通则》制定时，该种理论的影响也没有根除，可见，以行政手段干预民事活动的思想在 20 世纪 80 年代的中国还得以持续。这种情形导致作为一种民法制度的集体土地所有权以公权的形式存在于社会生活中。

（三）从公权回归私权：集体土地所有权完善的基点

因作为私法的民法是建构在权利本位基础上的，其规定了权利主体（自然人、法人和非法人组织）、权利客体（物、有价证券、智力成果、权利和非物资利益）、权利变动（法律行为和代理）、权利的类型（物权、债权、知识产权、人身权、继承权和亲属权）、权利保护的方式（民事责任）、权利保护的时间限

① 梁慧星：“我国民法的基本原则”，载《中国法学》1987 年第 4 期。

制（诉讼时效）等，所以，在私法领域中权利处于核心地位，是法律运行的目的和动力。但是，权利是人的权利，没有无主体的权利，权利与其主体密不可分，且权利又总是依附于特定的主体，因此，民法的整个制度设计最终都必须围绕主体（即人）进行，民法的任务就是确立各种民事主体的资格和应有的法律地位，并保护其合法权益的实现。

既然在民法中权利关系的中心是权利主体，所有权关系作为权利关系的一种自然也不例外。因此，当前应当对集体土地所有权之主体形式进行重构，进一步明确其私权利主体之法律品格，使集体土地所有权之主体依据民事权利之所有权的法理和规则，防御来自国家公权力的不当干预，从而还集体土地所有权于私权面目。

在我国，科学界定农民集体与国家之间的关系，是促使集体土地所有权从公权回归私权的一项重要举措，该举措以使国家的土地征收权和土地的行政管理权明晰化为核心内容。同时，由于“在社会主义市场经济体制中，政府的角色应为宏观经济的管理者和经济生活的调节者。”[①] 因此，在集体土地所有权制度中，国家虽然应放弃除通过合理税收以外的方式分享集体土地所有权之利益的权利，但其却必须行使法律赋予的土地管理职能。国家从对集体土地所有权的行使进行全面管制向对集体土地进行必要的行政管理的回归，一方面将使农民集体能够更完整地享有土地所有权利益，另一方面也能够使农民集体更自由地行使土地所有权。此外，国家还应加强立法，完善户籍制度，赋予农民迁徙自由权，并积极投入资金，致力于建设农村基础设施、提高义务教育和建立农村社会保障体系，造就集体土地所有权主体制度发挥最大功能的制度环境。

总之，由于土地资源有限，我国人地矛盾极为突出，故为充分利用土地资源，保障粮食安全和社会持续稳定发展，同时避免农村生态环境的恶化，公权力必然也应当适度介入农村土地权利的运行，防止农村土地权利的滥用，以形成对农村土地权利制度的合理约束。但由于我国集体土地所有权的法律性质异化，使其背离了应有的私权属性，影响了集体土地所有权制度预期功能的充分发挥。因此，应当借助民法学的体系思维，立足于我国所处的时空环境，顺应时代之需要，在保持集体土地所有权的情形下对农民集体依照民事主体的内涵进行充实，使其符合民事主体的特性，以恢复集体土地所有权的私权属性。

二、集体土地所有权制度的现实困境

我国集体土地所有权制度的权利性质错位，使该权利在运行中出现了一些障

① 董炯：《国家、公民与行政法——一个国家—社会的角度》，北京大学出版社2001年版，第189页。

碍，随着改革开放的深入发展和社会主义市场经济体制的建立，对集体土地所有权制度予以变革的呼声日益高涨。因为主体的明晰是塑造集体土地所有权制度的基点、主体制度的健全是集体土地所有权回归私权品格的前提、主体制度的重构是保护农民合法土地权益的有效途径，[①] 故集体土地所有权制度乃至农村土地法律制度的改革应以集体土地所有权主体制度的完善为切入点。下文拟从主体制度视角对集体土地所有权制度面临的主要现实困境进行分析，以便为该制度的发展作出铺垫。

（一）集体土地所有权主体的法律概念内涵模糊

集体土地所有权在性质上应是一种民事权利，其主体“农民集体”自然属于民事主体的一种。在我国，民事主体除自然人和法人外，其他组织也可以具有民事主体资格。同时，因我国实行社会主义公有制，且以国有经济即社会主义全民所有制经济作为国民经济的主导力量，反映在民法中即须由国家作为全民所有制财产的所有人行使所有权，所以，国家也能够成为一种特殊的民事主体。然而，“农民集体”是何种性质的民事主体在民法学界素来存在不少争议，不过，其不属于自然人则毫无疑问，其不属于法人也是学界通说。由此观之，“农民集体”似乎属于具有民事主体资格的“其他组织”的一种类型，但民法学者在研究中却有意无意地将“农民集体”排除在“其他组织”之外。[②]

因为我国包括《宪法》在内的所有法律都未明确“集体”的法律内涵，从而使“‘集体’这一概念在现实中找不到对应的载体，所谓的‘集体’在实际运行中很难充分地发挥所有者职能。”[③] 因此，作为民事主体，“农民集体”的不明晰性从根本上影响到其制度功能的发挥，以致有学者认为，“将来的立法中不应该也不可能把‘集体’继续作为民事权利主体加以规定。”[④] 这种关于“农民集体”概念的较为极端的否定性评价还引起了部分学者的共鸣。

但是，应当正视的是，长期以来“农民集体”作为一个法律术语已经被大众广为接受，各种规范性文本有关“农民集体”的表述也比比皆是，现今不可能仅仅通过揭示其存在的缺陷而将其完全排除在我国法律制度的概念领域之外。不过，为了使“农民集体”作为法律概念能够真正发挥其应有的制度功能，排

① 高飞：“集体土地所有权主体制度完善的意义探析”，载《中国集体经济》2009 年第 7 期。

② 在我国民法学教科书中，一般都将“其他组织”作为自然人和法人之外的第三民事主体加以介绍，但其中却均未针对“农民集体”进行分析。

③ 邵彦敏：“‘主体’的虚拟与‘权利’的缺失——中国农村集体土地所有权研究”，载《吉林大学社会科学学报》2007 年第 4 期。

④ 张广荣：《我国农村集体土地民事立法研究论纲——从保护农民个体土地权利的视角》，中国法制出版社 2007 年版，第 130 页。

除集体土地所有权主体制度乃至集体土地法律制度在运行中存在的种种障碍，在立法中明晰“农民集体”的法律内涵无疑是一项关键之举。

（二）集体土地所有权主体的法律地位缺失

根据《民法通则》、《土地管理法》、《农村土地承包法》和《物权法》的规定，属于村农民集体所有的土地，所有权的行使主体是村集体经济组织或者村民委员会；分别属于村内两个以上农民集体所有的土地，所有权的行使主体是村内各该集体经济组织或者村民小组；属于乡镇农民集体所有的土地，所有权的行使主体是乡镇集体经济组织。可见，尽管“农民集体”是集体土地所有权的主体，但各法律在明确“农民集体”的集体土地所有权之主体地位时，又另行规定了集体土地所有权的行使主体。这种不合法律逻辑的情形的存在缘由正是立法者意识到“农民集体”在行使土地所有权时存在某种难以克服的障碍而作出的补救，① 此举从法律制度层面解决了集体土地所有权主体不能真正行使权利的弊端。

然而，根据法律的规定，集体土地所有权之主体与行使主体之间存在何种法律关系是不明晰的，但集体土地所有权的行使主体无疑不是“农民集体”的“机关”。同时，因为我国法律中“农民集体”的法律内涵模糊，致使其在民法上的性质难以确定，并且法律也未规定其作为民事主体的独立的意思形成和表达制度，② 故集体土地所有权的行使主体在行使所有权时是否遵循以及如何遵循“农民集体”的意志也并非没有疑问。因此，必须明确集体土地所有权的主体，在民法充分保护私权的制度框架下，把宪法的制度精神具体化，将其改造成为一种符合民法科学的主体形式，从而使集体土地所有权成为一种实实在在的民事权利。此举对解决集体土地所有权主体缺位具有重要意义。

（三）集体土地所有权主体的利益虚化

在集体土地所有权制度运行过程中，必须重视农民集体的利益实现机制，使其能够基于其土地所有者的身份享有土地所有者的经济收入。在我国农地所有权制度的发展过程中，虽然农地所有权的主体形式发生了多次变革，但农地所有权人的利益仍然以不同的形式在一定程度上得以实现。然而，我国2006年在全国范围内取消了农业税和农业特产税，并同时取消了村提留和乡统筹。其中村提留在性质上是农民集体对土地所有权享有利益的体现。农业税费的取消，使农户享

---

① 宋汝棼：《参加立法工作琐记》（上册），中国法制出版社1994年版，第121页。

② 束景陵：“试论农村集体土地所有权主体不明确之克服”，载《中共中央党校学报》2006年第3期。

有土地承包经营权不需再交纳任何费用，并淡化了国家直接参与农业生产收益分配的利益主体身份；而村提留的取消，实质上使农地所有权人完全丧失了其应享有的利益。此时，集体土地所有权的利益被分散移转到土地承包经营权之中，享有土地承包经营权的农户事实上分享了集体土地所有权主体应获取的土地所有权之利益，而未取得土地承包经营权的集体成员作为农民集体成员应当享有的所有权之利益则完全丧失。

可见，村提留的取消，使集体土地所有权的收益权能残缺，集体土地所有权之主体应享有的合法土地权益彻底虚化，由此造成集体土地所有权的行使主体——村民委员会——在实践中怠于行使集体土地所有权。而且，集体土地所有权主体之利益虚化使村民委员会基本上难以为继，从而使其对农户应当承担的义务成为空文。

三、集体土地所有权之制度缺失根源

导致现行集体土地所有权制度之制度缺失的根源主要有三个方面：

（一）主体制度建构的历史理性的缺乏

在建构集体土地所有权主体制度时，应以对历史经验教训的总结为基础。我国集体土地所有权制度自1956年始，先后经历了高级社集体土地所有权、人民公社集体土地所有权和现行集体土地所有权三个阶段。虽然上述各阶段农村土地所有权主体的表现形式存在差异，但在性质上却均为“集体”，并且这三种类型的农村土地所有权都是劳动群众集体所有制的法律实现形式。然而，除现行集体土地所有权之主体的概念内涵界定含糊不清外，在高级社集体土地所有权和人民公社集体土地所有权时期，尽管我国立法技术落后，但两者对作为农村土地所有权主体的农民集体的界定却较为清晰，即作为集体土地所有权主体的高级农业生产合作社和人民公社是一种集体经济组织，其直接行使土地所有权，同时也承担相应的义务，社员是该集体经济组织的成员，作为集体经济组织的一分子，社员以民主的方式参与集体经济组织的决策，并形成集体经济组织的团体意识。可见，高级农业生产合作社和人民公社是以全体社员为其组成员的一种社会团体。

从制度建构的经济基础的角度来看，我国现行集体土地所有权制度与高级社集体土地所有权制度、人民公社集体土地所有权制度一样，都是社会主义劳动群众集体所有制，而且均是符合制度确立时的我国社会经济发展状况的选择。所以，在重构集体土地所有权主体制度的过程中，必须重拾新中国农村土地法律制度建构的历史理性，遵循其强调集体与成员之间不可分割的制度逻辑，准确界定“农民集体”作为民事主体的概念内涵。

（二）物权理论研究指导观念的偏差

20世纪90年代初期，物权法理论在我国的研究刚刚起步，一些民法学者提出了物权法理论研究和物权立法应采用从“归属”到“利用”的指导观念。[①]这种观念得到了不少学者的认同。为了使土地利用的方式制度化、法律化，法学学者们积极地参与到改革现行土地承包经营权制度的讨论中。部分学者认为，在现代物权法强调制度建构体现物的“利用”的发展趋势，即物权法中财产权利的中心逐渐由“所有（归属）”向“利用”转变的情况下，也许更加重视对农村土地使用权的关注更有实际意义。[②]正是基于该观念的指导，我国物权法研究和农村土地问题立法一直将注意力放在农地利用制度的设计上，以至于不少学者撇开对集体土地所有权制度的细致研究，试图以土地承包经营权制度的完善替代集体土地所有权制度的系统建构。[③]

在农村土地问题的立法实践方面，物权法理论研究从“归属”到“利用”的指导观念得到了较为充分的体现。可以说，自1986年《民法通则》对集体土地所有权制度在民法中进行明确规定以来，到2007年《物权法》的颁布实施，我国在集体土地所有权制度规范的完善方面没有坚持与时俱进的精神，故其未能得到应有的发展，与之相反，农村土地使用权（尤其是其中的土地承包经营权）制度的发展却突飞猛进。

从“归属”到“利用”的物权法理论研究的观念，虽然为我国农村土地利用权制度的发展提供了理论上的指导，客观上也促进了农村土地利用权法律规范的完善，但其却在无形中对集体土地所有权制度的建构起到了相当大地阻碍作用。集体土地所有权理论研究的缺乏，使其主体制度的建构失去理论支撑，从而不可避免地导致集体土地所有权主体制度的完善停滞不前。

（三）农民负担急需减轻的政治压力

由于受前苏联民法理论影响，我国物权法研究流行对财产的政治经济学即财产所有制性质的定性分析。因此，在我国，对于所有权制度的设计渗透着浓厚的

---

① 吕来明：“从归属到利用——兼论所有权理论结构的更新”，载《法学研究》1991年第6期。

② 张广荣：《我国农村集体土地民事立法研究论纲——从保护农民个体土地权利的视角》，中国法制出版社2007年版，第54页。

③ 高圣平、严之：“从‘长期稳定’到‘长久不变’：土地承包经营权性质的再认识”，载《云南大学学报》（法学版）2009年第4期。

政治色彩，而缺乏法学技术性的考虑，这种情形在《物权法》中也没有改变。集体土地所有权制度就是在这种理论背景下产生和发展的，故无论是立法还是法学理论一直都强调其性质和内容决定于社会主义劳动群众集体所有制。由于过于强调社会主义公有制的意识形态背景，致使集体土地所有权主体具有较为突出的公法性，行政权力也随之侵入集体土地所有权主体行使权利的民事活动之中。其中，国家通过征收农业税、低价强制统购和征收土地侵蚀集体的利益，而这些利益的最终承受者是作为集体成员的农民。虽然在现行集体土地所有权主体制度确立后，随着农村经济体制改革的逐步推进，国家对集体利益的侵蚀现象有所改变，农民的经济状况也得到了极大的好转，但整体而言，农民的负担依然很重，仍超过了其能够承担的限度。由于农民负担过重造成了极为严重的后果，故党和政府始终高度重视农民负担问题的解决。经过努力，我国在 2006 年做出了一项重要举措，即最终取消了农业税、村提留和乡统筹。

在农民承担的各种税费中，村提留是农民集体每年依法从本集体成员生产收入中，提取的用于本集体内或扩大再生产、兴办公益福利事业和日常开支的费用。[①] 村提留的存在正是为了满足集体成员的共享利益，严格说来不属于农民负担的范畴，在农民依赖土地生产和生活且村提留与土地收益挂钩的情况下，农民集体提取村提留恰好是其实现土地所有权的经济价值的一种手段。可见，取消村提留在不经意之中剥夺了农民集体应享有的土地所有权利益，诚为因噎废食之举。

四、集体土地所有权制度改革的宏观思路

关于如何针对集体土地所有权主体制度的缺陷，对其进行改造，学术界提出了五种代表性观点：(1) 取消集体土地所有权，实行农民私人土地所有权；(2) 取消集体土地所有权，实行农村土地国有化；(3) 部分取消集体土地所有权，实行农村土地的国家所有、集体所有和农民私人所有三者并存；[②] (4) 以马克思的“重新建立个人所有制”为理论基础，建立农村土地的复合所有制；[③] (5) 完善集体所有权，确立真正意义上的集体土地所有权。[④] 以下对这些观点的可接受性和可行性分别予以探讨。

---

① 钱晟：《税收负担的经济分析》，中国人民大学出版社 2000 年版，第 189 页。
② 王卫国：《中国土地权利研究》，中国政法大学出版社 1997 年版，第 98 页。
③ 钱忠好：《中国农村土地制度变迁和创新研究》，中国农业出版社 1999 年版，第 211 页。
④ 吕来明：《走向市场的土地——地产法新论》，贵州人民出版社 1995 年版，第 194 页。

（一）实行农民私人土地所有权的可接受性考察

1. 政治体制因素对可接受性的影响

根据《宪法》第 1 条第 2 款的规定，社会主义制度是我国的根本制度，禁止任何组织或者个人破坏社会主义制度。一般认为，坚持社会主义道路就必须坚持社会主义公有制，因为公有制是社会主义社会的本质特征之一，而土地是农业生产中不可缺少的生产资料，故在农业生产中坚持社会主义道路就应当坚持农村土地的公有制。这也是我国农村土地所有权承载的政治功能的体现。因此，在设计农村土地承包经营户取得农村土地之所有权的制度方案时，不能不考虑到人们思想中存在的这种较为根深蒂固的意识形态观念。① 具体到我国的实际情况，目前认为农民私人土地所有权与社会主义性质背道而驰仍然是一种主流思潮。所以，实行农民私人土地所有权的变革和运行机制必然会遭到基本政治制度的刚性约束，在政治上缺乏支持。

2. 农村社区公共品供给因素对可接受性的影响

农村社区公共品在经济学上被视为一种“公共物品”，因公共物品的消费不具有排他性，故在它出现之后，每个人都可以从中受益，因此，根据“经济人”的假定，私人为追求个人的利益最大化，不会选择生产和提供公共物品，也不可能通过一个私人交易市场来实现公共物品的最优配置。如将集体土地私有化，则将使农村水利设施等“公共物品”无人主动付费，且会将希望别人生产而自己“搭便车”的状态固化。即使经过多次博弈，选择了合作的道路，在该过程中所浪费的成本也肯定是十分可观的。故从制度理性的角度来看，取消集体土地所有权，实行农民私人土地所有权也不可接受。

3. 农村土地规模经营的国际潮流对可接受性的影响

提高农民经济收入是我国当前农村工作的主要目标。在发达地区，发展乡镇企业是增加农民收入的途径，在不发达地区，增加农民收入的主要途径在相当长的时期内只能依靠农业，而农业经营的规模大小则是决定农民增收速度的重要因素。除极少数国家外，大多数国家或地区，如日本、法国、德国、英国、美国和我国台湾地区，均加强了农村土地立法，以实现传统农业向现代农业的转变，促使农村土地规模经营。取消集体土地所有权，实行私人土地所有权的改革思路，无疑与农村土地规模经营的发展趋势背离。

---

① 在课题组 2007 年至 2008 年的 10 省农地制度调研中，不少农户表示：土地只能是国家的，不会变为个人的。有些农户虽然认为农村土地归个人所有最好，但仍然不忘记强调：这是不可能的。这种状况反映出坚持农村土地的社会主义公有制既具有广泛的影响力，也表明短期内这一观念很难被改变。

农业的规模经营在我国具有普遍意义，对于经济发达水平不同的地区，只具有层次和进展程度上的差别。否定对集体土地实行农民私人所有权的改造，并非近期即可在全国范围内实现农业生产的规模经营。发展土地规模经营要严格把握条件，顺应客观经济规律，不能操之过急，否则欲速则不达，但在选择集体土地所有权主体制度时，应当在暂时不具备规模经营条件的地区奠定规模经营的制度基础。因此，从制度的可持续发展来看，也不应当采纳取消集体土地所有权而实行农民私人土地所有权的建议。

此外，传统观点认为，土地公有是社会平等、公正的象征，但缺乏应有的效率；土地私有虽然具有效率，但失去了社会公平。然而，一些学者对各国的土地制度的比较研究显示，就各种土地制度孤立来看，根本无法判断它的公平与效率的具体情况，因为某种土地制度的公平与效率，除了取决于这种土地所有制本身之外，还取决于具体的土地使用形式和政府的管理方式与体制。[①] 可见，如仅以提高土地利用的效率为主要依据，主张以农民私人土地所有权取代集体土地所有权，其理由也是不能成立的，应当重新斟酌。

（二）实行集体土地国有化的可接受性与可行性考察

1. 农民的心理承受力对可接受性的影响

1956年，我国在实行农业合作化时，就曾经有过国有化的提议，当时没有采纳国有化的方案，主要是为了避免引起农民的误解。有学者指出，在当时党风、政风相当廉正，各级政府在人民中享有很高的威信，社会十分稳定的情况下，政府对实行集体土地的国有化都存有顾虑，在今天我国受到腐败现象和各种社会不稳定因素严重困扰的情况下，这个问题更应当慎重对待。[②] 就当前我国农村社会的整个环境而言，这种观点无疑是妥当的。

另外，将现在农村土地所有权的部分国有变为单一国有，还可能架空现有集体经济，而且，这种所有制的超阶段性发展在政府职能模糊不清、政府官员行为的法律界限不明的条件下，也有可能重新形成国家对农民土地经营活动的直接干预，从而与农村经济改革的基本方向相悖。可见，集体土地所有权在我国还不具备实施国有化的条件和环境。

2. 集体土地国有化之可行性考察

（1）国家收购资金对可行性的影响。在实行集体土地国有化的过程中，为避免挫伤农民的生产积极性，切实保障农民作为集体成员的权利得以实现，国家

① 柴强编著：《各国（地区）土地制度与政策》，北京经济学院出版社1993年版，第13页。

② 王卫国：《中国土地权利研究》，中国政法大学出版社1997年版，第109页。

应当且只能以收购农村土地的方式作为集体土地国有化的途径。当然，即使国家收购集体土地，仍然存在剥夺农民利益之嫌，何况根据我国的国情，国家也没有巨额的资金用来收购集体土地，最终无法避免采取无偿剥夺的方式，这将导致国家与农民之间的关系恶化。

（2）国家管理费用对可行性的影响。如果实行集体土地国有化，必将在全国范围内形成一个规模巨大的经济组织管理农业用地，但具体经营土地的仍然是各个分散的农户和家庭农场，生产条件与生产方式，以及生产的自然条件和分工协作的条件均没有改变。此时，因土地规模庞大，则需要设立层层的组织机构，以行使农村土地经营的管理权，而为了防止土地管理机构的营私舞弊，促使其提高管理效率，又应当设立众多的监督机构，此举将会导致经营成本的增加。

（3）集体土地的国有化不利于农村土地所有权之私法功能的发挥。所有权属于典型的私权，由所有权的私法性所决定，集体土地所有权当然应是一种私权，甚至在民事领域，国家土地所有权也是一种私权。不过，因受到国家行政权的干预，目前的集体土地所有权是否属于严格意义上的私权（民事权利）都存在争议，在实行集体土地国有化之后，是否能够较为彻底地摒弃该种土地所有权具有的公权性，更是一种疑问。

总之，集体土地所有权的国有化是一项宏大的事业，如果在其无法克服上述难题时，匆忙利用政治手段强行为之，极可能导致另一个“合作化运动”的悲剧，实非明智之举。

（三）实行农村土地的混合所有权之考察

1. 法律的普遍性之特性对可行性的影响

该观点被用之于立法实践将遭到如下难以克服的障碍：其一，民法（自然包括作为其组成部分的物权法）是宪法之外的基本法律，其具备法律的普遍性之特性，农村土地的多种所有权形式的并存，将很难保证不与法律的普遍性之特性相背离。其二，由于我国地形复杂，人口分布不均，在东部、中部、西部的各自区域内部，不同地方的经济发展状况也呈现不平衡状态，故因地制宜地设置农村土地所有权形式将难以找到一个合适的标准，最终只能变成各地区有关人员随心所欲的产物。因此，实行农村土地的混合所有权只具有理论上的价值。

2. 农村土地国有化与实行农民私人土地所有权的弊病对可行性的影响

实行农村土地的混合所有权后，其中由国家享有所有权的部分将避免不了实行集体土地国有化而出现的弊端，由农民私人享有所有权的部分也摆脱不了实行农民私人土地所有权所带来的阴影。可见，实行农村土地的混合所有权的观点也不可取。

（四）实行农村土地复合所有制之可行性和可接受性考察

有学者以马克思的“重新建立个人所有制”的理论为基础，主张在我国实行集体土地的复合所有制，即农村土地国家所有和农民私人所有相并列的双重形式。[①] 从该观点主张在集体的同一土地上既存在国家所有权，又存在农户的个人所有权观之，其不符合我国继受的大陆法系的物权法体系所蕴涵的制度理念，即所有权制度应遵循一物一权原则，即一个物之上不能够同时并存两个或两个以上的所有权。因此，我国的物权法理念根本无法容纳该情形。而且，该观点混淆了民法上的土地所有权与国际法上的领土主权的观念，其所说的土地的国家所有与土地的农民私人所有不是同一个范畴的概念。此外，这种改革思路是由经济学学者提出来的，其中还存在对国家所有权和国家的行政管理权的误解，[②] 在此不再赘述。但是，该观点明显不具有可行性和可接受性。

（五）改造集体土地所有权的可接受性和可行性考察

1. 改造集体土地所有权主体的可接受性分析

尽管现行法所规范的集体土地所有权的形成并非完全反映了农民的真实意愿，但其作为我国社会主义改造的重要成果，已经在农村地区持续了几十年，并被亿万农民所接受。时至今日，虽然农业生产关系发生了数次变革，而农村的土地权属关系却一直没有被打乱，可见，集体土地所有权制度到目前为止基本上还符合国情、民心。

在现实社会生活中，作为集体土地所有权主体的农民集体是有确定边界的利益群体，所有的集体财产均属于群体内的农民所有。集体之所以会成为群体利益的代表，不仅仅因为它能够代表成员的政治利益、维护成员权益，更重要的是它通过创建集体经济，用集体收入再分配和提供更好、更直接的社区福利和社区保障，将成员的经济利益和集体联结在一起。

此外，如果人们希望改革，渐进式的改革总是容易被接受，因为渐进式改革从总体上来看是一种“帕累托改进”或近似于“帕累托改进”的过程。而保持农村土地的集体所有权形式，并实行以家庭承包经营为基础、统分结合的双层经营体制，是符合我国农民利益的渐进式的改革方式，其容易为多数农民所接受。

2. 改造集体土地所有权主体的可行性考察

尽管主体制度的缺陷已经影响到集体土地所有权制度的正常运行，并在某种

---

①② 钱忠好：《中国农村土地制度变迁和创新研究》，中国农业出版社 1999 年版，第 209～210 页，第 216～217 页。

意义上限制了相关制度改革的深化，但其并非不具有革新的可能。我国完全可以对作为集体土地所有权主体的“农民集体”进行重构。在对集体土地所有权主体进行重构后，必须使农民集体的成员能够通过某种专门处理农民集体经济事务的机构行使集体土地所有权，并享有基于土地所有权所产生的利益。这就要求在村民委员会之外另设一个处理农民集体经济事务的机构，由其作为农民集体的代表机构行使集体土地所有权。在我国不少农村地区的实践中，已经将重构集体土地所有权主体制度的方案付诸实施，并取得了成功。因此，在现有制度基础上改造集体土地所有权主体，使其符合农村社会发展的要求，是具有现实可行性的。

五、集体土地所有权制度的民法构造

根据我国法律的规定，民事主体有自然人、法人和非法人团体三种，此外，国家也可以成为特殊的民事主体。农民集体明显不属于自然人和国家。但是，对农民集体进行民法构造时，应选择法人形式还是非法人团体形式则是一个难题，故必须对此问题进行深入的分析与探讨。

（一）集体土地所有权主体形式的非法人团体制改造之思考

在我国，一般认为，虽然非法人团体的财产归团体统一管理和使用，以确保该财产的整体性与稳定性，并实现团体利益，但非法人团体的财产具有不完全独立的特征，非法人团体的财产的真正所有权人是团体的成员或团体的创设单位；同时，非法人团体在民事活动中不能独立承担民事责任，其要么依附于其上级主管单位或创办人，要么依附于其内部成员。[①] 故以财产上和责任上的特性观之，农民集体不属于非法人团体：首先，集体土地所有权的主体是农民集体，不是农民集体的成员，农民集体对其拥有的财产具有完全的独立性，此正与非法人团体的财产不完全具有独立性相反；其次，我国自20世纪90年代以来，乡村债务规模迅速膨胀，尽管农民集体作为民事主体的性质在法律中尚未予以明确规定，但实务中村级债务的承担主体一直都是农民集体，而不是其成员，故农民集体能够独立地承担民事责任。因此，将农民集体认定为非法人团体的一种，不符合我国集体土地所有权主体制度的现状。

有学者虽然对农民集体的非法人团体属性存有疑问，但却主张对其进行予以改造，使其成为一种非法人团体。以该思路为指导，学术界对农民集体的非法人

① 贾桂茹、杨丽、薛荣革：《市场交易的第三主体——非法人团体研究》，贵州人民出版社1995年版，第18~19页、第21页。

团体形式改造提出了三种代表性模式，即新型总有、合有与集合共有。在合有模式中，农民集体的权利义务由组成共同体之全体成员承受，不由个别成员承受，亦不由团体独立承受，故其主体是自然人，是自然人以特殊形式——群体形式享有所有权；[①] 在集合共有模式中，农民集体也是自然人以特殊形式——群体集合而成的共同体。[②] 可见，尽管这两种模式均为共同所有权形态，但在性质上却属于一种特殊形式的共同共有。由于共有是所有权的"量"的分割，体现了所有权的联合，其并不是一种独立的所有权形式，而是"单独所有的变化和次要形式。"[③] 故对农民集体进行非法人团体制改造的合有模式和集合共有模式，在本质上都是农民私人土地所有权，其与我国社会主义公有制的基本经济制度相冲突，基于意识形态的刚性约束而不可行。至于在新型总有模式中，农民集体是何种类型的民事主体则不明晰。

总有，是多数人所结合，但尚未形成法律人格的共同体，以团体组成员的资格而所有的状态。日耳曼法村落共同体的所有形态为其典型形式。由于我国集体土地所有权与总有权具有一定的相似性，故有学者主张，应当对传统总有概念中适合我国农民集体所有权实质要求的合理因素加以继承，并根据我国民法上所有权的科学概念对其加以更新。该财产形式即为新型总有。[④] 我们认为，这种观点是不妥当的。首先，集体土地所有权制度与总有制度中的团体与成员之间的关系具有本质区别。其次，日耳曼法中所有权非纯粹的私法上的权利，其土地所有权中同时含有土地财产与土地支配权能的成分，并且土地所有为村住民资格的要件，从而亦为住民权的基础。而我国所有权制度深受罗马法传统的影响，集体土地所有权只是每个集体所有权主体所享有的一种"私有权"。不过，集体所有权不是一般的私权利，而是反映集体公有利益的私权利。[⑤] 最后，从历史发展过程来看，土地总有团体并没有维持非法人团体的形态，而是受罗马法所有权观念之发展的影响，最终转化为法人形态。因此，在改造集体土地所有权主体时，应顺应历史潮流，摒弃将农民集体界定为财产是"总有"形态的非法人团体的观点。

---

① 王铁雄："集体土地所有权制度之完善——民法典制定中不容忽视的问题"，载《法学》2003 年第 2 期。

② 胡吕银："集合所有：一种新的共有形式——以集体土地所有权为研究对象"，载《扬州大学学报》（人文社会科学版）2006 年第 1 期。

③ 马俊驹、陈本寒主编：《物权法》，复旦大学出版社 2007 年版，第 188 页。

④ 黄河等：《农业法视野中的土地承包经营权流转法制保障研究》，中国政法大学出版社 2007 年版，第 5 ~ 11 页。另参见解玉娟：《中国农村土地权利制度专题研究》，西南财经大学出版社 2009 年版，第 63 ~ 65 页。

⑤ 韩松："论集体所有权的性质"，载《河北法学》2001 年第 1 期。

其实，只要承认总有不具有法人资格，即使将其认定为非法人形态，最终仍然摆脱不了走向其成员单独所有的困境，其必将与我国坚持的生产资料的社会主义公有制相矛盾，从而不能为宪法制度所接受。

（二）集体土地所有权主体形式的法人制改造之思考

就我国法律所确认的民事主体形式来看，唯一的选择就是将农民集体改造为法人，使集体土地所有权变为一种法人所有的单独所有权形态。

1. 对集体土地所有权主体形式之法人制改造的质疑之回应

有学者对集体土地所有权主体的法人制改造心存疑虑，其理由主要有两个方面：其一，不采取法人所有权形式是确保农村社会长期稳定的法律技术需要。① 其二，不采取法人所有权形式是避免发生法人专横的需要。②

上述针对农民集体之法人制改造的质疑似乎有理，但其理由却不能成立：第一，农民集体无论以何种主体形式参与民事活动，均可能对外发生债务，从而应以自己的财产清偿债务，此与农民集体是否为法人无关。第二，基于立法政策的考虑，在农民集体被改造为法人后，其土地也不一定必须用于清偿债务。第三，在我国农村地区的确存在滋生法人专横现象的社会基础，但这需要在立法中加以预防，而不应当因此否定法人制度所具有的优势。第四，农民集体改造为法人后，该集体组织的农民将有权对法人执行机关和代表机关进行民主监督。

2. 集体土地所有权主体形式之法人制改造的可行性分析

以法人制改造农民集体符合集体土地所有权的法律规定和运作状态，是一个切实可行的方案。主要理由如下：第一，以法人制改造农民集体符合其产生和发展的趋势。我国集体土地所有权是通过合作化运动产生的，而合作化运动一开始就受到前苏联合作社——集体农庄模式的影响，故将农民集体按照法人制度进行改造具有历史基础。第二，在我国农村地区，许多村集体负有数额较大的债务，假如坚持农民集体为非法人形式的主体，则村集体数额巨大的债务将由其成员分担，此时，农民的利益会处于毫无保障的状态，从而将导致税费改革的成果一夜之间化为乌有。第三，“二战”后，欧洲及拉丁美洲国家农村出现了一股合作社化热潮，其中也包含农村土地合作社，即共同占有和利用土地的合作社。该土地所有权形态与我国集体土地所有权非常相似。因此，对农民集体进行法人制改造具有一定的国际经验。第四，建立集体所有权，本来目的是要使集体的成员享有

---

①② 韩松：“集体所有权研究”，载王利明主编：《物权法专题研究》（上），吉林人民出版社 2002 年版，第 481 页，第 478 页。

决定权，因为这样的制度建构才能体现社会主义民主的精神，[①] 而对农民集体进行法人制改造也是克服现行集体土地所有权主体制度存在之弊端的重要举措。第五，赋予农民平等地位、保障农民行为自由，以实现农民的生存权和发展权，是对作为集体土地所有权主体的农民集体进行改造必须遵循的价值目标，[②] 而确立作为社会组织的农民集体具有法人资格，具有保护其成员即农民的基本人权的价值。

可见，作为我国集体土地所有权之主体的农民集体，不是非法人团体，也不能以非法人团体的形式加以构造。将农民集体予以法人制改造，才是集体土地所有权主体制度完善的现实路径，具有重要的意义和价值。

（三）集体土地所有权主体之法人形式的选择

1. 集体土地所有权主体之法人制改造方案

在坚持集体土地所有权保留之思路的指导下，对农民集体进行法人制改造虽然得到很多学者的赞同，但因法人形式众多，故应以何种法人形式改造农民集体尚存有较大的分歧。当前有代表性的集体土地所有权主体之法人制改造方案主要有四种模式，即农村社区法人制模式[③]、自治法人制模式[④]、农业合作社法人制模式[⑤]、股份合作社法人制模式[⑥]。

在对集体土地所有权主体予以法人制改造的上述四种模式中，我们认为，激励机制的缺乏是导致集体土地所有权主体缺位一个重要原因。然而，在土地股份合作社中，原村民按照一定的标准被分配一定的股份，享有股权。股权不仅是一种财产权，而且还享有与其人身不可分离的，没有直接经济内容的权益，即参与土地股份合作社事务的重大决策和民主管理等权利。农民作为股东，其为了获得最大化的红利，必然关心集体资产的运营，依法参与和监督集体组织的经营行为，保护自己的合法权益；集体经济组织负责资产的经营，经营者的利益、声誉与企业经营效果直接挂钩，必然精心经营土地资产，获得最大化的收入。[⑦] 因此，农民集体的股份合作社改造正好能够充分激发农民的经济人特性，从而避免

---

① 高级农业生产合作社和农村人民公社都是集体土地所有权的主体形式，在《高级农业生产合作社示范章程》和《农村人民公社工作条例修正草案》中均体现了社员民主决策和民主监督的精神。

② 高飞：“论集体土地所有权主体立法的价值目标与功能定位”，载《中外法学》2009 年第 6 期。

③ 张广荣：《我国农村集体土地民事立法研究论纲——从保护农民个体土地权利的视角》，中国法制出版社 2007 年版，第 131 页。

④ 黄辉：《农村土地所有权制度探讨》，载《现代法学》2001 年第 4 期。

⑤ 胡君、莫守忠：《集体土地所有权主体的反思与重构》，载《行政与法》2005 年第 12 期。

⑥ 綦好东：“我国现行农地产权结构的缺陷及重构的实证分析”，载《农业经济问题》1998 年第 1 期。

⑦ 石霞：《走向市场——欠发达地区农村市场化研究》，中国农业出版社 1999 年版，第 84 页。

集体土地所有权的主体缺位。

2. 集体土地所有权主体形式的现实选择

尽管将农民集体改造为股份合作社法人具有较大的优势，但该制度模式所涉及的一个重要方面，就是赋予作为集体土地所有权主体的农民集体能够基于其土地所有权人的身份以收取地租的方式实现利益，即无论是以家庭承包的形式还是以其他形式取得土地承包经营权，或者取得集体建设用地使用权等，权利人均应当向农民集体缴纳相应的租金。建设用地使用权人向作为集体土地所有权主体的农民集体缴纳租金一般不会存在争议，但现行法律并没有明确赋予农村土地所有权人在发包土地时收取土地使用费即租金的权利，也没明确规定土地承包经营权人有缴纳适当的土地使用费即租金的义务，在我国刚刚取消了带给农民沉重负担的农业税费的今天，允许集体土地所有权主体向土地承包经营权人收取租金的举措并将受到极大的阻力。因此，当前对农民集体进行法人制改造时，在法人模式的选择方面应当慎重。因为“特定民族的持久成功的制度建构，主要是内生的，是基于该民族本身的政治限制条件和特定时空的现实需求。”[①] 所以，在对农民集体的法人制改造中，各地农村应在不改变农村集体经济运作的基本特质的情况下，根据本农民集体的具体情况作出适当的变通。具体而言，可以根据当地经济发展和社会环境的需要，选择以合作社、股份合作社、公司制等法人形式，也可以选择在当前村民自治模式的基础上将其改造为自治法人形式。但无论采用何种法人形式来改造农民集体，均应当将其定位为私法人，并去除其一直承担的行政职能。其中，股份合作社法人无疑是实现农村集体经济有效运行的最优选择。

3. 集体土地所有权主体之法人制改造后的组织结构

作为法人的一种具体类型，集体土地法人的民法构造可以参照《公司法》中相关的成熟制度加以设立，但必须彰显其特殊性。具体而言，在我国当前法律缺乏明确规定的情况下，借鉴各国或地区法律关于法人章程记载事项的规定，参考各地农村的村民自治章程，以《村民委员会组织法》的规定为依据，制定集体土地法人章程；坚持宜村则村（行政村）、宜组则组（村民小组），因地制宜且由农民自己选择的指导思想，以确定集体土地法人的边界，同时坚持以户籍为原则，将是否依赖土地的基本生存保障功能作为参考因素，以明晰集体土地法人的成员，最终确立社员大会为集体土地法人之意思机关（权力机关）；在村民委员会之外设立一个单独的组织取代当前村民委员会的经济职能，使之成为集体土地法人的执行机关，该执行机关即为理事会，其主要负责人为法定代表人。此外，一些法人还设立监事会作为法人的监督机关，该机关以对执行机关和代表机

① 翟小波：《论我国宪法的实施制度》，中国法制出版社 2009 年版，第 15 页。

关的行为实施监督为职责。鉴于集体土地法人是一个社区性组织，而且该社区的范围一般不大，故不一定需要设立专门的监事会，但其完全可以以现行村务公开制度为基础，建构相应的监督制度，使每个社员均拥有监督权。

六、集体土地所有权的实现

集体土地所有权的实现是指集体土地所有权内含的利益因各项权能在不同主体之间分割配置而得以实现的原理和规则。在我国，集体土地所有权的实现受到特定时期国家农业产业政策的强烈影响。① 根据法律的规定，当前集体土地所有权的实现除所有权人可以自己使用土地之外，其最主要的实现方式是以设定他物权为途径。集体土地所有权归根结底应当服务于全体农民集体成员，为了减少乃至避免个别村干部利用集体土地所有权谋取私利，为了农民集体成员切实地就集体土地所有权而享受到利益，由农民集体成员分享集体土地所有权中的利益，我国法律规定了农民集体成员以取得宅基地使用权、土地承包经营权等他物权作为集体土地所有权实现的重要方式。②

农村土地承包经营制度的推行，实现和保证了农民的衣食无忧，而在农村实施的宅基地政策及贯彻宅基地政策的法律制度就是解决农民安居乐业的必要前提。因为宅基地使用权涉及土地的稀缺资源的利用，故难以排除政府基于国家、社会公共利益考虑进行的适度制约。③ 然而，在“社会实践发展的逻辑进路与解释的既定法律制度并非合拍，日新月异的社会现实对宅基地使用权法律制度提出了拷问和严峻挑战”④ 的情况下，如何以我国农村社会的现实发展为基础，以《物权法》关于宅基地使用权的规范为主线，以有利于城乡协调发展和社会主义新农村建设为指导，完善现行宅基地使用权法律制度是集体土地所有权实现的一个不可忽视的课题。

土地承包经营权的设定是我国当前集体土地所有权实现中最受社会各界重视的一种形式。在 2006 年国家取消农业税费后，家庭承包经营本集体的土地，不以缴纳租金为必要，故其追求的是农民集体成员依附于承包地的生存权的存续和保障。其他方式的承包是指对于不宜采取家庭承包方式的荒山、荒沟、荒丘、荒滩等农村土地，通过招标、拍卖、公开协商等方式承包。与家庭承包具有社会保

① 黄河等：《农业法视野中的土地承包经营权流转法制保障研究》，中国政法大学出版社 2007 年版，第 14 页。

② 崔建远：《物权法》，中国人民大学出版社 2009 年版，第 188 页。

③④ 陈小君：“我国现阶段宅基地使用权制度规范研析”，载陈小君等：《农村土地法律制度的现实考察与研究：中国十省调研报告书》，法律出版社 2010 年版，第 222 页、第 231 页。

障性质不同，其他方式的承包将竞争机制引入了交易过程，是通过市场化的方式取得土地承包经营权，其体现了注重承包地高效利用的效率原则。尽管就土地承包经营权制度来看，其还存在若干不足，有待各方努力予以进一步完善，但整体而言，该权利已经形成“一种平衡各主体间利益关系，能充分实现农民集体土地所有权的有效形式。”①

建设用地使用权，是指以在他人土地上拥有建筑物或其他工作物为目的而使用他人土地的权利，罗马法以来的传统民法与之相当的概念为地上权。② 为了促进农村土地资源的优化配置与合理集约利用，促进经济的可持续发展，维护农民集体土地权利，促进农村工业化和城镇化建设，发展农村经济，并加强国家对集体建设用地的管理，规范集体建设用地使用权流转的市场秩序，同时为政府部门管理集体建设用地市场、依法行政提供法律依据，为集体建设用地使用权流转的交易各方提供行为准则，③ 我国应当完善集体建设用地使用权制度，从而既保障集体建设用地使用权与国有建设用地使用权平等一体保护，又拓展集体土地所有权实现的制度路径。

总之，就我国农村土地法律制度的现状而言，集体土地所有权实现的实践存在诸多障碍，因而有必要通过根据物权法的制度逻辑完善土地承包经营权和宅基地使用权，并建立健全的集体建设用地使用权制度，为农民集体实现其享有的土地所有权提供有力的保障。为了避免集体土地所有权之利益虚化，在完善集体土地所有权的实现机理时，应当根据权利运行的基本原理，明确农民集体在自己的土地所有权上设定他物权时，他物权人应当支付相应的对价（表现为地租、缴费等形式）。

---

① 黄河等：《农业法视野中的土地承包经营权流转法制保障研究》，中国政法大学出版社 2007 年版，第 21 页。

② 梁慧星、陈华彬：《物权法》（第四版），法律出版社 2007 年版，第 269 页。

③ 宋志红：《集体建设用地使用权流转法律制度研究》，中国人民大学出版社 2009 年版，第 149 页。

土地承包经营权登记：从行政管理手段到物权的公示公信

为了明确土地承包经营权的权属状况，确保其流转安全，其变动应遵循公示原则，即土地承包经营权的产生、变更、消灭必须以一定可为外界觉察的方式体现出来。根据物权法基本原理，不动产一般以登记为公示方法，故研究土地承包经营权登记制度具有重要意义。

一、土地承包经营权设立模式的立法选择

根据登记目的的不同，土地承包经营权登记可以分为设立登记和变更登记两种。由于变更须以设立为基础，并且变更登记制度须与设立登记制度相配套，故而一旦设立登记制度得以确定，则变更登记制度也就随之确定。因此，本文仅对设立登记加以探讨。

（一）不动产物权的设立模式及其利弊分析

综观当今世界主要大陆法系国家的民事立法，不动产物权的设立模式主要分为意思主义模式和形式主义模式两种。其中，意思主义模式主要为法国及日本所采用，而形式主义模式主要为德国及奥地利所采用。①

1. 意思主义设立模式

“所谓意思主义就是指依据当事人的意思表示（如当事人达成合意）即可发生物权变动的效力，除此之外不再需要其他的要件”。② 诚如有的学者所言，意思主义模式具有张扬当事人意思自治、契合社会现实生活、统一物权登记效力、

①② 王利明：“关于物权法草案中确立的不动产物权变动模式”，载《法学》2005年第8期。

降低信息公示成本及加速财产流通等方面的优点。[①] 然而，意思主义模式也存在着致使交易关系复杂化、缺乏"自我表现"的客观表现形式、疏漏交易安全维护、忽视契约履行阶段等方面的弊端。[②]

2. 形式主义设立模式

所谓形式主义就"是指物权变动除了当事人的意思表示之外，还必须具备一定的形式"。[③] 就德国法而言，不动产物权的设立不仅需要当事人的意思表示一致，而且需要经过登记机关实质审查确定，并履行法定登记形式。[④] 形式主义模式固然具有确保交易安全、符合物权的基本逻辑、便于调节利益冲突等方面的优点，[⑤] 但也不乏存在限制交易自由、增加交易环节、降低财产流通速度及致使法律关系高度抽象化等方面的弊端。

综上所述，就理论层面而言，意思主义模式与形式主义模式均有利弊，并无优劣之分。两种设立模式是而且只能是各国法律传统、法学理论及其社会制约因素综合作用的结果。正是因为此，基于我国社会现实状况的考虑，《物权法》于总则编确立了"以形式主义为原则、以意思主义为例外"的不动产设立模式。

（二）土地承包经营权的设立模式及其论争

《农村土地承包法》及《物权法》分别于第22条、第127条确立了"合同生效"的设立模式。从严格意义上来说，现行的土地承包经营权设立模式既不属于形式主义模式，也不属于典型的意思主义模式，充其量只能算作"准意思主义"模式。因为，"只要合同双方意思表示一致，不动产物权就此产生，登记与否不影响土地承包经营权的设立，未经登记也不影响其对抗善意第三人的效力"。[⑥]

对于上述的法律规定，学者之间存在着分歧。为了论述的方便，不妨将其中代表性的观点归纳为"支持派"和"反对派"。持"支持派"观点的学者认为，土地承包经营权的取得与"成员权"密切联系，且农地承包合同是以公开方式

① 郭明瑞："物权登记应采对抗效力的几点理由"，载《法学杂志》2005年第4期。

② 于海涌："法国不动产登记对抗主义中的利益平衡——兼论我国物权立法中不动产物权变动模式之选择"，载《法学》2006年第2期。

③ 王利明："关于物权法草案中确立的不动产物权变动模式"，载《法学》2005年第8期。

④ 邢培泉："我国不动产物权登记效力的立法选择"，载《河南大学学报》（社会科学版）2006年第11期。

⑤ 张家勇："不动产物权登记效力模式之探究——兼评〈中华人民共和国物权法（草案）〉的相关规定"，载《法商研究》2006年第5期。

⑥ 丘国中："论土地承包经营权中登记的法律效力"，载《广东商学院学报》2007年第6期。

订立的，已起到了如同登记同样的公示效果。[①] 另外，采取形式主义模式，必然发生登记费用，势必增加农民的负担。[②] 故而土地承包经营权无登记设立的必要；而持“反对派”观点的学者认为，土地承包经营权的登记制度既可以借助登记的程序功能使其权利内容获得公众的认可来增强土地承包经营权的公信力，[③] 又可以与不动产物权的登记设立模式相衔接。[④]

我们认为，上述两种观点均有一定道理，但也都存在值得商榷之处。虽然“支持派”的观点比较切合法律制定之初的中国农村的实际状况。然而，近年来，随着土地承包经营权外部流转的增多及流转频率的加快，合同生效设立模式的公示公信力不足的弊端已逐渐凸显，交易安全难以维护。另外，确如“反对派”所言，“登记设立”的设立模式确实能与不动产的登记设立模式在逻辑上保持一致。此外，当土地承包经营权的流转一旦发生在“陌生”的当事人之间，“合同生效设立”的公示效力远非“登记设立”所能比拟的。

（三）土地承包经营权登记设立的立法理由

我们认为，基于中国社会现实尤其是中国农村社会现实的考虑，土地承包经营权应采取登记设立模式，其主要理由如下：

1. 登记设立有利于维护交易安全

在合同生效设立模式下，土地承包经营权设立乃至变动不以登记为要件，这样对交易当事人而言，为了降低交易成本和加速财产流转，往往会选择不办理登记，这就会导致登记簿中的土地承包经营权的名义权利人和真正权利人发生错位，[⑤] 也就为土地承包经营权的交易安全埋下了隐患。

2. 登记设立有利于降低交易成本

周林彬教授认为：“如果无须登记，当事人则免除了信息公布的成本负担。从微观看，似乎交易者的信息成本降低了；但从宏观看，由于缺少了‘登记’这种权属状况的外观，交易者为了了解标的物的权属，需要花费更多的信息收集费用。因此，减少的信息公布成本又以信息收集成本的形式回到了交易者身上。而且，物权主体作为权利的拥有者，对权属有比潜在交易者更为清楚的了解，也就是说，信息的公布成本小于收集成本。……‘登记’的公示制度都将交易必

---

① 王利明：《物权法研究》，中国人民大学出版社 2002 年版，第 462 页。

② 王宗非主编：《农村土地承包法释义与适用》，人民法院出版社 2002 年版，第 101 页。

③ 孙宪忠：《物权法》，社会科学文献出版社 2005 年版，第 271 页。

④ 韩芳丽：“农村土地承包经营权若干问题的法律思考”，载《安徽警官职业学院学报》2006 年第 1 期。

⑤ 于海涌：“法国不动产登记对抗主义中的利益平衡——兼论我国物权立法中不动产物权变动模式之选择”，载《法学》2006 年第 2 期。

须的信息成本，交由公布环节承担，从整体上降低了信息成本，也就降低了物权变动的成本”。[①] 笔者深以为然。可见，登记设立有利于降低信息搜集成本，从而降低土地承包经营权流转成本。

3. 登记设立有利于明确权属关系

登记不仅仅是重要的公示方法，也是确认不动产权属的最佳方式。登记要件主义强制性地要求办理登记，土地承包经营权的物权状态非常明晰，有助于建立财产秩序。因而未来立法应当及时引导农民尽可能通过办理登记维护自己的土地承包经营权权属，以减少不必要的纷争。

二、土地承包经营权登记制度的完善

（一）现行登记制度的法律属性及其效力

《农村土地承包法》第 23 条规定：“县级以上地方人民政府应当向承包方颁发土地承包经营权证或者林权证等证书，并登记造册，确认土地承包经营权”。《物权法》第 127 条第 2 款基本上沿袭了上述规定。另外，《农村土地承包法》第 38 条规定：“土地承包经营权采取互换、转让方式流转，当事人要求登记的，应当向县级以上地方人民政府申请登记。未经登记，不得对抗善意第三人”。《物权法》第 129 条也沿袭了此种规定。可见，我国现行法律规定了两种土地承包经营权登记制度，即土地承包经营权的设立登记制度和土地承包经营权变更登记制度。现行法律规定了土地承包经营权变更登记的对抗效力，即土地承包经营权的变更不以登记为要件，登记只产生对抗善意第三人的效力。可见，为了与“合同生效设立”模式相配套，我国土地承包经营权变更登记采取了“意思主义模式”。

关于《农村土地承包法》第 23 条及《物权法》第 127 条第 2 款规定的登记制度的法律性质及效力，学者之间存在分歧。有的学者认为，由于《物权法》第 129 条规定，互换、转让的变更登记是对抗要件，故《物权法》第 127 条第 2 款所规定的登记应定性为民事物权登记，土地承包经营权的登记应具有对抗效力，即土地承包经营权未经登记，不得对抗善意的第三人。[②] 另有学者认为，此种登记应定性为行政登记，而非民事物权登记。其主要理由为：其一，此种登记应为政府的单方义务，并不以承包方申请为前提条件。而民事物权登记是以当事

① 周林彬：《物权法新论》，北京大学出版社 2002 年版，第 246 页。
② 申卫星：“从〈物权法〉看物权登记制度”，载《国家检察官学院学报》2007 年第 3 期。

人申请为前提条件的，若当事人不予申请，政府并无登记之义务。其二，此种登记主要是政府为了掌握我国农用土地的地域分布和利用状况而进行的一项土地行政管理工作，故具有行政管理目的。而民事物权登记主要是起到公示物权的权属状况、促进交易的作用，故具有民事目的。① 可以说，上述两种观点均有一定的道理。相比较而言，我们认为，第二种观点更具有说服力，也比较符合现行土地承包经营权登记制度的本来面目。然而，不可否认的是，此种登记在具有行政管理功能的同时，附带具有确认土地承包经营权的效力，因而具有一定的民事公示效力。②

（二）现行登记制度的民法改造

鉴于我国现行法律规定了土地承包经营权登记制度，我国未来立法完全没有必要另行设计一套民事性质的登记制度，而应在厘清现行登记制度的法律属性的基础上进行民法改造。

1. 修改相关法律规定，明确土地承包经营权登记设立制度

具体而言，将《农村土地承包法》第 22 条及第 23 条分别修改为“土地承包经营权，自设立登记时取得。”以及“登记机关应当制定土地承包经营权登记簿，对土地承包经营权设立进行登记，并依据登记簿向承包方颁发土地承包经营权证或者林权证等证书，确认土地承包经营权。”并据此在适当时候对《物权法》第 127 条进行相应的修改。至于土地承包经营权登记的具体操作技术，可以在《农村土地承包法》中专门规定，或者授权在完善后的《土地登记规则》、乃至统一制定《土地登记法》予以统一规范。③

2. 土地承包经营权登记由不动产所在地的登记机关统一办理

在我国，应当将土地承包经营权的登记纳入统一的不动产登记制度中，但考虑到实践中不少农民无登记之习惯，以及防止因登记而增加农民负担，可以将土地承包经营权设立登记这一私权行为界定为登记机关的行政义务，强制登记机关免费予以登记。

此外，《农村土地承包法》及《物权法》分别于第 38 条及第 129 条规定了土地承包经营权变更登记的对抗效力。为了与土地承包经营权登记设立制度相配套，故而我国未来立法规定土地承包经营权登记设立制度时，应对上述两条法律规定予以修改，变登记对抗效力为登记生效效力。

---

①② 聂佳：“中国土地承包经营权设立登记评析”，载《现代法学》2008 年第 4 期。

③ 路斐：“土地承包经营制度结构研究——以回归物权本质为内涵”，中南财经政法大学 2009 年博士论文，第 71 页。

土地承包经营权流转：方式多元及其立法完善

根据现行法律规定，土地承包经营权的流转方式为：转让、转包、出租、互换、入股等五种。然而，在实践中却存在着转包、出租、互换、转让、入股、抵押、继承等七种流转方式。本章将对上述实践中存在的七种流转方式作简单的梳理，并在此基础上为土地承包经营权流转方式的立法选择提出相关的建议。

一、土地承包经营权转让

（一）土地承包经营权转让制度运行现状

《农村土地承包法》第 32 条及《物权法》第 128 条规定，土地承包经营权可以转让。根据四省实地调查的统计结果可知，实践中存在土地承包经营权转让行为。[①] 不过，实践中土地承包经营权转让行为并不常见。另外，农民对土地承包经营权转让的期盼程度较高。[②]

（二）转让制度运行现状的成因分析

针对实践中罕见土地承包经营权转让的现象，不少学者将其主要归因于土地承包经营权转让制度的设计不够合理，并认为现行法律将土地承包经营权转让条件规定为“须经发包方同意”太过苛刻，致使农民很少适用土地承包经营权转

① 课题组 2009 年的四省的实地调查统计结果显示：有 19.4% 的农民表示本村存在土地承包经营权转让行为。值得注意的是，认知比例的高低与转让比例的高低没有必然的联系。

② 课题组 2009 年四省的实地调查统计结果显示：有 26.9% 的受访农民表示今后希望采取转让方式流转土地承包经营权。

让制度。应该说，此种观点具有一定的道理。然而，根据实地调查，此种观点值得商榷。根据两轮实地调查的访谈笔录，实践中很少存在农民申请发包方同意其转让土地承包经营权的情形。① 也就是说，实践中农民在转让土地承包经营权时是完全自由的。② 由此可见，将实践中农民很少转让土地承包经营权主要归因于转让制度设计不够合理，有失偏颇。

我们认为，农民之所以不愿意转让土地承包经营权，主要是下述原因所致：

第一，非农就业无法提供长期而又稳定的合理预期。相对于农村的富余劳动力来说，非农就业机会比较稀缺，致使非农就业岗位的竞争异常激烈，为数不少的农民工的就业岗位是“朝不保夕”。即便少数青壮年农民依靠年富力强能够获得相对稳定的就业岗位，但一到中年以后也不得不卷起铺盖回到“生于斯、长于斯”的农村。可见，农民有了家庭承包地，就意味着有了基本的就业保障。尽管这是最低水平就业保障，但对于农民来说却是最为可靠与保险的就业保障。③ 因此，非农就业机会无法提供长期而又稳定的合理预期，致使农民不敢轻言转让土地承包经营权。

第二，农村社会保障体系的不健全。农村社会保障体系的不健全是不争的事实，不少学者简单地将其归因于农村社会保障制度的不健全。实际上，就目前而言，健全农村社会保障体系，非政府不欲，而是政府不能也。一方面，我国的财政收入不足以确保农村社会保障体系的完善。④ 另一方面，任何制度的变迁都具有“路径依赖”。⑤ 我国城乡社会保障体系的“二元结构”素来已久，在城市社会保障体系尚未完善的情况下，政府不会“倾其全力”于农村社会保障体系的健全，从而实现社会保障体系的一体化。可见，未来一段时间内，土地承包经营

---

① 这一点也可以从法律规定“采取转包、出租、互换或者其他方式流转的，应当报发包方备案”，而实践中农民很少备案得到印证。

② 陈小君：“农村土地制度的物权法规范解析——学习《关于推进农村改革发展若干重大问题的决定》后的思考”，载《法商研究》2009 年第 1 期。

③ 孟勤国等：《中国农村土地流转问题研究》，法律出版社 2009 年版，第 13 页。

④ 因为，其一，根据有关统计结果，2007 年全国财政总收入为 51 304.03 亿元，其中用于就业和社会保障的支出已达 5 396 亿元（数据来源于“关于 2007 年中央和地方预算执行情况与 2008 年中央和地方预算草案的报告”），占全国财政收入 1/10 之多。我国城乡居民按 13 亿人计算，人均仅有 415 元左右。何况，我国社会保障支出主要倾斜于城镇居民，农民只享有农村合作医疗、养老及保障最低收入农民的基本生活等几个方面的社会保障。据有关方面统计，农民每年所享受到的社会保障人均不足 200 元。虽然，今后我国社会保障的支出随着我国财政收入的增加而逐年增加，但由于未来几十年我国每年将净增 1 000 万人口，人均社会保障支出难以大幅度提高。由此可见，在未来几十年，国家不足以为农民提供完全的社会保障。其二，在中国现行乡镇平均负债 400 万元及村平均负债 40 万元的情况下（数据来源于北京大学王思斌教授在世纪大讲堂作的题为“中国农村发展困局”的演讲），指望集体承担农民的社会保障，其难度可想而知。

⑤ ［美］道格拉斯·C·诺思：《制度、制度变迁与经济绩效》，杭行译，格致出版社、上海三联出版社、上海人民出版社 2008 年版，第 128 ~ 144 页。

权所承载的农村社会保障功能只会逐渐地淡化，但不会完全消失。为了确保“老有所保”，农民一般不愿轻易转让土地承包经营权。

第三，对土地承包经营权升值的预期。为了解决“三农问题”及提高农民的收入，我国政府不仅取消了农业税，而且还颁布并实施了一系列的惠农政策。根据十省实地调查得知，即使是政府发放的种粮直补，实际上也落到了原承包户的手里。也就是说，农民一旦享有土地承包经营权，不仅可以获得种植收入或流转费，而且还可以获得逐年增加的政府各项惠农补贴。这就使得农民对土地承包经营权具有了升值的合理预期。另外，由于我国城市化战略的推行伴随着郊区的土地大量被征用，郊区的农民完全可以预期家庭承包地将来一定会被征用而获得一笔不菲的补偿费。如果农民一旦转让土地承包经营权，就意味着他们获取的只是数额较小的转让费，而失去的却是数额不菲的农地征用补偿费。[①] 这对于他们来说，无疑是“捡了芝麻。丢了西瓜。”因此，农民不愿轻易转让土地承包经营权而丧失其未来的土地增值。

（三）土地承包经营权转让制度的立法选择

虽然现行法律规定了土地承包经营权转让制度，然而，对于土地承包经营权是否存废，学者之间存在着分歧。有的学者主张废除土地承包经营权转让制度。[②] 不过，有的学者主张应完善转让制度，而不能废除转让制度。[③] 我们认为，我国未来农地立法不应该废除转让制度，而应该继续保留转让制度。其理由如下：

第一，农民很少适用转让制度，不能成为废除的充分理由。虽然，农民很少适用转让制度，不是制度本身设计的缺陷所致，而是中国农村尚不具备大量适用转让制度的外部条件。然而，值得注意的是，农民希望今后能够转让农地的期盼程度较高。因此，我们完全有理由预期农民今后转让农地的情形越来越多。可见，实践中转让制度很少被适用，但并不意味着该制度已丧失社会需要之立法基础，因而也不能成为废除的充分理由。[④]

第二，是否转让是农民的一种权利，法律并无横加禁止之理由。首先，依照物权法原理，土地承包经营权作为一种用益物权，具有支配性。因此，农民作为

---

① 杨子、赖基仁、吴宗勉：“有关土地转让问题的三个案例”，载《乡镇论坛》2004 年第 7 期。

② 孟勤国等：《中国农村土地流转问题研究》，法律出版社 2009 年版，第 75 页。

③ 温世扬、武亦文：“土地承包经营权转让刍议”，载《浙江社会科学》2009 年第 2 期。

④ 任何一种法律制度的存在，必须具备社会需要之立法基础。也就是说，一种法律制度必须具有其独特的作用，才具备存在的理由。参见王泽鉴：《民法物权（2）用益物权·占有》，中国政法大学出版社 2001 年版，第 104 页。

权利主体，应该享有土地承包经营权的转让权。其次，民法作为私法，立法时更应该尽量避免禁止性规定，以便尽可能地为权利主体保留较大的自由选择空间。农民作为土地承包经营权的权利主体，自然也应该享有是否转让的自由选择的权利，法律并无横加禁止的理由。

（四）土地承包经营权转让制度的完善

就目前而言，转让制度本身并不构成农民很少适用该制度的主要原因，但这并不意味着该制度设计不存在着缺陷。依据现行法律规定，土地承包经营权的转让受到种种限制。其中，多数限制并非依其权利性质应该受到的限制，而是转让本身受到了不应有的限制。缘于此，我们认为，转让制度应从以下几个方面加以完善。

第一，应该废除转让“须经发包方同意”的规定。因为，首先，依民法原理，只有普通债权转让才须征得对方当事人同意。故而此种规定完全违背了土地承包经营权的物权性质，实则是土地承包经营权的债权处理模式之残存。其次，就制度层面而言，此种规定也为发包方过多干预土地承包经营权转让留下了制度空间。就实践层面而言，农民转让土地承包经营权是完全自由的，该条规定已远远落后于社会实践。[①] 故而有加以废除之必要。

第二，应将受让方范围统一界定为“一切具备农业生产能力的经营者”。《农村土地承包法》第 33 条将受让方范围界定为“一切具备农业生产能力的经营者”。然而，《农村土地承包经营权流转管理办法》第 35 条第 1 款，却将受让方限缩为“其他从事农业生产经营的农户”。该制度规定不仅与《农村土地承包法》第 33 条规定的受让人范围存在一定的冲突，而且致使受让方的可选择范围大为缩减。因而，未来立法应将受让方的范围统一界定为“一切具备农业生产能力的经营者”。

二、土地承包经营权转包与出租

（一）转包与出租制度的运行现状及其成因分析

《农村土地承包法》第 37 条及《物权法》第 128 条规定了土地承包经营权可以以转包的方式进行流转。另外，《农村土地承包法》第 37 条规定了土地承

① 陈小君：“农村土地制度的物权法规范解析——学习《关于推进农村改革发展若干重大问题的决定》后的思考”，载《法商研究》2009 年第 1 期。

包经营权可以采取出租的方式进行流转。《物权法》第128条用援引性的规定确认了土地承包经营权可以出租。

根据两轮实地调查可知，实践中土地承包经营权转包及出租现象较为常见，[①] 农民对土地承包经营权转包及出租的期盼程度也比较高。[②] 可以说，偏好土地承包经营权转包及出租是农民在理性权衡成本与收益基础上的必然选择。由于农民兼业的不稳定性，农民希望一旦兼业经营失败时，能够迅速收回流转的土地承包经营权，因此，以转包或出租方式流转土地承包经营权便成了首选。[③]

（二）转包与出租制度的归并

我们在深度访谈中，了解到很多农民根本不清楚土地承包经营权转包与出租之间的区别。[④] 实际上，要他们分辨清楚转包与出租之间的区别确实很为难他们。因为，即使在理论界，也几乎没有多少学者能够分辨清楚土地承包经营权转包与出租之间的区别。我们认为，未来农地立法应将土地承包经营权转包与出租两种流转方式进行归并。

首先，土地承包经营权转包与出租并无本质区别，没有分别规定之必要。根据现行法律规定，土地承包经营权转包是指承包方将部分或全部土地承包经营权以一定期限转给同一集体经济组织内部的农户从事农业生产经营的法律行为。土地承包经营权出租是指承包方将全部或部分土地承包经营权以一定期限租赁给他人从事农业生产经营的法律行为。[⑤] 从民事法律关系的构成要素方面予以考察，土地承包经营权转包与出租的内容与客体均无区别。[⑥] 唯一区别只是两种法律行为的民事主体存在差异，即土地承包经营权转包的接包方限于同一集体经济组织的内部成员，而出租的租赁方不限于同一集体经济组织的内部成员。虽然，“转

---

① 课题组十省实地调查的统计结果显示：有79.60%的受访农户表示本村存在土地承包经营权转包行为；课题组四省实地调查的统计结果显示：有80.20%的受访农户表示本村存在土地承包经营权转包行为。虽然，农民对土地承包经营权转包行为的认知比例并不能准确地反映出土地承包经营权转包的比例。但是，农民认知比例如此之高，足以说明土地承包经营权转包行为在我国农村比较普遍。

② 课题组十省实地调查的统计结果显示：有61.37%的受访农户希望以转包的方式流转土地承包经营权；课题组四省实地调查的统计结果显示：有73.30%的受访农户希望以转包的方式流转土地承包经营权。这足以说明农民对土地承包经营权转包的期盼程度较高。

③ 我们在深度访谈中，每当问及村干部“为何农民转包或出租多，而转让少？”时，得到的回答往往是：非农就业缺乏稳定性，变动频繁，农民把土地作为最后的保障。

④ 在深度访谈中，每当我们问及关于出租方面的问题时，他们往往茫然不解何谓出租。当我们费尽九牛二虎之力解释完出租的内涵后，他们往往说：“那不就是转包吗？没啥不同，都是给别人种。”

⑤ 参见《农村土地承包法》第39条及《农村土地承包经营权流转管理办法》第35条的规定。

⑥ 陈小君：“农村土地制度的物权法规范解析——学习《关于推进农村改革发展若干重大问题的决定》后的思考”，载《法商研究》2009年第1期。

包”与“出租”在民事主体方面存在着区别，但是，这种区别只是人为的区分，并非法律关系本身存在的实质性区别。

其次，土地承包经营权转包与出租的分野，主要是意识形态的影响所致，并不具有多少法律理论之基础。20 世纪 80 年代之所以采用了“转包”，而没有采用“出租”概念，主要是因为“出租”在当时被认为是一种坐收渔利的剥削行为，既为当时的主流意识形态所难以接受，又被当时的立法所禁止。直到 1998 年《土地管理法》修改后，才允许农地可以由集体经济组织外部成员有条件地承包经营。① 为了区别于转包，人们将这种土地承包经营权外部流转的现象称作为土地承包经营权出租。② 可见，土地承包经营权转包与出租的区分，只是意识形态的历史影响所致，并不具有多少法律理论之基础。

至于如何归并转包与出租这两种土地承包经营权的流转方式，学者之间也存在分歧。一种观点认为，应保留“出租”而删除“转包”。另一种观点认为，应保留“转包”而删除“出租”。实际上，无论是删除“转包”，还是删除“出租”，均存在着利弊。相比较而言，我们认为，删除“转包”比删除“出租”更为妥当。因为，删除“转包”而保留“出租”更符合学术规范，更容易与相关法律制度形成对接，从而增加法律规范的覆盖面，不易形成“法律真空”。

三、土地承包经营权互换

（一）土地承包经营权互换制度的运行现状

《农村土地承包法》第 32 条及《物权法》第 128 条规定了土地承包经营权可以互换流转。根据两轮的实地调查可知，实践中土地承包经营权互换行为较为常见，③ 农民对土地承包经营权互换的期盼程度也比较高。④

① 参见《土地管理法》第 15 条第 4 款的规定。

② 左平良：《土地承包经营权流转法律问题研究》，中南大学出版社 2007 年版，第 112 ~ 113 页。

③ 课题组十省实地调查的统计结果显示：有 46.03% 的受访农户表示本村存在土地承包经营权互换行为；课题组第二轮实地调查的统计结果显示：有 29.00% 的受访农户表示本村存在土地承包经营权互换行为。虽然，农民对土地承包经营权互换行为的认知比例并不能准确地反映出土地承包经营权互换的比例。但是，农民认知比例如此之高，足以说明土地承包经营权互换行为在我国农村比较普遍。另外，深度访谈也证实了这一点。

④ 课题组四省实地调查的统计结果显示：有 31.50% 的受访农户希望以转包的方式流转土地承包经营权。这足以说明农民对土地承包经营权互换的期盼程度较高。

（二）土地承包经营权互换的制度功能

如上所述，土地承包经营权互换是一种较为普遍的土地承包经营权的流转方式。农民之所以经常采取互换的方式流转土地承包经营权，与土地承包经营权互换制度所具有的社会功能不无关联。

第一，土地承包经营权互换，能够连地成片，方便耕作。我国的家庭承包责任制实行“均田制”的模式。为了解决级差地租问题，绝大多数地区的农用耕地是采取“好孬搭配、远近插花”的办法进行分配的，造成了每家每户的承包地“七零八落”地分散在村里的许多角落。为了方便耕作，降低生产成本，将家庭承包地连成一片，农户之间经常发生互换土地承包经营权的情况。

第二，土地承包经营权互换，可以实现农地置换，有利于适度规模经营。在土地承包经营权的规模流转中，往往会出现少数农民不愿流转自己承包地的情况，致使受让方规模流入的农地被少数农户的承包地分割得“七零八落”，难以连地成片。因此，通过土地承包经营权的互换，置换少数农民不愿流转的承包地，使得受让方的流入农地能够连地成片，便于使用现代耕作技术，从而提高耕作的便利，并有助于实现适度的规模经营。

（三）土地承包经营权互换制度的完善

根据现行法律规定，土地承包经营权互换限于同一集体经济组织成员之间。然而，实践中不乏集体经济组织内部与外部成员之间的农地互换的情况存在。那么，现行法律将土地承包经营权互换限定在同一集体经济组织成员之间究竟是否合理？不无疑问。我们认为，集体经济组织内部与外部成员之间的互换也应该得到法律的认可而具有法律约束力。

第一，将土地承包经营权互换限定在同一集体经济组织成员之间，违反了物权法的基本原理。根据物权法原理，物权是一种支配性的权利，即权利主体享有得依自己的意思自由支配物权的权利。农民作为权利主体，自然享有自由处分土地承包经营权的权利。因此，农民应该享有自由互换土地承包经营权的权利。这就意味着农民不仅享有自由决定是否互换的权利，而且享有自由选择交换对象的权利。

第二，将土地承包经营权互换限定在同一集体经济组织成员之间，对土地承包经营权流转形成了制度性的障碍。甲村A家的承包地在乙村B家承包地的附近，而乙村B家的承包地又靠近甲村A家承包地的附近，为了双方耕作的方便而进行土地承包经营权互换，对他人无害，对双方当事人有利，何乐而不为呢？如果将土地承包经营权互换仅仅限定在同一集体经济组织成员之间，只会人为地设置了集体经济组织内部与外部成员之间互换的制度性障碍，在一定程度上造成土地承包经营权流转的封闭性。

四、土地承包经营权入股

（一）土地承包经营权入股制度的运行现状

《农村土地承包法》第42条确立了土地承包经营权入股这一流转方式，而《物权法》第128条采取援引性规定再次确认了这一流转方式。农民对以入股方式流转土地承包经营权的期盼程度较高。① 然而，在实践中，土地承包经营权入股流转的行为并不常见，其分布状况也极不均衡，主要集中在广东省等少数经济较为发达的地区。② 并且，根据十省实地调查发现，实践中土地承包经营权入股经营陷入了困境，出现了农民股东纷纷要求退股之尴尬局面。③ 针对土地承包经营权入股制度运行中所出现的问题，完全有必要对土地承包经营权制度功能及其股份经营等相关问题进行深入的研究，以期为土地承包经营权入股制度的实践困境寻求破解之道。

（二）土地承包经营权入股流转的功能分析

土地承包经营权入股流转，对于完善土地承包经营权制度、合理配置农地资源、发展农业生产及提高农民收入具有不可言喻的特殊功能。

第一，土地承包经营权入股可以兼顾“公平”与“效率”的价值目标。实行土地承包经营权入股流转，可以割断农民与具体地块之间的联系，不仅能够实现农地初始分配的“人人有份”，而且能够根据农户人口的变化情况采取“动账

① 课题组十省实地调查统计结果显示：有25.13%的受访农户表示希望以入股方式流转土地承包经营权。这足以说明农民对土地承包经营权入股经营的期盼程度较高。参见陈小君等：《农村土地法律制度的现实考察与研究——中国十省调研报告书》，法律出版社2010年版，第10页。

② 课题组十省实地统计结果显示：仅有8.50%的受访农户表示本村存在土地承包经营权入股现象。虽然，该项统计结果无法准确地反映出土地承包经营权入股的比例，但是，受访农户认知比例如此之低，也在一定程度上反映出土地承包经营权入股流转在我国农村并不常见。就各个省份而言，广东省的比例最高，竟然有高达64.09%的受访农民表示本村存在土地承包经营权入股现象。然而，其他省份表示本村存在土地承包经营权入股现象的受访农民均不足7.00%。其中，在湖南、四川及江苏三省的调查区域内，竟然没有一名受访农民表示本村存在土地承包经营权入股现象。如上所述，受访农户认知比例如此悬殊，也在一定程度上反映出土地承包经营权入股流转在全国范围内分布极不均衡。

③ “农地制度改革将催生国内更多土地利益大调整”，载http：//www.yingfuwang.com/news/24.html，2009年10月31日访问。

不动地”的办法适时地调整股权的分配，自始至终地贯彻了“公平”的法律价值目标。此外，“动账不动地”的股权调整方法不会影响农地的稳定、持续的经营，兼顾了“效率”的法律价值目标。

第二，土地承包经营权入股流转可以实现规模经营，提高农地的经营效益。与一家一户的“小农”经营相比，土地承包经营权的入股经营具有以下优势：（1）入股经营可以将农民的承包地集中成片，提高农业的产出效益。（2）入股经营可以进行现代化的机械耕作，降低农地的耕作和管理成本。（3）入股经营可以将一家一户的“小农”经营模式变为社会化经营模式，避免分散经营的盲目性，抵御市场风险。

总之，正是由于土地承包经营权入股流转具有上述功能，故而我国未来立法应保留入股这一流转形式，以适应农地规模经营的需要。

（三）土地股份合作制

1. 土地股份合作制的内涵

关于土地股份合作制的内涵在我国尚无统一的法律规定，我国有关的部门规章只是对股份合作制的内涵作了笼统的规定。[①] 而在一些地方法规及股份合作企业章程中对股份合作制的界定更是五花八门。正是由于有关部门规章及地方性法规对股份合作制的界定不具有统一性，故而也引起了理论界研究的分歧。在股份合作制的理论研究中，学者们对股份合作制界定大致可以分为：（1）将股份合作制界定为独立的企业形式。[②]（2）将股份合作制界定为一种过渡性企业形式，而非独立的企业形式。[③]（3）将股份合作制界定为合作制。（4）将股份合作制界定为股份制。[④] 不难看出，学者之间的观点分歧主要源自于如何定位股份制因素、合作制因素及其两者之间的结合在股份合作制中的地位。实际上，股份合作制本质并非股份制与合作制之间的有机结合，它只是以合作制为主体，并吸收股份制的一些做法而形成的具有某些新特征的合作制。[⑤]

2. 土地股份合作经营制的实践困境

土地承包经营权入股经营作为一种尚处于探索之中的农地流转形式，也面临着诸多方面的现实障碍，而这些障碍越来越制约着土地承包经营权入股经营的健

---

① 如农业部于1990年出台的《农民股股份合作企业暂行规定》第2条规定；农业部于1992年出台的《关于推行和完善乡镇企业股份合作制的通知》及劳动部于1994年出台的《劳动就业服务企业实行股份合作制规定》第2条规定。

② 郑子耿、陈慧雄：《股份合作经济通论》，杭州大学出版社1998年版，第40页。

③④ 转引自韩松：《集体所有制、集体所有权及其实现的企业形式》，法律出版社2009年版，第200页。

⑤ 韩松：《集体所有制、集体所有权及其实现的企业形式》，法律出版社2009年版，第200页。

康、良性的发展。理由如下：

第一，土地股份合作经营制不具有普适性。土地股份合作制并非放之四海而皆准，其良性、健康的运行需要特定的资源环境和社会经济条件作为支撑。首先，适合土地承包经营权入股经营的地区往往都是土壤条件适合种植某一种或某几种经济农作物，其自然资源禀赋优越。其次，适合土地承包经营权入股经营的地区往往都是第二、三产业发达，农村劳动力大量转移，土地出现闲置撂荒现象，而传统的转包、出租、转让等农地流转方式无法满足当地农民的需要。再次，土地承包经营权入股经营需要地方政府大力扶持。土地承包经营权入股经营需要先进的种植技术、较强的市场营销能力及现代的组织建设能力，这一切都离不开当地农业、工商及土地管理部门的大力扶持。最后，土地承包经营权入股经营离不开村干部的倡导与参与。正是由于土地承包经营权需要上述良好的自然资源和社会经济条件作为支撑，因而并不具有普适性。

第二，土地股份合作制封闭性强、规模狭小，发展空间有限。实践中土地入股合作经营制基本上以集体经济组织为载体，承载着农业生产、社区服务、公益事业等多种功能。一般情况下，只有集体经济组织内部成员才能持有股权，其股权设置具有浓厚的福利色彩，这与股权经营所要求的市场运作格格不入。① 因此，绝大多数土地股份合作经营制封闭性强。这必然排斥了外来资本和先进生产技术的进入，难以实现人力、资本、农地资源之间的合理配置，容易造成土地股份经营的规模狭小，发展空间有限。②

第三，土地股份合作经营制往往“政社不分”，其治理结构难以完善。我国的土地股份合作制往往以集体经济组织为载体，且土地股份合作制尚处于探索和试点阶段，其运行常常失范。为数不少的合作社的股东会流于形式，董事会经常受到乡村基层政府的控制，村干部兼任合作社的高层管理人员，加之乡土社会的人情羁绊，合作社股东会、董事会、监事会成员之间往往碍于情面“懒得”多管“闲事”，致使“三会”之间本应具有的制衡作用难以发挥。③

3. 土地股份合作经营制的现实出路

我们认为，针对上述困境，应采取如下措施来摆脱困境。

第一，土地股份合作经营应在尊重农民意愿并经充分论证的基础上方可进

---

① 实际上，在股份合作制实践中，股份制与合作制之间难以实现有机的融合。只不过，土地股份合作制在这一点上表现更为明显。参见韩松：《集体所有制、集体所有权及其实现的企业形式》，法律出版社 2009 年版，第 201 ~ 203 页。

② 张笑寒：“农村土地股份合作制的若干问题思考”，载《调研世界》2009 年第 5 期。

③ 根据有的学者研究结论，在我国，即使工商公司企业，人情因素也会在很大程度上减弱公司治理结构作用。参见谢朝斌：《解构与嵌合——社会学语境下独立董事法律制度变迁与创新分析》，法律出版社 2006 年版，第 308 ~ 311 页。

行。土地股份合作企业的良好运行，需要特定的资源条件和社会经济条件作为支撑，故土地承包经营权入股经营不具有普适性。因此，推行土地股份合作经营应该慎之又慎，切不可急躁冒进。乡村基层政府应在尊重农民意愿及充分论证的基础上先进行小范围试点，待取得成功经验后方可有序推广。

第二，赋予农民股东的股权转让权、退股权，修正农地股份经营的封闭性。为了修正农地股份经营的封闭性，应赋予农民股东的股权转让权。一旦农民股东享有了股权转让权，就具有了打破农地股份合作经营制天然封闭性的可能。当然，法律还须对农民股东行使转让权可能造成的问题进行预防性、配套性规定。

第三，完善农地股份合作经营企业的治理结构，确保其良性运行。为了完善农地股份合作企业的治理结构，保护弱势的农民股东的合法权益，未来立法应规定土地股份合作企业健全“三会”机构，并赋予农民股东知情权、事务参与权等诸多共益性权利。

五、土地承包经营权抵押

（一）土地承包经营权抵押制度的运行现状

《担保法》第 37 条第 2 款明确禁止土地承包经营权抵押。《物权法》第 184 条规定也明确禁止土地承包经营权抵押。然而，我们在十省的实地调查中发现，实践中存在少量的土地承包经营权抵押行为，[①] 而农民对土地承包经营权抵押的期盼程度较高。[②]

（二）土地承包经营权抵押制度的立法选择

1. 开禁及其理由

关于土地承包经营权能否抵押问题，学术界主要有肯定说与否定说两种观点。可以说，上述两种观点均具有一定道理。然而，相比较而言，肯定说更具有合理性。我们认为，我国未来立法应开禁土地承包经营权抵押。其理由主要为：

---

① 课题组十省实地调查统计结果显示：仅有 4.39% 的受访农户表示本村存在土地承包经营权抵押的现象；课题组四省实地调查统计结果显示：仅有 1.90% 的受访农户表示本村存在土地承包经营权抵押的现象。农民对土地承包经营权抵押的认知比例如此之低，一方面，说明我国农村存在土地承包经营权抵押行为。另一方面，也说明了土地承包经营权抵押行为在我国农村并不常见。

② 课题组十省实地调查统计结果显示：有 13.62% 的受访农户希望能够以抵押的方式流转土地承包经营权；课题组四省实地调查统计结果显示：有 17.90% 的受访农户希望能够以抵押的方式流转土地承包经营权。这足以说明农民对土地承包经营权抵押的期盼程度较高。

第一，允许土地承包经营权抵押，是强化土地承包经营权物权性的必然要求。农民作为土地承包经营权的权利人，不仅享有占有权、使用权、收益权，也享有一定的处分权。土地承包经营权抵押是一种处分土地承包经营权的法律行为，应属于权利人处分权的范畴。因此，未来法律应该开禁土地承包经营权抵押。

第二，允许土地承包经营权抵押，是立法回应社会生活诉求的必然要求。根据我们十省实地调查的统计结果表明，农民对土地承包经营权能够抵押流转的期望值很高。因此，我们完全有理由相信，随着社会经济的逐渐发展，农民对土地承包经营权抵押流转的实际需求也会逐渐增加。由此可见，未来立法开禁土地承包经营权抵押，不仅符合农民的愿望，也具备相应的社会基础。

第三，允许土地承包经营权抵押，是农地适度规模经营的迫切需求。农地适度规模经营的实现不仅需要土地承包经营权的规模流转，而且需要大笔农用资金的投入。如果允许土地承包经营权抵押贷款，可以拓展农民融资的渠道，解决农用资金投入不足的难题。

2. 制度设计

鉴于土地承包经营权交换价值低下、处置困难，简单地开禁土地承包经营权抵押，也难以激发金融机构从事农地抵押贷款的积极性。因而，土地承包经营权抵押制度的设计，需要对其所涉及的各方面因素进行有机整合与制度安排，才能更好地回应社会的诉求。

（1）对土地承包经营权抵押作出必要限制。从法理层面而言，土地承包经营权的抵押，可适用《担保法》有关抵押的一般规定。然而，由于土地承包经营权承载着社会保障功能，故而在其抵押制度的设计中应进行必要限制。

第一，目前土地承包经营权尚未褪去社会保障性，故而土地承包经营权抵押，应该预留抵押人生存保障所需的用地面积。根据联合国粮农组织划定的标准，人均0.8亩以下的土地仅具有生活资料的性质。[①] 故而只有在抵押人多于0.8亩的承包地上才可设立抵押。[②]

第二，土地承包经营权抵押的效力不能及于农作物。按照传统民法理论，尚未与土地分离的农作物属于土地的组成部分。可见，在传统的抵押理论框架下，以土地承包经营权抵押会导致抵押的实现及于农作物的法律效力。然而，对于我国土地承包经营权抵押而言，则不能简单地作出诸如“土地承包经营权抵押权的效力及于土地上的一切附着物”此类的逻辑推理，其根本原因仍然在于，承

① 左平良：《土地承包经营权流转法律问题研究》，中南大学出版社2007年版，第150页。

② 路斐：“土地承包经营制度结构研究——以回归物权本质为内涵”，中南财经政法大学2009年博士论文，第95～96页。

包地上农作物是维系农民生存的基本生活资料，如果将其作为抵押标的物，则可能致使农民的生存受到威胁。[①]

（2）农地抵押制度的创新。在现行的金融体制框架下，仅仅简单地开禁土地承包经营权抵押，势必受到当下的金融担保制度掣肘。具体而言，现行金融担保制度对农地抵押形成的障碍主要包括：

第一，目前，土地承包经营权抵押属于私法领域的财产权利的运作，仅仅具有“担保性而非政策性目的”[②]，由于没有政策的强制，金融机构出于追逐利益最大化之考虑，一般不愿从事这种高风险、低收益的抵押贷款业务。

第二，现行担保法的“限额担保”规定。[③] 我国农地承包户的承包地本就不多，因而可以设立担保的承包地就更少。假如适用“限额担保”的规定，由于小额贷款成本高昂，这将难以降低抵押贷款的利息。其结果是，土地承包经营权抵押贷款不仅额度小，而且利息高。这势必会对土地承包经营权抵押贷款形成实质性的障碍。[④]

第三，根据现行商业银行法的规定，金融机构不得自己经营不动产。一旦农民不能按期清偿抵押贷款，金融机构只能作价处分抵押的土地承包经营权。由于土地承包经营权处置困难、耗时较长，势必造成作价处分周期长与农业生产季节性短之间的矛盾，不可避免导致抵押农地的闲置、抛荒。因此，金融机构无意也难以从事土地承包经营权抵押贷款业务。[⑤]

可见，将适合城市化大生产的金融体制简单地照搬于农村，注定会“水土不服”，因而农地抵押的实践困境的破解之道，还在于农村金融担保制度的创新。根据现行金融制度对土地承包经营权抵押形成的障碍，适合土地承包经营权的农村金融制度至少应有如下创新：

第一，建立承担土地承包经营权抵押业务的政策性金融机构，即土地银行。目前，为了扶持农业生产，世界上许多市场经济国家都普遍设立了土地银行，从事农业土地抵押贷款、贷放长期低息的资金等业务，如德国的土地抵押合作社、公营的土地银行及土地改良银行，美国的联邦土地银行合作社、联邦土地银行和中央土地银行，日本的劝业银行、农工银行及北海道拓值银行等。[⑥] 我国可以借鉴上述国家的相关做法，设立土地银行。[⑦]

第二，土地承包经营权抵押贷款额度可以不受担保法的“限额担保”规定

①④⑦　路斐：“土地承包经营制度结构研究——以回归物权本质为内涵”，中南财经政法大学 2009 年博士论文，第 96 页、第 97 页、第 98 页。

②⑤　左平良：《土地承包经营权流转法律问题研究》，中南大学出版社 2007 年版，第 149 页。

③　参见《中华人民共和国担保法》第 35 条第 1 款的规定。

⑥　韩俊：“中国农村土地制度建设三题”，载《管理世界》1999 年第 3 期。

的制约。[①] 土地银行在开展土地承包经营权抵押贷款时，可以突破“限额担保”的限制，实行“全额担保”甚至“适度超额担保”。因为，现行担保法规定“限额担保”，其本意在于降低金融机构的经营风险，确保其债权的实现。然而，抵押权的设置毕竟只是担保债务的履行，并不是清偿债务的必要手段。何况，抵押物的价值是一直处于变化之中，超过抵押物价值数额的债权部分，在理论上和实践中均存在实现的可能，在国际上一般均认可抵押权担保的债权的数额可以超过抵押物的价值。[②]

六、土地承包经营权继承

（一）继承制度之法律规定

《农村土地承包法》第 31 条规定：继承人可以根据继承法的规定继承承包人应得的承包收益。林地承包人的继承人可以在承包期内继续承包。《继承法》第 4 条规定：承包人应得的收益可以依照该法规定予以继承。个人承包地，现行法律允许由继承人继续承包的，按照承包合同约定办理。

根据上述法律条文的梳理可知，《农村土地承包法》规定，耕地及草地承包人的继承人可以继承承包收益，但不能继承耕地及草地的承包经营权。林地承包经营人的继承人不仅可以继承承包收益，而且可以在承包期内继续承包林地。在学术界，或许有的学者可能是由于将“继续承包”误读成“继承”，从而认为现行法律允许林地承包经营权的继承，但不允许耕地及草地承包经营权的继承。[③] 实际上，“继续承包”绝不等同“继承”，两者的内涵存在着根本区别。在民法学上，所谓“继承”，是指依照法律规定或遗嘱约定将被继承人的遗产转移给继承人的法律行为。因此，继承具有继续行使财产权利的内涵，但继续行使财产权利并不等同于继承。[④] 此外，如果立法的本旨在于允许继承人“继承”林地承包经营权的话，完全没有必要规定继承人可以“继续承包”，直接规定继承人可以

---

① 路斐：“土地承包经营制度结构研究——以回归物权本质为内涵”，中南财经政法大学 2009 年博士论文，第 99 页。

② 孙宪忠：“确定我国物权种类以及内容的难点”，载《法学研究》2001 年第 1 期。

③ 武亦文：“‘流转’训诂——以土地承包经营权制度为对象”，载《2009 年民商法学博士生学术论坛——“三农”问题的法律制度研究：民商法与相关学科的对话论文集》，第 56 页；艾建国：“论土地承包经营权如何真正成为农民的财产权”，载《华中师范大学学报》（哲学社会科学版）2005 年 7 月；曹务坤：“完善农村土地承包经营权继承制度”，载《重庆工学院学报》（社会科学版）2007 年第 5 期。

④ 孟勤国等：《中国农村土地流转问题研究》，法律出版社 2009 年版，第 68 页。

"继承"岂不更加明了？可以说，立法之所以如此"厚待"林地承包，是考虑到林地生产经营投资多、周期长、收益慢、风险大，如果不允许继承人"继续承包"，容易导致乱砍滥伐，破坏生态环境的情况发生。[①] 可见，这里的"继续承包"仅指林地承包的延续，表示林地承包经营权行使的延续，不能得出林地承包经营权可以继承的结论。[②] 不过，值得一提的是，林地承包人的继承人能够在承包期限内"继续承包"的制度规定，实际发生着与继承人"继承"林地承包经营权相同的法律效果，即无论是继承人"继续承包"林地，还是继承人继承林地承包经营权，都实际发生着继承人继续行使林地承包经营权直至承包期满的法律效果。对于耕地及草地承包来说，虽然现行法律规定继承人只能继承承包人的承包收益，不能继承耕地及草地承包经营权。但由于农村土地是以户为单位承包的，也由于"生不增、死不减"农地政策的实施，只要没有发生承包户"绝户"[③]、承包人死后全家转为非农村户口并迁入设区的市[④]等极端情形，在承包人死亡后，承包户的其他成员在承包期内仍然可以继续行使耕地及草地承包经营权。可见，当未发生"绝户"等极端情形时，无论林地承包还是耕地、草地承包，都发生"继续承包"的实然效果。不过，当发生"绝户"等极端情形时，林地承包人的继承人仍然可以"继续承包"林地，而耕地、草地承包人的继承人却不能"继续承包"耕地、草地。由此可见，就法律规范层面而言，《农村土地承包法》否定土地承包经营权可以继承。

（二）土地承包经营权继承制度的立法选择

虽然土地承包经营权继承为法律所禁止，但关于土地承包经营权能否继承的争论一直未曾停止。归纳起来，大致可以分为肯定说、部分肯定说及否定说三种观点。持肯定观点的学者认为，土地承包经营权应具有可继承性。持否定观点的学者认为，土地承包经营权不应该具有继承性。持部分肯定观点的学者认为，林地承包经营权应该可以继承，而耕地及草地承包经营权不应该继承。[⑤]

我们认为，我国未来立法可以明确规定林地承包经营权可以继承。其理由为：（1）林地承包经营投资多、周期长、收益慢、风险大，如果不允许继承人"继续承包"，容易导致乱砍滥伐，破坏生态环境的情况发生。（2）允许继承人

---

① 胡吕银：《土地承包经营权的物权法分析》，复旦大学出版社 2004 年版，第 209 页。

② 孟勤国等：《中国农村土地流转问题研究》，法律出版社 2009 年版，第 68 页。

③ 所谓"绝户"，就是指承包经营户的全体成员全部去世。

④ 参见《农村土地承包法》第 26 条第 2 款的规定。

⑤ 蒋月：《农村土地承包法实施研究》，法律出版社 2006 年版，第 91 页；田野："中国农村土地流转的现状、问题及对策研究"，载《经济师》2004 年第 8 期；吴小雨、叶依广："农村土地制度改革与农村经济发展"，载《农村经济》2005 年第 8 期。

"继续承包"的现行规定，实际发生着与允许继承人"继承"相同的法律效果，且允许继承人"继续承包"的规定又引起了学者们的太多争议。

不过，我国应禁止耕地、草地承包经营权继承。其理由如下：

第一，禁止土地承包经营权[①]继承，是土地承包经营权的社会保障性优先于财产性的必然要求。就目前而言，土地承包经营权的社会保障性与财产性之间的关系应该是：土地承包经营权的社会保障性优先于财产性，而土地承包经营权的财产性影响其社会保障性。因此，未来立法应优先考虑土地承包经营权的社会保障性，作出禁止土地承包经营权继承的规定。

第二，禁止土地承包经营权继承，是保证社会保障公平性的必然要求。如果允许土地承包经营权继承，当继承人是城市居民时，本身就享有比较完善的城镇社会保障，通过继承又可以享受到土地承包经营权所带来的农村社会保障，从而享受到双重社会保障，进一步加剧了城乡居民的社会保障的不公平性。即便继承人是农村居民，如果允许土地承包经营权继承，也会发生社会保障的不公平的现象。

第三，禁止土地承包经营权继承，是土地承包经营权作为一种"成员权"的必然要求。在农地"集体所有"的框架下的土地承包经营权必然具有"成员权"的性质。土地承包经营权作为一种"成员权"，是与权利人的集体经济组织成员资格紧紧地联系在一起。当承包人死亡，就意味着权利主体的成员资格消灭，其享有的权利即土地承包经营权也应随之消灭。可以说，禁止土地承包经营权继承，是土地承包经营权作为一种"成员权"的必然要求。

① 为了叙述方便，如无特别说明，以下"土地承包经营权"仅包括"耕地、草地承包经营权"，而不包括"林地承包经营权"。

土地承包经营权调整：理论与现实的冲突及其协调

目前的法律规定对于农民的土地承包经营权的稳定与调整的关系问题，采取了将二者对立起来，维护稳定，否定调整的做法是否妥当？我们在立法上到底应当如何规制土地承包经营权的调整？对这些问题的正确处理不仅关系到农村基本经营制度的稳定，而且关系到农民土地权益的公平享有和生存保障，现拟从理论与实践的结合上对这些问题加以研究，对土地承包经营权调整的立法完善提出自己的建议。

一、承包地调整的情况分析

（一）承包地调整的基本情况

从各地进行的承包地调整看，主要有以下几种情况：

1. 因旧的制度惯性发生的承包地调整；
2. 村组集体组织的干部以权谋私的土地调整；
3. 集体组织为了收取承包费或者集体摊派费用进行承包地的调整；
4. 因发生自然灾害进行的承包地调整；
5. 因乡村建设用地发生的承包地调整；
6. 因国家征收集体土地引起的承包地调整；
7. 由不合理承包引起的调整；
8. 因人口变动进行的增人增地减人减地的调整。

上列第 1、2、3 种情况下发生的承包地调整是不合理的，直接损害承包经营权的稳定性，应当受到承包期内不得调整承包地的限制。但是，这几种情况恰恰已经不是引起承包地调整的主要原因，不是法律规制承包地调整的重点问题。后几种情况下都有对承包地调整的合理性，除对因自然灾害毁损引起的土地承包经营权调整外，土地承包经营权的调整问题并没有解决。引起土地承包经营权调整的原因是多方面的，有的是合理的，有的是不合理的，如果一律不得调整，合理的调整诉求也得不到满足，从而就会加剧矛盾，不利于社会的稳定。这正是我们对这一问题研究的意义所在。

（二）承包地调整所要解决的问题及问题产生的原因

以上分析表明承包地调整的意义在于实现承包制下集体成员对集体土地的公平占有，满足因各种原因导致的未取得承包经营权或者失去承包经营权的本集体成员取得土地承包经营权的需求。其所面对的问题的实质就是在土地作为农民的基本社会保障的条件下，没有承包地的农村人口的土地社会保障问题。农村土地的农民集体所有制和集体所有权及其承包经营制的实行是承包地调整问题产生的根源。集体土地作为集体成员的基本社会保障条件在集体成员间的平等分配与本集体的成员在不同家庭内的变动性，以及土地因各种原因发生的变动性，必然要求对承包地进行适当调整。

二、对承包期内替代承包地调整的各种可能的方案和途径的分析

由于对承包地的调整是《农村土地承包法》和《物权法》等法律和政策明确禁止的，其理由在于承包地调整影响承包经营权的稳定，于是人们提出了货币补偿的办法和对失地农民社会保障，以及通过承包经营权流转等替代承包地调整办法，以解决承包地调整所要解决的无地农民的生存保障问题。那么这些办法能否解决承包地调整所要解决的问题呢？我们认为承包期内给未取得承包权的集体成员调整承包地的替代方式中相对可行的是建立待地农民的社会保障，但这种方式也有一定的局限性。所谓建立待地农民的社会保障就是由集体或者国家对没有取得土地承包经营权的农民给予利益补偿以代替承包地利益。这一制度建立的实质问题是资金的来源问题，取决于集体的经济实力和国家的财政负担能力。集体为没有取得承包地的成员建立承包地补偿的资金，集体有经济收入的从其收入中安排；在集体没有其他收入的情况下，只能向所有的承包人收取地租或者承包费。这在目前刚刚废除农业税和各种收费的环境下显然不具有可操作性，因此，目前对承包地的适当调整还是必要的。

三、承包期内承包地的适当调整

承包地作为农民集体成员的生存保障，无地或少地的集体成员对承包地的需求完全具有正当性，使其在集体所有权上享有的成员受益权的体现，除非能够采取有效手段使这些人不再需要土地；否则，就应当通过土地调整满足其土地需求。所谓适当的承包地调整就是在保持承包经营权基本稳定的原则下，由法律规定具有合理性的调整理由和程序，由发包集体将原承包人承包土地中应当调整的部分调整给应当取得承包地的集体成员承包。对于承包地的调整在各地农村得到普遍的认同，事实上一直在调整。因此，不能笼统地以承包经营权有30年期间，就认为调整违背承包经营权的期限效力，破坏承包关系的稳定。只有依据合理正当的理由，适时进行土地承包经营权的调整，才能化解矛盾，理顺关系，最终才能促进土地承包经营权的稳定。调整具有实践基础，符合农村的善良风俗习惯，我们以中南财经政法大学陈小君教授主持的“农村土地问题立法研究”课题组对中国十省调研数据说明这一问题。该课题组有65人次5个调查组分为五路，于2007年5月初至9月对中国东部、南部、西部、北部、中部五个各具特色的农业经济区域的湖北、湖南、河南、江苏、广东、四川、贵州、山东、黑龙江、山西等10省30县90乡180村近2 000户农民进行了前后历时4个多月的大规模实地调查，共收回1 799份有效问卷和200余份访谈记录。据课题组对“增人不增地，减人不减地”的农地政策的调查，仅有25.90%的受访农户认为该政策“好”，而认为该政策不好的受访农户则高达56.03%。[①] 由这一调查数据可以看出，认可“增人不增地，减人不减地政策”的可能就是减人不减地的农户，大多数农户还是认为应当按照人口的增减变化适当进行承包地调整的。这一调查具有普遍性，说明土地调整问题在全国各地都存在，是应当给予重视并解决的问题。

从法律规定承包权可以流转的目的来看，如果法律允许流转，也就应当允许调整。因为流转的目的在于将不需要经营土地的人承包地流转给需要经营土地的人。而最需要经营土地的人就是还没有取得承包土地的人。从土地的社会保障功能和集体成员对集体土地的平等权利考虑，能够允许已经取得了承包土地的成员转让承包地，就应当允许未取得承包地的农民通过集体的调整取得应有的承包地。就是说能够允许承包地的流转，就能允许承包地的调整，对于集体土地所有

① 陈小君等：“后农业税时代农地权利体系与运行机理研究论纲”，载《法律科学》2010年第1期，第91页。

权来说，调整的价值性更为明显。就像流转不会破坏稳定一样，合理的调整也不会破坏承包经营权的稳定。

四、承包期内禁止调整承包地的原因分析

既然调整承包地是集体土地所有权和土地承包经营体制下必然要发生的问题，谁也否认不了没有取得承包地的集体成员要求取得承包地的诉求的正当性，但法律和政策为什么要禁止承包期内对承包地的调整呢？主要有两方面原因：一是立法政策导向上要求长期稳定承包制，承包期内承包地的调整必然会影响承包经营权的稳定。二是在法理上为了稳定承包经营权就要赋予承包经营权以物权效力，承包地的调整必然会损害承包经营权的物权效力。

（一）承包期内承包经营权的适当调整与承包经营权的稳定

笼统地讲调整会影响稳定似乎是成立的，但做具体分析，可以发现调整不见得必然破坏稳定，因为调整并不是随时进行的承包地的重新发包，而只是依据正当性理由，针对特殊情况并在严格的程序约束下对承包经营权的微调，引起承包经营权客体的土地数量上的变化，并不导致承包经营权整体的消灭，因此，不会动摇承包经营权的稳定。在稳定与调整的关系上夸大承包地调整的危害，从而片面地强调稳定，将稳定与调整完全对立了起来，实际上这是不利于土地承包经营权稳定的，因为越是不调整，得不到土地的人就越多，要求调整的要求就越强烈，承包经营权就不能稳定。目前人地占有不平衡，大量无地人口存在，在很大程度上是不调整造成的。而事实上根据人口变化进行适当调整的集体既解决了人地占有不均的矛盾，又稳定了承包经营权，并没有造成太大的问题。

（二）承包期内承包地的调整与承包经营权的物权效力的矛盾

在承包期内限制发包人对承包地的调整应当是承包经营权物权效力的应有之义。可见，承包期内调整承包地与承包人的承包经营权的物权效力是有矛盾的。但这一矛盾在法理上并不是不可克服。因为物权效力具有绝对性，但也可以基于社会正义和正当理由通过法律作出限制，在坚持承包经营权的物权效力的前提下，由法律对其物权效力的绝对性作出适当的限制，以平衡承包经营权人与作为土地所有者的本集体的其他成员的利益。由法律对承包经营权的物权效力作出适当限制就是法律明确规定承包期内不得调整承包地的同时对特定情况下的可以调整的合理事由作出明确的规定。法律对可调整的合理事由和程序作出规定以后，

承包经营权的物权效力在对抗调整问题上就表现为对非以法定理由和程序所作调整的对抗。这就表明承包经营权具有物权效力，承包期内发包人不得调整承包地；但是其物权效力不是不受任何限制的绝对效力，而是要受到法律规定的可调整事由的限制。承包经营权物权效力所要求的承包期内不得调整承包地的原则性与依法定事由和程序的例外调整的灵活性是协调统一的。可见，承包经营权的物权效力与承包期内承包经营权的适当调整的矛盾是可以通过法律规定克服的。

五、承包期内土地承包经营权适当调整制度的建立

我们认为应当对承包地调整法律制度在立法上予以完善。完善的方式和内容就是将《农村土地承包法》和《物权法》所规定的在承包期内发包人不得调整承包地的绝对化的规定修改为附有法定例外情形的不得调整。就是在规定承包期内发包人不得调整承包地的同时，对于合理的、必要的可以进行承包地调整的情形作出明确的列举式规定，将不得调整的原则性与必要调整的灵活性结合起来，使法律规定更加符合农村的实际。

（一）明确列举承包地调整的法定事由

依据本文对承包地调整原因的上述分析主要有以下情况：

1. 因国家征收本集体土地致使部分集体成员丧失承包地，其他集体成员也平等享受了土地征收补偿利益的。在这种情况下，补偿给本集体的征地补偿款由本集体成员公平分配，对承包地也应当公平地在本集体成员之间调整。

2. 因乡村公益和集体建设依法占用承包土地，致使本集体部分成员丧失承包地，或者因自然灾害毁损承包地，致使部分农户丧失承包地的。

3. 因一定期间内本集体的人口增减需要将减少人口的承包地调整给未取得承包地的新增人口的。这一调整事实的构成包括一定的期间和人口变化。因为人口变化是经常发生，如果一有人口变化就调整承包地，就会损害承包经营权的稳定，因此必须有一定期间的限制，在事实上发生的承包地调整，各地的期间不一样，有的一年调整一次，有的三年一次，有的五年一次，甚至更长的时间。到底多长时间调整应当由集体成员会议决定，但不能太短，否则会导致频繁调整，损害承包经营权稳定。因此，应当作出限制不少于三年。人口变化的事由包括出生和死亡、因婚姻的嫁娶、农村人口的非农城市化等。例如，将已经死亡的集体成员原享有承包权的承包地调整给未取得承包地的集体成员；将已经出嫁到其他集体组织，并已经在所在集体取得承包地的妇女的原承包地调整给未取得承包地的本集体成员。因为在这种情况下发生的承包地调整往往涉及从人口减少的承包户

调出承包地，如果操作不当就会损害承包人的利益或者违背适当调整的制度价值。有两方面的问题需要特别注意：一是如果农户人口的增加和减少与承包地量已经基本平衡的，就不能再从该户调出承包地；二是如果家庭虽有人口减少，但该户人均承包地面积低于人均最低耕地面积的不得再调整，因为这样的调整对调出户会造成新的困难，而且导致土地过分细碎。联合国确定的人均耕地0.8亩为最低警戒线，因此，应当规定农户人均承包地不足0.8亩的不得再调出土地。因此，应当规定农户的承包土地人均不足0.8亩的不得调出土地。

4. 因集体成员会议依法决定的为了本集体全体成员利益进行农业综合开发，需要调整承包地的。农业综合开发项目的实施可以有效提高农业生产率，一般要求大面积土地规模的条件，如果有个别成员不愿意参加，就不能连片开发，就会损害大多数集体成员的利益。因此，就需要进行调整。但是也不能借综合开发损害其他成员的承包经营权和其他合法权益，因此，应当严格条件，同时明确规定对个别成员调整的承包地的质量和耕作条件不得低于调整前的承包地，不得损害其利益。

5. 因集体依法收回承包地需要将收回的承包地承包给未取得承包经营权的集体成员的。这种情况主要指集体在符合法定的收回条件下可以收回承包人的承包地，并将收回的承包地发包给没有取得承包地的成员。法律应当规定在下列情况下，发包人可以收回承包地：（1）承包人自愿交回承包地；（2）承包人市民化或者完全的非农化；（3）承包人荒芜土地2年。如果允许在这些合理的情况下由集体收回土地，就应当允许集体将收回的土地调整给需要承包地的集体成员。

6. 集体组织需要将土地开垦或整理所增加的土地承包给未取得承包地的本集体成员的。

（二）调整的程序

承包期内，承包经营权的调整事关承包经营权的物权效力，因此，对承包经营权的调整，法律不仅要规定可以调整的特定事由，而且要明确规定严格的程序，以保证调整时符合法律规定的真正需要的调整，维护承包经营权的稳定性。对承包地的调整程序应当从申请、决定、批准，以及纠纷处理几个方面做出规定。可以做如下规定：在承包期内，如果遇到法律规定的事由发生，经没有承包地的农户或者因人口增加需要增加承包地的农户提出申请，经本集体成员的2/3多数决定，并报乡镇人民政府批准，可以进行承包地调整。

承包地调整纠纷，由乡镇人民政府和县级农业行政主管部门处理，当事人也可以向农地承包纠纷仲裁机构申请仲裁或者向人民法院起诉。

严格限定承包地调整的事由，并作出程序性规定，就可以防止发包人的随意调整承包地的行为，维护承包人的合法权益。如果发生在发包期内发包人进行的承包地调整，违反法律规定，损害承包人权益的，承包人有权请求乡镇人民政府和县级农业行政主管部门处理，或者向农地承包纠纷仲裁机构申请仲裁或者向人民法院起诉。

六、结语

关于农地承包经营权调整问题我们认为现行的“增人不增地，减人不减地”的土地政策，忽视了对新增人口的成员权的保护，在一定程度上直接与公平原则相背离，所以，农民集体可以收取租金给无地和少地的农民作出一定的经济补偿，但在刚废除了农业税的社会环境下不可操之过急。“承包地调整问题的解决应采取三步走的方略：第一步是在近期实行‘大稳定小调整’的政策；第二步是在条件成熟的地区逐步推行地租制，并以收取的地租补偿未分配或者失去承包地的农民集体成员，从而保持土地承包经营权的稳定；第三步是将地租制施行于全国，真正实施物权意义的‘增人不增地，减人不减地’规则，是土地承包经营权的独立财产价值得以充分圆满地实现。”[①] 本文关于在承包期内发包人不得调整承包地的原则下，对可以进行承包地调整的情形作出明确的列举式规定的完善承包地调整的建议，正是上述第一步的“大稳定，小调整”思路的体现。实际上，土地承包经营权的调整应当是农民集体所有权自主行使范围的问题，只要法律不做过多的干预，真正按照集体所有权行使的民主原则，是进行承包地调整，还是收取地租补偿无地农民，或者用集体的其他收入补偿无地农民，都应当由各个农民集体按照各自的实际情况决定。至少在集体决定要通过承包地调整解决没有取得承包地的集体成员的承包地问题时，法律应当为其调整提供依据，这正是我们提出完善承包经营权调整法律制度的意义所在。

① 陈小君等：“后农业税时代农地权利体系与运行机理研究论纲”，载《法律科学》2010 年第 1 期，第 91 页。

宅基地使用权制度：规范解析、实践挑战与立法回应

一、“宅基地”及其现行法律规定由来考

（一）“宅基地”释义

宅基地一词带有浓郁的民族性，为我国法律所独有。“宅”在我国历来不仅仅指房屋，还指被民间或国家所认可的一定范围的与房子有关的那块土地。因此民间谈到的“宅”、“宅子”是包含了我们现在所称的“宅基地”的。

我国现行法律对宅基地未作明确的定义，理论著作中也鲜有直接定义，宅基地的概念基本是通过对宅基地使用权的定义来间接体现的。现行法律中所称的宅基地仅指农村集体组织的成员经依法批准用以建造个人住宅的农民集体所有的土地，宅基地使用权仅指在农村集体所有土地之上设立的用益物权。

宅基地不仅包括住房所立基的土地，而且包括房屋的附属设施（如厨房、厕所、院落等）所立基的土地——宅基地不仅要满足农民的基本住宅需要，还要满足一般的家庭副业的需要。根据我国的土地管理制度，我国对农村宅基地实行面积总量控制以及用途控制的策略，即除不支持宅基地用作经营性用途外，各个省、直辖市、自治区还可以根据自身情况合理确定宅基地的面积标准；村民则根据自己的实际情况在划定的宅基地上建造房屋以及必要的附属设施。

我国法律制度中之所以存在“独特”的宅基地使用权，其根源在于我国土地权利制度中土地使用权与其所有权、城市地权与农村地权的相区分并且均相对独立的现象。

（二）新中国宅基地立法之嬗变

现行宅基地使用权的法律规定发端于1949年新中国成立后的一系列土地改革。总体上看，按照宅基地的权属不同，我国宅基地的立法演变过程包含了两个阶段：其一为宅基地私有时期（1949～1956年）；其二为宅基地公有私用阶段（1956年至今）。其中，第二阶段根据农村生产经营体制、立法情况的变化又可以分为政社合一时期的宅基地立法、家庭联产承包时期的宅基地立法、物权法时代的宅基地使用权三个时期。

由于宅基地使用权法律制度的构建受到国家土地政策、社会未来发展、百姓需求的地方性差异和宅基地在人们生活中的重要性等多重因素的交织影响，《物权法》对宅基地使用权仅做原则性规定，虽然可以理解，但该章毕竟只有区区4条，是除“附则”外条文最短少的一章，明显不能对错综复杂、利益纠结的宅基地使用权进行全面、有效的规范。为实现对宅基地使用权的和谐的体系性规范，首先需要对相关法律规范加以梳理、解读，在此基础上结合社会实践之需求，进一步完善宅基地使用权之制度体系。

二、宅基地使用权制度的法律规范解读

（一）宅基地使用权的内容

宅基地使用权为用益物权的一种，于其客体而言，其功能指向为农村集体土地之合理、充分利用，于其主体而言，其功能指向为农村居民“居者有其所”。

根据《物权法》第152条的规定，宅基地使用权的内容包括以下几个方面：

1. 权利的主体原则上应为集体经济组织成员。这是因为，宅基地使用权从设立之初即为一种带有鲜明的社会福利性质的权利，其首要功能定位为“居者有其所”。

2. 权利的客体为农村集体土地。城市土地因受“城市的土地，属于国家所有”的硬性规定而被排除在宅基地使用权客体之外，宅基地使用权的客体仅指农村集体土地。

3. 权利的权能应包括占有、使用、收益。《物权法》未明示其应否享有收益这一核心权能，从其他法律的规定中也未能寻找到关于其收益的规制，学界对此收益权能的解释也仅具有学理意义。无论怎样，在我国宅基地的收益功能的发挥实在有限，市场化即用益物权意义上收益并未实质性实现。《物权法》看似谨慎

的表达实则是对其收益权能本质性的未认可。

4. 权利之功能（宅基地的用途）。《物权法》第 152 条对宅基地的用途进行严格限制，规定只能用于建造住宅及其附属设施，附属设施一般包括厨房、牲畜用房和庭院等。建造住宅及其附属设施要依“法”进行，此处的“法”，从物权法定原则来理解，应仅指法律，这里的“依法进行”主要是指建造住宅及其附属设施要受到公法方面（土地管理）以及私法两个方面的限制。

（二）宅基地使用权的取得、行使和转让

《物权法》第 153 条并未直接规定宅基地使用权如何取得、行使和转让，而只是一个典型引致性规范，引导说明宅基地使用权取得、行使和转让应适用的法律渊源。引致的“国家有关规定”，除国务院的有关规定外，甚至应包括各部委、各省市县的有关规定，如《福建省农村村民住宅建设用地管理办法》。作为民事基本法的《物权法》，将一项关系到近九亿农民切身利益的重要权利的重要方面——取得、行使和转让，统统委托于“国家有关规定”，似乎有负于《物权法》的使命！

1. 宅基地使用权的取得

（1）宅基地使用权的取得方式。我国对宅基地使用权的管理经历了一个从宽松管理到严格控制的演变过程。法律及有关规定一再坚持“一户一宅”原则，并且由各省明确限定了宅基地面积标准，严格控制并极力避免一户多宅、宅基地超占等违法现象。从我国现行有关法律规定来看，宅基地所有权属于集体，同时法律禁止宅基地使用权单独转让，因此，农民个体不能通过买卖、继承、赠与和承租等继受方式单独取得宅基地使用权。于是，理论上宅基地使用权的取得方式只有一种，即通过集体成员资格申请无偿取得。

但由于我国奉行房地一体原则，现实中农民私有房屋的转让及继承使得宅基地使用权只能通过集体成员资格申请无偿取得的规定有所松动，从而使宅基地使用权的继受取得成为可能。基于保护私有财产权的要求，农民房屋有自由处分的权利；基于房地一体原则，受让人或继承人在取得房屋所有权的同时，也应当取得宅基地使用权；同时基于“一户一宅”、宅基地申请主体的限制，又客观上要求对通过转让、继承房屋取得宅基地使用权的情况加以限制。政策、法律、现实在此成为一个不折不扣的矛盾体。有关宅基地使用权的继承，《土地管理法》、《物权法》没有作明确的规定，我们只能从一些行政规章中探寻国家的政策取向。从法的体系解释上看，《物权法》已将宅基地使用权纳入到用益物权的范畴，虽在权利的取得和行使方面要受到诸多土地政策的制约，但不可否认的是，宅基地使用权已然成为法律所认可的财产权的一种，仍受《宪法》第 11 条第 2

款规定的保护。[①] 此外，农民房屋继承权的实现、"宅地一体"原则的贯彻，在客观上也要求宅基地使用权可以继承。

（2）宅基地使用权的申请条件和申请主体。宅基地的申请主体不同于宅基地的权利主体。宅基地使用权的申请主体是有权向集体经济组织申请宅基地的主体，与其相对应的仅仅是宅基地的原始取得。法律及国家有关规定对宅基地使用权的申请主体规定了种种限制条件。不过，《土地管理法》并没有具体明确地规定宅基地使用权的申请条件，而是由各地人民政府根据本地情况逐级进行具体细化规定，如 2002 年《河北省农村宅基地管理办法》第 7、9 条。从各地人民政府有关农村宅基地管理的规定来看，内容大同小异，都既规定了申请宅基地使用权的积极条件，又规定了申请宅基地使用权的消极条件。在宅基地的面积限定上，各地都以户为单位，规定了宅基地的面积限额。[②] 在限定宅基地面积的同时，各地又对申请人的资格作了规定。总之，各地一般都将宅基地使用权的申请主体确定为农村村民。于是，我国法律及相关规定一方面以户为单位配置宅基地，规定了申请条件，同时又规定申请主体为具有农民集体成员权的村民。此规范的结果也造成实践中一定的混乱，引发的宅基地分配和使用权纠纷亦不在少数。

（3）宅基地使用权的审批程序。《土地管理法》第 62 条第 2 款、第 3 款对审批原则与程序作了较为明确的规定，即对宅基地使用权的申请，一般由乡（镇）审核，由县级人民政府批准。2004 年国土资源部《关于加强农村宅基地管理的意见》进一步细化和规范了农村宅基地申请报批程序。同时，各地方对宅基地的申报审批程序、审批工作时限、审批权限等也有相关的规范，并将年度用地计划向社会公告，如 2001 年《山东泰安市农村村民住宅用地管理办法》第 8 条的规定。

（4）宅基地使用权的确权方式及其效力。《物权法》没有明示宅基地使用权的效力是"登记对抗主义"还是"登记生效主义"。不过，有学者根据《物权法》第 155 条规定，认为宅基地使用权的产生不以登记为生效要件。[③] 此外还有学者认为现实中不完善的宅基地使用权登记现状也要求宅基地使用权采用登记对抗主义。[④]

---

① 同样是具有福利性的农村土地承包经营权的继承已经明确得到《农村土地承包法》的认可。相关规定见《农村土地承包法》第 31 条。

② 参见 2005 年《菏泽市农村宅基地管理办法》第 10 条；《河北省农村宅基地管理办法》第 13 条；《苏州市宅基地管理暂行办法》第 11 条等。

③ 全国人大常委会法制工作委员会民法室编：《〈中华人民共和国物权法〉条文说明、立法理由及相关规定》，北京大学出版社 2007 年版，第 13 页。

④ 朱岩等：《中国物权法评注》，北京大学出版社 2007 年版，第 487 页。

根据《物权法》第9条的规定，宅基地使用权人要取得受国家法律保护的宅基地使用权就必须依法向土地行政管理部门申请办理宅基地使用权登记，否则，只有使用的权利，在受到侵害时不受法律保护。

我们认为，宅基地使用权应以登记为生效要件。其具体理由如下：首先，根据体系解释，我国物权法对不动产物权的变动采取的是登记生效要件主义，只在例外情况下采取登记对抗主义。而《物权法》第155条的规定没有对此作出明确相反的规定。因此作此解释也不违法律规定。其次，从长远发展看，对宅基地使用权采取登记生效主义，既有利于加强对农村土地监管，又有利于表彰权利之状态，从而有利于加强监管，减少纷争，尤其是对于治理现实中颇让执法人员头痛的违章建筑问题，有着重要的作用。

《物权法》之所以在法律文本中未明确宅基地使用权是否以登记为生效要件，或是考虑到目前有些地方宅基地使用权登记制度并不完善，全国范围内有相当部分的宅基地并未登记，如贸然规定宅基地使用权登记生效，会使得现实中有众多农民手中的宅基地使用权处于未生效的状态，从而引起大的纠纷和矛盾。因此，《物权法》的模糊处理可以说是情有可原。如果我们上面的分析成立，《物权法》第153条的规定恰恰应当理解为对宅基地使用权物权变动效力规定的回避，其仅仅是对已登记宅基地使用权变更、消灭的登记规定，而不应当将其扩展为“未登记的宅基地使用权变更、消灭的可以不进行登记”。

2. 宅基地使用权的行使

权利人在行使宅基地使用权时，有以下几个方面的限制条件：其一，应当按照宅基地的性能和用途使用宅基地，即不得擅自改变宅基地的用途，不得买卖或以其他方式非法转让宅基地等。将宅基地用作经营性用途的，再申请宅基地将不再获批；[①] 非法买卖宅基地的，将由县级人民政府土地行政主管部门没收违法所得；[②] 其二，按照批准的面积、地点建造住宅。权利人应当依照批准的面积、地点建造住宅，不得私自挪动、多占宅基地。超过批准的数量占用土地，多占的土地以非法占用土地论处；[③] 其三，不得违反国家、集体的统一用地规划。

3. 宅基地使用权的转让

根据许多学者对现行法律规定的理解以及现实中的操作惯例，宅基地使用权人无权转让宅基地使用权，如《土地管理法》第62条第4款、《担保法》第37条第2款、《物权法》第184条第2项规定。但实际上，《担保法》第37条第2款、《物权法》第184条第2项的规定只是禁止宅基地单独抵押，但对于宅基地

---

① 《土地管理法》第62条第4款。

② 《土地管理法》第73条。

③ 《土地管理法》第76条。

之上的农村房屋的抵押，法律从来没有禁止过。根据“房随地走”的原则，房屋的抵押可能造成宅基地使用权的实际流转。但相关行政规章在执行时会遇到的最大障碍来自1999年《最高人民法院关于适用〈中华人民共和国合同法〉若干问题的解释（一）》第4条的规定。而学者们通常所提出的支持宅基地使用权禁止流转的两个主要依据即《土地管理法》第62条第3款和国家土地管理局《确定土地所有权与使用权的若干规定》第169条。[①] 实际上以此为据主张禁止宅基地使用权流转的理由并不充分。

我国现行法律及相关规定之所以在宅基地使用权的转让中举棋不定，主要是为防止因村民重复申请新的宅基地造成的耕地流失和可能造成对其他村民或村集体利益的损害，同时考虑在宅基地使用权的流转不危及这一主要目的时，还是持有条件允许的态度。[②]

（三）宅基地使用权的消灭

宅基地使用权的消灭不同于宅基地使用权的转让。造成宅基地消灭的原因可能有自然性的，如河流改道导致宅基地被淹没；山体滑坡导致宅基地不再适于建造房屋等；也可能基于非自然原因，如因道路建设等导致宅基地被征收，环境严重污染无法再居住[③]等。目前甚至还出现有地方政府以合并或迁移村庄复耕等为由导致整个村宅基地消灭的新情况。

《物权法》第154条只明确规定了自然灾害作为重新分配宅基地的法定理由[④]，我们认为，造成宅基地灭失的原因不可排除非自然灾害，非自然灾害在合理认定后应为《物权法》第154条规定中的“等原因”所涵盖，以进一步固化并承认我国长期以社会福利形式为农民提供稳定居住保障的事实。

---

① 屈茂辉：《用益物权制度研究》，中国方正出版社2005年版，第330页；江平主编：《中国物权法教程》，知识产权出版社2008年修订版，第358页。

② “据国土资源部国土勘测规划院近年在北京郊区的调查，北京城乡结合部大约三分之一的宅基地都存在‘地下交易’。另据中国土地学会2001年在浙江的调查，义乌市1997年4月至2000年，全市农村宅基地转让3 223宗，面积21.89万平方米。其中，受让方为本村村民的占48.15%，受让方为非本村村民的占36.24%，受让方为城镇居民的占15.61%。”常红晓、苏丹丹：“农地入市”开闸，载《财经》2008年第18期。如此来见，一味禁止的规则显然遇到了障碍。

③ 如最近在陕西省凤翔县“儿童铅中毒事件”中，由于当地环境污染严重，政府决定将425户村民整体搬迁。这其中也涉及到宅基地使用权消灭问题——从使用价值上看，村民原有宅基地已经不具备继续用作宅基地的价值。当然，在此次事件中是政府主导的搬迁，但这种政府主导的搬迁毕竟是亡羊补牢之举，给村民造成的损害是无法挽回的。立法中可以考虑将因环境污染造成原居住地不适合居住的，村民可以请求重新分配宅基地。

④ 全国人大常委会法制工作委员会民法室编：《〈中华人民共和国物权法〉条文说明、立法理由及相关规定》，北京大学出版社2007年版，第281页。

需要明确的，这里宅基地使用权的重新分配是指在符合上文申请条件之下的重新分配，对于存在“一户多宅”、原权利主体已经脱离本农民集体等情况下的宅基地使用权消灭，则不发生法定的重新分配。

（四）宅基地使用权的变更、注销登记

由于宅基地使用权的法定确权行为是登记，已登记的宅基地使用权人无论是权利主体发生变更还是宅基地使用权消灭，按照《物权法》第155条的规定，都应当根据具体情况，及时办理变更登记或注销登记。当然，该条规则只是针对已经登记的宅基地使用权做出的规定，并未对没有登记的宅基地使用权提出适用要求。根据2008年国土资源部《土地登记办法》第6条的规定，土地登记应当依申请进行，该条实际上规定了相关权利人在宅基地使用权在转让、消灭时应作变更、注销登记的义务。按照《土地登记办法》第7、50、51条的规定，在宅基地使用权变更或消灭登记中，因自然灾害或非自然灾害等原因而导致宅基地使用权消灭、因遗嘱或遗赠获得宅基地使用权可由权利人单方申请变更或注销登记，而由转让而造成的权利变更，需当事人共同申请变更登记。宅基地使用权符合消灭的情形而原权利人未按照《物权法》第155条申请注销登记的，根据《土地登记办法》第54条的规定，国土资源行政主管部门应当责令当事人限期办理；逾期不办理的，进行注销公告，公告期满后可直接办理注销登记。

《土地登记规则》第37、46条对变更登记作了较为明确的规定。在这方面，《土地登记规则》第53、56条则对注销登记作了较为明确的规定。

三、宅基地使用权制度在社会实践中面临的挑战

（一）实践中农民对宅基地使用权权能完整性的追求

如前所述，自用益物权角度观察，宅基地使用权权能残缺不全，收益权能未被法律认可。收益权能，除表现为农民可以通过在宅基地上建造房屋及附属设施来满足居住的需求外，还表现为利用其获得经济利益。但不少地方的农民为追求其利益最大化在实践中规避甚至无视法律的禁止性规定，宅基地使用权制度的运行实践与国家立法及其原则也仿佛渐行渐远。由于法律保护个人对包括房屋在内的合法财产继承权、处分等权利，也就自然允许农民买卖房屋。房地一体原则的贯彻，使得农民在交易房屋时在实质上也一并处理了宅基地使用权，甚至现实中有些交易的重点并不在房屋上，而是直接指向承载房屋的宅基地使用权。这使得

立法中“宅基地不得单独转让”的规定在实践中已有被房地一体原则架空之虞。事实上，实践中宅基地使用权流转现象早已公开且具相当数量，而继承这种取得方式更是在立法及现实中被普遍认同。

尽管法律对宅基地的转让以及用途的规定有其合理性，但如果不能合理平衡农民私人利益与社会公共利益，相关规定的执行效果无疑将大打折扣，因此我们有必要重新加以审视。在我国，农村经济发展水平较低是一个不争的事实，发展农村经济、提高农民收入水平同保障农民基本生存条件同样重要，而且从本质上讲二者并非是矛盾的。农民的宅基地在满足其基本居住之余，作为市场要素参与到市场经济之中，不仅有利于提高农民收入，而且对于集约、合理利用土地有着积极的意义。在满足农村居民基本居住条件的前提下，在不违背“一户一宅”以及国家保护耕地政策的情况下，将宅基地使用权的收益权能赋予农民又何尝不可呢？在这种情况下，我们不能对住宅使用目的的理解极端化，相反，应当对国家的限制性规定的理解尽量限定在一个狭窄的范围内，即我国法律所限定的经营性用途仅仅是限定利用宅基地投资建房、商业开发等完全背离住宅目的的使用情况。

（二）宅基地使用权的取得、行使和转让

1. 宅基地使用权的取得在实践中比较混乱

这包括以下几个方面：（1）宅基地使用权的取得方式多元。（2）宅基地使用权的申请条件不一致和申请主体错位与缺位。首先，在申请条件方面，各地的规定有所差异。其次，在申请主体方面，我国法律及相关规定以户为单位配置宅基地，规定了申请条件，同时又规定申请主体为具有农村集体经济组织成员权的村民，造成宅基地使用权的申请条件不一致和申请主体错位与缺位。这种错位会产生如下弊端：其一，以集合概念的“户”为单位，在户中人口不一时会造成同一地区人均居住面积严重不均衡的现象，有悖以人均居住面积为衡量居民居住状况的常识；其二，严格来讲，“户”并非严谨的法律用语，难以界定，不利于实践操作。（3）宅基地使用权的审批程序在各地差异极大，效果也有所不同。这表现在：其一，虽然 2004 年国土资源部颁布的《关于加强农村宅基地管理的意见》第 7 条明确规定“在宅基地审批过程中，乡（镇）国土资源管理所要做到‘三到场’”，[①] 但在实际运作过程中，这一规定大打折扣；其二，村集体经济

① 即受理宅基地申请后，要到实地审查申请人是否符合条件、拟用地是否符合规划等；宅基地经依法批准后，要到实地丈量批放宅基地；村民住宅建成后，要到实地检查是否按照批准的面积和要求使用土地。

组织民主评议环节形同虚设；其三，宅基地审批同宅基地使用权证的核发存在一定程度的脱节。

2. 宅基地使用权的行使

我国现行法律及相关规定在宅基地使用权的转让问题上虽然举棋不定，但课题组2009年对全国4省480农户的调查结果显示，宅基地转让的情况占有一定比例，农民的主观愿望也表现为认可甚至主张进行转让。

市场经济的发展和广泛影响，使我国农村内部呈现了一定分化，形成了两种类型的农村，一种是传统耕作意义上的乡村，根据我们近年展开的农村土地法律制度运行的实地调查，发现在这种类型的农村中，国家“一户一宅”的法律规定基本得到了较好的实施，虽然也存在少量基于历史原因的“一户两宅或多宅”现象，但本村内部自然接受，相安无事。另一种则是处于城市边缘的或者由于经济发展已经接近城市化了的农村，这一类型的农村已经在很大程度上较少从事传统意义上的耕作，洋溢着浓郁的城市气息，充斥着市场经济理性的冲动，“一户两宅”的愿望极其强烈，实际拥有两宅的现象甚为突出。①

（三）宅基地使用权的转让

一套庞杂的宅基地制度体系，其体系内部就存有漏洞、冲突，反映着立法者的矛盾心理，同时，与国家不断发展变化的其他政策有时也难以协调。就体系内部来说，如相关规定只是规定了农民宅基地的最大使用面积，但对空间使用权并没有作出明确规定，结果农民可以在面积不大的宅基地上建造5层乃至更高的楼房，除满足自住外，其余的房间用于出租，这种现象如何认识和处理？如果强行禁止，其正当性何在？又如，法律只能一般地禁止农民改变宅基地使用用途，但无法禁止农民建造居商两用楼房。② 诸如此类问题，就是赋权性规范与禁止性规范在适用中形成的明显冲突。

而且以往土地市场的二元化运作机制使得这套法律制度在赋予农民宅基地使用权的同时，也一并剥夺了农民对自己权利转让的自由，其基本无缘享受经济发展带来的土地增值收益，在客观上侵害了农民的权益。面对这种现状，一方面，农村土地所有者的集体经济组织与土地使用权主体的农民尽可能规避法律的硬性

---

① 以重庆市万盛区为例，目前在总共43 000多农户中，9 000多户有两处以上宅基地，甚至出现了一户三四处宅基地的情况。参见胡康生主编《〈中华人民共和国物权法〉释义》，法律出版社2007年版，第557页。

② 1991年的《土地管理法实施条例》第29条曾规定：“农村承包经营户、个体工商户从事非农业生产经营活动，应当利用原有宅基地”，这在一定程度上开放了对宅基地用途的限制，但1998年《土地管理法实施条例》却删去了这一内容。能否据此就断定立法者持否定态度呢？

规定，在一定程度上消解了法律制度本身所蕴涵的不公正和不经济。前述在农村农户间实际发生的宅基地使用权流转现象也说明了这一点。另一方面，城郊农民和农村集体在寻找法律、国家政策的灰色区域以及谋求经济利益的机缘，求得宅基地经济利益的最大化，从而主动发起了对现行农村土地法律制度的直接挑战，即近几年在城市房地产市场中异军突起的“小产权房”现象。

禁止抑或是允许宅基地使用权的转让各有利弊。我们认为，允许宅基地使用权转让宅基地使用权用益物权制度完善的内在要求，并且在现实中有着客观的需求，其对我国“十分珍惜、合理利用土地和切实保护耕地”贯彻有着积极的意义。但毕竟宅基地使用权的福利性质不可磨灭，现阶段城乡土地市场分割有其合理性因素，对宅基地使用权转让问题不可操之过急，而应当有条件的、逐步的放开宅基地使用权市场。

（四）宅基地使用权的消灭

根据《物权法》第 154 条的规定，虽然只有在宅基地因自然灾害等原因灭失时，才应重新分配宅基地给失去宅基地的村民，但在实践中，不管是自然灾害还是非自然灾害，只要非本人故意毁损之原因造成了宅基地使用权的灭失，就可适用该条规定，给宅基地使用权人重新分配宅基地。因此，应对该规定作扩张解释，以因应社会现实需求。实际上，我国一些地方性法规和政府规章已经认识到因非自然原因造成的宅基地使用权的消灭的问题，一般都将因征收等原因[①]造成的宅基地使用权消灭作为重新分配宅基地使用权的原因。

另外，现实宅基地使用权收回[②]的问题也值得进一步思考。宅基地使用权的收回在性质上属于广义上宅基地使用权消灭的一种。按照我国现有法律规定，宅基地使用权实际上是一种无期限的用益物权。宅基地使用权的无期限性一方面稳定了农民的居住条件，另一方面则可能给农村公共建设以及土地政策的落实带来一定的障碍。因为面对一个无期限而又不需要任何代价的权利，权利人可能没有去合理、谨慎行使它的动力。出于公共利益和土地政策的考虑，法律应当允许在一定条件下集体土地所有权人收回宅基地使用权。从现有规定看，宅基地使用权的收回主要有以下几种情况：(1)《土地管理法》第 65 条规定了农村集体经济组织报原批准用地的人民政府批准可以收回土地使用权的情况：为乡（镇）村

---

① 参见《河北省农村宅基地管理办法》第 7 条、《宁波市农村宅基地管理办法》第 11 条等。

② 《土地管理法》第 65 条所规定的土地使用权的收回实际上是广义上的收回，包括征收和集体经济组织的单方面收回。这里仅指集体经济组织单方面收回宅基地。

公共设施和公益事业建设,[①] 需要使用土地的；不按照批准的用途使用土地的；因撤销、迁移等原因而停止使用土地的。（2）1995 年原国家土地管理局的《确定土地所有权和使用权利的若干规定》第 52 条规定的“空闲或房屋坍塌、拆除两年以上未恢复使用的宅基地，不确定土地使用权。已经确定使用权的，由集体报经县级人民政府批准，注销其土地登记，土地由集体收回。”（3）“一户多宅”情况下宅基地使用权的收回。（4）由于户口的迁移而使得宅基地的收回成为必要。关于这点，现行法律并没有明确的规定。比照《物权法》第 123 条及《土地承包经营法》第 26 条的规定，我们认为在全家迁出村民集体达一定年限后，应当赋予集体收回宅基地使用权的权利。宅基地使用权的收回意义重大，它一方面体现了土地所有者对使用者的监督，有利于我国“十分珍惜、合理利用土地和切实保护耕地”基本国策的实现，另一方面，它也指向了宅基地使用权制度对公平性的诉求。

（五）宅基地使用权的登记

从《物权法》第 153 条的规定来看，宅基地使用权的取得适用《土地管理法》等法律、法规、规章的规定。这里将私法上的物权变动模式交给了相关土地管理法律、法规。但相关土地管理法规属公法范畴，其基本立足点是土地管理而非私法权利与私法利益的调整，因此相关土地管理法律、法规对宅基地使用权的物权变动模式规定亦较为模糊。我们认为，国家土地管理局 1995 年修订的《土地登记规则》第 3 条的规定采“登记对抗主义”。而《土地管理法》是将农村宅基地作为建设用地进行规范的。这与《物权法》的做法又不尽一致，让人难以取舍，徒增执行之困难。问题不止于此，统一的登记机关仍未建立，房屋与宅基地使用权的登记分属不同部门。课题组 2007 年全国十省调查数据也显示，登记情况不甚理想。

四、宅基地使用权制度立法完善的宏观思考

为了能使农民独享政府为他们通过宅基地所提供的福利和保障，防止公权力的介入和其他社会成员染指，国家由上到下，通过层层制度设计，从宅基地使用权的取得、行使到转让，形成了一套明显带有“身份”色彩的法律制度，构建起从宪法、基本法到行政法规、地方性法规、规章及“国家有关规定”所组成

① 根据《土地管理法》规定，这里的“为乡（镇）村公共设施和公益事业建设而使用土地”不同于征收，因为这里不涉及到土地所有权的移转问题。

的一个以为完备的宅基地使用权制度体系。这在严格保护耕地、保障农民居住安全和维护集体所有权、宅基地用益物权上发挥了应有的历史性作用。但是，法律源自社会生活，进而通过裁判或实施又规范社会生活，社会实践的发展推动着法律制度的不断革新和趋善，正所谓法律的生命力所在。这使得社会实践发展的逻辑进路与解释的既定法律制度并非合拍，日新月异的社会现实更是对宅基地使用权法律制度提出了拷问和严峻的挑战，直指宅基地使用权的取得、流转规定及其与耕地保护、农民相关权益保护等制度。面对来自社会实践及其带来的挑战，现行法律制度必然也必须做出回应。而党的十七大报告已明确指出了推进和深化土地制度改革的目标，并且成都市、重庆市作为包括农地制度改革的国家级“综合改革试验区”也已做了积极探索，提供了有益的经验。这些改革动态无疑为农民从“身份”走向“自由”提供了转换契机，必然对宅基地未来立法走向和产生重大影响。由此展望宅基地立法的未来走向，信心犹存。

面对即将到来的宅基地法律制度的改革和亟须完善的要求，《物权法》第13章在构建宅基地使用权制度时采用了设定引用性法条的立法技术。这既为学者们的解释提供了空间，也为未来相关立法预埋了通道。当然，如何将物权法与其他法律规定结合起来，构建既适合我国国情，又有利于我国城乡协调发展的宅基地法律制度体系，仍是当前衡量情势、分析研究的重点和难点。结合多年的实地田野调研访谈之体会，遵循基本的法理，我们认为应从以下方面完善宅基地使用权制度。

（一）指导思想与原则

宅基地使用权制度不仅关系到当代农民的居住安全和财产利益，更对后代的影响甚巨，同时负载了农民私人的基本生存权益和社会稳定、国家粮食安全等重大公共利益。因此，宅基地使用权制度设计必须坚持以下几点：

1. 以维护农民利益为出发点和落脚点

保护作为农民居住基础的宅基地使用权是回归农民人格的内在要求。“家长式立法”在特定的时期对农村的稳定、农民生活的基本保障起到了积极的作用。但随着市场经济的发展和城乡一体化的进程，更主要的是随着农民权利意识的觉醒，一厢情愿的“家长式立法”已不再符合农村、农民的现状，已不再符合市场经济发展的要求。在新时期下，我们要相信农民将成为市场经济中的一份子，是理性的经济主体，会对自身的利益作出准确的判断。因此，在农地法律制度完善的过程中，必须尊重农民意愿，更多倾听来自农民集体和农民的声音，不能以“救世主”的姿态代替农民安排土地权利的实现，而应当注意突出农民的主体意识，发挥农民的聪明才智，使农民能够充分参与相关法律的制定，给他们以充分的发言权和选择权，坚持以人为本。这要求在现阶段继续坚守宅基地使用权的社会保障与社会福利特色，并在此前提下给予农民更完整、更充分的作为用益物权的宅基地使用权，以保护农民利用宅基地获取收入的权利，防止一些地方以旧村改造和新农村建设为由侵害农民利益。①

2. 严格落实严格保护耕地等基本国策

土地法律制度的建构，需要充分考虑到我国的土地政策，在严格落实保护耕地等基本国策的前提上，在立法技术上寻求宅基地法律制度的建构和完善。在我国，人地矛盾一直非常突出。防止宅基地挤占耕地是相关制度设计所首要考虑的问题。我国设定宅基地使用权的目的和价值追求与一般的建设用地使用权不同，设定宅基地使用权的首要目的是为了保障近十亿农民的居住安全，为终极性地实现社会秩序稳定奠定牢固的基础。因而，宅基地使用权法律制度设立之初，便带着浓厚的保守主义色彩，宅基地使用权法律制度的确定过程，更是社会公共利益同个人利益的权衡过程。《物权法》一改《土地管理法》将宅基地使用权纳入建设用地使用权的既有模式，将宅基地使用权从建设用地使用权中抽离，单独予以规范。立法者的良苦用心可见一斑。因此不能过度追求经济发展而危及农民群体的居住安全，乃至埋下社会秩序混乱的隐患。与其他建设用地使用权参与市场要素，追求经济价值不同，出于公共政策的需要，对宅基地使用权的立法应制定建立在尊重财产权利基础上的强制性规则。因此，宅基地问题的解决应“围绕农民土地权利的实现和社会公共政策之间的平衡而展开”。②

3. 以农地问题的整体性思考为工具，以妥当、务实的研究态度为保障

在研究中应当重视整体性思维，系统地加以解决。这要求努力寻求公益与私益之间的平衡点。在研究宅基地使用权制度时，应始终保持一种妥当、务实的态度，并基于一种社会使命感，寻找在当前情况下的有效解决路径。任何激进的主张、方案，如完全放开宅基地使用权流转等都是不可取的。

（二）具体制度设计

就立法技术而言，作为规范宅基地使用权的基本法，《物权法》应对涉及宅基地使用权的基本内容、宅基地使用权的取得、行使、转让和消灭的基本条件和程序作出统一、明确、具体、可操作的一般规定，即废止原可按“国家有关规定”处理宅基地的条文内容，也不应授权各地立法机关根据所谓当地实际情况作细化规定。就实体制度而言，应从以下几个方面加以完善。

---

① 蒋省三等：“土地制度改革与国民经济成长”，《管理世界》2007 年第 9 期。

② 杨一介：“农村宅基地制度面临的问题”，《中国农村观察》2007 年第 5 期。

1. 充实宅基地用益物权的内容

为维护农民的财产权益，提高土地的利用效率，应该允许居家搬迁至城镇的农民在限定的条件下处分其宅基地使用权，以获得一定的收益。同时考虑到农村现实，对于农民利用其已有宅基地进行经营的行为应加以允许，适当放松用途管制。鉴于此，首先建议《物权法》第 252 条在宅基地使用权的内容上增加“收益”权能，以更好地统领第 13 章的规定。其次，就宅基地使用权用途的限制方面，应改变现行笼统的规定“宅基地使用权不得用作经营性用途”的做法，而改为采取列举加概括的方法，列举宅基地使用权禁止的情形，概括法律、法规规定的其他情形。同时，应清理现有有关宅基地使用权的法律、法规，适当地放开在宅基地上进行的经营行为。

2. 细化宅基地使用权取得制度

宅基地使用权的取得是整个制度的入口，其设计科学、精确与否直接影响宅基地使用权制度的实施效果。基于宅基地使用权的用益物权属性，应当按照他物权取得的基本原理重构宅基地使用权初始取得制度，明确农村土地所有权人的地位。[①] 为此，应从以下几个方面入手：

（1）无偿取得制度。关于宅基地使用权是否应有偿取得，学界存在多种主张。[②] 我们认为，就目前农民经济状况和宅基地使用权在当下的社会福利性质而言，在一定时期内还不能全面实行有偿取得制度。宅基地使用权无偿取得制度有着特殊的社会保障功能，虽然医疗和养老保险为主的社会保障体系逐步覆盖至广大农村，但居住问题在短期内还只能靠农民自己解决。[③] 如果实行有偿制度，像 20 世纪 90 年代初期那样，向农民收取一两千元的宅基地使用费不仅体现不了宅基地使用权的真实价值，还会无谓增加大多数农户的负担，甚至辐射产生其他不必要的担忧。[④]

（2）取得条件法定化。在此，一要重申并坚持落实“一户一宅”的基本配

---

① 高圣平、刘守英：“宅基地使用权初始取得制度研究”，《中国土地科学》2007 年第 2 期。

② 胡康生主编《〈中华人民共和国物权法〉释义》，法律出版社 2007 年版，第 338 页；全国人民代表大会常务委员会法制工作委员会民法室编著：《物权法立法背景与观点全集》，法律出版社 2007 年版，第 559 页。

③ 课题组的实地调研结果也表明，农民也不赞成有偿取得宅基地使用权。其中，认为“不应缴纳任何费用”的农民在全国范围内占受访农民的 36.69%，认为“只应缴少量的手续费”的所占比例更是为 48.36%。

④ 事实上，有偿使用制度也不能从根本上解决问题，反而会为有钱人多占用和转让宅基地提供制度信道。正因为如此，1993 年中共中央办公厅、国务院办公厅《关于涉及农民负担项目审核处理意见的通知》明令取消了农村宅基地有偿使用收费、农村宅基地超占费、土地登记费等费用。而 2003 年国务院法制办公室在《关于请答复农村村民建住宅占用耕地收取耕地开垦费有关问题的函》中甚至表示无须占用耕地的宅基地使用权人缴纳开垦费，这还被《土地管理法实施条例》第 16 条所肯认。

置原则，这是维护社会公共利益的必需；二要总结各地的实践经验，对取得条件，如获得宅基地使用权主体的范围等作出统一、明确的规定。

（3）取得程序周密、可行、有效。在制定取得程序时，应梳理现有法律相关规定并加以整合，保证具体程序设计在体系上协调一致，如《城乡规划法》与《土地管理法》相关规定协调一致，各行政、地方法规、规章通过审查与上位法保持一致；程序设计还应力求简化，避免繁琐；除此之外，还应树立服务行政理念，在对农民申请行为加以规制的同时赋予其参与、救济等权利，实现双向监督。

3. 整合现有规定，完善宅基地使用权有限转让制度（附条件退出机制）

根据《土地管理法》、《继承法》、《物权法》等的有关规定，法律还是承认一些特殊的转让方式的。这主要可以从以下两个方面来说明。

（1）因继承引起的转让问题。面对农村因继承等原因拥有两处以上宅基地的较为普遍的情况，各地并没有一味视而不见，许多地区多采取正面鼓励农民退出宅基地，对宅基地上的建筑物进行补偿或收取有偿使用费的做法。虽然从宅基地规范的立法意图和法律体系整体功能来看，部分地方性规定的效力值得怀疑，但其中蕴涵的从实际出发的务实精神值得未来立法参考。除此之外，被继承人死亡留下宅基地而又没有继承人生活在农村的，作为继承人的城镇居民应有权转让该宅基地使用权。[①]

（2）因户口迁出引起的转让问题。随着社会的发展，确实存在一部分农民已经具备了迁居城镇的条件，但由于不肯舍弃自己的农村集体财产，尤其是土地上应得的现实利益或期待利益，总是通过各种方式维持着与集体的成员关系。为此，有如下考虑：其一，宅基地立法有必要构建农民有条件的有偿退出集体的机制。其二，基于宅基地无偿取得，对于少数人因长期在城市打工又购有城镇住房，其农村房屋空闲而需要交易处分的，若所得价金数额明显较大，则应在房屋所有人（宅基地使用权人）、宅基地所有权主体间建立合理的利益分配机制予以配置协调，原宅基地使用之农户应不再享有本集体宅基地使用权的福利，而城镇人购房后获得的宅基地使用权不得改变其所有权性质与用途。其三，无论集体成员是否有现实购买力，仍赋权于本集体内部成员基于成员权优先购买，或者集体在可能的条件下实行有偿回收，用于发展壮大集体经济。

总之，宅基地作为中国农民居家乐业之稀缺土地资源，又同时考虑有条件进入市场的问题，或许本身就是一个准天然的悖论。我们的调研表明，我国各地农

① 为不突破现有不得转让给城镇居民的规定，可以考虑规定，该继承人只有转让给该村村民以获得收益的权利，无人接手的，可由村集体组织收回。

村关于宅基地等农地利用在传统和现实发展上极不平衡，该如何根据国情构建科学合理的利益配置机制和制度规范，还有待作进一步具体深入的调查和妥适性论证。

4. 完善宅基地使用权的确权登记制度

宅基地使用权确权登记的实际意义在于：一是彰显农民所享有之权利；二是在侵害或土地征收等场合中，便于主张其权利，获得法律之救济。除此之外，完备的登记制度也有助于规范各主体对农村集体土地的利用活动，更好地贯彻保护耕地等基本国策。应当充分认识到，完善的农村宅基地用地登记制度，对于确立并执行合理的宅基地使用标准和规则，以及对于超标宅基地有偿使用制度的引入具有重要的先决意义。

为此，应根据《物权法》的要求尽早建立统一、科学的不动产登记制度，分解为宅基地使用权与房屋所有权两种权属，结合农村实际开展物权登记，以规制实践中宅基地使用权运行中无所适从的状况。2008 年以来，以国土资源部《关于进一步加快宅基地使用权登记发证工作的通知》为契机，全国各地加快了宅基地使用权登记发证工作的进程。法律应明确："设立宅基地使用权的，应当向登记机构申请集体土地使用权登记。宅基地使用权自登记之时设立。登记机构应向宅基地使用权人发放集体土地使用权证。"

5. 建立宅基地收回制度

宅基地的收回关系到农民的切身利益，关系到宅基地使用权的存续，需要从法律层面上对此加以规范。具体建议表述为：集体所有权人可以同宅基地使用权人协商一致收回宅基地使用权。在以下情况下，农村土地所有权人报原批准用地的人民政府批准可以单方收回宅基地：（1）为乡（镇）村公共设施和公益事业建设，需要使用土地的；（2）不按照批准的用途使用土地的，经两次书面警告仍不改正的；（3）空闲或房屋坍塌、拆除两年以上未恢复使用宅基地的；（4）因继承或转让原因，一户拥有两处或两处以上住宅，因继承或转让原因取得的住宅损毁已不适宜居住的，或因继承或转让原因取得住宅超过 20 年的；（5）举家户口迁出该集体经济组织超过 20 年①，原住宅未被转让、继承的。

6. 加强规划，强化土地集约利用

改革开放以来，随着农村经济的快速发展与城市化和工业化的加速推进，农民建房需求猛增，"空心村"和闲置宅基地、空置住宅等现象大量存在，且有不

---

① 这里的 20 年只是我们的初步设想。之所以规定一定的年限，是在坚持房地一体原则的条件下，对住宅这一私人财产的尊重。

断加剧的趋势。而乡村规划更是停留在初步的有名无实的发展阶段。土地的科学规划、有效利用除依靠上述基本制度外，还应实现从粗放式到集约式转型。土地规划对改善农民的生活、生产环境，促进农村、农业可持续发展具有重要意义。集约利用农村宅基地既有利于缓解日益突出的建设用地供需矛盾，又有利于切实保护耕地和新农村建设，促进社会经济的和谐、持续发展。为此，在尊重农民意愿、维护农民利益的前提下，运用各种经济手段反哺"三农"，积极引导，竭力改变"我国村庄农村居民点分布散、规模小和生活基础设施缺乏等状况"，强化腾出宅基地的土地整理、复耕力度，[①] 很有必要。

① 曹玉香："农村宅基地节约集约利用问题研究"，《农村经济》2009 年第 8 期。

乡村地役权的现代发展：域外法制与中国的现实

2007年颁布、实施的《物权法》立足我国国情和实践，充分借鉴世界各国和地区的先进经验，为我们构建了一个体系完整、基本制度健全、立法科学的物权法律制度体系，增设了不少新制度，对规范经济、社会生活起到了积极作用。其中，《物权法》第三编“用益物权”第四章“地役权”即为一项较有代表性的新制度。

作为舶来品的地役权在当下中国语境——如社会主义公有制、新农村建设——中如何理解、适用？这是我们实施《物权法》时必须加以认真思考的。

一、乡村地役权之理论基础：以地役权基本原理为中心

（一）基本概念澄清

根据《物权法》第156条的规定，地役权是指不动产权利人按照合同约定利用他人不动产以提高自己的不动产的效益的权利。一般认为，地役权“是指以他人土地供自己土地的方便和利益之用的权利”。[①]

从比较法的角度观察，各国和地区在具体立法体例上并不一致，着眼点也不尽一致。从各国的立法规定和学界的研究可以看出，对地役权的基本构造可作如下解析。简单地说，地役权就是物对物的权利。事实上，把地役权解读为物对物的权利还是有意义的：决定了地役权的从属特性。由于地役权是为需役地的自身

① 梁慧星、陈华彬：《物权法》（第四版），法律出版社2007年版，第285页。

利益而设的，而非需役地所有权人，当然更不是为了需役地权利人的各种需求，因而在需役地上的权利人的变更，不影响地役权的存续，即权利不随人走，正好有别于为特定人利益而设定的极具人身依附性而不能转让继承的人役权，“具有随地而动这样一种很强的从属性”。[①]

（二）基本特性重述

地役权具有从属性与不可分性的特点。

1. 地役权的从属性

关于地役权的从属性，主要表现为以下几个方面：[②]（1）地役权不得由需役地分离而转让。（2）需役地的所有权消灭，地役权因无须为不存在的需役地提供而归于消失。（3）在土地承包经营权人、建设用地使用权人或宅基地使用权人以其承包地、建设用地或宅基地作为需役地而设立地役权的场合，按照《物权法》第161条的规定，当事人约定的地役权的期限不得超过土地承包经营权、建设用地使用权等用益物权的剩余期限。

2. 地役权的不可分性

关于地役权的不可分性，主要表现为以下几个方面：[③]（1）地役权的不可分性是地役权从属性的另一延伸。（2）我国不存在土地共有，地役权的不可分性仅发生于需役地、供役地的使用权为共有的场合。不过应看到，由于《物权法》上的供役地和需役地均可为建筑物、构筑物及其附属设施、建筑物等共有的现象并不鲜见，地役权的不可分性在这些场合也发挥着作用。（3）以共有的不动产作为供役地设立地役权，即使是共有人中的一人设立的，各共有人也就全部共有的不动产承受地役权的负担，而非按其应有部分负担一部分。（4）《物权法》关于“需役地以及需役地上的土地承包经营权、建设用地使用权部分转让时，转让部分涉及地役权的，受让人同时享有地役权”的规定（第166条）承认了地役权在享有上的不可分性。

（三）历史变迁梳理

地役权的历史与人类对物的开发经营历史是相互平行发展的。役权于罗马起源至早，惟与所有权并无区别，至古代末期始独立为他物权，使得数个不同性质的权利叠加在同一项财产之上，增加了对土地及其他财产经营开发的可能性。在成为城市的产物之前，地役权首先出现于乡村。罗马法役权包含内容非常广泛，

---

① 申卫星：“地役权制度的立法价值与模式选择”，载《现代法学》2004年第5期。

②③ 崔建远：“地役权的解释论”，载《法学杂志》2009年第2期。

除了土地利用的地役权外，还有为特定人之便益而设定之人役权。地役权系为特定不动产之利益而使用他人不动产之权利，又可分为乡村（田野）役权与建筑物役权。

到了优士丁尼时代，地役权内容已经比较完备。

随着历史的发展，因地上权、永佃权相继发达，役权之作用与内容乃逐渐减少，直至近代物权法定主义兴起，已就复杂之旧物权制度有所整理，再加上所有权自由化与土地解放之说盛行，对于土地所有权加以限制之役权，遂采排斥之态度，是以欧陆各国民法虽亦继受罗马法，有地役权与人役权之设，但其内容已大受限制。[①]

对于地役权，近现代各国民事立法在相当大的程度上继受了罗马法。

（四）现代发展

随着现代社会的发展，传统的地役权制度发生了很大变化。地役权主体范围不断扩大，地役权客体范围日益宽泛，地役权限定条件发生转变。

一方面，由于地役权产生之初具有的用益物权母权之特性，[②]“在古罗马帝国作用重大，而随着其他种类的他物权的兴起，地役权的发挥作用的空间逐渐缩小，存在一种‘衰退’的趋势，有时甚至代表了一种‘过时的事物’”，[③]并呈现出一定的普遍性。这其中也有内在的经济规律所驱动。[④]另一方面，具有综合性突破的新类型也不断涌现。这是地役权现代发展的一个标志性特点。如集合地役权就是一例。这种地役权在法国的实践与理论都有较大发展，并且为既有的民法理论带来了明显的冲击。[⑤]此外，值得注意的是，“地役权在现代一些欧陆国家出现了某些新的发展，被称为‘地役权的第二春’，表现为出现了所谓‘限制营业竞争的地役权’。”[⑥]

---

① 谢在全：《民法物权论（中）》（修订四版），台湾新学林出版股份有限公司2007年版，第227页。

② 周云涛、张国栋：“跳出地役权看地役——一种历史的、体系的视角”，载杨立新主编：《民商法理论争议问题——用益物权》，中国人民大学出版社2007年版，第476页。

③ 尹田：《法国物权法》，法律出版社1998年版，第400页。

④ 苏永钦：《物权法定主义松动下的民事财产权体系——再探内地民法典的可能性》，载氏着：《民事立法与公私法的接轨》，北京大学出版社2005年版，第230页。

⑤ 参见尹田：《法国物权法》，法律出版社2009年版，第473页。

⑥ 梁慧星、陈华彬：《物权法》（第四版），法律出版社2007年版，第290页；王泽鉴：《民法物权2用益物权·占有》，中国政法大学出版社2001年版，第77页；［德］鲍尔、施蒂尔纳：《德国物权法》（上册），张双根译，法律出版社2004年版，第773页。

二、比较法上的乡村地役权：对大陆法系与社会主义法系的考察

（一）法国

自15世纪起，法国旧法承接了罗马法的规则。19世纪以来，地役权的发展则与法国工业（包括修建水坝和运河）相联系。不过，虽然地役权在现代法国社会继续发挥重要作用并引起大量纠纷，但现代社会中的地役权却存在一种“衰退”的趋势，有时甚至代表了一种“过时的事物”。总之，在法国现代社会，围绕地役权问题产生了诸多矛盾。这些矛盾不仅发生在所有权的“限制”和财产更好的利用之间，而且发生在“地役权固定不变”与“地役权应当发生变化”以及“地役权具有持久性”与“地役权仅具暂时性”等相对立的学说之间，还发生于农村的地役权与城市的地役权之间、私人的地役权与公众的地役权之间、设定地役权的法律与协议之间，以及时间对地役权产生的两种不同效力（权利取得与权利消灭）之间。甚至于，地役权还引发了生态学上的矛盾。

根据《法国民法典》第637条的规定，地役权是施加于不动产（称为供役地）的负担，以使其他不动产（称为需役地）获益。

首先，在法国民法上，地役权作为一种不动产物权，其构成包括三个要素：一是土地的存在；二是建立于两块土地之间，该两块土地分属两个所有人；三是其中一块土地向另一块土地提供服务，即一土地对他土地的利用发生影响。其次，法国法承认了法定地役权，并成为这一立法例的代表性国家。再次，法国民法对地役权的分类采用了各种不同的方法，其中最有意义的分类有两种，即依地役权行使的方式和依地役权产生根据所进行的分类。最后，就地役权的取得、行使、消灭、保护而言，法国民法的规定可以作以下概括：除被围土地之通行权等法定地役权外，地役权可因下列3种方式而取得：因设定权利证书而取得；因取得时效取得；因前所有人的指定而取得。法国民法对地役权的行使规定了以下两条原则：（1）地役权范围以权利证书规定的范围为限；（2）地役权具有固定性。地役权的保护适用物权的传统保护方法：（1）确认之诉；（2）占有权之诉。

（二）德国

德国同样是在肯定地役权发挥物尽其用功用的前提下，对地役权的内容、特性、种类等作出了基本规定。因而，法律规定并保护地役权这种符合“更大利

益原则”的权利。[①]《德国民法典》第 1019 条限定了需役地的利益范围和程度，必须基于地役权本质特征直接产生的要求：地役权只能是给需役地的使用带来利益的负担，不得超出这一范围而扩张该项役权的内容。不但如此，在行使地役权时，地役权人必须尽可能照顾供役地所有人的利益；地役权人为行使该项役权而在供役地上设置工作物的，必须使之保持通常的状态，并以供役地的所有人的利益要求这样做为限。

就地役权的不可分特性而言，《德国民法典》也有明文规定，充分体现。其第 1025 条第 1 句前半句的规定就体现了自罗马法以来得到公认的、被各国立法例所采取的地役权不可分性原则。[②]

在德国，地役权的消灭原因，除了法律行为的抛弃和登记而消灭以及因供役地的特定利益消失而消灭外，还有消灭时效适用而发生的消灭。

我国是一个法律继受国家，并且主要继受自以德国为代表的大陆法系传统。如何在继受过程中准确、全面理解德国理论与立法，遵循法律自身的逻辑理性，结合自身实际加以发展，是一个值得我们认真思考、不断探索的课题。

（三）意大利

《意大利民法典》“忠实来源于罗马法、被法国民法典继受并获发展后形成为欧洲私法的传统……遵循着欧洲私法中注重主体的法律地位、保护所有权及自由缔结契约的传统。”这决定了法典中的具体规定颇具特色。关于地役权的规定就是如此。

根据《意大利民法典》第 1027 条的规定，地役权是为某块土地提供便利（参阅第 1028 条）而在另一块属于不同所有权人的土地上附加的负担。其特色主要在于对地役权的内容作了全面、多样化的界定。而且在地役权类型上，设定了“为将来的便利设定的役权”，是对物权原则与役权基本构造的背离。在设立方式上，根据第 1031 条的规定，地役权可以强制设立或者任意设立，还可以因时效取得或者由家父指定设立。

《意大利民法典》专节（第 1032 ~ 1057 条）规定了强制地役权。这种规定的类型值得我国参考借鉴。根据法律，某一土地的所有人有权在另一所有人的土地上设立役权，在欠缺契约的情况下，这一役权由判决设立（参阅第 2932 条）；在法律特别规定的情况下，也可以由行政机关进行这一设立。由判决规定地役权的条件并且确定应当支付的补偿金的数额；在支付补偿金以前，供役地的所有人

---

① 孙宪忠：《德国当代物权法》，法律出版社 1997 年版，第 240 页。

② 史尚宽：《物权法论》，中国政法大学出版社 2000 年版，第 237 页。

可以阻止役权人行使役权。强制地役权主要存在于用水等领域。在现代社会，电力的使用是无处不在，已经成为整个人类生活、生产的必要条件，供电与电缆铺设并成为必需。是故，该节第五分节规定了“强制送电和电缆的强制通行”役权。

除强制设立地役权这种较为特殊的方式外，还有根据家父指定取得的役权。这在法国民法典中也有规定。根据时效取得的役权则几乎遍存于大陆法系各国和地区。

鉴于役权内容的复杂多样，《意大利民法典》以专节的形式，详细规定了役权的行使问题。

鉴于农业在意大利仍占据重要地位，加之受罗马法传统的影响，意大利特别就某些有关用水的役权作了专节规定。这对于我国经常遭受旱涝灾害的国家无疑具有借鉴价值，对水资源使用、农田灌溉等农业生产用水、农村生活用水的制度化安排具有重要意义。

（四）我国台湾地区

我国台湾地区“民法物权编”自1930年施行以来，历经80年，多次加以修正。

最近的修订，涉及地役权章。[①] 总的来看，这次修订广泛吸收了学界的研究成果。详言之：(1）鉴于需役及供役客体已从土地扩张至其他不动产，为使名实相符，章名修正为“不动产役权”；(2）修正不动产役权之意义（修正条文第851、853、856条）；(3）增订同一不动产上不动产役权与用益物权同时存在，其后设定物权之权利行使限制（修正条文第851条之一）；(4）明定时效取得共有不动产役权之规定（修正条文第852条）；(5）增订不动产役权行使权利之处所或方法得请求变更（修正条文第855条之一）；(6）明定不动产役权消灭及其设置取回之规定（修正条文第859条及其之一）；(7）增订不动产役权准用地上权之相关规定（修正条文第859条之二）；(8）增订基于用益物权或租赁关系得设定之不动产役权及自己不动产役权与其准用之规定（修正条文第859条之三～之五）；(9）这次修法也采撷德、瑞立法例，创设“自己不动产役权”，即新修民法第859条之3规定。[②]

从我国台湾地区的法律发展实践来看，其所遇到的问题和关注，我们已经、

① 参见我国台湾地区“民法物权编”第三次修正案（用益物权及占有）(2010年1月28日)。

② 今后，如房地产开发商开发社区时，因日后不动产相互利用必涉及多数人，为建立社区具有某种特定建筑风格，预先规划各项公共设施，避免日后个别住户破坏整体风貌，可设定“自己不动产役权”维持不动产利用关系。这在法国民法的司法实践中已有明确体现。

正在经历，或很快将会遇到。他们的经验，无疑值得我们重视，从立法或司法的角度克服已经暴露出来的问题，积极回应社会实践快速发展带来的挑战。

（五）受社会主义传统影响的国家

1. 俄罗斯

俄罗斯联邦民法典的编纂颇类似我国的做法，分批出售，一个部分一个部分地逐步实施。由于“俄罗斯物权立法强调的是一种法的现实回应性价值，而忽略对法的体系性、逻辑性和学理性价值的关注，”因此，物权编内容的确定是“本着急需的先立，不急需的后立，转型期需要的规定，不需要的暂不纳入体系的原则”，关于地役权的规定并不符合大陆法系经典的制度体系模式。

俄罗斯的民法典及其土地法典都规定了对他人土地的限制使用权（地役权），但两部法典对于地役权的规定存在差异。其中比较有特色的地方在于通过民法典和单行法——土地法，规定了私人地役权和公共地役权。[①] 在这方面，转型期的俄罗斯立法对处于社会转型期的我国不无借鉴意义。不过，俄罗斯法虽然建立了较为完整的地役权体系，但其立法规范却并不完善。[②]

根据《俄罗斯联邦民法典》第 274 条的规定，不动产所有权人有权要求邻地的所有人，必要时还有权要求其他土地的所有人提供相邻土地的使用权。按照其规定的条件和程序，为了土地终身继承占有权人或者永久使用权人的利益，根据他们的要求也可以设定地役权。根据《土地法典》第 23 条第 2 款的规定，为保障国家、自治地方或者地方居民的需要但又无须征收土地的情况下，俄罗斯联邦法律或者其他规范性法律文件、俄罗斯联邦各主体规范性法律文件、地方自治机关规范性法律文件可以设定公共地役权。一般认为，土地法典中规定的公共地役权，常常是作为立法者规定的对土地的有限使用权来研究的，是对民法典的补充。《土地法典》第 23 条第 3 款详细列举了十种公共地役权。

---

① 需要注意的是，公共地役权的性质在学界日益受到质疑。有学者认为，在俄罗斯现代立法中出现了公共役权的范畴，是私有化导致的结果，它最初体现在自然资源立法中，后来为城市规划立法，最后为土地立法作采用；还有学者认为，公共地役权调整的是国家和不特定公众与不动产权利人之间的权利义务关系，是根据公共政权机构的决定为了社会和其他公共利益而设定，这对于私权理论来说不可思议。E. A. Сухонов：Понятиеивидыограниченныхвещныхправ Вестник Московского университета（сер. 11《Право》），2002，4，pp. 19 – 20. 转引自王蜀黔：“俄罗斯联邦土地他物权法律制度评介”，《环球法律评论》2008 年第 2 期。

② 李连祺、魏双：“大国背景下俄罗斯土地使用制度变革述评”，《黑龙江省政法管理干部学院学报》2008 年第 5 期。

众所周知，新中国成立后的法律传统深受苏联的影响，苏联在民事立法中走过的弯路，我们可以说是亦步亦趋，也跟着走了不少弯路。苏联已经解体，并经历了社会制度的剧烈转型，在民事立法的道路上也做了积极探索，以解决社会转型、历史遗留带来的各种问题。我们国家自改革开放以来，同样经历着巨大的变革，面临着不少和俄罗斯相类似的问题。邻国的实践，不管是经验还是教训，都对我们不无启示意义。例如，设立公共地役权制度的初衷，实践中出现的争议和问题，对于完善我国相关法律制度都是一笔宝贵的财富。

2. 蒙古①

就蒙古的情况而言，《蒙古国民法典》对财产权的规定在处理模式上与《民法通则》对财产权的处理模式颇为类似，均未使用物权这一大陆法系的基本概念，甚至连具体表述都极其相似。《蒙古国民法典》为每个条文设置了大量的款项。因此尽管关于地役权的规定只有一条，即第 108 条“有限的土地使用权（地役权）”，但却有 6 款详细的规定。此外，第 110 条规定该种使用权终止（消灭）的几种情形。第 111 条则明确了该使用权的客体范围，除了第 108 条规定的土地外，还有建筑物、设施以及其他不动产。

从这些规定来看，蒙古民法的规定尽管在表述上承认了地役权这一有限使用权，但从结构安排以及具体内容来看，似乎有混淆地役权与相邻权的嫌疑。饶有趣味的是，我国和蒙古在一些问题上可以说是犯了同样的错误：《蒙古国民法典》在涉及地役权客体的表述中，首先使用了“不动产”，在后面又使用了“土地”，最后却又专门规定了地役权的客体为土地、建筑物、设施及其不动产；《物权法》第 156 条使用了“不动产”，后面的各条却一直使用的是“土地”（或土地权利人）。②

从蒙古的民法立法体例来看，明显还处于过渡期，立法的科学性、逻辑性、体系性都有一定欠缺。

3. 越南③

越南的相关民事立法在一些方面与蒙古的情况相类似：没有构建一个完整的物权体系，主要突出了所有权与土地使用权及其利用；没有单独的地役权的规定，主要是作为所有权的其他规定出现的；也有地役权与相邻权混在一起的缺

---

① 参见《蒙古国民法典》，海棠、吴振平译，中国法制出版社、金桥文化出版（香港）有限公司 2002 年版。

② 有学者批判了立法者的“不动产既土地”思维。参见杨立新、王竹：“解释论视野下的《物权法》第 166 条和第 167 条——兼评用益物权编‘不动产即土地’定势思维”，载《河南省政法管理干部学院学报》2008 年第 1 期。不过，蒙古立法者用一个条文纠正了这个错误，尽管这个成本有点高。

③ 参见《越南社会主义共和国民法典》，吴尚芝译，中国法制出版社、金桥文化出版（香港）有限公司 2002 年版。

点，并且表现得更为明显；[①] 可以解读为地役权的规定，也是以“有限使用权”的形式出现的[②]。除此之外，越南在地役权（或相邻权）的规定上也有自己的独特之处：第267～276条在标题上均以“义务”表示，而第277～284条在标题上则以“权利”示人。

综上所述，社会主义法系国家的立法在科学性、体系性上都有这样或那样的不足，也表现出自身的特点，并多具有传统社会主义的烙印。这无疑都是我们要竭力加以避免的。

三、乡村地役权在我国：立法、理论与实践

（一）立法与理论

立法与理论是互动的，互相影响、互相促进。理论为立法提供了指导，影响了立法；立法为理论提供了素材，直接或间接地规定了理论的研究方向与内容，甚至是研究观点。从我国地役权的理论研究与立法来看，理论与立法的互动关系既有上述之良性展现，亦有疏离之缺憾。

就我国民事立法来看，我们可以把立法分成两个阶段：（1）新中国成立至《物权法》的制定阶段：第一阶段为新中国成立后至《民法通则》颁布，第二个阶段为《民法通则》的实施至《物权法》的制定。（2）《物权法》生效实施至今阶段。相关理论研究大致也可以作如此划分。

（二）社会实践

总的来说，实践中存在的诸多现象本应通过地役权的制度构造实现当事人之间的利益平衡，维护其合法权益，从而实现规范化、法律化，但苦于对该制度认知的缺乏以及法制大环境的制约，地役权尚未发挥其应有的积极作用。但就乡村地役权的适用情况来看，除受制于对该制度认知的缺乏以及法制大环境外，与其本身的特质也不无关系。[③] 在我国广大农村，情况可以分为以下几种：一种表现

---

① 这是因为第273～276条的规定从义务的角度对相邻关系人的行为做了强制性与禁止性规定。这在其他国家通常是相邻关系的基本内容。

② 当然，从地役权权利内容本身来看，这一界定尽管不够精确，但无疑是正确的，因为地役权对他人不动产的利用不管是在范围还是程度、强度上都明显小于其他类型的用益物权，如建设用地使用权和土地承包经营权。

③ 就笔者所进行的实地调研来看，地役权的观念在农民心中是不存在的，相关的实践也是寥寥；但从南方个别农村因灌溉、北方农村因邻里通行所生的需求来看，地役权仍有其发挥作用的空间。

为相邻权（相邻关系）;[①] 另一种通过农村土地集体所有制实现；再一种以习惯、乡土感情通融，因为利益关系较为简单，农民的权利意识还处于勃兴之中，这也在一定程度上消解了地役权制度适用空间。

从严格意义上说，在《物权法》颁布实施以前，我国是不存在地役权的；从一般意义上看，无论《物权法》是否颁布，都存在地役权。在社会实践层面，存在于乡村的地役权主要存在于以下领域：一是房屋建筑而生的地役权；二是土地灌溉耕作方面的地役权；三是宗族传统文化习俗带来的地役权。如果以功能为分类标准的话，可以说只有第二种情况可以认为是乡村地役权；如果以发生地域为划分标准的话，则上述情况均属于乡村地役权。

四、乡村地役权发展的中国语境之一：社会主义体制

社会基本经济制度既是整个法律体系运行的基础，同时又是制约具体法律制度安排的一般因素。建立在社会主义公有制基础上的《物权法》反映并具体化了这一点。

（一）社会主义公有制

从地役权的基本构造来看，以土地分属于不同主体所有为前提和基础。在数块土地归属于一个主体的话，该主体自会根据土地的具体自然条件来决定行使所有权的方式，实现各块土地的有效率的利用。并且在公有制下，多以公共地役权出现。从实行社会主义公有制的现实来看，地役权的功用多以法定或者公共地役权之类的形式所替代。从经济的角度看，公有制模式也有其独到之处，有助于交易成本的节约。[②]

（二）农村家庭承包制

农村地役权与城市地役权相比，发生的频率更低。就我国而言，我国仍是农业大国，农民仍是大多数，农业、农村在高度工业化、城镇化条件下也会占据相

① 事实上，社会主义公有制对相邻关系与地役权的影响方面是不同的。参见彭诚信："我国土地公有制度对相邻权的影响"，载《法商研究》2000年第1期。

② 在我国社会主义土地公有制尤其是农村土地集体所有权表现为单一的主体，完全可以视作一个企业。而"企业的显著特征就是作为价格机制的替代物……建立企业有利可图的主要原因似乎是，利用价格机制是有成本的。"价格机制运行的成本主要是市场运行成本，其中包括交易谈判的成本。这部分成本通过企业的内部设计得以减少。See R. H. Coase, The Nature of the Firm, *Economica*, New Series, Vol. 4, No. 16. (Nov., 1937), pp. 386 – 405.

当的地位。从实行社会主义公有制的现实来看，在人们的意识形态中，集体利益、公共利益当然优先，追逐私人利益的欲望被压制，而作为调节私有制下不同所有者利益又以等价交换为原则的地役权解决模式断无用武之地。改革开放以来，随着市场经济体制的建立，民众的权利意识日益高涨，[①] 而随着“法制不断进步，民法对私权的保护也逐步完善”，[②] 也越来越重视对土地权利人利益的保护。

从上述影响因素及其具体作用来看，地役权的发展趋势呈现出复杂难料的态势，内存互相制约、冲突的因子。冲击压缩地役权存在空间的因素和社会实践对地役权的需求日益强烈的因素并存：从我国农村土地调整、土地承包经营权流转的制度安排以及社会实践来看，土地调整政策与土地承包经营权流转（尤以互换为代表）进一步挤压了地役权的存在空间。宅基地使用权也存在类似情况。[③] 与此同时，在土地承包经营权物权化、固定化后，农民获得了一种类似所有权的用益物权，在拓宽、新辟道路、进行农田水利基础设施建设等活动中，将会存在设立地役权的需求。随着宅基地使用效率和强度的提高，农业的立体化开发[④]，人民群众权利意识的勃兴，对地役权的需求将会日趋见涨。同时公共地役权也大行其道。[⑤]

从一般法理来看，从地役权的功能及其产生来看，是与绝对排他的所有权紧密相连的。而地役权的发展及其实践同样又与所有权的内在约束联系在一起的。

（三）国家土地政策

实行最严格的耕地保护制度，是我国的一项基本国策。在面对土地的荒废与破坏，以及原有制度安排渐显疲态，不能有效发挥作用的今天，进行制度创新，实现既定的国家目标，具有重大意义和紧迫性。这决定了整个制度安排在侧重强调农地利用效率向农地保护与利用并重的转变与发展。

美国在面临农田保护与利用以及农民利益维护这一难题时，美国的理论、立

---

① 据统计，2004 年至 2006 年为止，奉化市人民检察院民行检察部门共受理农村相邻纠纷申诉案件 12 件。参见汪闻锋：“关于农村相邻关系纠纷案件的调研报告”，载《当代学术论坛》2007 年第 10 期。在农村因此发生的相关纠纷数量可见一斑！

② 王利明、易军：“改革开放以来的中国民法”，载《中国社会科学》2008 年第 6 期。

③ 这尤以通行权为典型。

④ 这一点并不局限于乡村地役权，而具有普遍的意义。土地利用的立体化实践以及空间权法理的形成、空间权体系的构建，地役权将会以空间地役权的形式表现出更加广阔的发展空间。参见梁慧星、陈华彬：《物权法》（第四版），法律出版社 2007 年版，第 290 页。

⑤ 高富平：《土地使用权和用益物权——我国不动产物权体系研究》，法律出版社 2001 年版，第 21 ~ 23 页。

法在这方面作了积极探索，并在实践中取得显著成效。这可能对我国有一定的借鉴意义。根据《美国第三次财产法重述（地役权）》的规定，保留地役权（保育地役权）是一种由慈善组织基于保存或保育目的而设立的地役权。[①] 在这个方面，美国最早在东北部与西岸地区发展出类似“保育地役权”（conservation easement）的农地保育与利用限制的发展权购买计划（purchase of development right）。[②]

不管怎样，这种复杂、各种因素纠结的现实迫切要求我国学者能基于国情建立自己的能切实回应、满足现实需求的理论体系。而乡村地役权的发展与适用的实践既会为物权法的完善提供实践素材，也将有益于相关理论研究的深入。包括地役权在内的物权法在古代就已如此复杂、精致，随着社会、经济的发展，对资源利用形成的关系越发复杂，物权法相应地也必然以复杂化来应对。

五、乡村地役权发展的中国语境之二：社会主义新农村建设

（一）新农村建设战略提出的意义、具体内容和要求

“十一五”规划指出：建设社会主义新农村是我国现代化进程中的重大历史任务。要按照生产发展、生活宽裕、乡风文明、村容整洁、管理民主的要求，坚持从各地实际出发，尊重农民意愿，扎实稳步推进新农村建设。社会主义新农村建设是一个系统工程，需要有步骤地稳步推进，需要社会各方面的力量协调、配合，离不开各种行政、经济、法律手段的多管齐下。其中，“生产发展，村容整洁”目标的实现就需要政府主导、推动，并通过制度安排调动农民的积极性和主动性，充分发挥农民的主体性作用，创造性开展相关工作。这其中也离不开法律制度的科学安排与切实配套。

（二）法律在新农村建设中的地位和作用

建设社会主义新农村的伟大历史任务，不仅是一个经济问题，而且是一个法

---

① See Restatement of the Law, Third, Property (Servitudes) § 1.6 “Conservation Servitude and Conservation Organization Defined”.

② 发展权购买，又被称为可转让发展权（transfer of development rights，TDR），在美国广为流行，大行其道。不仅如此，欧洲学者也开始关注这一保护土地的市场化技术，探讨了 TDR 的优势及其实践中可能遇到的困难，提出了引入欧洲的建议。See António Tavares, Can the Market Be Used to Preserve Land? ——The Case for Transfer of Development Rights, EUROPEAN REGIONAL SCIENCE ASSOCIATION CONGRESS, 2003.

律问题，必然需要法律制度为其保驾护航。然而，在当前，尽管我国法律制度越来越完备，但新农村建设目标却没有随着法律条文的增加而得以好转。虽然我国农业农村已经取得了举世瞩目的成就，但农业基础仍然薄弱，最需要加强；农村发展滞后，最需要扶持；农民增收仍然困难，最需要加快。因此，在建设新农村时，亟待从改革开放和发展社会主义市场经济、依法治国的实际出发，对其法理基础进行考察，对当前有关法律规范进行剖析，探寻法律制度在此过程中的价值目标及应当发挥的作用，明确前进方向，从而为推动我国新农村建设法律制度研究与建构提供充足的理论支持，最终得以制度化。

（三）乡村地役权功用的发挥及走向

“生产发展”除了要加大政策扶持、科技投入与转化以及提高农民科技素质外，还要大兴农田水利建设，改善生产的自然条件。因农田耕作而产生的灌溉、取水、排水和防污，通行运输等需求也都需要相应的地役权制度安排加以落实。

“村容整洁”目标要求人与自然和谐相处，经济繁荣，绿水青山，实现经济、社会与人口、资源、环境协调发展；村庄建设规划科学、布局合理，能够满足农民日益增长的对生活环境的需要，为农村关系和睦、生活和谐、生产协调奠定基本的物质基础。这离不开法律作用的充分发挥。其中《城乡规划法》以及《村庄和集镇规划建设管理条例》是基本的法律依据，为新农村的规划、布局和建设奠定了基本框架。

在农村，规划分乡镇和村两级规划，又分为总体规划和详细规划。在规划意义上，村庄是指农村村民居住和从事各种生产的聚居点；集镇是指乡、民族乡人民政府所在地和经县级人民政府确认由集市发展而成的作为农村一定区域经济、文化和生活服务中心的非建制镇。《城乡规划法》第 1 条开门见山，宗旨明确：加强城乡规划管理，协调城乡空间布局，改善人居环境，促进城乡经济社会全面协调可持续发展。制定和实施城乡规划，应当遵循城乡统筹、合理布局、节约土地、集约发展和先规划后建设的原则，改善生态环境，促进资源、能源节约和综合利用，保护耕地等自然资源和历史文化遗产，保持地方特色、民族特色和传统风貌，防止污染和其他公害，并符合区域人口发展、国防建设、防灾减灾和公共卫生、公共安全的需要。规划区内进行建设活动，应当遵守土地管理、自然资源和环境保护等法律、法规的规定。地方人民政府应当根据当地经济社会发展的实际，在城市总体规划、镇总体规划中合理确定城市、镇的发展规模、步骤和建设标准。根据《村庄和集镇规划建设管理条例》第 4、5 条的规定，村庄、集镇规划建设管理应当坚持合理布局、节约用地的原则，全面规划，正确引导，依靠群众，自力更生，因地制宜，量力而行，逐步建设，实现经济效益、社会效益和环境效益的统一；处于洪涝、地震、台风、滑坡等自然灾害易发地区的村庄和集镇，应当按照国家和地方的有关规定，在村庄、集镇总体规划中制定防灾措施。

就地役权部分，因内容包罗广泛，不仅具有以私法补充建筑法规的功能，且在欧洲部分国家更以地役权限制营业竞争。因此，地役权制度如果能详加规划及运用，在我国社会仍有勃兴之态势。我国台湾地区最近一次的“民法物权编”修正就有明显体现。如在农村，宅基地使用、村公共道路等公共设施、农田开发建设等等的合理布局都离不开规划。不但如此，地役权在某些情况下还有保障乡村规划得以顺利执行的功能。[①] 尽管地役权的存在空间受到了限制，但也不会毫无用武之地，甚至会焕发新的青春。[②] 而且这些规划往往在法技术上体现为一种公共地役权。

六、乡村地役权在我国的发展与完善：代结论

尽管任何人在违法时不能以不知国法为由加以抗辩，但这主要是从追究责任的角度讲的。在涉及社会民众运用法律作为武器作为工具实现自身合法权益时，不知国法必将使他们运用法律、发挥法律作用的法政策目标难以实现。作为一种制度产品，法律如果不能为人民所用，不但是法律资源的浪费，更是对人民自由与利益追求的限制。[③] 媒体报道的一则案例充分说明了这一点。[④] 这则案例是一个典型的强制地役权设定问题。但囿于制度供给的缺乏和民众法律意识的欠缺，人和村民陷于困境，生活和生产受到严重影响。

因此，法律宣传与制度推广无疑是法制运作的一个前提性条件，在坚持意思自治的私法领域表现得尤为明显。通过普及法律知识，提高观念认识，培养人的法感情，从而为法治实现奠定坚实的社会基础。

---

① 在公共建设或土地征收中，个别被征收人为获得更多补偿而疯狂“种楼（房）”。面对这一不当行为，为防止公共建设或土地征收的顺利进行，埃塞俄比亚确立了退后地役权制度。参见《埃塞俄比亚民法典》，薛军译，中国法制出版社、金桥文化出版（香港）有限公司2002年版，第272页。

② 李安刚、张龙：“土地公有制度下的地役权问题探讨”，载《当代法学》2002年第1期。也有学者从另外的角度论述地役权对土地规划不足的弥补作用，即土地规划在某种意义上拓展了地役权的作用空间。参见房绍坤：《物权法　用益物权编》，中国人民大学出版社2007年版，第13页。

③ 民法其实就是为人民生活、生产提供一个便利的工具和谈判的框架。当人民遇到可以用法律解决的困难因无知而无法运用法律时，他的行动能力无疑即是受到了限制。

④ 杨继斌：“修桥记——农民自建基础设施样本观察”，http://www.infzm.com/content/30550/1，访问时间：2010年1月10日。

自留地、自留山使用权：历史回顾与立法前瞻

自留地、自留山制度是伴随我国政治、经济政策的演变产生和发展的特有的土地和林地使用权制度。《宪法》、《物权法》中虽然一再明文规定，但未完成对其从一个政策性概念向法律概念的转换。本文拟通过对自留地、自留山使用权制度的历史变迁、功能演变的考察，归纳出其特征并进行立法构造，以期对相关立法的完善有所裨益。

一、自留地、自留山制度的形成概况

（一）自留地制度的初始形成

新中国成立后，进行了第一次农村土地改革运动，通过没收地主的土地，分配给无地少地的贫苦农民，使得广大农民成为土地的主人。在此过程中，农村土地由封建的地主所有转变为了农民家庭所有，因此形成的土地物权关系是农户所有、农户利用，不存在“自留地”概念。随着国家政权的确立和稳固，领导层认为，分散的农业生产不会有太大的发展而只能使农民陷于永远的穷苦，[①] 因此还是应办大合作社。1953 年，中共中央通过了《关于发展农业生产合作社的决议》，指出，党在农村工作的最根本任务是逐步实现农业的社会主义改造，实现农业从小规模生产的个体经济向大规模生产的合作经济转变。1954 年，全国农村开始掀起开办农业合作社的热潮。[②] 1955 年 10 月，中共七届六中全会通过

① 胡绳主编：《中国共产党的七十年》，中共党史出版社 1991 年版，第 295 页。

② 孟勤国等：《中国农村土地流转问题研究》，法律出版社 2009 年版，第 31 页。

《关于农业合作化的决议》。随后，在农村的社会主义改造运动的推动下，全国范围内开始组织农民组建和加入初级农业生产合作社（简称初级社），即按照自愿和互利的原则将农民组织起来，统一的使用合作社社员的土地、耕畜、农具等主要生产资料，并且逐步地把这些生产资料公有化。初级社组织社员进行共同劳动，统一分配社员的共同劳动成果。[①] 当时的政策认为“农业生产合作社的发展，分作初级和高级两个阶段。初级阶段的合作社属于半社会主义的性质。在这个阶段，合作社已经有一部分共有的生产资料；对于社员交来统一使用的土地和别的生产资料，在一定的期间还保留社员的所有权，并且给社员以适当的报酬。随着生产的发展和社员社会主义觉悟的提高，……合作社就由初级阶段逐步地过渡到高级阶段。高级阶段的合作社属于完全的社会主义性质。在这种合作社里，社员的土地和合作社所需要的别的生产资料，都已经公有化了”，“无论在农业生产合作社的初级阶段或者高级阶段，社员所有的生产资料和小块园地、零星树木、家禽、家畜、小农具、经营家庭副业所需要的工具，都不实行公有化”。[②]

初级社形成后的土地物权关系是农户所有、集体利用。其中“社员所有的生产资料和小块园地等不实行公有化”，应是自留地制度形成的最初来源。就在1955年这一年，合作社的组织形式被推广到了全国各地。《农业生产合作社示范章程》第三章第17条第一次正式出现了“自留地”概念，该条规定：“社员的土地必须交给农业生产合作社统一使用，……为了照顾社员种植蔬菜或者别的园艺作物的需要，应该允许社员有小块的自留地。社员每户自留地的大小，应该按照每户人口的多少和当地土地的多少来决定，但是每口人所留的土地至多不能超过全村每口人所有土地的平均数的百分之五。”由此可知，“自留地”主要是集体化过程中为了照顾社员种植蔬菜或者别的园艺作物等以满足日常生活需要而产生的。

（二）自留山制度的初始形成

自留山的概念最早出现于1962年9月27日的《农村人民公社工作条例修正草案》中，该草案第40条规定：“人民公社社员可以经营以下的家庭副业生产：（一）耕种由集体分配的自留地。……在有柴山和荒坡的地方，还可以根据群众需要和原有习惯，分配给社员适当数量的自留山，由社员经营。自留山划定以后，也长期不变。”当时农村有条件的地方，进行了自留山的划定。

---

① 孟勤国等：《中国农村土地流转问题研究》，法律出版社2009年版，第32页。

② 1956年3月17日《农业生产合作社示范章程》，载中华人民共和国司法部、中华人民共和国法规选辑编辑委员会编：《中华人民共和国法规选辑》（司法人员必备），法律出版社1957年版。

而现在大量存在的自留山，多属20世纪80年代，国家为了扭转林业面临的严峻局面，采取“林业三定”措施时划定的。所谓“林业三定”，是指以1981年3月8日《中共中央、国务院关于保护森林发展林业若干问题的决定》为开端，在1981年至1983年间，采取一项旨在保护森林资源、降低消耗，同时充分调动各方面积极性，大力开展造林育林的林业政策，其内容是将权属清楚的林地全部发证，明确责、权、利，稳定山权林权，划定自留山，确定林业生产责任制。自留山正是在该《决定》颁布以后，国家允许农民拥有少量林地种植林木而发展起来的。该《决定》第（二）项规定：“要根据群众的需要，划给社员自留山（或荒沙荒滩），由社员植树种草，长期使用。划自留山的面积和具体办法，由各省、市、自治区规定。”

（三）自留地、自留山制度形成过程比较

从自留地、自留山的形成过程看，后者系农村土地改革向林地改革推进的结果，因此，二者在性质、方式、功能和目的等方面具有同源性。首先，就性质而言，不论是自留地还是自留山，均是法律意义上农村土地使用权。其次，就方式而言，二者均由国家政策赋予农民比较广泛的自主经营权。最后，就功能而言，二者均打破了集体化生产的僵化局面，有利于提高农民积极性和生活水平。① 当然，自留地和自留山在所涉范围和初始目的方面存有差别：前者主要集中在农业领域，目的在于丰富农民的日常生活需要；后者主要集中在林业领域，目的在于促进荒山绿化，保护森林资源。②

二、自留地、自留山制度的历史沿革

（一）自留地制度的历史沿革

自留地制度经历了从形成到取消再到保留的曲折演变过程。初级社中，土地入股交由集体统一经营，农民对土地仍享有所有权。随着情势的发展，部分地区开始试办高级社，甚至不经过初级社直接进入高级社。1956年6月30日，第一届全国人大第三次会议通过了《高级农业生产合作社示范章程》，该章程规定，合作社抽出少量的土地给队员种植蔬菜。此“蔬菜地”就性质而言，应是“自

① 事实上，自留山政策的实施，也为提高山区农民的收入和生活水平创造了有利条件。

② 在有的地区，自留山上种植薪炭林仍然发挥了满足农民烧柴的生活需要，本文此处是只就主要方面所作的区分。

留地”。时隔不久，全国又掀起了人民公社化运动。1958 年 3 月，《关于把小型的农业合作社适当地合并为大社的意见》出台，其中指出：“合作社已经不能适应集体化生产，联乡并社、所有制升级是必然道路”,[①] 同年 8 月 29 日，中共中央通过了《关于在农村建立人民公社问题的决议》，指出：“人民公社是形势发展的必然趋势。……人民公社建立之时，对于自留地、零星果树、股份基金等等问题，不必急于处理，也不必来一次明文规定。一般说，自留地可能在并社中变为集体经营，……随着生产的发展，收入的增加和人们觉悟的提高，自然地变为公有。”在随后的 1958 年 12 月 10 日，中央通过《关于人民公社若干问题的决议》，其中谈到“社员可以保留宅旁的零星树木、小农具、小工具、小家禽和家畜等；也可以在不妨碍参加集体劳动的条件下，继续经营一些家庭小副业。”这里没有提到自留地可以保留的问题。事实上，从 1958 年开始，全国逐渐建立起“一大二公”的人民公社，自留地逐步被纳入集体，划归集体所有。

从 1958 年到 1978 年间，人民公社经历了“三级所有，公社为基础”、“三级所有，大队为基础”和“三级所有，生产队为基础”三个阶段。自留地制度也在这段时期历经风雨，颇受波折。

在第一阶段，“大锅饭”、“平均主义”等政策中断了农民私人与土地的联系，使得社员个人利益与自己的劳动几乎完全脱钩，农民没有了积极性。人民公社的弊端很快显露出来。随之，1958 年秋收以后，出现了“三分天灾，七分人祸”的三年大饥荒。一些人开始反思并认识到自留地的重要性：如果把自留地坚持下来，饥荒即使造成危害也不会那么严重。1959 年 2 月，中共中央政治局郑州第二次会议制定了《关于人民公社管理体制的若干规定（草案)》，要求人民公社下放权力，提出土地三级所有，三级核算，以大队为基本单位，1961 年 3 月，中央工作会议通过了《农村人民公社工作条例（草案)》（即“六十条”)，正式确立了“三级所有，大队为基础”的体制。人民公社进入了第二阶段。在国家政策层面，中央开始决定恢复自留地。1960 年 11 月 3 日，中央发出了《关于农村人民公社当前政策问题的紧急指示信》（简称 12 条)，其中第五条规定：“允许社员经营少量的自留地和小规模的家庭副业。应该允许社员经营少量的自留地。凡是已经把自留地全部收回的，应该拨出适当的土地分给社员，作为自留地。今后不得将社员的自留地收归公有，也不得任意调换社员的自留地。……社员自留地上收获的农产品，不计入分配产量，不顶口粮，不计征购，归社员个人支配。”在此期间，国务院还颁布了一系列文件，肯定了自留地的存在。如 1961

① 薄一波：《若干重大决策与事件的回顾》（下卷），人民出版社 1997 年版，第 755 页。

年6月23日《国务院关于应给现役士兵分配自留地的通知》就规定："在各地人民公社贯彻执行党的农村政策分配自留地时，对服义务兵役的现役士兵，凡是家在农村的，应当一律按照在家人口计算，分给一份自留地。"

第二阶段土地从三级所有、公社为基础到三级所有、大队为基础虽适应了当时的生产力发展要求，但仍未解决生产队之间及劳动者之间的差异，也无法解决生产队负责生产与大队核算之间的矛盾。1961年，中共中央根据毛泽东同志提出的将人民公社的基本核算单位下放到生产队的建议，发出了《关于农村基本核算单位给各中央局，各省、市、区党委的指示》，对"六十条"进行修订。1962年9月27日，中共中央八届十中全会通过了《农村人民公社工作条例（修正草案）》（即"六十条"第二版本），人民公社也进入了"三级所有，生产队为基础"的第三阶段。

该修正草案将保留自留地的规定上升到更高层面，其中第40条规定："人民公社社员可以经营以下的家庭副业生产：（一）耕种由集体分配的自留地。自留地一般占生产队耕地面积的百分之五到七，归社员家庭使用，长期不变。在有柴山和荒坡的地方，还可以根据群众需要和原有习惯，分配给社员适当数量的自留山，由社员经营。自留山划定以后，也长期不变。（二）……在有需要、有条件的地方，生产队可以按照本队土地的情况，经过社员讨论，拨给社员适当数量的饲料地。这种饲料地，应该尽可能利用现有的闲散地或者小片荒地。（三）经过生产队社员大会讨论和公社或者生产大队批准，在统一规划下，可以开垦零星荒地。……社员的自留地、饲料地和开荒地合在一起的数量，根据各个地方土地的不同情况，有多有少，在一般情况下，可以占生产队耕地面积的5%到10%，最多不能超过15%。……"第41条第2款还规定："社员的自留地和开荒地生产的农产品，不算在集体分配的产量和集体分配的口粮以内，国家不征收农业税，不计统购。"修正草案把自留地经营的权利重新还给了农民。至此，自留地制度基本稳定了下来。1970年8月25日，国务院召开北方地区农业会议，认为"农业六十条"中有关现阶段的基本政策仍然适用，必须继续贯彻执行。同年10月5日，国务院给中共中央写了《关于北方地区农业会议的报告》，明确指出：关于自留地制度，"一般不要变动"；在保证集体经济的发展和占绝对优势的条件下，"社员可以经营少量的自留地和家庭副业"。12月11日，中共中央批准了这个报告，并强调"望各省结合当地实际情况，参照执行"。这些政策和措施，对有效稳定农村个体经济，进一步推动和促进农业生产的发展起了积极的作用。

但遗憾的是，"文化大革命"的爆发导致党的各项农村政策没有得到很好的贯彻执行，其中包括《农村人民公社工作条例（修正草案）》（即"六十条"）

的实施，都受到了影响，自留地被当作“资本主义的尾巴”和“复辟地”遭到围剿和割除。

“文革”结束后，中共中央于1978年12月22日原则通过了《农村人民公社工作条例（试行草案）》（即新“六十条”），重申保留自留地。其第5条第7款规定：“允许社员经营少量自留地和家庭副业，允许正当的集市贸易。”[①] 1978年12月党的十一届三中全会胜利召开，通过了“农村六十条”的第四个版本，其中提到“自留地是社会主义经济的必要补充部分。”1979年9月28日党的十一届四中全会通过的《中共中央关于加快农业发展若干问题的决定》中进一步统一了全党对我国农业问题的认识，明确表示：“社员自留地、自留畜、家庭副业和农村集市贸易是社会主义经济的附属和补充，绝不允许把它们当作资本主义经济来批判和取缔。”[②] 至此，各地开始全面恢复农民的自留地，鼓励生产队搞多种经营，鼓励农民发展家庭副业，自留地制度逐渐稳定下来。

家庭联产承包责任制实行以后，农户对承包土地享有充分的自主经营权，此时农村土地物权关系是集体所有，农户利用。自留地作为集体经济补充的功能逐渐被淡化，甚至有些地方出现自留地与承包地合一，只有承包地的情况。不过，自留地作为一个法律概念始终出现在各种法律文本中，一直延续至今。

（二）自留山制度的历史沿革

1981年3月，中共中央、国务院发布《关于保护森林发展林业若干问题的决定》。此后，贵州省委、省政府率先部署开展稳定山权林权、划定自留山和确定林业生产责任制的林业“三定”工作。……辽宁、内蒙古、湖南、江西、浙江、广东、福建、北京等省市也都陆续进行试点。[③] 至1985年，全国县级以上人民政府给5 600多万户农民划定了3 000多万公顷自留山。

在划定自留山问题上，各地情况存有差异，故具体做法也不尽相同。从国务院1981年7月11日的《关于稳定山权林权落实林业生产责任制情况简报》来看，“许多地方把划定自留山（平原地区划定自留滩荒地），鼓励社员植树造林，看成是利用农村剩余劳动力，加快绿化，解决社员烧柴用材，发展多种经营的一项重大政策。……”，“凡有条件的地方，都根据群众烧柴、用材的实际需要、经营能力的大小和荒山荒地的多少，就近给社员划一定数量的自留山。新划的自留山上有零星树木的，有的折价归社员个人，有的规定收益以后按比例分成。近

---

①② 国家计划委员会条法办公室编：《重要经济法规资料选编》（1977～1986），中国统计出版社1987年版，第158页。

③ 《国务院办公厅转发林业部关于稳定山权林权落实林业生产责任制情况简报的通知》，载《中华人民共和国法律法规全书》（第九卷），中国民主法制出版社1994年版，第454页。

处没有荒山荒地的社队，组织社员在远山造林，然后调换”，“自留山的面积，一般都是荒山荒地多的多划，少的少划。有些地方按亩计算，规定每户3至5亩，多的每户达到10亩。有些地方按百分比计算，规定自留山面积占社队林业用地总面积的5%～15%，个别的达到20%～30%。过去划定的自留山，社员已经营多年，就是面积多一些，也予以承认，不再调整”。

1982年10月20日，中共中央、国务院针对许多地方再次出现乱砍滥伐森林的歪风，发布了《关于制止乱砍滥伐森林的紧急指示》，其中第三项规定："抓紧搞好稳定山权、林权、划定自留山，确定林业生产责任制工作。凡是没有搞完林业‘三定’的地方，除国家计划规定的木材生产任务以外，其他采伐暂时一律冻结。‘三定’结束的地方，必须切实加强林政管理，普遍制定乡规民约，严格执行木材采伐和运输管理制度，……同时，要认真解决好山林纠纷……集体所有林，要实行专业承包责任制，不允许按人平分。”①

与自留地不同，自留山的划定不是普遍性的，各地的山林资源不一样，因此具体操作上也会有所差别。随着自留山制度的演变，一些地方除了联合经营以外，还出现了自留山与责任山混同的情况，即进行了自留山、责任山合并为家庭经营山的“两山合一山”改革。如湖北省通过“三定”改革稳定了山林权、划定了自留山、确定了林业生产责任制后，又实行了“两山合一山”等改革，使农村集体林业得到了长足发展。

（三）自留地、自留山制度历史沿革比较

自留地和自留山使用权都是集体经济的补充生产方式。但在家庭承包制推行之前，自留地发挥了更为重要的作用，中央众多政策文件也主要是以自留地为中心展开的。究其原因，主要存在以下两个方面：

第一，土地是最主要的生产资料，农村的生产、经营活动主要围绕“土地”建立和运行，而在广大山林地区，林地经济效益未能充分发挥出来，其生态效益也未被重视。

第二，自留地主要是为解决农户的日常消费需要，其作用更为突出。而自留山的经营，除获取烧柴用材，满足生活所需之外，其收益需通过市场交易的方式转化成货币或其他生活消费资料。在当时因缺乏“市场”这一有效的转化机制，自留山的自给自足性远较自留地差。

改革开放以后，农产品市场逐步形成，山林的经济效益和生态效益被充分发

① 中共中央、国务院《关于制止乱砍滥伐森林的紧急指示》，载《中华人民共和国法律法规全书》（第九卷），中国民主法制出版社1994年版，第458页。

掘出来，在这一背景下，自留山使用权制度被重新重视，其地位也被提到了与自留地同等的高度。

三、自留地、自留山制度的功能演变

社会主义改造时期形成的自留地，后来逐渐演变成我国农业经济制度的重要组成部分。三年困难时期，挽救过很多农民的生命，被称为“救命田”。但在“文革”时期，自留地被视为“资本主义尾巴”受到鞭挞。从国家政策的本意来看，规定自留地的目的在于保障和提高农民的生活水平，其主要功能是作为集体经济的附属，弥补集体经济的不足。但不同时期，政策规定不一样，甚至于变化频繁，非常凌乱，后几经沉浮，终于定型，“农业六十条”首次以条例的形式使自留地制度得以真正确立。

虽然自留地面积虽然不大、规模有限，但由于其赋予了农民长期的自主经营权和完整的收益权，经营效果直接与社员私人利益挂钩，对于保护农民生产积极性和发展农村生产力发挥了不可替代的作用。自留山则发挥了提高农民积极性，保护森林资源的目的，在很大程度上为我国森林资源开发和绿化做出了贡献。自留地、自留山之所以在特定时期发挥了重要的功能，还在于农民享有的使用权，除不得出租、买卖、抵押外，可以继承，[①] 其地上附着的农作物和山上林木产品归个人所有。另外，在农业税取消以前，种植自留地无需缴纳农业税。

家庭联产承包责任制实施后，自留地、自留山面临着功能淡化的危机。这是我国农村土地经营制度逐渐从集体所有、集体经营的公社化模式向集体所有、农户家庭经营的分散经营模式转变的必然结果。在由集体经营向家庭承包经营转变的过渡时期，即在1978年至1984年人民公社正式解体、家庭联产承包制全面实施之间，从中央的政策文件可看出，执政者试图通过扩大自留地的面积、范围，作为探索家庭承包制可行性的一种方式。如1981年3月，中共中央、国务院在《关于积极发展农村多种经营的报告》中指出：“有条件的地方，还可以适当扩大一些自留地。自留地高限可以达到耕地面积的15%”，该报告还指出：“其中有些政策，如社员的家庭副业、自留地等要通过立法，长期不变，使群众安心地

① 对于农村土地使用权可否继承一直存有争议，主要分歧在于如何认识该使用权的主体农户，如果使用权的主体是自然人，则存在继承的问题，但如果是农户，则只要农户还存在成员，就可以继续使用该土地，并不存在继承的问题。但自留山不同，自留山上种植的林木具有独立的财产，其应属于可以继承的范围。

种植和发展。"[①] 但随着1984年人民公社的解体，原有的农村土地制度轰然倒塌，家庭联产承包责任制迅速在农村全面实施，农户获得了对农村集体土地较为充分的自主经营权。一系列关于农村土地承包经营权制度的法律法规陆续制定并实施，农村土地承包经营权也逐渐由最初的债权性质的权利转化成具有对世效力的物权性权利。与之相反，国家再鲜有关于自留地问题的政策性文件。[②]

四、保留自留地、自留山制度的依据和积极意义

自留地、自留山功能的变迁导致了对该制度存废的争论。但现行法律仍对其进行规定的目的何在，其是否具有某些独特属性，这是必须研究的重点。

（一）保留自留地制度的依据和积极意义

新制度经济学的研究表明，制度变迁是一个制度创立、变更及随着时间变化而不断被打破的方式。[③] 任何制度都有产生、发展、完善以及不断面临被替代的过程。制度创新往往是在制度本身缺乏对经济增长的推动力，制度收益已经不足以补偿其成本支出时发生。在未能有效提高社会资源配置效率的状态下，制度要么被改进，要么被更为有效率的制度所替代。

随着农村产业结构的调整，部分原本以种植粮食作物为主的土地，在市场调节下改种其他作物，各地的大棚经济也大都建立在承包田上，自留地原有的专门种植蔬菜的功能逐步消失。因此，从功能的角度分析，农地承包经营权制度具备了替代自留地使用权制度的外部条件。自留地制度原有的激励、保障功能和利益分配功能都已被农地承包经营权制度所包含，其单独存在的意义已不明显。另外，山林承包也非常普遍，责任山同样取得了激发农民植树造林，保护森林资源积极性的作用。自留地使用权与农地承包经营权的差异越来越小，甚至在不少地区已被承包经营权所取代。[④] 特别是在2006年国家取消农业税后，承包地与自留地是否赋税的差异又被消解，现行农地承包经营权体现的法律性质，几乎就是

① 中华人民共和国国家农业委员会办公厅编：《农业集体化重要文件汇编（1958~1981）》（下册），中共中央党校出版社1981年版，第1094页。

② 特别需要提到的是，党的十七届三中全会的召开，通过了《关于农村改革发展的若干重大问题的决定》，允许农民以转包、出租、互换、转让、股份合作等形式流转土地承包经营权，发展多种形式的适度规模经营，自留地制度在这种新型的土地改革模式下被边缘化的危机更大，必须通过立法使其特性予以法律化，为该制度的存在提供法律支持。

③ ［美］道格拉斯·C·诺斯：《制度变迁理论纲要》，上海人民出版社1995年版，第78页。

④ 课题组2009年四省农地制度调研中，在山东省有近90%的受访农户称其没有自留地，自留地被集体收回后重新作为承包地予以了分配。

农业集体化时期自留地特质的复制。自留地适合当时阶段的农业生产特点，也无疑为执政者在反思农业集体化的弊病、推进家庭承包制方面提供了制度准备和改革思路。家庭联产承包责任制，从某种意义上来讲就是自留地经营的扩大化和完善。

基于以上因素，有学者提出应当将自留地与家庭联产承包责任制下的承包田予以整合，即“把责任田和自留地整合在一起使用，不再分成责任田和自留地两种独立的土地产权制度。农民根据市场的变化和个人的意愿自由耕作，愿种粮的种粮，愿种菜的种菜。也可以一部分种粮一部分种菜，比例完全由自己决定。这样既符合法律的规定，又不伤害农民的利益，简便易行”。[①] 这一整合在理论上当然具有可行性，但我们认为，还是应当尊重现状，并对自留地使用权进行法律化改造，赋予其独立的法律地位。理由在于：

第一，政策、立法未贸然对自留地予以改造、整合，与其说是对自留地政策的认同，倒不如说是对现有村落习惯和农民情感的尊重。

从社会主义改造至今，自留地制度一直较为稳定的存续，其间虽然也存在执政者认识上曲折发展，[②] 但作为一种家庭经营模式存续了半个多世纪。这种情形已经加深了农民对现有自留地的归属意识。

第二，自留地所具有的一些特性，具备发展成一种独立他物权制度的条件。

首先，农户对自留地享有更自由的处分权。农业集体化时期的自留地，社员虽然享有自主经营权，但其处分权却受到了严格的限制，不允许买卖、出租或转让。承包地流转制度的建立后，实践中自留地的处分开始得到村集体的默许。

其次，自留地使用权在法律上没有明确的存续期限，[③] 村集体不得任意收回或调整自留地。实践中存在自留地的农户一般认为集体不得收回、调整其自留地，[④] 其使用权长期存续，不受时间限制。可见，由于法律规范的缺失，在政策惯性及农民认知状况的作用下，“自留地不得收回、调整”成为一种较为严格的村社规范，其自物权属性更为明显。[⑤]

① 孟祥仲：“对农村自留地制度的产权分析”，载《理论学刊》2004 年第 3 期。

② 朱金鹏：“农业合作化和集体化时期农村自留地制度的演变”，载《当代中国史研究》2009 年第 5 期。

③ 政策上也很少见到明确期限的提法，仅中共中央 1961 年 1 月通过的《关于农村整风整社和若干政策问题的讨论纪要》规定：“社员家庭的自留地一般达到百分之五”，各地可根据具体情况做出相应调整。针对农民怕变的心理，特别强调经过这次调整，自留地“至少二十年不变”。

④ 课题组 2009 年四省农地制度调研中，有 21.3% 的受访农户认为自留地“不能进行调整”是其与承包地的一个区别。

⑤ 特别是在农业税取消前，自留地不用承担税赋是其与承包地的最大区别，在 2009 年四省农地制度调研中，有 41.2% 的受访农户选择了“不用缴农业税”这一区别，而不用负担土地费用一般是土地所有权的特征。

第三，以自留地过于细碎化，不符合农业产业化发展的方向为由否认自留地存在的理由并不充分。

首先，自留地是否细碎化并不重要，重要的是农户对自留地享有高度自主的处分权。如日本的农地经营也是以小规模家庭协作式经营为特征，但通过发展协作组织，实行经营委托和作业委托，解决小土地所有制下的规模经营问题，取得了显著效果，这种经营模式一直持续至今。[①]

其次，不可否认，自留地过于细碎化确实在某种程度上制约了自留地的流转，但不能得出农户对其“自留地的使用权往往忽视，对那一小片土地不加珍惜。……结果是或者随意地种植些农作物，或者干脆撂荒”[②] 的结论。农户流转自留地时，大多是权利保留型的流转方式，即使用权人还可以收回其自留地。在这种情况下，所谓的抛荒也好，不便流转也好，都是一时而已。如果农户完全离开村集体，将户口迁移，自然会将所有土地都转让出去，村集体也会自觉地收回土地。相反，在劳动力缺乏的农村，由于自留地面积小、便于耕作，其产出基本上满足日常所需，故自留地抛荒现象远较承包地少得多。

第四，后农业税时代，集体对其成员适当收取一定的承包地使用费以壮大集体组织力量是改革发展的方向之一，在这种情况下，自留地无需负担任何费用的特性反而成为其区别承包地的重要表征。

综上所述，在现阶段的农村土地改革中，以保留自留地制度为宜。这既尊重了农村既有的土地分配现状，又体现了自留地的特性，维护了农户的切身利益。

（二）保留自留山制度的依据和积极意义

我们对自留地保留持积极态度，除制度因素外，最主要的是出于对农民情感和村社现状的尊重。但保留自留山并明确其使用权的内容则是由林业生产的自身特点决定的。由于林业生产周期长、投资大，其生产经营方式和产品处置的权利将受到国家法律和政策较多的限制，故集体林地改革不能简单的模仿农地改革，单纯强调“分田到户”，而应同时强调要以发展多种形式的林地经营模式为目标，以促进林地的规模化集约化经营作为改革的重点。“如果完全仿效农村实行家庭承包耕地的经营模式势必将变成一场灾难”。为此，研究林地改革的学者建议，我国应实行多样化林地经营模式，而不是通过“一刀切”的方式“分山到户”。[③] 因此，与耕地承包制改革不同，国家在一开始就鼓励村庄之外的经营者

① 韩鹏、许惠渊：“日本农地制度的变迁及其启示”，载《世界农业》2002 年第 12 期。

② 孟祥仲：“对农村自留地制度的产权分析”，载《理论学刊》2004 年第 3 期。

③ 张新光：“建国以来集体林权制度变迁及政策绩效评价——以大别山区的河南省新县为例”，载《甘肃社会科学》2008 年第 1 期。

通过招投标的市场化机制参与林权的竞争，从而在探讨集体林权市场化流转方面迈出了关键一步。在福建、江西等林改试点省份，已经出现了一批林地经营大户，闽赣两省甚至出现了一些占有林地达十几万甚至数十万亩的林业企业。[①] 可以说集体林改是农村改革继土地承包制度改革后的又一次重大突破，林地改革后来居上，又走在农地改革前面。在这一背景下，保留并完善自留山制度可以说是发展林地多样化经营的一个重要方面。承认自留山的法律地位即是在林业规范化经营的同时，认可了家庭经营的合理性，认可多元化的经营方向。而在权利构造上，自留山使用权与自留地使用权具有相似性，有所不同的是自留山使用权含有林地使用权所固有的诸多公法义务，在林地开发利用时涉及到水土保持、防洪、气候调节等关乎社会公共利益的因素，这也是自留山所承载的生态功能所决定的。

五、自留地、自留山政策性特征的归纳及法律化构造

（一）自留地、自留山制度的现行法规定

有关自留地、自留山的法律规范主要散见于《宪法》、《土地管理法》、《森林法》、《担保法》和《物权法》之中，内容比较概括笼统，司法适用性较差。而相关政策规范虽然较多，但并无具体明确的法律规定。通过对现有立法条文的整理，我们可以将其进行如下分类：

1.《宪法》、《土地管理法》中关于自留地、自留山的规定

1954 年《宪法》没有自留地、自留山的相关规定。自留地、自留山制度被纳入宪法是从 1975 年《宪法》开始的，现行《宪法》第 8 条规定：“参加农村集体经济组织的劳动者，有权在法律规定的范围内经营自留地、自留山、家庭副业和饲养自留畜。”第 10 条第 2 款规定“农村和城市郊区的土地，除由法律规定属于国家所有的以外，属于集体所有；宅基地和自留地、自留山，也属于农民集体所有”。《土地管理法》第 8 条规定：“城市市区的土地属于国家所有。农村和城市郊区的土地，除由法律规定属于国家所有的以外，属于农民集体所有；宅基地和自留地、自留山，属于农民集体所有。”

这些法律主要是从土地所有的性质角度对自留地、自留山进行规定的。之所以明确强调宅基地和自留地、自留山属于集体所有，是因为这三种土地权利形式，均是在农业集体化时期就由农民占有使用，农民对其依恋性较强，在权属认

---

① 贺东航：“农村林权制度改革和土地制度改革比较”，载《华中师范大学学报（人文社会科学版）》2009 年第 3 期。

识上与立法存在着较大的偏差,[①] 需要通过这一特殊表述予以强调。

2.《森林法》中关于自留山的规定

自留山的规定，还体现在《森林法》中。《森林法》第3条规定："森林资源属于国家所有，由法律规定属于集体所有的除外。""国家所有的和集体所有的森林、林木和林地，个人所有的森林和使用的林地，由县级以上地方人民政府登记造册，发放证书，确认所有权或使用权。……"此处个人使用的林地，应当是指"自留山"。《森林法》第27条第3款还规定："农民居住在房前屋后、自留地、自留山种植的林木，归个人所有。"

3.《担保法》、《物权法》中关于自留地、自留山的规定

《担保法》第37条规定："自留地、自留山等集体所有的土地使用权不得抵押。"《物权法》第184条也做出了类似的规定，但又略有区别,[②] 该条留有"法律规定可以抵押的除外"的空间，相较于《担保法》而言，立场更加灵活。

虽然法律文本上关于自留地、自留山的规定过于笼统，但归纳起来，仍可发现其具有以下基本特点：（1）明确了自留地、自留山的所有权属于农民集体，农民个体只享有使用权，但这种使用权是长期的。（2）自留地上的种植物和自留山上的林木所有权归农民所有。自留地、自留山上的种植林木可以抵押，但自留地、自留山使用权原则上不可抵押。[③]（3）自留地、自留山只能按照规定用途行使使用权。[④]

---

① 从课题组在全国多省田野调查的情况来看，在土地的权利归属上，宅基地和自留地、自留山较一般承包地更易被认为是农户所有。参见2007年至2008年十省农地制度调研报告和2009年四省农地制度调研报告。

② 《物权法》第184条规定："下列财产不得抵押：……（二）耕地、宅基地、自留地、自留山等集体所有的土地使用权，但法律规定可以抵押的除外；……"《担保法》第37条规定："下列财产不得抵押：……（二）耕地、宅基地、自留地、自留山等集体所有的土地使用权，但本法第34条第（五）项、第36条第3款规定的除外；……"

③ 以前的法律和地方性法规均规定自留地、自留山使用权不得抵押，但综观《物权法》第184条，似乎有所松动。

④ 这些细节规定主要体现在一些地方性法规中。如1981年4月17日国务院《关于制止农村建房侵占耕地的紧急通知》规定："必须重申，农村社队的土地都归集体所有。分配给社员的宅基地、自留地（自留山）和承包的耕地，社员只有使用权，既不准出租、买卖和擅自转让，也不准在承包地和自留地上建房、葬坟、开矿、烧砖瓦等。有些人把责任田、包产田，误以为个人所有，随意占用，这是不对的。"国务院1982年2月23日发布的《村镇建房用地管理条例》第4条规定："农村人民公社、生产大队、生产队的土地，分别归公社、大队、生产队集体所有。社员对宅基地、自留地、自留山、饲料地和承包的土地，只有按照规定用途使用的使用权，没有所有权。不得在自留地、自留山、饲料地和承包的土地上建房、葬坟、开矿和毁田打坯，烧砖瓦等。严禁买卖、出租和违法转让建房用地。"1983年10月7日，上海市人民政府发布的《上海市村镇建房用地管理实施细则（试行）》第3条规定："郊县农村人民公社、生产大队、生产队的土地，包括社员的宅基地、自留地归集体所有，……任何单位和个人不得侵占。社员有按照规定用途对宅基地、自留地、竹园和承包地的使用权，在这些土地上，未经批准，严禁建房。"

由于现行法律未对自留地、自留山概念和内涵作出定义和规范，尤其是《民法通则》作为我国民事基本法没有关于自留地、自留山的立法规范。[①] 这种立法现状与《宪法》第8条对自留地、自留山的重视程度相悖。因此，对于这种概念不明、无法可依的不确定状态，立法者必须正视。尤其是在新时期如何进行法律规整，使之与集体经济组织成员承包的其他土地、山林相区别则不得不考虑。否则，在自留地、自留山的历史功能不断演变的情况下，立法上的模糊态度反而使其存在的意义受到质疑，也会导致农村实践中产生诸多纷争，不利于农村的稳定和发展。

（二）自留地、自留山使用权的政策性特征

通过对自留地、自留山制度形成和演变的分析可以看出，自留地、自留山制度既涉及农村土地问题，也涉及农村经济问题，具有独特的历史功能和属性，应当保留并进行法律化构造。而通过对现行立法的解读，我们发现立法缺失是目前亟需解决的问题。如何使自留地、自留山的政策特征顺畅的进入法律文本中，即哪些政策特征应当保留，哪些应剔除，应是一个需要审慎甄别的过程。

从自留地的产生和历史演变中，可以发现其具有以下四个特点：

其一，自留地用于经营农业副业，主要是种植蔬菜、园艺作物和喂养家畜。[②]

其二，自留地面积不大，人均占有量受到一定限制。[③]

其三，自留地使用权长期归社员所有，集体不得随意收回。[④]

其四，自留地收益归社员支配，且不负担税赋。[⑤]

自留山涉及土地使用权的问题，基本特征与自留地相似，从其产生和历史演变来看，有如下特点：

其一，自留山属于集体所有，但自留山上种植的林木所有权属于农民个人；

其二，自留山归农民长期无偿使用，并允许继承；

---

① 《民法通则》第74条虽然规定："集体所有的土地依照法律属于村农民集体所有，由村农业生产合作社等农业集体经济组织或村民委员会经营、管理。已经属于乡（镇）农民集体经济组织所有的，可以属于乡（镇）农民集体所有。"但是没有明确地涉及自留地、自留山。

② 参见国家农业委员会办公室编：《农业集体化重要文件汇编》（上），中共中央党校出版社1981年版，第484、455页。

③ 参见《关于农业合作化问题的决议》、《农业生产合作社示范章程》、《关于农村人民公社当前政策问题的紧急指示信》、《关于农村整风整社和若干政策问题的讨论纪要》以及《农村人民公社工作条例修正草案》等。

④⑤ 参见《关于农村人民公社当前政策问题的紧急指示信》、农村人民公社工作条例（草案）》、《农村人民公社工作条例修正草案》。

其三，自留山在特定情况下，可以被收回；

其四，一些省市进行了自留山与责任山“两山合一山”改革，变为家庭经营山的，国家予以承认并发证；

其五，农民砍伐或销售自留山上的林木，必须遵守《森林法》的规定，办理许可证。

我们认为，除在林木采伐和“林业三定”、“两山合一山”等林改上，自留山的政策特征有特殊性外，其他大体上还是参照自留地的相关政策予以落实的，故下文中对自留地政策特征的法律化分析同样适用于自留山。

（三）自留地政策性特征的法律取舍

从农村社会现状来看，自留地的上述四个特征被较好地保留了下来。在分田、包产到户改革过程中，没有进行大规模调整和重新分配，虽然有些地方自留地还被拿出来作为承包地予以分配，使得当地再不存在具有上述特征的所谓“自留地”，但范围较小且属个别调整现象。在课题组2009年四省农地制度调研中，受访村落的农户基本上能较清楚地区分各自的自留地和承包地。因此，虽然自留地和承包地在功能上有一定的趋同，上述特征仍成为区分二者的标志。因此，法律化改造过程中，应重视以下几点：

第一，自留地的经营范围、经营方式应交由农民自主决定，但应严格限定为农业用途。实践中有农民将自留地与宅基地、其他建设用地不相区分，从而擅自在自留地上搭建房屋、修坟建窑，这种使用脱离了农业用途，不应允许。强调自留地的农业用途，也是区分自留地与宅基地及其他建设用地的标志。

第二，对于自留地面积的限制，应尊重现状，不宜重新调整或扩大。

第三，自留地长期由农民使用、集体不得随意收回。

第四，自留地的收益归农民自主支配，不负担任何赋税。

（四）自留地、自留山使用权的立法构造

1. 自留地使用权的立法构造

（1）权利的取得。自留地使用权在农业集体化时期，通过集体分配原始取得；继受取得则是通过自留地的流转取得。一般而言，村集体不得任意收回自留地，也就不能对自留地重新分配。但对于自留地使用人违反法定义务或因法定情形，导致自留地被收回的，村集体是否能重新进行分配呢？我们认为，应以尊重现状、不增不减为宜，这有利于稳定农村自留地的现状，避免引起新的分配矛盾。对因收回而减少的情形，则应严格控制在法定情形内，收回的自留地村集体可以根据成员的实际需要以自留地名目再予分配，但不得将承包地收回后作为自

留地进行分配。自留地被转让后，继受者所享有的仍是自留地使用权，而出让者则不得再以任何名义分配自留地。

（2）权利的主体。自留地的所有权主体为村集体，使用权主体主要为本农民集体的成员。因为自留地较承包地有着更强的身份属性，其承载的仍是满足本农民集体成员日常生活所需的功能，故原则上不应允许其对外转让。而在本农民集体内部，应允许以转让、互换等方式进行流转。但由于自留地可以作为一种生产要素参与农业生产经营活动，故其可以以其他方式进行权利保留型流转①。此时，使用人可以为村农民集体以外的成员，从而使其使用权主体呈现多元化特征。

（3）权利的客体。自留地使用权的客体是农村集体所有的农业用地，即已经作为自留地的集体农业用地，宅基地、已经发包的土地以及村集体建设用地都不能作为自留地的客体。

（4）权利的内容。自留地使用权人享有的权利包括：其一，土地的占有、使用和收益权，权利人可以在该土地上耕作或畜牧，以达到收益的目的。其二，物上请求权。自留地使用权人既为占有他人土地的物权人，故对于侵害其地上物，得以行使物上请求权为救济。其三，相邻权。自留地使用人于其使用的土地范围内，与土地所有人处于相同地位，因而在与其相邻的不动产权利人之间，享有相邻权。其四，处分权。自留地使用权为财产权，故权利人可以在法定范围内进行一定的处分。处分权中的一个重要内容就是自留地的流转问题，因为自留地的使用本身并不负担任何费用，故自留地流转中产生的收益该如何认定是一个难题。我们认为，所谓自留地不负担任何费用，应指自留地使用权人不用向其所属农民集体承担任何费用，但自留地流转发生在农户之间，由此产生的收益与自留地的土地负担并非同一概念，因而不影响自留地的上述法律属性。其五，收益的取回权。自留地使用权消灭后，权利人有权收回土地上的农作物或畜类。

（5）自留地使用权的期限及用途。自留地为无期限的权利，没有法定原因，村集体不得任意收回自留地。同时，自留地只限于农业用途，禁止使用人随意改变其用途。课题组在调研中发现，自留地使用中存在的较为突出的问题即是改变农业用途问题。很多农户认为，自留地与承包地的区别在于前者可以自由处分，故不少农户在自留地上搭建房屋、修坟建窑。可见，必须在立法上强调自留地的农业用途，这是维护农村各种土地使用权秩序的重要环节。在自留地流转时，使用权人还应保证受让人维持农业用途；使用权人改变用途的，村集体可以责令其限期改正、恢复原状，拒不恢复原状的，村集体可以收回自留地。以责令改正作

① 主要是出租。

为一个回旋余地的目的也是为了尽可能维系现有的自留地利用关系，避免自留地被任意的收回。

（6）自留地使用权的收回。由于自留地与农民紧密联系，对村集体收回自留地的情形应进行严格规制，控制在法定情形内，而不应扩大其范围。从目前来看，能够被接受且比较合理的情形有三种：一是改变土地用途。二是绝户。三是举家搬迁、改变原集体组织成员身份。改变农业用途自不必说，而关于绝户问题，需强调的是因为农村土地经营的主体是农户，故家庭中长辈的去世并不产生自留地继承的问题，只要该农户中还有成员，就享有自留地使用权。只有在绝户的情况下，村集体才有权收回自留地。另外，当农户举家迁出户口，不再是原集体成员时，其当然也无法再享有自留地使用权，此时村集体收回自留地也是当然之举。而对于抛荒行为，我们认为还不能作为收回自留地的法定条件。这是因为自留地主要是满足成员家庭日常生活所需，并未承载其他公益目的，且其面积较小，抛荒者多是短期行为，故不宜把这种情形纳入法定收回土地的范畴。

2. 自留山使用权的立法构造

自留山与自留地在土地使用权性质上具有同质性，因此，对其权利定位和改造，应当采取相似立场，兹不赘述。但基于立法的延续性，应当赋予自留山使用权人的继承权以及未完成绿化和植树造林义务情况下集体的法定收回权。

农地发展权：理论基础与制度创建

自20世纪中期英国率先创设土地发展权（Land Development Right）制度以来，美、法等国随着社会的发展和需要，也相继建立了该制度。由于我国正处于城市化快速发展阶段，以农地为主的耕地保护和生态环境保护近年来面临城市土地开发的巨大压力，因此，为了加强农地保护并优化农地的开发利用，同时作为环境资源保护的新手段，有必要对农地发展权问题予以研究，以便为我国建立农地发展权制度提供理论上的支持。

一、农地发展权的界定

土地发展权是土地变更为不同使用性质或提高土地利用强度的权利，是一种可以与土地所有权分割而单独处分的财产权，也被称为土地开发权。在早期农业社会，由于人类对土地的利用水平较低，拥有土地地表的所有权人便拥有该土地横向范围内地下与上空的一切权利。在该时期，开发土地的权利实蕴藏于土地所有权之中。到了近现代，因西方国家工业化和城市化发展迅猛，环境问题日益突出，出现了多元化、立体化利用城市土地的需要，而对于土地所有权人而言最优的土地利用且未必对社会而言也是最优的，土地发展权制度便在这种背景下应运而生，国家除继续保持传统上以土地规划及用途管制控制土地开发之外，也开始以控制土地发展权来规制土地的开发利用。

在我国，尽管学者关于农地发展权的研究成果愈来愈多，但对农地发展权与土地发展权的关系却尚未取得共识。不少学者将农地发展权与土地发展权同等视之。我们认为，农地发展权和土地发展权不可混同，严格区分两者较为合理：其一，土地发展权的含义较为广泛，其除包含农地发展权之外，还包括市地发展权，[①] 其中农地发展权主要是开发利用农村土地的权利，在开发利用土地的过程中，如果农村土地转变为城市土地，则开发利用该农村土地的权利将为市地发展权所吸收。其二，在土地权利的运行过程中，（城市）国有土地有较为完善的法律制度体系，而农村土地除土地承包经营权制度较为完善外，其他制度领域的规范还存在诸多缺失，这些现象均表明农村土地和城市土地在开发利用中面临着不同的难题。因此，在我国有必要突出农地发展权不同于土地发展权的特殊性，并结合农村社会的现实环境和需求建构农地发展权制度。[②]

就农地发展权的内涵来看，学界也存在较大争议。我们认为，农地发展权是土地发展权的一个具体类型，是指改变农地现有用途和强度等利用方式以获得更高土地收益的一种财产权。鉴于我国土地承包经营权人的自主性在法律上逐渐得到强化，实践中也受到农民的认可，故在保持农地农用的情形下，尽管农民享有进行农业结构调整而转向较高收益的农业生产的权利与农地发展权具有相似性，但该种情形应被排除于农地发展权的范畴之外。

二、农地发展权的性质

农地发展权的性质是建构农地发展权制度的重要问题，世界各国或地区关于农地发展权的性质主要有两种不同的制度安排，即以英国为代表的公权（力）模式和以美国为代表的私权（利）模式。在我国学界，关于农地发展权的法律性质的认识主要有四种观点：（1）公权说。该观点认为，配置土地发展权的目的在于合理利用土地，保护耕地，维护公共利益；政府在土地发展权制度设计模式中应扮演重要角色，以充分体现国家意志或国家意志与当事人意志的结合。[③]（2）私权说。该观点认为，土地发展权是基于土地利用社会性、广泛性而创设的物权，且是一种与土地所有权具有相同效力和权能的物权。[④]（3）公权与私权二元说。该观点认为，农地发展权一方面强调有关政府机关调整土地用途变更行为的绝对命令（服从）性质，另一方面在某些情况下也赋予私人变更土地用途

① 在我国，市地发展权是指城市国有土地提高建筑密度、覆盖率和进行旧城改造的权利。参见解玉娟：《中国农村土地权利制度专题研究》，西南财经大学出版社 2009 年版，第 144～145 页。

② 正是因为我国农村土地法律制度面临众多问题，以致有学者认为，从我国国情出发，土地发展权在我国应定位于农地发展权。参见江平主编：《中国土地立法研究》，中国政法大学出版社 1999 年版，第 386 页。

③ 刘国臻：“中国土地发展权论纲”，载《学术研究》2005 年第 10 期。

④ 胡兰玲：“土地发展权论”，载《河北法学》2002 年第 2 期。

的意思自治性。[①]（4）私权与人权二元说。该观点认为，农地发展权不仅是所有权的一部分，而且土地发展权是对土地在利用上进行再发展的权利，享有土地发展权对于人民参与社会经济发展和分享由发展带来的土地增值利益至关重要，它关乎人民的生存与发展，故土地发展权具有人权属性。[②] 在上述四种观点中，私权说较为合理，也更符合我国农村土地法律制度变革的实践。因此，在我国应当借鉴美国的立法模式，将农地发展权作为私权（利）予以创设。同时，土地行政管理部门根据法律的规定，有权对集体土地所有权的权能进行限制，或者对土地利用行为进行监督和管理，以促使集体土地得以可持续的开发利用。

三、农地发展权的归属

在我国，多数学者认为农地发展权应当属于国家。如沈守愚先生认为："农地发展权是一项独立的财产权，它的权源是国家主权。为保护耕地，防止有关组织或部门任意变更农地为非农建设用地，国家直接行使主权性财产权，除确要变更土地使用性质的，由国家按照国民经济发展计划和土地利用总体规划，依法定程序予以释放外，对使用方为非公益主体的，除给集体和农户以应有的补偿外，还要向国家购买发展权。"[③] 江平先生指出："农地发展权是社会经济发展的产物，作为土地资源合理配置的调节剂，作为强化政府调控能力的有效工具，在我国现阶段设立农地发展权并确定其为国家所有，具有积极的现实意义和必要性"。[④] 孙弘先生强调，我国坚持土地的社会主义公有制，实行土地使用权与所有权分离制度，用地单位和个人拥有具有广泛权能的土地使用权，相当于"准所有权"，而且在现行法律制度框架内，非建设用地只有经过国家转用审批后才能进行城市土地开发，这些特点决定了我国的土（农）地发展权应当归属于作为主权和行政权利享有者的国家（非以土地所有者身份享有土地发展权）。[⑤] 周诚教授提出，农地"自然增值"分配的基本政策原则应当概括为"合理补偿，剩余归公、支持全国"，即对于全部失地的农民，应当按农地价格补偿其承包地的价值，并发放安置补偿费及采取配套措施，以便确保其在生产、生活上无任何后顾之忧；对于部分失地者，相应酌减，但也应确保其无任何后顾之忧；对集体

---

① 臧俊梅："农地发展权的创设及其在农地保护中的运用研究"，南京农业大学 2007 年博士学位论文，第 139～140 页。

② 刘明明："论我国土地发展权的归属和实现"，载《农村经济》2008 年第 10 期。

③ 沈守愚："论设立农地发展权的理论基础和重要意义"，载《中国土地科学》1998 年第 1 期。

④ 江平主编：《中国土地立法研究》，中国政法大学出版社 1999 年版，第 387 页。

⑤ 孙弘：《中国土地发展权研究：土地开发与资源保护的新视角》，中国人民大学出版社 2004 年版，第 129 页。

经济土地所有权的最低补偿，应当保障其今后每年所获得的按失地面积计算的纯收入不低于过去的平均水平；土地自然增值减去安置补助费的开支之后的剩余部分，收归国有并设立专项基金，专门用于全国农村建设。[①] 可以说，坚持农地发展权应当属于国家是当前我国学界的主流观点。

我国也有少数学者主张确定农地发展权的归属要体现对财产权的尊重，即农地发展权归属于农地所有权人（农民集体）所有。如刘国臻先生认为，土地发展权归属于国家，不仅不能消除现行土地制度的弊端，反而会进一步放大现行土地制度的缺陷，致使耕地锐减的势头难以得到遏制。当前耕地大量流失的原因之一就是现行土地制度规定农地统征和国家垄断土地一级市场，因此，土地发展权应归土地所有权人所有，这也是作为民事权利的土地发展权得到公平保护的基本法理要求。[②] 张安录教授认为，因为我国土地分别属于国家所有和农村集体所有，故而我国的土地发展权应分别属于国家和农村集体，即在以前的所有权的基础上，增加一项新的权能：发展权，该权利可以在市场上交易，国家或集体也可以通过委托一个中介机构来买卖发展权。[③] 赖志忠先生提出："土地发展权是土地财产权中的重要组成部分，土地发展权归属于土地所有者更有利于土地市场的运转和土地资源的有效配置。"[④]

从我国现行法律的规定来看，尽管没有采纳农地发展权制度，但实质上将农地发展权赋予给了国家。可以说，在我国，农民集体虽然依法享有农村土地所有权，但其并不因之享有该土地的发展权。按照物权的基本原理，所有权是最全面的物权。土地作为一种极度稀缺的资源，其潜在用途更是无穷，而相对于不同的利用方式，土地则具有不同的价值，但这些利用方式和价值均蕴藏于土地所有权之中。农地发展权正是农地利用方式多元化的具体表现，故由农地的所有权人——农民集体——拥有发展权乃自然之理。此外，农地发展权实际由国家行使的现状，在我国已经严重损害了农民的利益，这不仅不利于农民个人发展，也不利于农村未来的发展，更不利于国家的长远发展。因此，我国确立农地发展权归属于农民集体的制度设计是一种务实的选择。

土地所有权除具有私益性之外，还具有公益性，其中土地所有权的公益性决定了其应确保大多数人们的生存及提升其生活品质，[⑤] 而且基于土地资源的稀缺

① 周诚："'涨价归农'还是'涨价归公'"，载《中国改革》2006年第1期。此后周诚教授虽然撰文认为"土地增值分配应当'私公共享'"，但就其内容的实质来看并没有改变。参见周诚："土地增值分配应当'私公共享'"，载《中国改革》2006年第5期。

② 刘国臻："论英国土地发展权制度及其对我国的启示"，载《法学评论》2008年第4期。

③ 张安录："城乡生态交错区农地城市流转的机制与制度重新"，载《中国农村经济》1999年第7期。

④ 赖志忠："论农村集体土地发展权的归属"，载《南方农村》2009年第2期。

⑤ 梁慧星主编：《中国物权法研究》（上），法律出版社1998年版，第314～315页。

性，国家对土地进行整体规划和管制也具有必要性。因此，即便确立了农地发展权归属于农民集体拥有的法律制度，土地行政管理部门仍然有权依法对集体土地的开发利用进行必要的监督和管理，以防止土地权利的滥用。

四、农地发展权的实现

农地发展权是从土地所有权分离出来的一种民事权利，其当然应符合民事权利的本质特征，即农地发展权人享有该权利的目的就是为了实现基于农地发展权而产生的各种利益。因此，我国在创设农地发展权制度后，应当构建相应的农地发展权运行制度，使农民集体拥有的农地发展权转变成为一种现实的利益。

在世界各国或地区，英国的农地发展权由国家享有，农地发展权的运行是在政府的引导和控制下实现的，属于行政主导型，而美国的农地发展权由土地所有权人拥有，农地发展权在运行中引入了市场机制，充分发挥了市场对农地发展权实现的经济调节功能。尽管英国和美国政府均参与了农地发展权的实行过程，但政府是以不同的身份参与且起到了不同的作用。相比较而言，美国的农地发展权制度设计更符合市场经济的基本要求，其既能够激励原土地所有权人加强对农地的保护，也能够顺利实现农地发展权制度设立的宗旨。[①] 因此，构建农地发展权实现机理时，应当在针对我国农村土地法律制度存在的问题的基础上，合理借鉴和吸收美国成功的经验。第一，农地发展权的移转应当与国家征购制度相结合。第二，引入农地发展权制度，在土地征收中完善补偿标准。第三，明确公共利益，建立集体建设用地使用权制度。

因集体土地转变土地用途的增值是以土地利用规划与土地用途管制为基础的，且其在一定程度上得益于国家的基础设施建设或其他主体的投资，所以国家可以通过征收土地增值税的方式向农民集体收取部分增值收益，以管理与调控农村土地市场，并保证社会公平。

五、结语

随着社会的发展进步，农民集体的土地权益应当得以充分实现日益受到社会

① 解玉娟：《中国农村土地权利制度专题研究》，西南财经大学出版社 2009 年版，第 169 页。另参见刘国臻：“论美国的土地发展权制度及其对我国的启示”，载《法学评论》2007 年第 3 期；刘国臻：“论英国土地发展权制度及其对我国的启示”，载《法学评论》2008 年第 4 期。

各界的关注，而引进农地发展权制度，通过农民集体及其成员参与发展权的分享，捍卫农民的土地权益，无疑有助于在根本上解决耕地保护、土地征收和建设用地使用权流转等难题。由于农地发展权制度在我国的研究还不完善，因此，应当结合国外经验和中国的国情，深入研究国内外农地发展权的理论，以进一步推动和加速我国农地发展权制度的建立。

土地征收：现实困境与破解之道

当代中国存在大规模的土地征收，其间引发了一系列社会问题。自新中国成立至今，我国虽一直都有法律法规规范土地征收（一开始称“征用”）行为，但总体而言，有关征地的法律制度仍极不健全，需要进一步完善。

一、当前土地征收中存在的问题及其法律实质

（一）问题表现

各国土地征收的立法宗旨是：确保土地征收的顺利进行，从而实现社会公共利益；规范征收行为，防止征收权的滥用，确保被征收人利益不受不合理的损害。当前我国土地征收实践中存在的问题，大多与后一宗旨未能实现有关，大致表现为三个方面：

第一，征收过滥、浪费严重。在我国，征收过滥的问题几乎一直与征地制度相伴随。特别是20世纪90年代以来经历的两次开发区热，大量土地被圈占，其中43%的开发区土地处于闲置状态。多征少用、征而不用的现象十分突出，大量土地抛荒浪费。本课题组2007~2008年的十省农地制度调研表明，约有1/3的受访农户表示其所在的村存在土地征收现象，也从侧面印证了征收的确存在过滥之势。

第二，补偿太少、分配不公。补偿太少表现为：法定补偿标准偏低；在原本较低的标准幅度内，实际补偿又就低不就高；补偿数额占土地实际价值的比例过低；有限的补偿款不能及时发放到农民手中。在我国，土地征收后，国家取得的收益比村集体和农户所获得的补偿还要多。[①] 根据估算，目前被征土地收益分配

---

① 陈小君等：《农村土地法律制度研究——田野调查解读》，中国政法大学出版社2004年版，第41~42页。

格局大致是：地方政府占20%～30%，企业占40%～50%，村级组织占25%～30%，农民仅占5%～10%。[①] 国土资源部的一项调查表明，在浙江省上虞市，"2000年土地出让收入为2.19亿元，其中征地补偿费只有591万元，仅占卖地进账的2.7%。"[②] 本课题组2007年的十省调查也揭示了这一问题的存在：在土地被征收后，竟然有5.57%的农民根本不知道有没有发放过征地补偿款，另有12.17%的农民肯定地说"没有发放过"。分配不公表现为：分配标准混乱；分配方案不公正，欺诈舞弊盛行。本课题组调查征地补偿款如何分配时，在被调查人中，有9.22%的表示按人口，有52.17%的表示按被征用土地的数量，有13.39%的表示按人口和土地。对于已经出嫁、但户口仍在本村的妇女是否分配补偿款问题，农民的意见也很不一致。此外，有3.48%的农民表示根本不知道按照什么标准分配。根据本课题组2007～2008年的十省农地制度调研，土地被征收后，有39.13%的农民表示其主要生活来源是打工、经商；另有1.57%的农民表示没有生活来源；仅有13.22%的农民表示依赖补偿费。补偿太少、分配不公可以部分解释这一现象。

第三，行为失范、腐败频发。在土地征收实践中，违规操作十分严重，广泛存在越权审批、违法审批、先征后批、征而不批、征而不用、征地不公告、账目不公开等等违法现象。在调研中我们还发现，有些地方的乡镇人民政府为规避法律，以租代征。由于缺乏有力的监管，与土地征收开发相关的腐败案件频繁发生。近几年查处的高官腐败案，大多与此有关。国土资源部提供的数据显示，从2000年到2006年，全国因为土地违法违规受到党纪政纪处分的干部有8 698人，其中1 221人被追究刑事责任。据相关专业人士研究，批地贿赂在房地产业界早已是公开的秘密。[③]

（二）问题的法律实质

土地征收实践所存在的问题，归根到底，都是一个利益问题。换言之，都是一个农民与农民集体利益受损的问题。从法理的角度看，则表现为两个方面：一是公法权力被滥用，二是私法权利受（强势公权力的）侵蚀。

公法权力唯一的应然目标是，服务于公众的个人权利和公共利益。任何有意背离此目标的权力行使行为，都构成了权力的滥用。征收过滥，随意启动公法权力；补偿过少，背离了服务于人民的目标；腐败，背离了公法权力目标的唯一

① 蔡继明："中国土地制度改革论要"，载《东南学术》2007年第3期。

② 程晓农："三农问题触发政改需要"，载《南风窗》2000年第4期。

③ "房产：批地的贿赂成本高达地价的30%"，载 http：//www. xici. net/u4832612/d27894139. htm。2010年1月21日访问。

性，都属于公法权力的滥用。

征收过滥，意味着一些不该被剥夺的集体所有权被强行剥夺，本该继续存在的农村承包经营权和宅基地使用权不再存在；补偿太少，则意味着被征收人的受补偿权受到了侵害；乡村干部权力作为国家行政权力的延伸部分，其腐败直接损害了农民和农民集体的受补偿权。

在土地征收过程中，公法权力被滥用和私法权利受侵蚀，是一枚硬币的两面，滥用公法权力之因，常常造成私法权利受侵蚀之果。

（三）引发的不良后果

土地征收中发生的问题进一步引发了其他更为严重的问题，主要有三方面：

第一，耕地急剧减少，危及粮食安全。由于征收过滥，大量耕地被占，目前中国耕地的保有量，已经逼近甚至可能已经越过了 18 亿亩红线。如果征收过滥的趋势不加控制，那么中国的粮食安全必将成为制约中国发展的一大问题。

第二，失地农民增多，贫富差距扩大。一方面，失地农民不仅失去了基本的谋生之道，而且失去了基本的生存保障。另一方面，通过征地，一些房地产开发商和贪官污吏大发横财。房地产业已成为内地富豪们的主要财富来源①。其结果，中国的贫富差距进一步扩大。过度的两极分化既有损于社会公正，又不利于社会安定，同时也会影响经济、社会的可持续发展。

第三，诱发群体事件，影响社会安定。当前的土地征收引发了大量尖锐的社会矛盾。当前，农村土地纠纷已经成为农民维权抗争的焦点，是影响农村社会稳定和发展的首要问题。土地纠纷又进一步引发了大规模群体性突发事件，严重的甚至还引发了暴力冲突。国家信访办从 2003 年到 2006 年接待的上访人数当中，有近 40% 涉及拆迁，而在住房和城乡建设部，这个比例甚至高达 70% 到 80% 。②

此外，不当征地还产生了破坏生态环境、影响中国经济持续发展等不良后果。

二、征收问题产生的原因

（一）多元的原因构成

在引起征收问题的诸多原因中，既有浅层原因，又有深层原因。浅层原因涉

① “房地产成最富有行业，400 富豪 154 人上榜”，载 http：//finance. ifeng. com/money/special/09forbes/wealth/millionaire/20091106/1434802. shtml 2010 年 1 月 20 日访问。

② 杨正莲：“新《拆迁条例》为何难产？”载“中国新闻网”2009 年 12 月 17 日 18：21。

及法律制度、政策安排乃至部分政治体制上的问题，深层原因则主要涉及社会文化层面，包括历史传统、惯性力量、思想观念、社会意识以及农民的社会生存状态等等。

在浅层原因中，既有内因，又有外因。内因主要是目的因，即政府频繁启动征收权的内在原因；还有动力因，包括政府的强力、农民的无力以及第三方制衡力量的欠缺。外因是作为条件的原因，法律制度上的错误安排和缺失是最主要的外因。在土地征收问题上，内外因往往互为因果，从而增添了问题的复杂性。

（二）内因：目的因与动力因

1. 目的因：土地财政与攫取利益的双轮驱动

政府为什么频繁地启动征收权？土地财政和商人逐利的驱动是两大重要因素。

关于土地财政。在我国，不少地方政府依靠出让土地使用权的收入来维持地方财政开支。例如，北京土地出让金占财政收入比例接近五成，武汉等地甚至已超越第一财政。之所以会形成土地财政，下列诱因非常重要：第一，行政成本居高不下。据国家统计局数据，1995～2006年，国家财政支出中行政管理费由996.54亿元增加到7 571.05亿元，12年间增长了6.60倍。不仅远远高于世界发达国家，而且高出世界平均水平25%。因为存在大量的预算外收支，所以实际成本还要更高。[①] 第二，GDP政绩观。GDP是考核地方政府官员政绩的重要指标，发展地方经济是当政者的首要任务，财政支出因之增加。第三，分税制改革。1994年开始的分税制改革，由于“财权过度上收在中央、事权过度下移到地方”，地税收入远远不能满足地方政府的财政开支，一些地方政府出现了不同程度的财务危机。2003年后，中国基层政府普遍举债或负债运行[②]。第四，农业税免除。自2004年农业税减免，到2006年农业四税全部取消，极大地减轻了农民的负担，但也使地方财政的困难加剧。

关于商人对利益的追逐。中国的城市化浪潮，出生于生育高峰的一批人成年，加之生活水平提高，中国人对私有住房的强烈偏好，以及投机心理，给房地产商带来了巨大的商机。在利益驱动下，房地产商积极要求政府扩大征地规模。

因此，在土地征收问题上，地方政府和房地产开发商的目标高度一致，可谓双轮利益驱动。

---

① 唐敏：“我国行政成本高出世界平均水平25%五大原因造成”，载 http://news.xinhuanet.com/politics/2008-04/29/content_8071274.htm。2010年1月21日访问。

② 王海平：“中央摸底地方政府负债率，部分数据让高层‘揪心’”载 http://business.sohu.com/20100120/n269704296.shtml。2010年1月20日访问。

2. 动力因：政府的强力与农民的无力

政府有强大的执行能力。第一，政府公权力背后，有法律、警察、法庭、军队作为后盾。第二，漫长的集权历史，以及新中国成立后长期实行的计划经济体制，都使得国家的集权强力仍在整个社会生活中居于主导地位。第三，政府通过对村干部选举、罢免及其行为的操纵与控制，实际上在一定程度上控制了村民自治组织，从而保障公权力的强力能够有效地作用于农村。本课题组对湖北、贵州两省九县的调查表明，有超过半数的人认为村委会是一级政府，还有近一成的人表示搞不清楚。这表明政府对农村具有较强的渗透力。

农民无力应对。首先，农民不了解法律法规政策，一般对本村事务也不知情，无法有效地运用法律手段维护自己的合法权益。其次，多数农民集体以及村民自治组织的组织程度不高，在承包责任制推行后又缺乏组织经费和自主支配的财产，难以有效开展维权行动。本课题的调查表明，在农业税费取消后，有33.7%的人表示村集体没有收入来源，还有12%的人不清楚有没有收入来源。最后，现在许多中国基层农村的自治，实质上属于一种（地方）“权威性自治”，而不是现代意义上的（村民）“代表性自治”，其立足点仍然是村干部的“管制”，而非真正的自治，[①] 因而并不能真正代表农民的意志和利益，多数情况下也不太可能支持农民向政府抗争。

关于第三方制衡力量。到目前为止，我国的非政府组织数量少、力量小，许多重要领域仍未对非政府组织开放，因此，非政府组织尚不能有效地制衡强大的政府力量。

（三）外因：制度的错置与法律的缺位

1. 作为积极条件的制度依据问题突出

（1）规划与城市建设取代公益目的。第一，《宪法》上的悖论。根据《宪法》第10条规定，城市土地全部属于国家所有，而不可能属于集体所有；土地（所有权）在法律上为禁止流通物；土地所有权权属改变的途径只有一条，即土地征收；征收是国家行为，且只能基于公共利益的需要进行。这就意味着，城市要扩张，只能征收集体土地；而征收所得的城市土地，又不得用于商业开发。然而现代化城市已经不可能没有商业开发。因此，在中国城市化进程中，《宪法》第10条形成了一个内在的悖论。对于这一悖论，政府只是简单地将城市化等同于公共利益，从而将《宪法》所确立的公益征收原则虚置。于是，城市扩张的规划就成了现实征收的当然理由，其《宪法》依据就是“城市的土地属于国家

① 张静：《基层政权：乡村制度诸问题》，浙江人民出版社2000年2月版，第207~212页。

所有”。第二，法律依据。《土地管理法》第 2 条第 4 款虽然重复了《宪法》第 10 条第 3 款关于公益征收的规定，但随后的规定以及《城乡规划法》的相关规定又在实质上推翻了公益征收原则。根据这两部法律，那些注定要将农村土地圈进城市圈的规划，无论怎样编制，又无论如何审批，都只从城市本身的发展（扩张）需要出发，而无须对规划用地做任何公共利益的论证，也无须征求相关农民或农民集体的意见。特别是《土地管理法》第 5 章有关“建设用地”的规定（第 43 条至第 65 条），更是直接为非公益性征收打开了方便之门。

（2）补偿标准偏低。《土地管理法》关于征收补偿标准的规定，虽历经修改有所提高，但土地补偿费和安置补助费的总和最高不得超过土地被征收前三年平均年产值的 30 倍（第 47 条）。这一标准仍然偏低，首先，它远远不能补偿土地所有权人的全部损失。其次，作为一种补偿标准，它也极不合理。再次，它不仅损害了农民集体的利益，而且实实在在地损害了单个农民的利益。失地农民的生活状况远不如失地之前。最后，对比征收之后国有土地出让金收益，征收补偿微不足道。

（3）土地增值收益归公。根据《土地管理法》第 54、55 条规定，一般情况下，建设单位使用国有土地，原则上要先缴纳土地使用权出让金等土地有偿使用费。而“新增建设用地的土地有偿使用费，30% 上缴中央财政，70% 留给有关地方人民政府”，虽然后缀有“都专项用于耕地开发”（第 55 条第 2 款），但既没有任何监督措施，也没有任何追究违反者法律责任的规定，从实际运作看，这一后缀不啻一纸空文。

根据上述错误配置的法律制度，集体土地所有权主体不能进入建设用地使用权流转的一级市场，不能与用地单位按照市场规则进行讨价还价来充分维护自己的权益。而国家垄断了建设用地使用权流转的一级市场后，政府将征收所得的国有土地的使用权出让给非公益建设用地的厂商，获取土地出让金。巨额的出让金收益，减去低廉的征收补偿费用，仍然是一笔巨款。对于财政上捉襟见肘的地方政府，无疑是一个巨大的诱惑。

2. 作为消极条件的法律规范明显缺失

（1）公共利益立法缺失。虽然《宪法》和部分法律规定征收必须基于公共利益的需要，但现行立法既没有明确界定公共利益的内涵和外延，也没有任何有关公共利益事业的例示性规定。过于抽象的规定使得冒用或滥用公益之名成为可能。

（2）征收条件不明确。是否只要为了公共利益，就可以进行土地征收？答案是否定的。那么，除公益目的之外，土地征收还要符合哪些条件，立法未予明确规定。这在客观上也为征收权频繁启动提供了机会。

（3）农民及农民集体的参与权没有体现。在土地征收过程中，被征地的集体和农民缺乏应有的知情权和参与权。由于法律规范的缺失，在征地的公益性、征地行为的确定乃至补偿方案的确定上，被征地的集体和农民都缺乏应有的参与机会、异议权和影响力。虽然有些部门规章和地方性法规规定了土地征收的听证程序，但由于法律位阶太低，难以有效规制政府的土地征收行为。

（4）分配标准不明确。《土地管理法》没有对征地补偿费用的分配做出具体规定，《土地管理法实施条例》第 26 条只是原则上划定了征地补偿费用中土地补偿费、安置补助费、地上附着物及青苗补偿费的所有权归属。关于土地补偿费，虽然明确其属于农民集体所有，但没有进一步规定如何处置，产生了许多难题：是作为集体资金留用还是发放给村民抑或是有发有留？如果留用，究竟留作何用？如果发放，以什么样的标准发放？谁有资格受偿？那些已经出嫁但户口仍在本村的妇女、村内部分无地的村民、赘婿、大中专学校在读学生、服现役的义务兵、以前迁离本村后又回迁的村民，有没有受偿资格？关于安置补助费，需要安置但不愿接受安置的，或者未征得被安置人员同意即擅自将安置补助费的全部或一部用于支付被安置人员的保险费用的，如何处理？接收安置补助费的农民集体或安置单位不能及时安置或不安置、或者虽然安置但使被安置人员生活水平明显下降的，又如何处理？这些问题都没有明确的答案。实践中，土地征收补偿费用被政府、村、村民小组以各种名义层层截留，真正到达农民手中的极其有限。

（5）相关程序性规范的缺失。关于认定公共利益、确定征收范围、制定补偿安置方案、补偿、分配补偿费用、撤销征收行为，都可以设置相应的法律程序，使之有法可依、有章可循。但目前这些程序要么完全阙如，要么不甚完善。

3. 救济上的司法不作为表现突出

被征地的农民与农民集体，对于政府的土地征收决定不服或有异议，法律没有规定任何救济措施；仅有的规定（《土地管理法实施条例》第 25 条第 3 款），还是行政机关自己充当自己的裁判。对于土地征收决定、补偿安置方案方面的纠纷，司法机关本应作为行政诉讼案件予以受理，但面对强大的行政机关，却是“有心无力”。虽然最高人民法院 1991 年发布的《关于贯彻执行〈中华人民共和国行政诉讼法〉若干问题的意见（试行）》中曾规定，“可以依法提起行政诉讼”。但这一解释在 1999 年却被废止了。此后，总体而言，全国大多数人民法院没有依据受理有关土地征收的行政诉讼，目前仅有部分省市的地方性法规赋予被征收人以获取司法救济的权利。

对于具体的补偿费用分配纠纷，法无明文。最高人民法院自身的观点又反反复复、前后矛盾。如1994年最高人民法院《关于王翠兰等六人与庐山区里乡黄土岭村六组土地征用费分配纠纷一案的复函》认为，“不属于法院的受案范围”。2001年7月最高人民法院法研［2001］51号《关于人民法院对农村集体经济组织所得收益分配纠纷是否受理的答复》认为，它“属民事争议，人民法院应当受理”。2001年12月最高人民法院法研［2001］116号《关于村民因土地补偿费、安置补助费问题与村民委员会发生纠纷人民法院应否受理问题的答复》也认为人民法院应当受理。但是，2003年2月召开的全国法院立案工作会议上，最高人民法院立案庭又认为，此类案件不属于人民法院受理民事案件的范围，人民法院不予受理，应由行政部门协调解决。

有些决定受理此类案件的地方法院，又规定“村民因涉及计划生育奖罚而发生的收益分配纠纷向人民法院提起诉讼的，人民法院不予受理”。[①] 此外，如果被征土地的所有权属于村民小组集体所有，则村民小组充当诉讼主体的资格也存在法律上的障碍。

（四）深层原因：观念的误区和体制的惯性

1. 权利神圣的观念未能确立。

2. 私法权利与公法权力的关系未能理顺。二者之间的应然关系是：私法权利是公法权力存在的前提和基础，公法权力应以保障与维护私法权利为目的。由于受中国传统文化中负面因素的影响，现实中这一关系被扭曲。

3. 政府功能定位不够准确。政府要有所为，有所不为。现阶段我国政府在功能定位方面不够准确，直接介入经济生活的程度太深。

4. 计划经济体制的遗迹尚存。近三十年的计划经济体制产生了强大的历史惯性。

5. 歧视身份化农民的历史惯性。僵化的户籍制度，将农民从职业变成一种身份。城乡二元结构的管理体制，使农民在经济生活、政治生活等各个方面都受到不同程度的歧视，逐渐沦为二等公民。“农民工”的称谓，即是这种歧视性延续至今的表现。

6. 乡村农民的原子化。自20世纪90年代以来，农民越来越原子化了，越来越如一盘散沙。在土地征收过程中，原子化的农民根本不可能与国家机器相抗衡；即使暂时结合起来，也更容易被分化。

---

① 陕西省西安市中级人民法院2003年年底发布、2004年1月1日起施行的《关于审理农村集体经济收益分配纠纷案件的意见》第5条。

三、治理我国土地征收中顽疾之法律对策

（一）对策的体系化整合梳理

1. 概述

在各种对策中，根据与征收问题的关联度的不同，可分为直接对策与间接对策。完善征收法制及相关法制，完善财政政策，都是直接对策。而针对动力因，扶持农民的力量和第三方力量，抑制政府强力，都只有间接的效果，属于间接对策。此外，前述的深层原因，实际上也就是远因，并不直接引起各类征收问题，而只构成问题产生的背景与环境。与之相应的对策，针对性不强，对解决征收问题不会产生立竿见影的效果，也只能算是间接对策。

直接对策中，根据解决问题的程度不同，有治标对策与治本对策之分。一般来说，规范征收行为，特别是界定公共利益、严格征收条件、完善征收程序，其实都只能收到治标的效果，只能在一定程度上控制征收行为，尽可能减少征收带来的危害，都只能算是治标之策。而深化税制改革、使地方政府事权与财权高度统一、降低行政开支等，以及最大限度地提高补偿标准、缩小征地成本与土地使用权出让金之间的利差，可以从根本上遏制地方政府的征收冲动；同时，开放农村建设用地使用权市场，使之与国有土地使用权一样进入一级市场，就可以大大缩小厂商在土地问题上追逐超额利润的空间，消除厂商与政府合谋的意图，这些都可以收到治本之效，可以算是治本之策。

此外，根据对策的属性不同，还有行政对策、法律对策和社会文化对策之分，下面即按这一分类方法分述之，重点探讨法律对策。

2. 行政对策

（1）斩断利益链条，完善配套制度。第一，要做到财权与事权相统一。第二，精简机构、裁撤冗员，减少浪费，防范贪污，降低行政成本。第三，改革官员考核指标，降低 GDP 政绩的权重。在考核官员政绩时，应将经济发展与社会文化发展、环境保护、执法严谨有力等指标并重；在考察官员对经济社会发展的贡献时，既要看到眼前的实效，更要看到对长远利益的影响；加强官员的离任审计。第四，尝试开征土地增值税和房产税。通过开征这些税种，将目前为预算外收入的号称第二财政的土地财政，逐步纳入第一财政的税收体系之内。第五，国家应采取有力措施调控房地产市场，逐渐消除市场泡沫，使之朝健康有序的方向发展。

（2）扶持民间力量，抑制政府强力。第一，从暴力论到契约论。历史现实

中的国家多为暴力机器，但在社会主义国家，国家利益与人民利益高度一致，没有必要过多地动用强制力量。多数情况下，完全可以通过征询民意、谈判、协商解决问题。所以，能否将社会契约观念延伸到行政事务当中，更多地运用民主协商的手段解决问题，考验当政者的行政智慧。第二，通过法制约束权力。权力不受约束，即容易被滥用。约束权力的手段多种多样，法律制度是其中重要的一环。第三，加强农民的力量。知识就是力量，要让农民有文化、懂法律、享受知情权。团结就是力量，要让农民组成健全的、有活动能力的基层群众组织。第四，扶持第三方制衡力量。要鼓励、扶持非政府组织和媒体在法律的轨道内发展壮大，作为社会制衡力量，制约政府权力的滥用。

3. 社会文化对策

（1）转变错误的思想认识，树立正确的法制观念。要在全民特别是政府官员中，树立权利神圣的观念，尊重普通民众的权利和自由，祛除特权思想；要让政府官员正确认识并处理公法权力和私法权利之间的关系，在以公法权力限制或剥夺权利时，一定要有正当的理由并遵守正当法律程序；要在全民特别是政府官员中，树立主体平等的观念，特别要恢复农民的职业定位，消除农民的身份化现象。

（2）推动政治体制改革，推动城乡一体化。第一，要改变政府功能定位。政府应进一步放权，特别是不应直接作为市场主体进入市场，或者在市场本身运转良好时积极干预市场的发展。第二，改变城乡二元结构，实现城乡一体化。

（3）建设公民社会，改善乡村社会生态。首先，要广泛推行公民教育。其次，要壮大集体经济，发挥集体经济组织作用。再次，要改善基层民主，发挥基层群众自治组织的作用，增强集体凝聚力。变“权威性自治”为现代意义上的“社区性自治”和“代表性自治”。

（二）法律对策之基础：明晰相关法理

1. 征收的概念

（1）正确认识征收概念

现行《宪法》与《物权法》的相关规定均存在一定失误，涉及征收概念中的两个问题：一是征收的实质。只要符合下列两个条件，就构成了征收：首先，财产权人遭受的损害是一种特别的、难以忍受的损害，而非普遍性的、所有的人在同样情况下都必须忍受的、轻微的损害；其次，对此损害，如果不给予公平补偿，就必定会违反财产权保障和公用负担平等原则，对财产权人构成明显不公。换言之，征收的实质就是一种剥夺——一种不予补偿就不公正的剥夺。二是征收客体范围，即什么样的财产可被征收。《物权法》规定限于不动产，《宪法》规定限于特定主体的财产。这是非常狭隘的。其实，一切包括所有权在内的财产权都有可能被征收。限制征收客体，似乎是在保护权利人的私权，其实反倒有可能遮蔽征收现象，对权利人不利。

据此，所谓土地征收，就是对以土地为核心的财产权益的征收。

（2）重新厘定土地征收的客体、主体及征收方式

土地征收应包括以下客体：土地的集体所有权；土地改良物所有权；农作物所有权；土地承包经营权和自留地（山）使用权[①]；土地上的房屋所有权；宅基地使用权和其他建设用地使用权；地役权；与农村集体土地有关的准物权（如按《物权法》第123条规定，依法取得的探矿权、采矿权、取水权和使用水域、滩涂从事养殖、捕捞的权利）；与农村集体土地有关的尚未成为准物权的一些使用权（如采石权、采沙权、取土权、利用温泉的权利，等等）；土地上的租赁权（包括对宅基地使用权的租赁权、对土地承包经营权的租赁权、对自留地（山）的租赁权、对建设用地使用权的租赁权）；对房屋的租赁权；对上述准物权及其他权利的租赁权；对以上权利的其他有偿及无偿的债权性使用权；围绕土地所产生的环境权；可由农民和农民集体分享的土地发展权；上述权利中的部分权能或某一权能的一部分；尚未与土地分离、且未设定独立权利的土石砂砾；其他一切以土地为核心的合法权益，但原则上不包括担保物权。[②]

明确了征收客体，就明确了被征收人，也就明确了征收活动的参与者，明确了补偿对象。这里有两个问题值得注意：其一，征收补偿款应直接支付给补偿对象。其二，包括土地所有权人在内的一切被征收人在参与征收活动的过程中，均应享有法定的一切程序性权利。

征收人都是国家。由于具体创办公共利益事业的不一定都是国家机关，也可能是国有事业单位或公共团体，甚至有可能是私人。所以申请征收人不一定就是征收人。当申请征收人与征收人不一致时，申请征收人也应参与到征收法律关系中来。此时要注意两点：一是申请征收人也应享有法律规定的一切程序性权利。二是征收之后，申请征收人除不得取得土地所有权之外，有可能取得土地上的其他财产权益，此时，征收客体不必一定包含土地所有权。

由于征收客体不必一定是土地所有权，所以，征收方式可以多样化：剥夺所有权转归国家，剥夺土地所有权以外的其他所有权转归申请征收人，强制设立用益物权，强制设立债权，限制财产权的部分权能或某一权能的一部分，强制消灭某项权利，强制消灭某项权能，等等。

---

① 陈小君："农地法律制度在后农业税时代的挑战和回应"，载《月旦民商法》第16期。

② 日本《土地征用法》中包含了抵押权，但我们认为，抵押权具有物上代位性，因此只要抵押物价值尚存（补偿款即抵押物价值），抵押权并不消灭，所以，应将抵押权排除在征收客体之外。

2. 公益与私益的法律界分[①]

必须严格界定土地征收中的公共利益。其一，可以将法律上的公共利益定义为：超越个人利益之上，为不特定的多数人所享有的利益，或者由《宪法》所确定或经正当法律程序所确定的国家及公共团体的目的。其二，只有那些通过选择的、重大的且特别的公共利益，才能成为征收的合法前提。其三，征收制度不能视为公共财产的“附带制度”（W. Weber 所言）。[②] 不得以改善政府或其他公共团体的财政状况为目的进行征收。严禁以单纯的商业利益为目的进行征收。其四，在立法上，我国可以采用列举式与概括式相结合的体例对“公共利益”事务予以界定。概括式规定仍应指向其他的法律。

具体来讲，可作如下规定：国家为了公共利益的需要，举办如下各项公益事业，可以依法对农民集体所有的土地实行征收：（1）国防军事设施。（2）国家机关办公设施。（3）公共交通道路、停车场、汽车终点站；铁道、轨道、索道设施；无轨电车设施；石油、天然气、煤气管道设施；航路标识、水路测量标识；飞机场、航空保安设施。防止滑坡、矸石、山崩设施。（4）农用道路、水路、海岸堤防、水池、防风林及其他类似设施；土地改良设施。（5）公共水源，与公共利益有关的河流（含运河）、对于这些河流以治水、排水、用水为目的设置的堤防、护岸、水库、水道、贮水池及其他设施；港湾设施、渔港设施；海岸保全设施；水道事业设施。（6）气象、海洋状况、洪水及其他类似现象的观测设施或用于通报的设施；无线电测定装置；电气通信设施、设备；广播设备；发电、变电、送电设施；电气产品制备设施、煤气产品制备设施。（7）消防设施；防水设施。（8）教育与学术研究设施；职业训练设施；原子能研究所需的设施；核电、核燃料开发所需设施；航空、航天事业开发所需设施；博物馆、图书馆、公益展览馆；养老院、孤儿院、社会救助站等供社会福利之用的设施；公益性医院、诊所、合作医疗机构、疗养院及其他公共医疗机关、防疫检疫机关；火葬场；公益性墓地；废弃物处理设施、公用厕所、下水道事业设施；公园；绿地、广场、运动场及其他供公共之用的设施。（9）自然环境保护事业；森林等自然资源保护事业；防沙设备或设施；文物古迹及风景名胜区保护事业。（10）社会保障性住房建设。（11）中央及地方批发市场；公益团体设置的市场；屠宰场；烟草专卖所需设施；国家重点扶持的能源建设项目；其他政府兴办的以公益性为限的国家重大经济建设项目。（12）以上所列事业所不可缺少的通道、桥梁、铁道、轨道、索道、各种线路、水路、管道、池井、土石的堆放场、材料的放置

---

① 陈小君：“农村土地制度的物权法规范解析——学习《关于推进农村改革发展若干重大问题的决定》后的思考”，载《法商研究》2009 年第 1 期。

② 陈新民：《德国公法学基础理论》（下册），山东人民出版社 2001 年 3 月版，第 475 页。

场、职务上需要常驻的职员的执勤办公室或者宿舍及其他设施。(13) 法律规定的其他公益事业。

3. 土地征收法的基本原则

我国土地征收立法应确立以下基本原则:(1) 充分尊重并保护土地上农民集体和个体的合法权益原则。(2) 公益目的原则,土地征收的唯一合法目的应该是增进公共利益。(3) 比例原则。土地征收必须遵循比例原则,比例原则包含三方面的内容:其一,合目的性,也称适合性或妥当性。其二,必要性。即征收是必要的,国家机关在其职权范围内没有对被征收人权益损害更小的措施可供采取;在有多种能同样达成目的的方法时,应采取对被征收人权益损害最小的方法。其三,比例性。目的和手段的关系必须具有客观的对称性。(4) 正当法律程序原则。正当的法律程序(Due Process of Law)的基本含义是:任何人不能成为审理自己案件的法官;在决定对当事人不利的事务时,当事人有获得及时通知、口头陈述和辩论、相互盘问和反驳不利证据以及其他发表意见的机会,有获得律师帮助的权利,有获得公正决策者的权利,有获得说明理由的书面决定的权利。具体到土地征收程序中,要做到以下几点:第一,信息公开与活动公开。第二,保障当事人的参与权。第三,必要时使用中立机构。如对被征收财产的估价、有关征收及补偿纠纷的最终裁决均应是持公正立场的第三方。第四,采取其他保障公正的程序性措施。如申请回避权,获得律师帮助权等。(5) 公正补偿原则。国家合法的征地行为,毕竟给被征收人造成了特别的损失。不予补偿,则显失公平。

(三) 法律对策之一:完善征收制度

1. 制订土地征收法、规范土地征收行为

目前,我国有关土地征收的法律体系虽然完整,但依然存在可操作性不强、法律位阶较低、自我约束、相互冲突、存在法律漏洞等问题。要解决这一问题,就应借鉴日本等国的经验,制定统一的《土地征收法》。

2. 完善征收程序

土地征收程序的完善涉及以下几个方面:第一,确立土地征收部门对征收是否符合公共利益的认定程序。对公共利益的认定须严格遵循法律对公共利益的界定,而不能由行政机关自由裁量。如果土地征收部门认定需用地人申请事业符合公共利益,应提前书面通知拟被征地人,给予被征地人一定的异议期。在法定期间内,被征地人对需用地人申请事业符合公共利益有异议的,可以向法院起诉,由法院依法裁决。第二,健全土地征收部门对征地范围的确定程序。土地征收部门根据法律的规定,如果认定需用地人的申请符合公共利益的要求后,应当正式

的关系，在私权领域探讨一种可对抗公权力的、务实的、可供选择并具操作性的、让利于民、还权于民的法律救济立法方案。建议最高人民法院应该针对农村地权纠纷问题及时出台相应的司法解释，且未来的农村地权纠纷法律救济制度至少应当在以下方面做出修改：其一，适当扩大法院的受案范围，尽可能将各种地权纠纷纳入诉讼解决机制之中，以发挥司法作为实现正义的最后一道防线的功能；其二，对现行农村土地承包经营纠纷仲裁制度加以完善，使其成为纯粹的民商事仲裁，凸显农村土地承包仲裁委员会的民间性和中立性；其三，无论是诉讼还是仲裁，均应当考虑对作为纠纷当事人的农民实行不收费或者少收费制度；其四，对现行村庄制度进行改革，实行政务和村委分开，其中村委由村民共同管理，使地方行政权力从村务中完全撤离。由此可见，完善的地权纠纷法律救济制度需要有相应的配套制度与之协调和推进。

当然，在农村地权纠纷的各种法律救济模式中，对基层政府相关部门的工作人员和基层法院法官进行观念上的引导也不可或缺，而且应在纠纷解决过程中充分尊重农民意愿，更多倾听来自农民的声音。只有在参与解决地权纠纷的行政人员与法官对法律和政策比较熟悉，能够对之作出准确的理解，且依法公正合理地处理各种纠纷，才能形成较好的公信力。因此，就农村地权纠纷的解决而言，各种法律救济机制的完善虽然具有极为重要的现实意义，但全面提升纠纷处理者的素质，加强他们法律知识与法律意识的培养，为法律救济机制的有效运行提供人才的支持，对保障农民合法土地权益的实现更是须臾不可忽视。

妇女农地权利保护：性别视角下的法制保障

自我国农村开始实行延长土地承包政策以来，从整体上看，大多数农民都比较满意。但土地承包政策执行过程中所反映出来的隐性的性别缺失[①]不容忽视，而这种缺失既有立法层面，也有执法层面。主要表现为弱势群体中更加弱势的农村妇女，其土地权益[②]频遭侵害。根据全国妇联对全国30个省抽样调查，在失地群体中，妇女占70%，其中有26.3%的妇女从来没有分到过土地，有43.8%的妇女因结婚而失地，有0.7%的妇女在离婚后失地。[③] 可见，引入社会性别视角，认真审视我国农村妇女土地承包经营权问题具有理论与现实双重意义。

一、农村妇女土地承包经营权行使与救济之实证研析

为深入系统了解农村妇女土地承包经营权现状，我们课题团队在鄂、湘、黔、川、粤、晋、豫、鲁、苏、黑等10省30县180村对1 800余农户开展了问

---

① 所谓隐性的性别缺失，是指法律虽然对男女两性做出相同的规定，但这些规定却对妇女造成不公平的影响。即虽然法律规定男女在形式上是平等的，但由于这类法律无视或者没有充分考虑到社会造成的法律适用对象之间存在的实际差距，忽视或排斥女性的独特经历和不同境地，因而采取一刀切的立法模式或将同等的权利分配给了不平等的男女两性，因此表面中立的法律规定在适用过程中并未实际公正的效果，甚至使两性实质上的地位更加不平等。参见丁慧、付媛："在我国立法中植入社会性别视角的路径"，载黄列主编：《性别平等与法律改革——性别平等与法律改革国际研讨会论文集》，中国社会科学出版社2009年版。

② 需要说明的是，农村妇女所应享土地权益既有农业生产方面的土地承包经营权，也有用于居住的宅基地使用权等土地权利，更有土地征收过程中获得征收补偿款的权利。鉴于土地承包经营权在整个土地权利体系中的核心位置，我们主要就土地承包经营权受侵害问题展开讨论。

③ 转引自王竹青："社会性别视角下的农村妇女土地权益保护"，载《农村经济》2007年第3期。

卷，并就相关问题数次与农民进行半结构式深度访谈，其调研沿循以下四方面展开。

（一）妇女出嫁后原土地承包经营权保护现状

农村妇女出嫁后，其土地承包经营权是否得以保障是实地调研中农村妇女普遍关注的问题。调查中回答农村妇女在出嫁后，承包地的五种处理方式分别占问卷比例为："在出嫁后户口迁出时由发包方收回"，占15.23%；"出嫁后无论户口是否迁出均由发包方收回"，占4.61%；"如果该女孩在婆家村（组）取得承包地，则收回；否则不收回"，占9.06%；"无论何种情况，由女孩的家人继续承包"58.48%；"其他"，占11.73%。

该数据表明，为维持土地承包经营权的稳定，农村妇女在出嫁后，村集体一般并不将其承包的土地收回，而是由其家人继续承包（河南、江苏两省除外）。这种处理方式仅维护了以户为单位的承包经营权。在河南，对出嫁妇女的承包地，更多是按照当地所称的"地随户走"的民俗处理。在江苏，依据是《农村土地承包法》第30条规定，"如果该女孩在婆家村（组）取得承包地，则收回；否则不收回（48.89%）"[①]，但这种做法因为要了解出嫁女新居住地土地发包情况，所以在实际操作中对出嫁妇女未必有利。农地承包制以家庭为单位，单个个体的土地权益往往为家庭所掩盖，妇女作为家庭成员与其他成员以家庭名义获得的土地承包经营权所产生的共同共有关系，在该妇女结婚离开家庭且解除共同共有关系时，则土地权益极易遭受损害。[②]

（二）娶进媳妇的土地承包经营权保护现状

妇女出嫁呈动态和对应性特点，一是面临其原居住地的承包地可能会被发包方收回的问题，另外也存在能否在新居住地获得土地承包经营权的困惑。根据调查，对"在土地承包期内，娶进的媳妇（包括户口迁入本村的妇女）能否在新居住地分得承包地"题的选择是："不会，增人不增地，减人不减地"的，占66.70%；"会，村里有机动地"的，占9.67%；"如果其在原来的村承包地未收回，就不分；如果收回，就分"的，占9.89%；"其他"的，占12.67%。

本村对在承包期内娶进的外村媳妇，不会通过分配使其获得承包地，是除河

---

① 《农村土地承包法》第30条规定："承包期内，妇女结婚，在新居住地未取得承包地的，发包方不得收回其原承包地；妇女离婚或者丧偶，仍在原居住地生活或者不在原居住地生活但在新居住地未取得承包地的，发包方不得收回其原承包地。"

② 陈小君等："农村妇女土地承包权的保护和完善——以具体案例的解析为分析工具"，载《法商研究》2003年第3期。

南、江苏两省外其他各省的通行做法。其依据是“增人不增地，减人不减地”的政策。该政策源于贵州，在该省的执行力度很大，有96.69%的受访农户反映其所在村严格执行了该政策。广东也有高达97.24%的受访者表示，承包期内娶进的媳妇不能分得承包地。在河南，有38.76%的农户反映其所在的村只要有机会或条件就会将机动地分配给娶进的媳妇，但她们并不一定可以马上取得承包地权，因为30年承包期不变的政策在客观上制约着公然的土地调整。在江苏，有49.44%的农户反映，承包期内娶进的媳妇，如果其在原来的村承包地未收回，就不分配；否则分配。这在一定程度上可体现出保障妇女拥有一份土地承包经营权的立法意图，但如前所述，结果却未必能够如愿。承包期内娶进的女子本应享有的土地承包经营权在法律制度安排上存在缺陷。

（三）离异妇女的土地承包经营权保护现状

妇女也可能因婚姻关系导致其土地承包经营权的变化。调查中，在土地承包期内，妇女离婚回娘家，其在婆家村取得承包地的处理有10.62%的受访农户反映由发包方收回；52.70%的受访农户反映由其前夫继续承包；15.56%的受访农户反映由该妇女继续承包；7.50%的受访农户反映如果离婚妇女在娘家村取得承包地的，就收回，否则，就不收回；还有12.23%的受访农户反映是其他处理方式。妇女离婚时夫家通常会阻止其对承包地的分割，许多地方“妇女离婚时除自己娘家的嫁妆外在夫家创造的一切财产，连一根稻草也不能带走。”[①] 上述数据也表明在大多数村离婚妇女的承包地是由其前夫继续承包，离婚妇女没有得到相应救济，其土地承包经营权受到了侵害。

（四）丧偶妇女的土地承包经营权保护现状

《农村土地承包法》确定了以“户”为生产经营单位的耕地承包经营权模式。家庭成员对于土地承包权在性质上是用益物权的财产共有关系，只要作为承包方的户还在，家庭中的其他成员可以继续承包。为此，我们以丧偶妇女对其前夫的土地承包经营权的继续承包情况进行了考察，情况还比较乐观：有82.55%的受访农户表示，如果村里某妇女丈夫去世，该女未改嫁，其承包地由其继续承包。可见，丧偶妇女对其前夫的土地承包经营权之继承权基本上在各省都得到了保护和落实。但在河南省有38.76%的受访农户反映其所在村丧偶未改嫁的妇女不能继承其前夫承包地，其由村（组）收回。这种做法与该省一些地方实行农地小调整有关，这种因人地矛盾特别突出的超常规做法，似乎也能为当地民众所

① 罗萍：《妇女在婚姻变动中的权利保护研究》，湖北人民出版社2001年版，第88页。

接受，其中关涉的成员权、继承权和农地承包经营权的物权性质等问题，对相关的农村土地立法及其完善带来了一定挑战。

二、当下农村妇女承包经营权受损之制度成因

（一）制定土地承包法律和政策时，对我国“男娶女嫁”的传统可能造成制约妇女土地权利问题的认识不足

我国传统上有“从夫居”的习俗，结婚后女方一般到男方家庭落户居住。而土地承包经营责任制又以户口作为主要甚至唯一标准，妇女出嫁随户口迁出，其拥有原居住地的土地承包经营权之合法性在社会观念中受到质疑，妇女出嫁尤其是将户口迁出原居住村后，其在该村取得的承包地被发包方强行收回或转由家人继续承包，从而使该出嫁妇女事实上丧失承包经营权。虽然《农村土地承包法》第30条规定在一定程度上考虑了“男娶女嫁”的婚嫁方式对土地承包经营所生影响，但“在实践中，当妇女在承包期内结婚时，其新居住地的发包方可能以第30条为借口，认为只要该妇女在新居住地未取得承包地，即能维持原承包地，所以拒绝在新居住地为其分配承包地”。[①]

（二）法律、政策的相关规定互相矛盾，为侵害妇女土地承包权益提供了可乘之机

从1984年开始，土地承包期限长期不变就是党和政府追求和张扬的政策目标。这一目标与相关规定在实践中已深化浓缩为“增人不增地，减人不减地”的农地政策。该政策在1998年《土地管理法》修订时就以“土地承包经营期限为30年”规定明确下来，此规定提高了权威，强化了执行力度。2003年的《农村土地承包法》和2007年的《物权法》仍然将“赋予农民长期而有保障的土地使用权”作为立法宗旨，并分别规定：“耕地的承包期为30年。草地的承包期为30年至50年。林地的承包期为30年至70年；特殊林木的林地承包期，经国务院林业行政主管部门批准可以延长”，与我国现行农村土地政策和《土地管理法》的精神一致。然而，在土地二轮承包前出台的极具影响的《关于进一步稳定和完善农村土地承包关系的通知》（中办发［1997］16号）中，却发出了“大

① 陈小君等：《农村土地法律制度研究——田野调查解读》，中国政法大学出版社2004年版，第359～361页。

稳定、小调整”的政策声音，明确该政策前提是稳定，允许“小调整”，但对调整的基本条件和程序只字未提，与“增人不增地，减人不减地”政策不尽吻合，2003 年实施的《农村土地承包法》第 27 条[①]也再次确认这一政策的合法地位。这样，法律与政策的交错出台，忽左忽右未能周全照应的矛盾规定，一方面造成适用时不知所措，另一方面则极有可能为人利用，以糊弄难以系统理解法律政策和规则背景的农民，也为实践中借“小调整”之名侵害或剥夺妇女承包经营权开了方便之门。

（三）《农村土地承包法》的相关规定对妇女权益法律保护效果适得其反

前文曾提及《农村土地承包法》的第 6 条和第 30 条是两个专门规定对农村妇女土地承包权益保护的条文，其出发点和愿望良好，旨在克服农村中存在的重男轻女的陋习，切实保护农村妇女合法权益。第 6 条是原则性规定，对于保护弱势群体的农村妇女具有良好宣示作用。而第 30 条“承包期内，妇女结婚，在新居住地未取得承包地的，发包方不得收回其原承包地；妇女离婚或者丧偶，仍在原居住地生活或者不在原居住地生活但在新居住地未取得承包地的，发包方不得收回其原承包地”则是具体规定。恰是本条文存在立法漏洞。

首先，所谓是否取得承包地，不取决于妇女的权利（法律未赋权），而取决于该妇女新居住地的发包方；另一方面，原居住地的发包方无论妇女是否取得承包地，都可以不收回土地，这样说来，妇女在新旧居住地均不能成为土地承包经营权一方权利的主体，充其量只是一个权利对象而已。同时，迁徙的妇女在放弃土地承包权比获得土地承包权对自己更有利时，如原发包人不同意，不得“弃耕”，哪怕她已获得新居住地的土地。如此，妇女义务是双重的，但权利未必双重。同理，这一规定还可能造成另外的不利后果：即妇女结婚，在新的居住地居住时，新居住地的发包方可以该条规定为借口，不给结婚妇女以承包地。这样对于出嫁女而言，即便有地可耕，也极不便利。

我们发现，《农村土地承包法》（草案）第 29 条的规定更为合理：农村土地承包，妇女与男子享有平等的权利。承包中应当保护妇女的合法权益，任何单位和个人不得剥夺、侵害妇女应当享有的土地承包经营权。妇女结婚的，在承包期内发包方不得收回其承包地。妇女离婚的，已取得的土地承包经营权在承包期内

---

① 《农村土地承包法》第 27 条第 2 款规定：“承包期内，因自然灾害严重毁损承包地等特殊情形对个别农户之间承包的耕地和草地需要适当调整的，必须经本集体经济组织成员的村民会议三分之二以上成员或者三分之二以上村民代表的同意，并报乡（镇）人民政府和县级人民政府农业等行政主管部门批准。承包合同中约定不得调整的，按照其约定。”

依法受到保护，可以作为家庭财产处理。相形之下，现行《农村土地承包法》第30条则有明显退步。

（四）法律规范过于原则，操作性不强，使妇女土地承包经营权的保障未能落到实处

我国现行法律关于保护农村妇女土地承包权益的规定较笼统和原则，难以实现及时有效的保障。例如，《妇女权益保障法》和《农村土地承包法》中都规定妇女在农村集体经济组织中的各项权益与男子平等，受到保护等抽象条文，但却无一处明确界定何种情形属于剥夺、侵害妇女的土地承包经营权的行为，其逻辑结果是实践中妇女的土地承包经营权遭受以"村规民约"等行为的剥夺和侵害时，这些规范几无用武之地，成为一纸空文。①

（五）村规民约侵害妇女土地承包权益的，缺乏有效的法律救济途径

近年来的实践中，妇女土地承包权益受侵害或剥夺的行为依据多半是村规民约。例如，广东省惠州市某区办事处A村38位出嫁妇女，由于户籍政策等原因出嫁后户口仍在A村，但村委会召集了极少数党员、村民代表参加的村民代表会议，决定收回这些出嫁妇女们的收益分配权。② 在调查中，河南一些村民所谓"地随户走"的民俗，也对农村妇女的承包经营权构成了一定侵害。《村委会组织法》第20条虽然规定了村民自治章程、村规民约以及村民会议或者村民代表会议讨论决定的事项不得违宪违法，不得侵害村民的人身、民主和合法财产权，但该法却未规定违反时该如何救济妇女，从而使得村规民约等在实践中成为侵害农村妇女土地承包权益行为的"合法"依据。

三、农村妇女土地权益保障法律制度良性运作之路径

通过多年的实证调查与研析，我们以为，改革不合理的制度与陋习，确保农村妇女土地承包经营权落到实处，不可能仅靠法律单兵突进，需要各方面综合考虑，平衡跟进。

---

① 陈小君等："农村妇女土地承包权的保护和完善——以具体案例的解析为分析工具"，载《法商研究》2003年第3期。

② 陈虹伟：《农村土地征用凸现妇女权益问题》，载 http：//www. legaldaily. com. cn/bm/2007 - 07/15/content_660410. htm，法制网，2009年8月28日访问。

（一）整合性梳理相关政策法律规范，有效化解政策法律间的冲突

在农村土地法政策中，“增人不增地，减人不减地”与“大稳定、小调整”规则在实践中难以相容相伴。因为“在承包期内对承包地进行调整，实际上是要农民把已经取得的权利让出来。而是否出让权利应是农民自觉自愿的事情，任何人不得干涉。硬性调整就是对农民权利的剥夺，是对其他农民已经取得的物权的破坏。”[①] 因此，对反映这两种相互矛盾的政策和法律规范进行整合性梳理，有利于化解制度冲突。其次，《农村土地承包法》和相关政策在实践中均难以成为承包权共有人之间权属纠纷的有效依据，而《物权法》已明确土地承包经营权为物权，理应就土地承包权的归属和行使问题作出规范。“大稳定、小调整”的政策往往可能侵害或剥夺农村妇女土地承包经营权，但其对于制度性缓解当下农村社会人地矛盾冲突却有一定积极作用，故不能因噎废食而全盘抛弃。我们认为，应当逐渐缩小“大稳定、小调整”的适用范围，出台符合公平要求的条件和程序性规定，同时加快社会保障制度的系统完善和全面施行，保证农村土地承包权的用益物权性质的实现。

（二）正视并弥补立法的逻辑疏漏，为妇女土地权益提供科学严谨的制度保障

农村妇女权益保护的突出问题基本上都与妇女因婚姻状况变化而发生的迁徙有关。如果围绕迁徙作为确定土地承包权变化的判断标准来拟定法条，则妇女的权益更易得以保护。

妇女出嫁到新的居住地之后，同样可取得新居住地的社员资格；离异妇女如果没有离开居住地，也不应丧失社员资格。妇女丧失原居住地社员权的同时，就是对其包括土地承包经营权在内的财产权利进行处分（共有财产的分割）的开始。因此，通过对社员权取得和丧失条件的规定以及共有财产处分的原理，足已解决农村妇女土地承包中的这三个突出的问题。

（三）引导村民自治工作的规范开展，落实法律对村规民约的权威性制约

村民自治章程和村规民约的制定，乡镇政府有给予必要引导之义务，使其不

① 陈小君等：《农村土地法律制度研究——田野调查解读》，中国政法大学出版社 2004 年版，第 359 ~ 361 页、第 334 页。

曲解宪法、法律、法规和国家政策，不与之抵触，更不能侵犯村民的民主、人身和财产权利，还应当发动群众反复讨论，取得其理解与认同，由此形成权威，才可能被自觉依循和守护。修订我国《村民委员会组织法》时，应增加有关机关对村民自治章程和村规民约的审查权，就农村土地承包而言，如果发现发包方和其他个人以村规民约或者村民自治章程侵害妇女土地承包经营权，即可向有关机关提出申请撤销之，以保护其合法权益。

（四）在法律法规制定和适用过程中引入社会性别视角，增强立法者、执法者的社会性别意识

在法律适用过程中，往往出现隐形性别歧视。土地承包的户主主要是男子，其无意识中使妇女土地承包经营权处于不利地位。“从夫居”的传统导致户口迁出的多是妇女，在承包期内发包方收回户口迁出者的土地承包经营权的做法也就基本成为收回出嫁妇女、离婚回娘家的妇女等承包地的合法却又不合理的规范。如果在立法和执法过程中不注意引入社会性别视角，而是僵硬地适用法律规范，妇女的土地承包经营权受侵害和剥夺的情形仍将难以避免。因此，追求和强化立法、执法者的社会性别之实质平等意识，也是保护妇女土地承包经营权的重要一环。

（五）重视法制宣传教育，强化农村妇女的权利意识，唤醒其法治自觉性

但是，法律仅仅只是为权利人提供了为权利而抗争的工具和方法，而妇女群体是否敢于或是否能够真正运用这些工具，则取决于其权利意识的觉醒及其权利的自觉主张。但实践中妇女往往屈服于村规民约，或者受制于人情羁绊而碍于情面放弃自己的土地承包经营权，甚至有些根本未意识到这一点。因此，在农村有重点和针对性地加强法制宣传与权利意识的渗透教育，逐渐唤醒农村妇女的自主意识和法治觉悟，是实现保护其土地承包经营权的重要前提。

农地社会保障：功能实现及其制度配套

深刻认识集体土地所有权对集体成员的社会保障功能，完善其实现的相关立法，并建立与之配套的新型农村社会保障制度，是土地法制建设和社会保障法制建设面临的重要任务。

一、农地的社会保障功能

（一）农地通过集体所有成为农民的社会保障

农村土地直接作为农民的生存保障是土地的自然属性决定的。土地是农业生产的基本条件，土地是财富之母，拥有了土地就不仅拥有了生存的资源，而且多占有土地也获得更多财富的源泉。土地又是稀缺的资源，因此，必然发生社会成员对土地的竞相占有。由此，必然发生社会成员之间对土地占有的社会关系冲突，从而决定了土地对人的生存保障不仅是土地自然属性的反映，而且是在一定的社会关系中实现的。

人们在一定的社会关系中如何得到土地的保障反映了人们不同的社会地位及其不同的社会关系性质。土地对于社会成员个体的生存的极端重要性决定了土地不应当为部分成员所垄断。因此，应当由社会把有限的土地资源对社会成员的保障做出安排。国家作为社会的管理中心通过法律制度安排土地资源的配置。国家采取什么样的法权制度来安排土地保障社会成员的生存和发展需要，取决于社会统治者的意志，由此也决定着社会和国家的不同性质。不同社会的土地法权制度设计无非有两种：土地私有制和土地公有制。在土地私有制的社会中，有能力占有了较多土地的成员不仅获得了生存保障，而且控制了其他成员的生存条件。由此形成部分社会成员控制土地的制度，失去土地的社会成员也就失去了生存的保障，只能依附于土地所有者受其剥削求得生存。在土地私有制下社会成员的个人获得土地保障的过程中由于各自实际能力、机遇等的不同，土地必然更多地集中于强势成员，从而导致部分社会成员失去土地保障。在农业社会，正是土地的兼并集中和政治的腐败导致了一次又一次的农民起义和朝代更替。在每个朝代发展的初期，统治者尚能抑制土地的兼并，个人也能够获得一定的土地。但随着社会的发展，特别是到一个朝代的后期，官员腐败，土地兼并趋向严重，导致大量无地农民，失去生存的保障条件，阶级矛盾尖锐，农民起义爆发，朝代更替。

在土地私有制的条件下，土地作为社会成员生存的保障条件是由成员个体自我获取的，而不是由社会提供的，个体自我获取的结果必然是社会成员之间占有土地有很大的差异，出现两极分化，导致部分成员失去生存保障。在土地公有制的条件下，土地所有权属于社会，不得为任何个人所有，由国家或者集体享有土地所有权，由国家或者集体将土地的使用权配置给社会成员，从而将土地对成员的生存保障由个体获取的保障变为社会保障。在我国农村土地为农民集体所有，目前主要采取由集体成员平等承包的方式将土地配置给集体成员的个人，是每个集体成员个人都能够平等地取得土地的保障。因此，农民集体土地所有权是集体成员生存的社会保障，集体成员对集体土地的承包经营权是集体成员享有或者实现社会保障的一种方式。社会保障是社会提供社会成员的保障，而不是成员自己对自己的保障。农村土地是农民的生存保障，如果实行土地私有制，私人所有的土地是自我保障，而不是社会保障，拥有土地的地主享有土地保障，没有土地的贫雇农就没有保障，社会不拥有土地的所有权也就不能为其提供土地保障。社会保障是对穷人的保障，是解决穷人的问题的。姚洋指出：“社会保障的首要目的是为穷人提供保障，原因在于穷人无力靠自我积累获得保障所需的资金，并且容易受到不利冲击的影响。土地是一种‘廉价’的生产投入，在土地上生产食物要求的其他互补要素很少，少到只要一个受过有限训练的劳动力就足够了。这样一来，土地作为一种保障手段对穷人更重要，因为他们通常没有足够的收入去购买现金保险，也没有足够的人力资本从事其他非农工作。穷人拥有了一定量的土地，至少可以为自己生产足够的食物。而且土地本身作为一种资产，可以通过土地市场带来收入。就算是那些丧失了劳动能力的人，尤其是老人，也可以靠出租土地获取足够的租金（通常是实物形式）以维持基本生活。可见，土地可以作为农村失业和养老保障的基础。这为中国利用土地分配来实现集体保障提供了有力的理论依据。”① 土地私有基础上的自由流转必然导致穷人减少或失去土地，使土地向富人集中。因此，土地社会保障与土地的农民集体所有并不是不相干

① 姚洋：《土地、制度和农业发展》，北京大学出版社 2004 年版，第 109～110 页。

的，而是具有内在一致性的。我国农民集体土地所有制是农民集体所有土地生产资料的经济制度，是农民集体享有土地所有权的法权制度，更为重要的是农民获得基本社会保障的社会保障制度。

（二）农地的社会保障功能

农地对农民集体成员的社会保障功能体现在以下几个方面：

1. 农地是农民的食物来源。

2. 农地是农民的基本就业条件。

3. 农地是农民的基本收入来源。农民不仅依靠土地解决吃饭问题，还要依靠土地收入满足生活的各种需要。

4. 农地是农民养老育幼的基础。父母可以利用子女的承包地的产出和收入养育子女直至其经济上完全独立。农民年老丧失劳动能力的，其承包的土地就可以由其子女继续经营，并以土地产出和收入维持基本生活。

5. 农地是农民的失业保障。农民不仅从事农业生产，也可以兼营或者独立经营其他事业，例如，经商、打工等。土地不仅为其从事其他职业提供了条件，而且以土地为基础的农业生产为农民分解其他职业风险提供了条件，是其失业的保障。例如农民在城市打工，遇到经济危机被迫返乡后就能依靠土地获得基本生活保障，不至于陷入困境。

二、农地社会保障功能实现的立法完善

（一）依法明确农民集体土地的社会保障属性

农民集体所有的土地是集体成员的公有土地，任何私人都不得垄断对土地的所有，集体成员平等和公平地取得对集体土地的承包经营权，是集体提供给集体成员的社会保障。农民集体土地所有制的建立既不允许私人取得土地所有权，也不将土地所有权收归国家，就是为保障农民的生存条件。集体土地的社会保障属性在全社会是基本的共识。

但是我国目前有关农民集体土地的法律规定都没有对集体土地的社会保障属性做出明确的规定。《宪法》、《物权法》、《土地管理法》对农民集体土地所有权的规定都只是把农村的土地看做财产、看做农业生产资料规定由农民集体享有所有权，规定了集体成员对于集体土地的承包经营权，以及为了经济效益的实现所要进行的对承包经营权的流转的权利，并没有明确规定集体土地对农民的社会

保障的属性。因此，为了发挥土地对农民的社会保障功能，保护农民集体土地所有权对集体成员的社会保障利益，就应当在土地管理法中明确规定农民集体土地是本集体成员的基本社会保障，明确农民集体土地所有权的财产权属性和社会保障属性的双重属性。

（二）在对农民集体土地所有权的制度设计上注重集体土地的社会保障功能的实现和保护

1. 完善承包制下的集体对承包地的收回和调整制度，保障集体成员平等地取得对集体土地的承包经营权。集体应保障集体成员获得土地承包经营权。集体土地所有权的社会保障功能必然要求集体保障集体成员的生存的土地需求。在我国农村实行农地承包经营制的模式下，集体对于集体成员的土地保障就是承包经营权的保障。但问题是一轮承包结束后本集体的新增人口则不一定能够取得承包地。由于《农村土地承包法》和《物权法》都明确规定，在承包期内发包方不得收回承包地、不得调整承包地，因此就导致了大量没有取得承包地的农民。在这些无地人口中问题最突出的是妇女。因此，从保护集体土地所有权和土地承包经营权的社会保障功能的实现出发，对土地承包经营权制度的承包地收回和调整制度应当作出适当的完善。

2. 强化集体所有权对集体土地的支配权能，充分实现集体所有权的财产权能和社会保障功能。土地是人们可以通过不断提高其利用效率，创造更多财富的资源。财富的增加就能为人们提供更多的社会保障。强化集体对集体土地的支配权能，从经济上最大化地实现集体积累，从而使集体能够有条件为农民个人的社会保障提供更多的支持。集体举办集体企业利用集体土地，在遵守土地管理法规定的前提下应当给予扶持。集体企业是集体出资举办或集体与其他单位或个人联办的企业，集体从集体企业的盈利中取得的分配资金可用于集体成员的社会保障。正因为农民集体企业担负着对农民的社会保障，所以应当对集体企业在政策上给予扶持，以使集体企业能够在实质上与其他市场主体平等竞争。集体企业在改革开放初期由于集体化时期的集体主义思想的影响和国家政策的支持也曾辉煌一时，但随着市场经济和资本经济的发展，在国家政策主导下集体企业纷纷倒闭或被改制。实际上各类企业在市场经济发展中都会遇到问题，即使私有企业也会破产，但改革者不会提出将其改制为集体或国有，那么集体企业在发展中遇到问题的，也应当研究问题，按照集体企业的特点允许其发展，特别是国家应当从集体企业所担负的对农民的社会保障功能出发扶持集体企业的发展。另外，要改革土地管理制度，允许集体经营本集体建设用地。从各地的实践情况看，有些地方的农民集体将本集体土地以作股的方式参与基础设施建设，把各种基础设施项目产生的有长期保证的收益，以股息方式返回集体作为集体成员专门的社保资金。有的集体将本集体土地以租赁方式参与工商业开发，把回收的租金用于建立本集体成员的社会保障。这些都是实现土地社会保障功能的好形式。对此法律上都应当作出明确允许的规定。

3. 强化对集体土地所有权的保护，实现集体土地的社会保障。集体土地所有权承担着对集体成员的社会保障，保护集体土地所有权，也就保护了集体成员基本的社会保障条件。对集体土地所有权的损害主要来自两个方面：一是自然灾害对集体土地的严重毁损，在这种情况下集体失去土地，则集体成员失去土地社会保障，这时对于集体成员的社会保障只能代之以新型农村社会保障。另一方面对集体土地所有权的侵害主要来自于地方政府以国家名义对集体土地的强行征收。主要是地方政府为了增加财政收入、为了发展地方经济，与商人联合实行对农民集体土地的强行剥夺，其低价征收高价出让给商人，对农民的补偿过低无法实现对农民的社会保障。对此，当前急需完善土地征收法制，在农民集体土地所有权和国家公权力之间架起保护农民集体土地所有权的铜墙铁壁，减少政府对农民集体土地的剥夺。即使政府出于真正的公共利益目的的土地征收，也必须给农民合理的补偿，不得低价征收。应当不仅补偿农民集体土地的财产利益，而且必须补偿集体土地对集体成员的基本社会保障利益。对于这些问题在认识上已经成为社会共识，但在实践中并不容易做到。因此，急需制定土地征收法，并切实执行之。

三、农地社会保障功能的局限与新型农民社会保障制度的建立

（一）集体所有的土地作为农民社会保障的局限性

1. 受农业生产风险的局限。集体所有的土地仅仅保障农民获得了从事农业生产的条件，但土地本身并不等于农业生产的效果，农民在承包土地上从事农业生产，仍然面临着各种风险。农业生产本身就是面临着巨大的自然风险和市场风险的弱势产业，农民在土地上辛勤劳作一旦遇到自然灾害或者市场变化就可能导致其陷入穷困，在其又没有资金购买商业保险的情况下，社会救助的保障对农民就十分必要。

2. 受农业生产力和农业比较效益低的局限。农业产业在很大程度上是受自然力作用的自然生产过程，其生产的周期性、季节性都很强，即使农民愿意在土地上投入更多的劳动和其他生产要素，但地力有限，农民要取得更多的收入就要

扩大土地规模，而受人多地少的制约和土地均等分配，个人不可能占有更多的土地，因此，从事农业的农民是低收入者，在正常年景，可以解决其温饱，但不可能富裕，不可能积累更多的财富或资金，以备养老、治病等。一旦遇到重大疾病、伤残就会陷入困境。因此，即使土地能够保障农民的吃饭问题，也解决不了农民的其他社会生活风险问题。

3. 受农民自身劳动力丧失的局限。土地是财富之母，劳动是财富之父。农民拥有土地，必须与其劳力和其他生产要素结合才能创造财富，而农民年老失去劳动能力这是自然规律，如果农民年老失去劳动能力时土地也不能当然地为其提供生活保障。虽然他也可以出租土地获得租金收入，但微薄的租金往往不足以养老。

4. 受承包地分配的局限。农民集体土地以承包方式分配给集体成员后，在一轮承包有效期间本集体的新增人口不能取得承包地，也就享受不到集体的土地保障。

5. 受农民因各种原因失去土地的局限。农民集体成员以承包方式取得集体土地的承包经营权后，也可能因自然灾害或者因国家征收土地等原因致使农民失去承包地，从而也就失去了土地的社会保障。

（二）新型农民社会保障制度的建立的意义

明确农民集体所有的土地及设立其上的农户承包经营权对农民的社会保障功能，就是认识集体土地所有权和农民个人承包经营权对农民的极端重要性，任何单位和个人都不得剥夺农民的土地，即使国家为了公共利益的需要征收农民集体的土地，也必须补偿被征土地对农民的社会保障利益。承包土地对农民的社会保障利益最为直接的就是保障农民的就业条件，因此，国家征收土地致使农民失地也就意味着农民失业，必须建立失地农民的失业社会保险。集体土地对于农民集体成员的社会保障功能的局限性决定了它不可代替农民的社会保障。即使农民集体为农民集体成员提供了承包土地的社会保障，也应当按照城乡一体的原则建立农民的新型社会保障法律制度，如养老社会保险、合作医疗社会保险、困难救助等，以弥补土地保障的不足。

四、我国农村新型社会保障的现状

我国的社会保障制度包括社会保险、社会救济、社会福利、社会优抚等。社会保险主要包括养老保险制度、失业保险制度、医疗保险制度、工伤保险制度、生育保险制度等。尚在讨论中的《中华人民共和国社会保险法》规定，国家建立基本养老保险、基本医疗保险、工伤保险、失业保险、生育保险等社会保险制度，保障公民在年老、患病、工伤、失业、生育等情况下获得必要的物质帮助。农村社会保险是农村社会保障的核心，是较高层次的社会保障，包括养老、医疗、失业、工伤和计划生育等许多方面。农村社会救助制度是国家及各种社会群体运用掌握的资金、实物、服务等手段，通过一定机构和专业人员，向农村中无生活来源、丧失工作能力者，向生活在“贫困线”或最低生活标准以下的个人和家庭，向农村中一时遭受严重自然灾害和不幸事故的遇难者，实施的一种社会保障制度，以使受救助者能继续生存下去。农村社会救助制度包括农村社会互助和农村社会救济两个方面。农村社会救济的对象主要是五保户、贫困户、残疾人以及其他困难群众。农村社会福利是指为农村特殊对象和社区居民提供除社会救济和社会保险外的保障措施与公益性事业，其主要任务是保障孤、寡、老、弱、病、残者的基本生活，同时对这些特困群体提供生活方面的上门服务，并开展娱乐、康复等活动，逐步提高其生活水平。农村社会优抚是指优待、抚恤和安置农村退伍军人，以及对农村从军家属给予物质精神方面的补助。农村社会优抚是一项特殊的保障，已列入国家整个社会保障体系之中。[①] 我们主要从农村养老保险、农村合作医疗、农村社会救助等基本方面对区别于传统的土地保障、家庭养老的农村新型社会保障加以认识。

我国的农村社会保障工作已经取得了相当大的进步，许多制度都从无到有得以建立和发展。但是由于我国的农村社会保障制度仍然处于在探索试点的基础上开始建立的阶段，许多方面还没有经验，因此，法律制度在基本法层面尚处于空白，社会救助法和社会保险法都还处在草案讨论阶段。我国现行有关农村社会保障的政策法律主要是国务院的通知、国务院制定的条例，中央部委及各省、自治区、直辖市等制定的法规、规章等。比如，国务院《关于在全国建立农村最低生活保障制度的通知》、国务院制定的《农村五保供养工作条例》、国务院《关于开展新型农村社会养老保险试点的指导意见》，卫生部等部门发布的《关于建立新型农村合作医疗制度的意见》。又如，《上海市农村社会养老保险办法》、《浙江省最低生活保障办法》、《辽宁省农村居民最低生活保障暂行办法》等。农村社会保障制度无论社会保险还是社会救助，关系广大农民的切身利益，关系社会公平和整个社会稳定与和谐发展，是必须走向法制化的。在社会保险法和社会救助法制定的过程中涉及农村社会保险和社会救助的问题还需要深入研究并加以规定。其中一个重要问题就是农村社会保障制度与农民的土地保障的配套问题。我们在这里描述农村社会保障的现状就是要为认识土地社会保障与新型社会保障的关系提供一个现实的基础，以不再重复要不要建立农村社会保障，从而直接研究有价值的问题。

① “农村社会保障问题解答”，载《农民文摘》2007年第12期。

五、农民土地保障与新型农民社会保障的配套

农民的土地保障虽然也是农民享有的社会保障，但它不同于社会法上所指的农民社会保障。在农民社会保障法律制度建立过程中，必然涉及社会法上的社会保障制度与农民土地保障的配套协调问题。温家宝总理指出："我们过去一直讲农村养老靠土地、子女和集体，现在有了农村社会养老保险，但传统的有效方式仍要发挥作用。这不单是个经济问题，更是个社会问题。以家庭承包经营为基础、统分结合的双层经营体制，是我国农村的基本经营制度，要长期坚持并不断完善。实行新农保后，农村土地承包关系，包括老年人的土地承包关系，也要保持稳定并长久不变。老年人的承包地可以自己经营、可以给子女经营，如子女外出务工、老年人自己无力经营的，也可以采取多种方式依法自愿有偿流转土地承包经营权，这对农村老年人也是一份稳定的财产性收入。"① 总理的这段话是针对农村养老保障制度的建立与土地保障的关系而言的，但实际上对于正确认识土地保障与新型的社会法上农民社会保障制度的关系都有重要意义。在未建立新型的农村社会保障的条件下，土地是农民的社会保障，失去土地则失去社会保障，因此，人们针对失地农民呼吁尽快建立失地农民的社会保障。近年来随着建立农民社会保障的社会经济条件的日益成熟，我国农村的社会保障事业已经有了较大的发展。最低生活保障制度已经于2008年8月前在全国建立，新型合作医疗保障已经在2009年实现了对全国农业人口的全覆盖，农村社会养老保险在2009年试点面已经覆盖全国10%的县（市、区、旗），2020年之前基本实现对农村适龄居民的全覆盖。因此在这种情况下，单纯强调建立失地农民的社会保障的必要性就没有意义。而需要研究的是在农村社会保障建立的过程中，如何实现土地保障与新型社会保障的配套，在此基础上如何对没有取得承包地的待地农民和失去承包地的失地农民的特殊问题做出安排。

（一）对享有土地社会保障的农民建立新型的社会保障

对农民的土地保障就是农民享有的社会保障，农民就不再享有社会保障法意义上的社会保障。城市人没有土地，城市人享有社会保障。这就形成社会保障上的城乡二元结构模式。现在我们提出要建立城乡一体的社会保障，有些人的观点

① 温家宝：《开展新型农村社会养老保险试点工作，逐步推进公共服务均等化——在全国新型农村社会养老保险试点工作会议上的讲话》，http：//www. people. com. cn/2009年8月20日访问，来源《人民日报》。

首先想到的是把农民的土地拿掉，给农民建立社会保障。有的地方在做法上也推出了让农民以土地换社保的方案。似乎从前给农民不建立社会保障是土地的障碍，现在给农民建立社会保障农民就只能用土地来换取。实际上这种认识和做法都是不对的。从前我们没有给农民建立养老保险等社会保障制度，这是社会发展的阶段性问题，并不是因为农民有土地就不需要社会保障。从各国农村社会保障发展的路径看，“在社会保障覆盖范围的演变上都经历了一个从城市开始逐渐发展覆盖农村的过程。……从世界范围看，社会保障从城市到农村的扩散过程是比较缓慢的。现代社会保障制度是工业化大生产和市场经济的产物。现代社会保障制度从工业延伸到农业需要一个相对漫长的过程。如德国 1889 年颁布了‘残疾和老年保险法’，建立了职员养老保险制度，一直到 1957 年养老保险制度才扩大到农民、建立农村年金制度。在美国，1935 年就通过了世界上第一部《社会保障法》，但美国农民的养老保险在 1950 年通过的修正法案后才开始，直到 1990 年才全面建立了农村社会养老制度，而且至今没有专门的农村社会医疗保险制度。日本的情况也是如此，‘二战’后发展社会保障初期，农业人口也被排斥在社会保障体系之外，直到 20 世纪 60 年代才兴办农协共济（保险）事业，将农民纳入到社会保障体系之中。”① 我国目前已经进入工业化发展的中期阶段，具备了逐步以工业剩余反哺农业的条件，所以才提出逐步建立覆盖农村的社会保障制度。这里的社会保障的本质意义是由国家为主导的将工业剩余反哺农村，社会保障基金主要来自国家。当然个人也要交费，但不同于个人购买商业保险。因此，对农民的社会保障就不能要求农民以土地换取。农村的土地是属于农民集体的财产，由农民集体提供给自己的成员，是集体社会给其成员提供的社会保障，而不是国家给农民的社会保障。所以不能因为农民有土地保障，就不给农民建立社会法意义上的社会保障，也不得要求农民以土地换取社保，更不能因为给农民建立了新型社会保障以后就可以任意剥夺农民的土地。土地对于农民的社会保障功能是新型社会保障不可代替的。对农民而言，只有在农民土地保障的基础上建立与土地保障相配套的新型社会保障才能实现实质公平。

土地保障与新型社会保障的配套体现在：

1. 应当以土地保障所能提供给农民的基本收入水平作为新型农村社会保障的基础。对合作医疗基金的交费、养老保险基金的交费应当由农民个人负担的部分应当依据土地收入水平确定，农民的个人交费应当以大多数人都能交得起为原则，对农地收入水平过低的困难户应当给予减免。对农民个人应当以农业收入水平实行低收费，有条件的集体应当承担一部分，国家应当多负担一些，不要因为

① 孔祥智：《中国三农前景报告》，中国时代出版社 2005 年版，第 143 页。

农民个人的交费低就给予农民个人过低的保障金，所给医疗保障金应当看得起病，所给的养老金要能够维持基本生活。因自然灾害致农民生活困难时要及时给予救助。土地收入不足以维持最低生活的纳入最低生活保障。

2. 对享受社会养老保险的农民，在开始领取养老金后其所承包的土地可以继续承包，其承包经营权的行使不受影响。

（二）对未取得承包地经营权的待地农民提供新型社会保障

待地农民是在土地统一发包时没有取得土地的承包经营权，在承包期间又没有条件为其调整承包地，因而其承包本集体土地的权利处于期待状态的农民。待地农民在没有取得土地承包经营权的情况下，即使参加了合作医疗、社会养老保险，也代替不了土地承包经营权的保障作用。未取得土地承包经营权，对未成年人来讲，他失去的是承包地收益的生活费；对于成年人来讲，他失去的是从事农业的基本劳动条件，从而相当于失业的农民。因此，对于待地期间的农民理应给与相应的替代性社会保障。可以考虑的方案有两个：一是由集体按照不超过当地的平均农业承包地租金的标准按其应取得的承包地数额给予补偿。补偿费的来源，集体有收入的从集体收入中列支；集体没有收入的，由承包土地的成员按照一事一议原则每年确定数额后分摊。由于土地保障是集体提供给成员的社会保障，因此由集体给予未取得承包地的成员相应的补偿具有合理性。另一方案，则是由国家参照农村最低生活保障标准对在承包经营期间没有条件取得承包地的农民给予救助性补偿。对于待地农民的补偿是因为其没有取得承包地，集体没有条件为其分配承包地的利益补偿，当集体有条件为其调整承包地的，其取得承包地后则不再享有待地补偿；如果集体能够为其分配承包地，其无理拒绝接受的，不得再享受待地补偿。

（三）对失去承包经营地的农民提供新型社会保障

失地农民是失去土地的农民，主要是指因企业建设、或者国家建设征占土地而失地的农民。这些失地农民是永久地失去土地的农民。失去土地按理说就不再是农民，称其为农民是因为他曾经是农民，现在还没有成为市民。在失地农民中有两种情况：一种是失地农民已经成为城市社区的居民，这主要是在城市扩张的过程中形成的；另一种情况的失地农民是在农村的失地农民，主要的是县乡的工业园区建设、国家大型水库建设、铁路、高速路、机场建设、开矿等征占土地形成失地农民。对于土地征收我们呼吁提高补偿标准和给予安置，如果能办到，可能对未来的被征地农民有些意义，但现在最为严重的是已经被征地的农民，他们曾经获得的一次性补偿都很低，多少年过去后钱已经花完了，生活就没有了保障。如全国人大代表、华中师范大学周洪宇教授在“两会”提交的议案中所说：“失地农民补偿费用偏低，从西部地区一些城市的情况看，根据征地补偿安置办法，土地补偿和安置补助费最高标准为1.8万元/人（不含青苗和地上附着物补偿），仅相当于2002年城镇居民可支配年收入的1.5倍。而按目前农村居民人均生活消费支出计算，只能维持7年左右的生活。”① 因此，对这些失地农民的社会保障问题尤为突出。最为突出的就是对就业适龄人口的就业问题，他们处在失业的状况下又不能享有失业保险。应当根据实际情况，将这些人直接纳入最低生活保障的救助范围，同时为其建立合作医疗、社会养老保险等新型社会保障。城市和城市郊区的失地农民，应纳入城市社会保障范围，包括城市最低生活保障救助、医疗保险、失业保险、养老保险等；农村的失地农民参加农村合作医疗、农村社会养老保险，并且应考虑建立失地农民失业保险。纳入城市社会保障的失地农民的社会保险所需资金，由个人、征占或者使用被征土地的企业和国家负担。为失地农民提供农村合作医疗、社会养老保险所需的资金由个人、有条件的集体、征占土地的企业或者使用被征土地的企业和国家负担。在这里提出由征占土地的企业或者使用被征土地的企业负担一定的失地农民的社保资金的合理性在于，他们征占或使用农民土地的结果导致农民失去土地和社会保障，他们自己获得了巨大的利益，因此，他们首先对这些失地农民直接负有社会责任。由国家负担的合理性在于国家本来就是社会保障的义务主体，对于失地农民来讲是国家征收了农民的土地，取得了土地出让金，而对农民的补偿过低，致使农民成为失地农民，失去集体土地的社会保障。因此国家有责任首先为失地农民提供社会保障。国务院《关于开展新型农村社会养老保险试点的指导意见》，提出农村社会养老保险“2009年试点覆盖面为全国10%的县（市、区、旗），以后逐步扩大试点，在全国普遍实施，2020年之前基本实现对农村适龄居民的全覆盖。”我们认为对于失地农民则应当优先覆盖。有条件的集体是有集体收入和积累的集体，也应当为失地农民的社会保障交纳适当的资金。个人负担的部分，如果征地补偿过低，且经过时间长的就应当减少或者免交。例如，可以规定当年的征地补偿不足2万元，经过5年的失地农民免交个人应当缴纳的各项社保费用。对于今后对农民集体土地的征收则应当直接补偿集体土地的社会保障利益，并将补偿转化为社保资金，不再形成新的无保障失地农民。还有一种失地农民是自愿将承包经营权转让后由于缺乏技能找不到新的工作成为无地农民。对于这种情况不能按照失地农民对待，否则会助长转让承包地而领取保障救济甚至骗取救济的情况发生。

---

① 转引自田雨露：“关注失地农民的新动向”，载《改革内参》2009年第18期。

第四篇

立法文本

一、集体土地所有权法条

目　录

第 X 条【农民集体的含义与范围】（新增条文）

具备下列情形之一的农民集体，从成立之日起，具有法人资格：

（一）依法享有土地、森林、山岭、草原、荒地、滩涂、生产设施、农田水利设施等不动产和动产的；

（二）依法使用国家所有的土地、森林、山岭、草原、荒地、滩涂等农业用地，并将该土地发包给本集体成员经营的。

农民集体包括村农民集体、村民小组农民集体和乡镇农民集体。

1. 条文宗旨

本条是关于农民集体的含义、法律性质和范围的规定。

2. 条文说明

（1）农民集体作为民事主体的一种具体类型，在现行法律中没有明确规定，就现有的民事主体制度来看，均未将农民集体涵括在内，从而导致农民集体的民事主体地位形同虚设。在法律中明确农民集体的含义，并将其定性为私法人，可以为现行农民集体以自己的名义从事民事活动提供法律依据。

（2）作为民事主体，农民集体拥有独立的财产，根据现行法律的规定和农村社会的现实，农民集体拥有的财产范围存在两种情况：其一，拥有包括土地、森林、山岭、草原、荒地、滩涂、生产设施、农田水利设施等不动产和动产；其二，依法使用国家所有的土地、森林、山岭、草原、荒地、滩涂等农业用地，并将上述农业用地在法律规定的范围内实行承包经营。对于这两种情形的农民集体，我国法律反映了农村社会的此种实际情况，在民事主体资格方面未作区分，该种立法理念具有妥当性，应当在民事主体立法中采纳。

（3）由于农村合作化运动的历史影响，当前农村社会仍然存在村农民集体、村民小组农民集体和乡镇农民集体三种形式，而且这种情形在今后相当一段时期内也不会改变，因此，在法律中确认三种农民集体并存的社会现实，切合农村社会的发展现状，并有助于推动各种农民集体的利益均得以充分实现。

（4）由于当前农民集体的主要功能在于组织农业生产，提升农民生活水平，改善农村的社会面貌，而不是以营利为目的；同时，当前关于农民集体民事主体资格的规定重在对农村社会现实的确认，理顺农民集体在实践中的主体缺位问题，故农民集体应当与营利性法人有别，不要求其办理法人登记，并规定其从成立之日起即具有法人资格是合理的。

3. 参考法规

《民法通则》第74条；《物权法》第60条；《土地管理法》第10条；《农村土地承包法》第12条。

第X+1条【农民集体的管理原则】（新增条文）

为了保障农民集体及其成员的合法权益，农民集体由成员民主管理。

农民集体成员的地位平等。

1. 条文宗旨

本条是关于农民集体的民主管理原则和农民集体成员的地位平等的规定。

2. 条文说明

（1）农民集体是产生于社会主义劳动群众所有制的农民的共同体，在农民集体中采取民主管理的原则既可以防止法人专横现象的产生，又可以保障农民集体成员个人权利的充分实现。

（2）农民集体的民主管理原则得以落实需要农民集体成员的积极参与，如果农民集体成员相互之间的法律地位不平等，必将使部分成员表达管理意志的渠道受阻，从而造成民主管理制度成为具文，因此，必须以法律明文强调农民集体成员的地位平等，并以之作为民主管理顺畅运行的前提性保障。

3. 参考法规

《村民委员会组织法》第1条、第2条；《农民专业合作社法》第3条；《物权法》第59条。

第X+2条【农民集体成员资格的确定原则】（新增条文）

拥有农民集体所在地户籍的人员，具有该农民集体的成员资格。

第X+3条【农民集体成员资格的取得之例外】（新增条文）

未拥有农民集体所在地户籍的人员，有下列情形之一的，具有该农民集体的成员资格：

（一）本农民集体成员的子女；

（二）迁入小城镇落户，未享受城市社会保障且未放弃成员资格的；

（三）经成员会议决议接纳为成员的。

应征入伍者在服役期间、大中专学生在校期间、农民集体的成员在服刑期间，应当享有成员资格。

1. 条文宗旨

本条是关于农民集体的成员资格之取得条件的规定。

2. 条文说明

（1）由于农民集体成员作为农民集体的一分子有权分享农民集体的利益，因此，应当将农民集体利益的分享资格的认定作为确定农民集体成员资格的重要依据。

（2）在人民公社时期，因《户口登记条例》的颁行，集体成员资格开始与农民的户籍相挂钩。此时，无论是劳动者还是非劳动者，其仅仅在具有某一农民集体的户籍时才能够被认定为是该农民集体的成员，从而取得分享该农民集体拥有的利益的资格。由于这种处理方式具有明显的合理性，故得到广泛认同，并延续至今。所以，法律规范应接受当前农村各地普遍认可的这种习惯，以是否拥有农民集体所在地的户籍作为确定农民集体成员的资格的主要标准。

（3）由于各地农村情况极其复杂，以户籍作为确定成员资格的唯一标准可能产生不公正的后果，而且这种“一刀切”的标准在实践中亦不可行，因此，应当对成员的资格认定在坚持以户籍为原则的情况下，将是否以农民集体所有的土地为基本生存保障作为参考因素，即对于不拥有农民集体所在地的户籍，但却以该农民集体所有或依法使用的国有土地为生存保障资源的人员，仍然有必要认定其具有该农民集体的成员资格。同时，如果农民集体成员会议决议接纳不具有该农民集体所在地户籍的人员为成员的，法律也应当尊重农民集体成员会议的意愿。

3. 参考法规

《农村土地承包法》第26条。

第X+4条【农民集体成员资格的丧失】（新增条文）

有下列情形之一的，农民集体成员的成员资格丧失：

（一）死亡的；

（二）迁入小城镇落户后未享受城市社会保障，但放弃成员资格的；

（三）加入其他农民集体的。

1. 条文宗旨

本条是关于农民集体成员的成员资格丧失的具体类型的规定。

2. 条文说明

（1）农民集体是一个动态的集合体，其成员的生老病死和人口流动导致农民集体的成员不易确定，加之成员资格的有无对其他成员分享农民集体的利益具有重要的影响，因此，法律应明文确立农民集体成员的成员资格丧失的依据。

（2）除成员死亡外，在成员资格的丧失方面，应当尊重当事人的意愿，因此，迁入小城镇落户后未享受城市社会保障而放弃成员资格的，或者加入其他农民集体的，该成员的成员资格将随之丧失。

3. 参考法规

《农村土地承包法》第26条。

第X+5条【成员会议的组成与性质】（新增条文）

农民集体成员会议，由具有完全民事行为能力的全体成员组成。

农民集体成员会议是农民集体的权力机构，依照法律行使职权。

1. 条文宗旨

本条是关于农民集体成员会议的组成人员和法律性质的规定。

2. 条文说明

（1）成员会议是社团法人特有的机关，其是社团法人的意思机关和最高权力机关。农民集体应属于社团法人，而作为社团法人的一种，其也须以成员会议作为自己的意思机关和最高权力机关。

（2）既然成员会议行使农民集体的决策权，且成员会议处理的均为农民集体的重要事务，故应当要求出席成员会议的成员具有完全民事行为能力，即农民集体成员会议由具有民事权利能力的全体成员组成。

3. 参考法规

《村民委员会组织法》第12条。

第X+6条【成员会议的职权】(新增条文)

成员会议行使下列职权：

（一）选举和更换理事会成员，决定有关理事的报酬事项；

（二）制订农民集体内部管理制度；

（三）审议批准理事会的报告；

（四）审议批准农民集体的年度财务预算方案、决算方案；

（五）决定土地承包方案及承包金缴纳标准；

（六）决定个别土地承包经营权人之间承包地的调整办法；

（七）决定自留地、宅基地的分配和调整方案；

（八）决定土地征收补偿费等费用的使用、分配方案；

（九）决定集体出资事项；

（十）对申请迁入的新成员作出接纳决议；

（十一）决定集体经济的分配方案；

（十二）十分之一以上有表决权的成员提议由成员会议讨论决定的事项；

（十三）法律规定应当由成员会议讨论决定的其他事项。

决定前款事项，应当经出席会议的三分之二以上成员同意，但出席会议的成员不得少于总人数的三分之二。

1. 条文宗旨

本条是关于农民集体成员会议的职权的规定。

2. 条文说明

（1）由于成员会议是农民集体的最高权力机关，故而与农民集体相关的各种重要事项均应当由成员会议决定。成员会议作出的决策对全体成员均具有约束力。

（2）为了体现农民集体的民主管理原则，并避免少数成员的决策损害大多数成员的利益，应当要求成员会议在对涉及农民集体的重要事项作出决策时，须经出席会议的三分之二以上成员同意，且出席会议的成员不得少于总人数的三分之二。

3. 参考法规

《村民委员会组织法》第19条；《物权法》第59条。

第X+7条【农民集体的管理机构和法定代表人】(新增条文)

理事会是农民集体的管理机构，其成员三至五人。

理事会设理事长一名，由成员会议选举产生。

理事长是农民集体的法定代表人。

1. 条文宗旨

本条是关于农民集体的管理机构和法定代表人的规定。

2. 条文说明

（1）成员会议所作出的决策，需要由一定的机关予以执行，故农民集体在设立意思机关之外，还必须设立实现农民集体意思的机关即执行机关。由于当前农村主要由村民委员会代表农民集体行使各种民事权利，而村民委员会在代表农民集体从事民事活动又存在种种弊端，因此，应当在村民委员会之外设立一个单独的组织取代现行村民委员会的经济职能，使之成为农民集体的执行机关，该执行机关即为理事会。

（2）理事会由三至五人组成，其中由一名理事担任理事长。理事会成员和理事长由成员会议选举产生。理事长作为农民集体执行机关的主要负责人，亦为农民集体的法定代表人。

3. 参考法规

《公司法》第45条。

第X+8条【理事会的职责】（新增条文）

理事会对成员会议负责，行使下列职权：

（一）负责召集成员会议，并向成员会议报告工作；

（二）执行成员会议的决议；

（三）制订集体的经营计划和投资方案；

（四）制订集体的年度财务预算方案、决算方案；

（五）制订集体的分配方案和弥补亏损方案；

（六）负责农民集体的日常管理工作；

（七）成员会议授予的其他职权。

1. 条文宗旨

本条是关于理事会的职权的规定。

2. 条文说明

理事会作为农民集体的执行机关，其在从事各种业务活动时，必须向成员会议负责，并向成员会议报告工作。同时，理事会在农民集体的对外活动中代表农民集体，故理事会也是农民集体的代表机关。为了便于理事会开展工作，在法律中明文详细列举理事会在对内进行管理，对外代表农民集体进行民事活动时的职责内容，具有重要的指导意义。

3. 参考法规

无。

第X+9条【农民集体事务公开制度】(新增条文)

农民集体实行事务公开制度。

理事会应当定期公开有关财务以及涉及成员利益、成员普遍关心的其他事务。

理事会应当保障公开内容的真实性，并接受成员的查询。

1. 条文宗旨

本条是关于农民集体事务公开制度的规定。

2. 条文说明

(1) 农民集体事务公开属于民主监督的范畴。对于涉及成员切身利益的集体事务必须采用一定的方式让成员知晓，并保证公开内容的真实性，以满足成员知情权的要求，以便接受成员的查询与监督。

(2) 农民集体事务公开的内容应当具有全面性，但又不能事无巨细，一律公开，因此，农民集体事务公开的内容应当以财务为主，同时对于涉及成员利益、成员普遍关心的其他事务也应当公开。

3. 参考法规

《村民委员会组织法》第22条。

第X+10条【公司型农民集体的法律适用】(新增条文)

符合公司法规定的设立条件，由公司登记机关分别登记为有限责任公司或者股份有限公司的农民集体，适用公司法的规定。

1. 条文宗旨

本条是关于公司型农民集体的法律适用制度的规定。

2. 条文说明

在我国农村社会，由于各地情况错综复杂，农民集体的现实运行模式也存在较大的差异，有些经济比较发达的农民集体——如河南省南街村——已经依据公司法的规定被改造为公司。如果对这种农民集体仍然和按照传统模式运行的农民集体同一对待，必将影响其经营活动的正常展开，因此，需要在法律上明确其直接适用公司法的规定，以使其名实相符。

3. 参考法规

《公司法》第218条。

二、土地承包经营权法条

目　录

第 X 条【土地承包经营权的含义】（《物权法》第 125 条增补）

土地承包经营权人依法对其承包经营的耕地、林地、草地以及水面等享有占有、使用和收益的权利，有权从事种植业、林业、畜牧业及养殖业等农业生产。

1. 条文宗旨

本条是关于土地承包经营权概念的规定。

2. 条文说明

(1) 根据《土地管理法》的界定，农地不仅包括耕地、林地及草地，还包括水面等其他农业用途的土地，《农村土地承包法》第2条的规定的农村土地的范围有扩大的必要。

(2) 实践中农民不仅有权承包耕地、林地及草地等从事种植业、林业、畜牧业等农业生产，还有权承包水面从事渔业生产。因此，法律应采取列举的方式明确将“水面”纳入土地承包经营权客体范围，并明确“水面”的农业用途。

3. 参考法条

《土地管理法》第4条；《农村土地承包法》第2条。

第X+1条【农村土地的发包方】(新增条文)

农民集体所有的土地由农民集体发包。

1. 条文宗旨

本条是关于农民集体所有土地的发包方的规定。

2. 条文说明

宪法将农村土地界定为“农民集体”所有，该精神被我国各种法律所接受，但因我国农村现实状况十分复杂，故未来立法不妨将发包方界定为“农民集体”，由各地方根据本地状况予以具体化。

3. 参考条文

《农村土地承包法》第12条；《物权法》第59条。

第X+2条【发包方的权利】(新增条文)

发包方享有下列权利：

(一) 发包本农民集体所有的或者国家所有依法由本农民集体使用的农村土地；

(二) 监督承包方依照承包合同约定的用途合理利用和保护土地；

(三) 制止承包方损害承包地、农业资源及农业基础设施的行为；

(四) 法律、行政法规规定的其他权利。

1. 条文宗旨

本条是关于发包方的权利的规定。

2. 条文说明

（1）发包方作为所有权主体或国有农地使用权主体不仅享有发包权，而且应该享有监督承包方合理利用土地和保护土地的权利。

（2）对于承包方损害农业资源和农业基础设施的行为，发包方为了保护自身的权利和其他农民集体成员的权利，其有权予以制止。

3. 参考条文

《农村土地承包法》第13条。

第X+3条【发包方的义务】（新增条文）

发包方承担下列义务：

（一）不得非法变更、解除承包合同；

（二）尊重承包方的生产经营自主权；

（三）依照承包合同约定及法律规定为承包方提供生产、技术、信息等服务；

（四）执行县、乡（镇）土地利用总体规划及村庄规划，组织农业基础设施建设；

（五）法律、行政法规规定的其他义务。

1. 条文宗旨

本条是关于发包方的义务的规定。

2. 条文说明

（1）鉴于实践中时常发生发包方假借调整农业产业结构之名，肆意干涉承包方生产经营自主权的情况，法律应明确规定发包方承担尊重承包方的生产经营自主权的义务。

（2）发包方应该发挥自身的优势，根据当事人相互之间的约定及法律规定承担为承包方提供生产、技术、信息等方面服务的义务，以便承包方能够更好地行使土地承包经营权。

（3）考虑到分散的承包户既无建设农业基础设施的动机，又无建设农业基础设施的能力，法律中明确规定发包方承担执行县、乡（镇）土地利用规划及村庄规划，组织农业基础设施建设的义务。

3. 参考条文

《农村土地承包法》第14条。

第X+4条【农村土地的承包方范围】（新增条文）

农民集体成员有权依法承包由农民集体发包的农村土地。

1. 条文宗旨

本条是关于农村土地的承包方的范围的规定。

2. 条文说明

虽然当前农民的就业门路及收入来源已不再是单一，但是，在农村社会保障体系尚未健全的情况下，农村土地依然是农民“安身立命”之本。因此，法律应保障农民集体成员依法享有承包农村土地的权利。

3. 参考条文

《农村土地承包法》第5条、第15条。

第X+5条【承包方的权利】（新增条文）

承包方享有下列权利：

（一）依法享有承包地占有、使用、收益和土地承包经营权流转的权利；

（二）承包地被依法征收、征用、占用的，有权依法获得相应的补偿；

（三）法律、行政法规规定的其他权利。

1. 条文宗旨

本条是关于承包方的权利的规定。

2. 条文说明

（1）承包方作为土地承包经营权人，应该享有承包地的占有、使用、收益及土地承包经营权流转的权利，该规定也凸显了土地承包经营权的物权性。

（2）农民集体所有的土地被国家征收，不仅造成农地集体所有权的灭失，而且也造成了土地承包经营权的灭失，故而承包方应享有损害赔偿请求权。此外，承包地被国家征用或被集体依法占用时，也会妨碍土地承包经营权的行使，承包方也应获得相应的补偿。至于如何确保承包方能够行使损害赔偿请求权，程序比较复杂，非《物权法》所能承受之重，应由相配套的行政法律法规及其他相关法律法规予以规定。

3. 参考条文

《农村土地承包法》第16条；《物权法》第132条、第42条。

第X+6条【承包方的义务】（新增条文）

承包方承担下列义务：

（一）维持土地的农业用途，不得用于非农建设；

（二）依法保护和合理利用土地，维持土地的地力；

（三）法律、行政法规规定的其他义务。

1. 条文宗旨

本条是关于承包方的义务的规定。

2. 条文说明

（1）为了确保国家粮食安全，承包方应承担维护农地的农业用途的义务，其不得擅自改变承包地的农业用途。不过，由于农业产出收益较低，农地的非农业用途的压力很大。实践中出现大量的“小产权房”就是明证。为了能够激励承包方更好地履行此义务，国家既应“堵”，更应“疏”，建议尽快出台基本农田保护及补偿等相关配套制度。

（2）为了确保农地的持续、高效利用，承包方应承担合理利用土地，维持地力的义务。如果其他法律、行政法规规定了承包方应当承担的合理义务的，承包方也必须遵守。

3. 参考法条

《农村土地承包法》第 17 条。

第 X+7 条【承包原则】（新增条文）

土地承包应当遵循以下原则：

（一）民主协商，公开、公平、公正；

（二）承包方案由理事会拟订，并依法经农民集体成员会议三分之二以上成员同意；

（三）承包程序合法。

1. 条文宗旨

本条是关于农地承包原则的规定。

2. 条文说明

（1）农村土地属于农民集体所有，农民作为农民集体中的一员应该享有承包地分配的参与权。同时，因农地承包攸关农民的切身利益，故应力求做到公平、公正。因此，在法律中明确规定农地承包应遵循民主协商及“三公”原则，具有重要的现实意义。

（2）承包方案是承包地分配的依据，事关重大，应由理事会在征求农民集体成员意见的基础上拟订，但该方案最终应经农民集体成员会议适用特别表决程序予以通过，以确保农民集体成员的意志受到尊重。

（3）农地承包原则较为抽象，其需要相关行政法规、地方性法规等予以具体化。

3. 参考条文

《农村土地承包法》第 18 条。

第 X+8 条【承包程序】（新增条文）

土地承包应当按照以下程序进行：

（一）理事会依照法律、行政法规的规定拟订并公布承包方案；

（二）依法召开农民集体成员会议，讨论并通过承包方案；

（三）公开组织实施承包方案；

（四）签订承包合同。

1. 条文宗旨

本条是关于农地承包程序的规定。

2. 条文说明

农地承包工作千头万绪，又事关农民切身利益，故而应由理事会具体负责草拟承包方案，并由农民集体成员会议讨论通过，然后予以公布实施。

3. 参考条文

《农村土地承包法》第 19 条。

第 X+9 条【承包期限】（《物权法》第 126 条的修订）

耕地的承包期为五年至三十年。草地的承包期为三十年至五十年。林地的承包期为三十年至七十年；特殊林木的林地承包期，经国务院林业行政主管部门批准可以延长。

前款规定的承包期届满，由土地承包经营权人按照国家有关规定继续承包。

1. 条文宗旨

本条是关于农地的承包期限的规定。

2. 条文说明

（1）由于当前耕地 30 年承包期限的刚性规定，已造成大约十分之一的农民无地可种，同时该规定又违背了乡土社会的“生存伦理”，故而该规定引起了较多农民的强烈不满，在一些地区未得到严格实施。另外，考虑到耕地的弹性期限对土地承包经营权的稳定性影响不大。因此，法律应仿照林地、草地承包期限的现行规定，变耕地的固定期限为弹性期限。

（2）由于农村的现实状况十分复杂，而农民又是自己利益的最佳判断者，因此，法律应由农民集体成员会议决定耕地的具体期限。不过，耕地的承包期限也不能太短，否则可能会导致频繁调整，从而损害土地承包经营权的稳定，故立法应当作出不少于五年的限制性规定。

3. 参考条文

《物权法》第 126 条；《农村土地承包法》第 20 条。

第 X+10 条【承包合同】（新增条文）

发包方应当与承包方签订书面承包合同。

承包合同一般包括以下条款：

（一）发包方、承包方的名称，发包方负责人和承包方代表的姓名、住所；

（二）承包土地的名称、坐落、四至、面积、质量等级；

（三）承包期限和起止日期；

（四）承包土地的用途；

（五）发包方和承包方的权利和义务；

（六）违约责任。

1. 条文宗旨

本条是关于承包合同的形式及主要条款的规定。

2. 条文说明

（1）承包合同是确定发包方与承包方权利义务的契约，攸关双方利益，故采取书面形式较为妥当，而且应尽量对承包合同的主要条款进行商定。

（2）承包合同应明确承包地的四至情况，为土地承包经营权的设立登记提供依据。

3. 参考法条

《农村土地承包法》第 21 条。

第 X+11 条【土地承包经营权的设立登记】（《物权法》第 127 条修订）

土地承包经营权的设立，经依法登记生效。

登记机关应当制定土地承包经营权登记簿，对土地承包经营权设立进行登记，并依据登记簿向承包方颁发土地承包经营权证或者林权证等证书。

1. 条文宗旨

本条是关于土地承包经营权的设立登记制度的规定。

2. 条文说明

（1）随着土地承包经营权流转的逐渐增多，尤其是土地承包经营权“村外流转”的逐渐增多，土地承包经营权流转已由“熟人社会”的适用语境逐渐地过渡到“市民社会”的适用语境，因此，在法律上应当对土地承包经营权采用登记设立模式。否则，土地承包经营权流转的安全性堪忧。

（2）就土地承包经营权之登记的本质而言，现行《物权法》所规定的登记制度应属于行政性质的登记。然而，不可否认的是，该种行政性质的登记也具有一定的民事确权功能。为了避免两种性质的登记制度之间的“叠床架屋”，在确保现行登记制度具有行政管理功能的同时，应对其进行适当的民法改造，即明确登记制度的设权功能，使之成为民事性质的土地承包经营权设立登记制度。

3. 参考法条

《物权法》第127条、第9条；《农村土地承包法》第22条、第23条。

第X+12条【土地承包经营权的流转】（《物权法》第128条修订）

土地承包经营权人有权将土地承包经营权采取出租、互换、转让、抵押、入股等方式流转。流转的期限不得超过承包期的剩余期限。未经依法批准，不得改变农地的农业用途。在同等条件下，农民集体成员享有优先权。

土地承包经营权流转的，应报发包方备案。

1. 条文宗旨

本条是关于土地承包经营权的流转方式、流转原则及流转当事人的备案义务的规定。

2. 条文说明

（1）现行立法将土地承包经营权的租赁行为区分为“转包”与“出租”两种，这种区分不仅缺乏理论基础，也容易造成理论与实践上的混乱。因此，法律应当将两者予以归并。另外，考虑到“出租”更符合学术规范，故而建议删除“转包”而保留“出租”。

（2）现行法律规定土地承包经营权转让须经发包方同意。然而，实践中农民转让土地根本不去申请发包方同意，同时发包方也懒得过问。可见，此种规定不仅违背了土地承包经营权的物权性，也远远落后于社会实践，因此，法律应顺应农村社会的实际情况，删除转让“须经发包方同意”的不合理规定。

（3）鉴于允许土地承包经营权抵押是其物权支配性的必然要求，加之农民对土地承包经营权抵押的期盼程度较高，法律应当开禁土地承包经营权抵押。

（4）由于土地承包经营权具有成员权性质，建议立法赋予本农民集体成员享有优先受让权。同时，为了方便农民集体行使监督权，立法应当规定流转当事人的备案义务。

3. 参考法条

《物权法》第128条；《农村土地承包法》第37条、第39条、第40条、第41条、第42条。

第X+13条【土地承包经营权的变更登记】（《物权法》第129条修订）

土地承包经营权变更，经依法登记发生效力。

1. 条文宗旨

本条是关于土地承包经营权的变更登记效力的规定。

2. 条文说明

由于土地承包经营权变更模式应与设立模式相配套，考虑到建议稿中已将土地承包经营权的设立模式规定为登记设立，故而本条对土地承包经营权变更也采取登记生效模式。

3. 参考法条

《物权法》第129条；《农村土地承包法》第38条。

第X+14条【“四荒地”的承包】（新增条文）

不宜采取家庭承包方式的荒山、荒沟、荒丘、荒滩等农村土地，可以通过招标、拍卖、公开协商等方式实行承包经营。在同等条件下，农民集体成员享有优先承包权。

1. 条文宗旨

本条是关于“四荒地”的承包制度的规定。

2. 条文说明

（1）鉴于“四荒地”投资多、风险大、周期长、收益慢，法律应当将其区别于家庭承包，故采取招标、拍卖、公开协商等方式实行承包经营，有利于资金雄厚、技术先进的投资方承包经营，从而更好地保护生态环境。

（2）鉴于土地承包经营权具有“成员权”性质，未来立法也应当赋予农民集体成员对“四荒地”的优先承包权。

3. 参考法条

《农村土地承包法》第45条、第48条。

第X+15条【“四荒地”村外承包的程序】（新增条文）

发包方将荒山、荒沟、荒丘、荒滩等农村土地发包给本农民集体以外的单位或者个人承包，须履行以下程序：

（1）对承包方的资信情况和经营能力进行审查；

（2）事先经农民集体成员会议三分之二以上成员同意，并报乡（镇）人民政府备案。

1. 条文宗旨

本条是关于“四荒地”村外承包的程序的规定。

2. 条文说明

（1）当承包方为农民集体以外的单位或个人时，农民集体成员并不具有了解其资信状况和经营能力的条件，加之乡土社会固有的约束机制对此并无约束力，故而法律应明确发包方履行审查的程序，以尽量减少承包方履约的风险。

（2）鉴于“四荒地”村外发包是集体土地所有权主体行使所有权的一种方式，其须经农民集体成员会议三分之二以上成员同意，而无需经乡（镇）人民政府批准。否则，可能给乡（镇）政府任意干预留下制度空间，同时也违背了物权支配性的基本原理。不过，为了方便乡（镇）人民政府行使监督职能，法律也应当明确发包方须履行报乡（镇）人民政府备案的程序。

3. 参考法条

《农村土地承包法》第48条。

第X+16条【其他方式取得的土地承包经营权的设立】（《物权法》第133条修订）

通过招标、拍卖、公开协商等方式取得的土地承包经营权的设立，经依法登记发生效力。

1. 条文宗旨

本条是关于其他方式取得的土地承包经营权的设立制度的规定。

2. 条文说明

由于其他方式取得的土地承包经营权属于不动产物权的一种，故而未来立法应采取登记生效要件主义。

3. 参考法条

《物权法》第133条；《农村土地承包法》第49条。

第X+17条【其他方式取得的土地承包经营权的流转及其变更登记】（《物权法》第133条修订）

通过招标、拍卖、公开协商等方式取得的土地承包经营权可以依法采取转让、出租、入股、抵押等方式流转。

土地承包经营权变更，经依法登记发生效力。

1. 条文宗旨

本条是关于其他方式取得的土地承包经营权的流转制度的规定。

2. 条文说明

其他方式取得的土地承包经营权属于用益物权的一种，故而可以依法采取转让、出租、入股、抵押等方式流转；为了与设立登记制度相配套，其他方式取得的土地承包经营权变更也应以登记为要件。

3. 参考法条

《物权法》第133条。

第 X +18 条【国有农用地承包的法律适用】（《物权法》第 134 条继续沿用）

国家所有依法由农民集体使用的农村土地，由使用该土地的农民集体发包，其法律适用参照本章的有关规定。

1. 条文宗旨

本条的关于国家所有农用地承包经营的法律适用的规定。

2. 条文说明

虽然国家所有的农用地与农民集体所有的土地在所有权主体方面存在区别，但在承包经营方面并无本质区别。为了避免立法资源的浪费，故而国家所有的农用地可以适用集体所有土地的承包经营的相关规定。

3. 参考法条

《物权法》第 134 条。

第 X +19 条【《物权法》原第 124 条建议删除】

说明：该条第 1 款所规定的经营体制问题并不属于物权法的内容，而是属于宪法的内容，且已在《宪法》中加以规定。该条第 2 款所规定的土地承包经营权客体问题已在建议稿中作了详细的规定。

第 X +20 条【《物权法》原第 132 条建议删除】

说明：建议稿已将土地承包经营权征收作为承包方享有损害赔偿请求权的法定原因之一。

三、土地承包经营权调整法条

目　录

●对《农村土地承包法》第26条、第27条的修订

第X条【承包地的收回】（对《农村土地承包法》第26条的增补）

承包期内，发包方不得收回承包地。

承包方具有下列情形之一的，经本集体成员会议三分之二以上成员同意，并报乡镇人民政府备案，发包方可以收回承包地：

（一）荒芜承包地二年的；

（二）丧失本集体成员资格，且不依赖本集体承包地为生存保障的；

（三）已经完全纳入城市社会保障体系的；

（四）自愿交回承包地的。

承包期内，承包人自愿交回承包地或者发包方依法收回承包地时，依照当地习惯，承包人在承包地上的投资利益尚未收回的，由发包人给予合理补偿；发包人收回承包地直接调整给他人承包的，由取得该承包地的承包人给原承包人合理补偿。

1. 条文宗旨

本条的关于承包期内发包方收回承包地的事由的规定。

2. 条文说明

为了稳定土地承包经营权，《农村土地承包法》第26条规定，承包期内不得收回承包地，仅仅规定承包人全家户口迁入设区的市的，发包人可以收回承包地，但在现实生活中还有一些集体应当收回承包地的其他事由，法律明确规定这些事由，有利于加强集体对承包地的管理，同时允许集体收回这些承包地，也有利于解决没有取得承包地的集体成员的承包地问题。

3. 参考法条

《土地管理法》第37条。

第X+1条【承包地的调整】（对《农村土地承包法》第27条的增补）

承包期内，发包方不得调整承包地。

在承包期内，出现下列情形之一的，发包方可以依法调整承包地：

（一）因国家征收本农民集体土地致使部分成员丧失承包地，其他成员平等享受了土地征收补偿利益的；

（二）因乡村建设依法占用承包地，致使部分成员丧失承包地的；

（三）因自然灾害毁损承包地，致使部分农户丧失承包地的；

（四）因集体成员会议决定，将一定期间内本农民集体的减少人口的承包地调整给未取得承包地的新增人口的；

（五）因集体成员会议决定为本农民集体全体成员利益进行农业综合开发，需要调整承包地的；

（六）将依法收回的承包地发包给未取得承包经营权的成员的；

（七）将土地开垦或者整理所增加的土地发包给未取得承包地的成员的。

前款规定的事项，须经丧失承包地的农户或者人口增加的农户提出申请，本农民集体成员会议三分之二以上成员决定，并报乡镇人民政府和县级人民政府农业行政主管部门备案。

1. 条文宗旨

本条是关于发包人调整承包地的事由的规定。

2. 条文说明

为了稳定土地承包经营权，维护土地承包经营权的物权效力，应当坚持承包期内发包人不得调整承包地的原则，但是土地承包经营权是农民的基本社会保障，没有取得土地承包经营权的农民集体成员要求调整为其分配承包地的要求完全具有正当性，也符合农村的实际，因此，应当由法律明确规定可以进行承包地调整的事由和程序，这样就不会影响土地承包经营权的稳定。

3. 参考条文

《土地管理法》第 14 条。

• 建议在《农村土地承包法》中应当增加的条文

第 X 条【承包地调整的期限限制】

农民集体成员会议决定调整承包地的，承包期间不得少于五年。

1. 立法宗旨

本条的关于承包地调整期限限制的规定。

2. 条文说明

农民集体成员家庭人口变化是经常发生的，但不可能随着人口变化随时进行承包地调整。调整的期限应当由农民集体决定，但应当由一个最低期限的限制，以防止频繁调整，影响土地承包经营权的稳定。在对各地农民集体进行承包地调整的调查了解到，因人口变化进行的承包地调整有的是一年、有的三年、有的五年，规定因人口变化进行承包地调整不得少于五年具有合理性，该规定既可以适当满足一定时期无地人口的承包地需要，又能防止对承包地进行频繁调整，稳定土地承包经营权。

第 X +1 条【对被调整农户的人均承包地数量的限制】

承包地人均不足 0.8 亩的农户不得调出土地。

1. 立法宗旨

本条的关于被调整农户的人均承包地数量的限制的规定。

2. 法条说明

联合国确定的人均耕地 0.8 亩为最低警戒线，因此，应当规定农户人均承包地不足 0.8 亩的不得再调出土地，从而防止承包地块过于细碎化，并影响农民最基本的生活保障功能的实现。

第 X +2 条【承包地调整纠纷的解决】

发生承包地调整纠纷的，当事人可以自行和解，也可以请求村民委员会、乡（镇）人民政府等调解。

当事人和解、调解不成或者不愿和解、调解的，可以向农村土地承包仲裁委员会申请仲裁，也可以直接向人民法院起诉。

1. 立法宗旨

本条的关于承包地调整纠纷之处理的规定。

2. 法条说明

承包地调整事关没有取得承包地的农民集体成员的土地社会保障利益，又关系原承包人的利益和承包制的稳定，涉及各方众多人，一旦发生纠纷应当及时得到处理，考虑到承包地调整政策性强，所以，对承包地调整纠纷的处理可以采取和解、调解、仲裁、诉讼等多渠道的解决机制。

3. 参考条文

《农村土地承包经营纠纷调解仲裁法》第 3 条；《农村土地承包法》第 51 条。

四、宅基地使用权法条

目　录

第X条【宅基地使用权的含义】（《物权法》第152条内容增补）

宅基地使用权人依法对农民集体所有的土地享有占有、使用、收益的权利，有权依法利用该土地建造住宅及其附属设施。

1. 条文宗旨

本条的关于宅基地使用权之内容的规定。

2. 条文说明

一方面，收益权能是作为用益物权之一的宅基地使用权的固有权能，另一方面，农村经济发展的现实也客观上需要彰显宅基地使用权之收益权能。因此，建议将“收益”权能明确纳入宅基地使用权的权利内容，以更好地统领该章内容。

3. 参考法规

《物权法》第117条。

第X+1条【宅基地使用权的原始取得、申请条件】（新增条文）

农民集体成员有权以户为单位无偿向本农民集体申请宅基地使用权，符合下列条件之一的，农民集体及有关部门应当批准：

（一）成员年满二十周岁，因分户确实没有宅基地且分户前宅基地面积低于规定标准的；【因分户而申请】

（二）原有宅基地面积低于规定最低标准的；【因改善住房而申请】

（三）外来人口落户，成为本集体经济组织成员，没有宅基地的；【新成员申请】

（四）因自然灾害、征收等原因导致丧失宅基地的；【因灭失而申请】

（五）因环境污染等原因，致使宅基地周围环境确不适宜居住的；【因宅基地丧失其功能而申请】

（六）因实施村庄和乡（镇）规划以及进行乡（镇）村公共设施和公益事业建设，宅基地被收回的；【因被收回而申请】

（七）省、自治区、直辖市规定的其他情况。【兜底条款】

依申请取得的宅基地，由农民集体成员无偿使用。

1. 条文宗旨

本条的关于宅基地使用权的原始取得和申请条件的规定。

2. 条文说明

（1）法律应当保障符合条件的农民集体成员无偿获得宅基地使用权的权利。

（2）规定宅基地使用权以户为单位申请较为符合我国农村实际情况，较易操作。需要明确的是，法律保护每个农民集体成员无偿获得宅基地使用权的权利，但是申请宅基地使用权的单位只能是户，二者是有一定差别的。二者在现实中的协调问题，因涉及烦琐，不宜在《物权法》中规定。

（3）符合本条第一款第一项规定需同时具备三个方面的条件：其一为年龄上必须年满20岁，其二为有分户的需要，其三为分户前所在“户”宅基地面积低于规定标准。这里年龄限制，综合考虑到了我国《婚姻法》所规定的结婚年龄限制以及农村现实，是我们的初步设想。其目的是为了明确分户条件，减少现实中过早申请宅基地而将其闲置的情况发生，以提高宅基地的使用效率。该项的“农民集体成员”包括男性和女性。

（4）规定第一款第二项的原因在于：宅基地是农民集体成员之福利，故无论是原住人口还是外来人口，只要加入农民集体，即有权利申请宅基地。

（5）第三项规定的依据为现《物权法》第154条。

（6）宅基地的基本功能为在其上建筑住宅，当宅基地上不适宜建造住宅的，宅基地就丧失了其基本功能。目前我国有些地区农村环境污染异常严重，给村民身体健康造成了巨大的隐患。我们建议，因环境污染等因素造成宅基地确不适宜居住的，应当赋予村民重新申请宅基地的权利，以确保人民群众生命健康安全。

（7）因实施村庄和乡镇规划以及进行乡（镇）村公共设施和公益事业建设，宅基地被收回的，村民有重新申请宅基地的权利。

（8）"省、自治区、直辖市规定的其他情况"可能包括为引进人才、华侨回乡定居而分配宅基地等情况。

（9）我们认为，就目前农民经济状况和宅基地使用权在当下的社会福利性质而言，在一定时期内还不能全面实行有偿取得制度。为遏制现实中出现的宅基地收费问题，我们建议在法律中明确依申请取得宅基地无偿使用原则。

3. 参考法条

《土地管理法》第62条；《土地承包法》第5条；《菏泽市农村宅基地管理办法》第9条；《海口市农村宅基地管理办法》第15条；《河北省农村宅基地管理办法》第7条；《宁波市农村宅基地管理办法》第11条等。

第X+2条【不予批准宅基地申请的情形】（新增条文）

有下列情形之一，向农民集体申请宅基地的，不予批准：

（1）因出卖、抵押、抛弃房屋而丧失宅基地的；

（2）原有宅基地的面积已经达到省、自治区、直辖市规定标准的。

1. 条文宗旨

本条是关于不予批准宅基地申请的情形的规定。

2. 条文说明

（1）福利性为宅基地使用权的重要属性，公民处分宅基地使用权，即意味对其福利的处分。农民集体成员在抛弃其宅基地之后，自然无权再重新要得一份福利，否则，对其他成员不公。

（2）对出卖房屋后未脱离农民集体，又有建房需要的，可以通过购买房屋、入户（入其他户）、分户等方式解决。

（3）原有宅基地的面积已经达到省、自治区、直辖市规定的标准后申请宅基地使用权的，不予批准。

（4）这里仅指"因出卖、抵押、抛弃房屋而丧失宅基地"后申请宅基地的情况，“出租房屋”则不在此列。农民集体成员出租房屋申请宅基地的，只要符合相关条件（如原有面积未达到规定标准等），依然应当批准。这是因为我们应该保障宅基地这一福利分配时的公平性，“出租房屋”并没有影响到福利分配时的公平。在出租房屋的情况下，宅基地使用权人并没有抛弃这一福利，而是通过将这一福利转换为租金的一部分来获取。因此，城中村或城郊的农房出租行为合法，其收益为合法收益，符合相关条件的，相关人仍有权申请宅基地。

3. 参考法条

《土地管理法》第62条第4款。

第X+3条【宅基地使用权的审批】（新增条文）

宅基地的申请应经农民集体审议、决定，乡（镇）人民政府审核，县级人民政府批准，但土地管理法等法律有特别规定的除外。

农民集体对宅基地申请的审议、决定应遵循公开、公平、公正的原则，应保障本农民集体成员对该事项的参与权。

1. 条文宗旨

本条的关于宅基地审批的基本程序和基本要求的规定。

2. 条文说明

（1）宅基地所有权人为农民集体的成员，因此农民集体有对宅基使用权申请的审议、决定权；乡（镇）、县两级人民政府基于土地规划的实施、土地政策的实现对宅基地使用权的申请作审核、批准。乡（镇）、县两级人民政府干预宅基地使用权设立过程的合理性依据在于《物权法》第7条的公序良俗原则，即物权的取得和行使，应当遵守法律，尊重社会公德，不得损害公共利益和他人合法权益。

（2）根据现行法律、法规及有关规定，三方在宅基地使用权审批过程中的基本分工如下：农民集体对宅基地使用权申请的真实性作实质性审查并依照一定的程序进行公示、表决；乡（镇）人民政府对申请的真实性做实质性审核并出具相关意见；县级人民政府（主要为土地职能部门）审查用地规划，对用地申请作形式审查。

（3）《土地管理法》的特别规定，主要是指涉及占用农用地的，依照《土地管理法》第44条的规定办理审批手续。

（4）因宅基地所处环境不同，其“优劣”明显，加之部分地方人多地少矛盾突出，使得如何公正合理分配宅基地问题异常重要。我们实地调研也显示，在宅基地的分配过程中存在着权力寻租的现象。因此我们提出，农民集体对宅基地申请的审议、决定应遵循公开、公平、公正的原则，应保障农民集体成员对该事项的参与权。

(5) 该条仅是原则性的规范，具体还需要相关行政法规、地方性法规等细化。

3. 参考法规

《物权法》第7条；《村庄和集镇规划建设管理条例》第18条；《土地管理法》第62条；国土资源部《关于加强农村宅基地管理的意见》第6条、第7条。

第X+4条【因继承取得宅基地使用权】(新增条文)

因继承而取得宅基地上房屋所有权的，继承人可同时享有相应的宅基地使用权。

1. 条文宗旨

本条的关于宅基地使用权的财产性及宅基地使用权的可继承性的规定。

2. 条文说明

(1) 宅基地使用权不可单独继承，法律也没有规定宅基地使用权可以单独继承的必要。

(2) 这里的法定继承人不以本农民集体成员为限，也不以农村村民为限，即包括城镇居民、农村居民。城镇居民取得宅基地使用权后可通过有偿使用制度弥补原农民集体成员利益损失。

3. 参考法条

《宪法》第13条；国土资源部《关于进一步加快宅基地使用权登记发证工作的通知》。

第X+5条【宅基地使用权的登记】(《物权法》第155条修订)

宅基地使用权的设立、转让和消灭，经依法登记，发生效力。

1. 条文宗旨

本条是关于宅基地使用权登记制度的规定。

2. 条文说明

(1) 目前就宅基地使用权采用登记生效要件还是登记对抗要件尚存在争议。很多人自然将宅基地使用权同土地承包经营权做类比，认为其应采用登记对抗要件。我们认为从物权法体系解释角度讲，应当认为宅基地使用权采用登记生效要件。从功能解释角度讲，宅基地使用权确权登记的实际意义在于：一是彰显农民所享有之权利；二是在侵害或土地征收等场合中，便于主张其权利，获得法律之救济。除此之外，完备的登记制度也有助于规范各主体对农村集体土地的利用活动，更好地贯彻保护耕地等基本国策。应当充分认识到，完善的农村宅基地用地登记制度，对于确立并执行合理的宅基地使用标准和规则，以及对于超标宅基地有偿使用制度的引入具有重要的先决意义。

（2）从制度的现实基础看，随着2008年国土资源部在全国宅基地使用权登记发证工作的大举推进以及"2009年年底前基本完成全国宅基地使用权登记发证工作，做到权属纠纷基本解决，农民合法使用的宅基地全部发证到户"目标的实现，法律确认宅基地使用权采用登记生效主义将会毫无障碍。

（3）宅基地使用权主体变更的，需要作变更登记，否则不发生物权变动效力。

3. 参考法规

《物权法》第9条；《土地登记办法》第2条第2款、第70条；国土资源部《关于进一步加快宅基地使用权登记发证工作的通知》。

第X+6条【宅基地使用权的行使】（新增条文）

行使宅基地使用权，不得超出确定的宅基地范围，不得妨碍公共利益或他人的合法权益。

宅基地不得用于商业性开发建房以及法律、法规禁止的其他用途。

1. 条文宗旨

本条是关于宅基地使用权的用途限制的规定。

2. 条文说明

（1）现有法律、政策要求宅基地不能用作经营性用途。"经营性用途"是一个很宽泛的概念，容易使很多利用宅基地发展的农村经济个体经济陷入合法性危机。我们认为，对于宅基地，法律所主要控制的应该主要是"量"，在"量"未超标的前提下，应当赋予农民相对灵活的宅基地使用方式。在用途方面应该主要限定的是"商业性开发建房"而不是其他农村经济活动。

（2）对将宅基地用于一般的非农业生产经营活动，我们认为法律应该持认可态度。但宅基地可用于的非农业生产经营活动领域，法律很难完全列举。《物权法》是私法，私法领域秉持"法无禁止即自由"的原则，因此，我们建议采取列举加概括的方法，列举宅基地使用权禁止的情形，概括法律、行政法规规定的其他情形。不同于现行笼统的规定"宅基地使用权不得用作经营性用途"的做法是，这里应当将禁止的用途仅限于商业性经营开发建房等用途而不是一切经营性用途。因宅基地使用权用途限制确实涉及个人利益与公共利益的衡量、公法与私法的衔接，故应规定引致性的规范作为宅基地使用权用途限制的概括条款。这样既有限制地放开了宅基地不能用作经营用途的法律限定，又给土地管理方面的法律、法规调控农村土地政策预留了空间。

（3）应清理现有有关宅基地使用权的法律、法规，适当地放开在宅基地上进行的经营行为。

3. 参考法规

《土地管理法》第63条；国务院办公厅《关于加强土地转让管理严禁炒卖土地的通知》。

第X+7条【宅基地使用权的单独转让的禁止】（新增条文）

宅基地使用权不得单独转让。宅基地上房屋依法转移所有权的，宅基地使用权亦随之转移。

第X+8条【宅基地使用权单独抵押的禁止】（新增条文）

宅基地使用权上不得单独设定抵押权，但可就宅基地上房屋设定抵押权。

因实现抵押权导致宅基地上房屋依法转移所有权的，宅基地使用权一并转移。

1. 条文宗旨

这两条是关于房地一体原则在宅基地使用权制度中的贯彻的规定。

2. 条文说明

（1）在现行土地政策下，福利性是宅基地使用权的重要属性，而且，现行土地政策将在相当长时期内保持稳定。既然宅基地使用权是为保证农村村民居住条件而由农民集体成员基于身份无偿申请取得，那么当农村村民不需要宅基地使用权时，就应将其交还给农民集体。土地是稀缺资源，如允许宅基使用权单独成为市场要素将会损害其他成员（包括农民集体的未来成员）的利益。因此，宅基地使用权不得单独转让这一规定还须坚持。抵押权的实现可能导致宅基地使用权的移转，所以宅基地使用权也不能单独抵押。

（2）现在以及未来一段时期内的农村里，多数情况下房屋的价值要大于宅基地的价值，房屋的财产意义要大于宅基地，法律应保护村民房屋所有权的顺利实现，即在房屋所有权和宅基地使用权不得转让发生冲突时，应优先保护公民的房屋所有权。因此，虽然宅基地使用权不得单独转让（抵押），但当宅基地上房屋被依法转让（抵押）时，宅基地使用权亦随之转让或抵押。

（3）法律不能万全，对意不在房屋而在宅基地使用权的转让、抵押行为（规避法律行为），法律可不作禁止。

（4）因房屋转让带来宅基地使用权转让的问题，同样会影响到农民集体其他成员的合法权益。对此，我们主张通过对一户一宅外的宅基地实行有偿使用政策、一户一宅外的宅基地使用权进行期限限制等（详见以下法条），来最大限度地维护农民集体其他成员的利益。

3. 参考法条

《物权法》第147条；《土地管理法》第63条。

第X+9条【宅基地使用权的流转】（新增条文）

宅基地使用权发生转让、互换、赠与等流转事项的，受让人应为同一农民集体的成员。宅基地使用权流转给本农民集体以外的人员的，应依照我国有关法律法规办理相关手续。

1. 条文宗旨

本条是关于宅基地使用权流转制度的规定。

2. 条文说明

（1）宅基地使用权的流转形式主要包括转让、互换、赠与。

（2）宅基地使用权在农民集体内部可以自由流转。

（3）宅基地使用权流转给本农民集体以外的人员的，应依照我国有关法律法规办理相关手续。这里，相关法律法规只是我们的设想，现在尚未出台。"小产权房"的解决，不是单单一个宅基地使用权制度所能承载的，它需要农村土地制度乃至国家土地制度的整体变革。我们认为，应当适当放开对农村房屋及相关土地使用权流转给本农民集体以外的人员的限制，但其前提是重新理清农村土地所有权、农村宅基地使用权、农村建设用地使用权三者的权能及功能定位。

（4）农村土地所有权、农村建设用地使用权可以作为市场要素参与到土地市场中去（农村土地所有权的买方只能是国家），宅基地使用权依旧保持并专守于其福利性质，不能单独作为完全市场要素进入市场买卖。如宅基地使用权要进入市场，需先经过一定的手续转化为农村建设用地使用权后，方能作为完全市场要素进行买卖。之所以如此，固然有国家土地管理方面的考虑，更为重要的是，宅基地所有权人为农民集体，农民集体成员个人所理应享受的是宅基地之福利，土地市场化的红利则应由农民集体成员共同享有。若任由个人享受宅基地市场化所产生的收益，将在农村产生新一轮的"马太效应"——富有者将会更富有，贫穷者将会更贫穷。举个简单的例子，如果允许农村房屋自由转让给城市居民，最大的受益者为农村里的富有阶层，因为他们有能力在其宅基地上建几层甚至几十层的住房，而将这些房屋转让后其将获得巨额收益，其后又有能力建造更多的住房；贫穷者所能建造的住房可能仅能供自己居住，出于生计的考虑其不能将其转让而获得收益。对他们而言，他们可能永远无法获得宅基地市场化带给他们的好处，反而会因为城市化的进程导致的生活成本的增加而事实上更贫穷。此时，因为个人分享了大部分土地市场化带来的收益，集体的力量也是相对弱小的，也没有能力更好地去帮助农民集体内的“贫穷者”。所以，我们赞同农村土地逐步市场化，农村土地能直接进入一级土地市场，同时我们认为，农村土地市场化过程中的收益，应主要由集体享有而不是某单个的个人。唯有此，才能够避免农村城市化进程中进一步加剧农村的贫富差距，才能够使集体有足够的能力去扶持“贫穷者”，才能够实现“共同富裕”的目标。

第 X+10 条【宅基地的有偿使用】（新增条文）

符合下列情形之一的，农民集体可以对宅基地实行有偿使用制度，宅基地使用权人应当向农民集体交纳相应的有偿使用费：

（一）农户累计拥有的宅基地的面积超过规定标准，就超过部分的宅基地；

（二）非本农民集体成员使用的宅基地。

1. 条文宗旨

本条是关于宅基地有偿使用制度的规定。

2. 条文说明

（1）改革开放以来，随着农村经济的快速发展与城市化和工业化的加速推进，农民建房需求猛增，“空心村”和闲置宅基地、空置住宅等现象大量存在，且有不断加剧的趋势。在保证农村居民基本居住条件，享受到集体福利的前提下，对超过规定标准使用的宅基地、农民集体以外的成员使用的宅基地实行有偿使用制度，一方面能保障农民集体成员使用宅基地的公平性，保护农民集体的利益，另一方面也能促使村民将多占用的宅基地早日交回集体，促进宅基地的合理、高效利用。

（2）宅基地使用权有偿使用制度的宗旨有两个：其一是促使宅基地使用权的有效利用，增加农村住宅闲置的成本；其二是在房屋出让人（原宅基地使用权人）、宅基地所有权主体间建立一种利益分配机制，是农民集体以外的成员占用集体经济资源所作的合理补偿。

（3）实行有偿使用包括两种情况，其一是农民集体内一户累计拥有的宅基地面积超过规定标准，就超过部分的宅基地；其二是非本农民集体成员使用的宅基地。值得注意的是，这里是以宅基地的面积为标准，而不是以宅基地的数量为标准，这样会更公平。

（4）有权收取宅基地使用费的主体是农民集体，而不是土地管理部门，这是农民集体作为农村土地所有权人的地位决定的。

（5）收费标准可由省、市、自治区规定，具体数额由农民集体决定，以不超过宅基地使用权人的承受能力为宜。

3. 参考法规

《泰安市农村村民住宅管理办法》第10条。

第X+11条【实行有偿使用的宅基地使用权的期限】（新增条文）

依照本法第＊＊条的规定实行宅基地有偿使用的，宅基地使用权的期限为30年，自取得宅基地使用权之日起算。

1. 条文宗旨

本条是关于实行有偿使用宅基地使用权的期限的规定。

2. 条文说明

（1）法律之所以能容忍一户多宅、非本农民集体成员取得宅基地，其根本原因在于法律为保护村民房屋所有权的顺利实现，在房屋所有权和农村土地调控政策发生冲突时，优先保护公民的房屋所有权。但依照现有法律，依申请取得的宅基地使用权是无期限的物权，如果一户多宅、非本农民集体成员情况下的宅基地使用权也是无期限的，将会有损其他经济组织成员的利益。虽然我国有关规定对此情况下的“翻建”作了限制，但是实践中很难区分“翻建”和“修葺”的区别，这使得已经脱离农民集体的成员在实践中有长期占用原集体宅基地的可能性。因此我们认为，尽管对公民房屋所有权应优先保护，但是其保护应该是有限度的，我们不能长期地容忍违法土地政策的情况发生。另外，在现有土地政策下，农村宅基地尚真正未进入市场，还未真正成为市场要素，因此即使对宅基地使用权实行有偿使用，使用权人支付的对价也不能完全体现其价值。因此我们初步设想，对实行宅基地有偿使用的，宅基地使用权的期限为30年。

（2）有期限的宅基地使用权仅指本法建议规定的农民集体内一户累计拥有的宅基地面积超过规定标准，就超过部分的宅基地以及非本农民集体成员使用的宅基地。

（3）宅基地使用权的期限为30年，自取得宅基地使用权之日算起。实行宅基地有偿使用的情况都是宅基地使用权的继受取得，在取得宅基地使用权之前，房屋就已经存在一定年限，结合建筑的使用寿命，将其期限定为30年较为适宜。

（4）到期后，宅基地使用权自动消灭，农民集体有权收回宅基地。

第X+12条【符合申请条件的申请人继受取得宅基地使用权】（新增条文）

符合宅基地使用权申请条件的农民集体成员，通过受让、继承等方式取得房屋所有权而获得宅基地的，可以无偿使用并不受期限限制，但应按照本法第＊＊

条的规定办理相关审批手续。

1. 条文宗旨

本条是关于符合宅基地使用权申请条件的农民集体成员继受取得宅基地的权利内容的规定。

2. 条文说明

（1）符合宅基地使用权申请条件的农民集体成员继受取得的宅基地使用权同申请取得的宅基地使用权一样，是无偿并且无期限的。

（2）要享受无偿并无期限的待遇，需要经过相关部门的审批。

第X+13条【宅基地使用权的收回】（新增条文）

符合下列情况之一的，由农民集体审议、决定，经乡（镇）土地行政主管部门审查，县（市）人民政府批准后，可以收回宅基地：

（一）为实施村庄和乡镇规划进行旧村改造需要调整的；

（二）为进行乡村公共设施和公益事业建设需要占用的；

（三）不按照批准的用途使用宅基地或将宅基地闲置，经两次书面警告仍不改正的；

（四）农民集体成员一户一宅之外的宅基地上建筑物损毁、灭失，不适宜居住的，或取得一户一宅之外的宅基地使用权超过30年的；

（五）户口迁出该农民集体，原宅基地未被转让、继承，宅基地上建筑物损毁、灭失已不适宜居住的，或户口迁出该农民集体超过30年的。

由于前款第（一）、（二）项规定的原因收回宅基地的，农民集体应当根据地上附着物的评估价格对原宅基地使用权人给予相应的补偿。因第（四）、（五）规定的原因收回宅基地的，农民集体可以根据地上附着物的评估价格对原宅基地使用权人给予相应的补偿。

1. 条文宗旨

本条是关于宅基地使用权收回的规定。

2. 内容说明

（1）按照我国现有法律规定，宅基地使用权实际上是一种无期限的用益物权。宅基地使用权的无期限性一方面稳定了农民的居住条件，另一方面则可能给农村公共建设以及土地政策的落实带来一定的障碍。因为面对一个无期限而又不需要任何对价的权利，权利人可能没有去合理、谨慎行使它的动力。出于公共利益和土地政策顺利实现的考虑，法律应当允许在一定条件下集体土地所有权人收回宅基地使用权。

（2）十分珍惜、合理利用土地和切实保护耕地是我国的基本土地政策。在此政策要求之下，农村建设规划越来越受到重视。从长远看，按照城镇化和集约用地的要求，集中建设农民新村（即新农村建设）是我国农村住宅建设的一个发展方向（如浙江省嘉兴市宅基地流转试点工作）。在此背景下，法律应规定在“实施村庄和集镇规划进行旧村改造需要调整的宅基地”情况下，农民集体可以收回宅基地。另外，为进行乡村公共设施和公益事业建设需要占用宅基地的，也应当允许农民集体依法收回宅基地。本条第（一）（二）项都是为了集体公共利益的顺利实现而对宅基地使用权的收回。这里，需要注意两点：其一，由于前款第（一）项、第（二）项规定的原因收回宅基地使用权的，农民集体应当根据地上附着物的评估价格对原宅基地使用权人给予相应的补偿；其二，对以上公共利益的事项，在程序上应当依照《物权法》第 59 条等相关法律的规定由集体成员决定。

（3）本条第三项主要包括两种情况：其一为闲置宅基地；其二为将宅基地用作他途，如作商业性开发等。有地方性法规以经过一定期限（如两年）为要件规定了在此情况下宅基地使用权的收回。我们认为，就社会成本而言，规定“两次书面警告”可能要小于规定“一定期限届满”（这是因为在后者情况下，农民集体是被动的，只能等到一定期限届满方能行使收回的权利，到时候可能房子已经建好，此时收回宅基地可能引发社会矛盾），就宅基地使用权人的权益保护而言，规定“两次书面警告”更能给宅基地使用权人改过的机会。

（4）对农村村民一户一宅之外的宅基地，有地方性法规直接规定此种情况下，农民集体有权收回宅基地，而农民集体应按对地上附着物的评估价格对原宅基地使用权人给予适当补偿。对此，我们认为不妥，一方面，对一户一宅之外宅基地强行收回，不利于对公民房屋所有权的保护。在多数情况下，房屋的价值要大于宅基地的价值，放弃对公民房屋所有权的保护去维护宅基地政策，有失偏颇。另外，在合法继承情况下，公民对取得一户一宅之外的住宅，并无半点过错。法律需要做的是通过制度的设计引导公民自愿退出多占有之宅基地，而不是其他。另一方面，在多数农村，由农民集体对宅基地上附着物进行适当补偿是不现实的，农民集体多不具有这个财力。对此，我们建议因法律认可原因而发生一户多宅情况的，法律应保护村民房屋所有权的顺利实现，即在房屋所有权和一户一宅政策发生冲突时，优先保护公民的房屋所有权。但我们不能对一户多宅的情况坐视不管，而应采取政策促使村民自动交回多余的宅基地（如对多余宅基地实行有偿使用政策），在上述鼓励退回宅基地政策不奏效的情况下，法律应规定一定时间经过后，农民集体有权收回宅基地。我们初步建议这个期间为 30 年，是房屋的使用年限同土地政策权衡的结果。

（5）考虑到宅基地使用权关系到农民居民的基本居住权利的保障，因此宅基地使用权的收回除需经农民集体决定外，还需经乡（镇）土地行政主管部门审查、县（市）人民政府批准。收回决定权在农民集体，体现其农村土地集体所有权主体之地位，乡（镇）及县（市）人民政府的批准则是督促农民集体谨慎地行使其权利。

3. 参考法规

《物权法》第59条；《土地管理法》第65条；国务院《关于印发全国土地利用总体规划纲要（2006～2020年）的通知》；中共中央国务院《关于进一步加强土地管理切实保护耕地的通知》；国家土地管理局《关于确定土地所有权和使用权利的若干规定》第52条；国土资源部《关于加强农村宅基地管理的意见》。

第X+14条【《物权法》原第153条建议删除】

说明：修改建议已经将宅基地使用权的取得、行使、转让问题做了较为详细的规定。

第X+15条【《物权法》原第154条建议删除】

说明：建议稿中已经将宅基地灭失的情况作为可申请宅基地的法定原因之一。

五、地役权法条

目　　录

《物权法》第 14 章【本章名称】

"不动产役权"。

【条文宗旨】本章名称，即地役权称谓。

【条文说明】《物权法》第 156 条使用了"不动产"概念，而其后各条规定使用的却全部是"土地"、"供役地"、"需役地"等术语，这样就出现了法律内部的逻辑矛盾问题。另外，从社会实践情况、比较法以及理论研究的角度看，地役权中的“地”已经不能完全适应发展需求，而且还会挤压地役权的适用空间。

第X条【不动产役权的含义】

不动产役权人有权按照合同约定或裁判等其他方式，利用他人的不动产，以为自己利用不动产提供便利或提高效益。

前款所称他人的不动产为供役不动产，自己的不动产为需役不动产。

1. 条文宗旨

本条是关于不动产役权含义的规定。

2. 条文说明

（1）不动产役权客体扩展至不动产的理由如前所述。

（2）在某些场合，不动产役权的设立不但不是为了提高效益，反而是为了精神满足等需要而限制了土地的利用效益，如开发强度。

（3）《意大利民法典》规定的强制不动产役权值得我国借鉴。这不仅是实现理论的圆满自洽的需要，更是实践社会发展的必需。①

3. 参考法例

《物权法》第156条第1款；我国台湾地区“民法”第851条；《意大利民法典》第1031条、第1032条。

第X+1条【不动产役权合同】（内容增补）

设立不动产役权，当事人应当采取书面形式订立不动产役权合同。

不动产役权合同一般包括下列条款：

（一）当事人的姓名或者名称和住所；

（二）供役不动产和需役不动产的位置；

（三）利用目的和方法；

（四）利用期限；

（五）费用及其支付方式；

（六）违约责任；

（七）解决争议的方法。

1. 条文宗旨

本条是关于不动产役权合同内容的规定。

---

① 其实在《物权法》的制定过程中，就有学者提出了这方面的完善建议。参见薛军：《地役权和居住权研究》，《中外法学》2006年第1期。

2. 条文说明

（1）从本条的性质看，本条第一款为强行性规定，类似与《合同法》第10条第2款第1句。第2款各项的规定明显是对《合同法》第12条的照搬。但本条并未规定“违约责任”一项。[①] 鉴于不动产役权登记改对抗主义为生效主义，在当事人未登记时，以此合同作为解决争议的重要依据；同时，考虑到本条与《合同法》第12条保持一致性。

（2）第2款第7项则是“解决争议的方法”，似无必要。合同法之所以做此规定，是因为意思自治在合同中的空间与效力表现得最为充分，而对物权的保护物权法已经做了明确、详尽的规定。

3. 参考法例

《物权法》第157条；《合同法》第10条、第12条。

第X+2条【不动产役权登记】

不动产役权设立经依法登记，发生效力。未办理登记的，不影响不动产役权合同法的效力。

1. 条文宗旨

本条是关于不动产役权登记效力的规定。

2. 条文说明

（1）本条采纳登记对抗主义模式，会产生以下问题：第一，不动产役权作为物权，其效力完全系于当事人的约定，必将使得以物权构造实现权利人稳定有保障地利用他人土地增进自己土地利用效率的立法目的落空。这是因为不动产役权模式除了上述作用外，与债权性利用模式无异。[②] 第二，虽然物权法没有以法律的形式规定不动产役权的分类，但不同类型的不动产役权表现形式不一，如非表见的不动产役权，如果又没有在登记簿中记载，对第三人的侵害行为甚至是供役不动产权利人的违约行为都会无能为力。第三，威胁交易安全。对供役不动产权利人转让其不动产时，对方当事人极易受到隐瞒；而不动产役权的从属性也将荡然无存。此外，如果采用登记对抗主义，在不动产役权未登记时，在法律效果上与债权性质的土地利用关系在实践中难以区分，从而徒增困扰。

（2）根据《物权法》第6条、第9条的规定，我国对不动产的变动采用登

① 这种情况如果是立法者有意为之的话，可能与不动产役权设定合同的特殊性有关。因为在当事人一方违约时，任一方当事人都可以根据其所享有的物权进行自力救济或公力救济；而且合同的效力与不动产役权的效力是相互独立的，这在不动产役权登记后更是如此。

② 这也有别于土地承包经营权设定所采用的登记对抗主义模式。权利的存续状态是表见的，有发包人的界定，土地行政管理部门都做了登记造册，法律也明确规定了土地承包经营权证的颁发。

记生效主义，本条采用了登记对抗主义模式。并且本条规定不能理解为第9条中的“法律另有规定的除外”，因为同一部法律中，较为准确的用语是“本法另有规定的除外”。

3. 参考法例

《物权法》第158条；《德国民法典》第873条。①

第X+3条【供役不动产权利人的义务】

供役不动产权利人应当按照合同约定，允许不动产役权人利用其不动产，不得妨害其行使权利；在必要时，应提供协助。

1. 条文宗旨

本条是对供役不动产权利人的义务的规定。

2. 条文说明

这是对容忍义务的表述。由于不动产役权的内容极为多样，无法一一列举，为保证不动产役权设立目的之顺利实现，法律应要求供役不动产权利人提供协助。

3. 参考法例

《物权法》第159条；我国台湾地区“民法”第851条；《葡萄牙民法典》第1568条第1款第1句。

第X+4条【不动产役权的行使】

不动产役权人应当按照合同约定的利用目的和方法利用供役不动产，尽量减少对供役不动产权利人行使权利的限制。

1. 条文宗旨

本条是关于不动产役权行使的最小损害原则的规定。

2. 条文说明

这主要是对诚实信用原则的贯彻：一来，“对供役不动产权利人物权的限制”这一不适当的表述无端限制了供役不动产权利人对土地的利用方式；二来，不动产役权合同当事人是平等的，不动产役权人既有义务以最小损害方式行使权利，同时也有权利获得保障其设定不动产役权目的的实现所必需之手段、条件；三

① 本条采行登记要件主义。而在不动产役权的相关规定中没有就此作出特别的另外规定。

来，这是事物内在逻辑之使然。[1]

3. 参考法例

《物权法》第160条；《德国民法典》第1020条；《葡萄牙民法典》第1565条；《意大利民法典》第1065条。

第X+5条【不动产役权期限】

不动产役权的期限由当事人约定，但不得超过土地承包经营权、建设用地使用权、宅基地使用权等用益物权的剩余期限。

1. 条文宗旨

本条是关于不动产役权存续期限的规定。

2. 条文说明

（1）不动产役权依附于土地等不动产，因而原则上得为永久存续。大陆法系主要国家民法并未就不动产役权的期限进行规定。但考虑到我国之土地公有制，因而有必要定有期限。

（2）虽然法律对宅基地使用权的期限没有作出明确规定，但其作为一种用益物权自应有期限，而且现行土地管理法的规定又并未绝对禁止宅基地使用权的有限流动，再考虑到宅基地使用权制度变革趋势，应做上述修改。本条原有规定如果有意把宅基地使用权排除在外既有违逻辑也不合现实需求；反之，如果是立法疏忽，从解释论的角度，应作目的性扩张，在条文中的“等”字上做文章。

3. 参考法例

《物权法》第161条、第144条；《农村土地承包法》第20条，《土地管理法》第14条，《物权法》第126条，《中华人民共和国城镇国有土地使用权出让和转让暂行条例》第12条。

第X+6条【不动产役权之设立的从属性】

不动产所有权人享有或者负担不动产役权的，设立土地承包经营权、建设用地使用权、宅基地使用权时，该项权利人继续享有或者负担已设立的不动产役权。

1. 条文宗旨

本条是关于不动产役权之设立的从属性的规定。

---

① 如《埃塞俄比亚民法典》（薛军译，中国法制出版社、金桥文化出版香港有限公司2002年版，第258页）第1372条规定：“（1）地役权的存在得导致为享有此等地役权所必需的手段存在。（2）有权从水井汲水的人，得享有通往此等水井的通行权。”

2. 条文说明

（1）由于不动产役权是为提高不动产的利用效益而利用另一宗不动产的权利，因此附属于需役不动产之上的权利，具有从属性，并成为不动产役权的本质特性。

（2）《物权法》第162条没有规定建设用地使用权，应属疏漏，应予填补。

3. 参考法例

《物权法》第162条；《日本民法典》第281条。

第X+7条【不动产役权与其他物权的并存】

在土地上已设立土地承包经营权、建设用地使用权、宅基地使用权等时，后设立的不动产役权影响用益物权人行使权利的，未经用益物权人同意，不得对抗原权利人。

1. 条文宗旨

本条是关于不动产役权与其他物权并存时的处理规则的规定。

2. 条文说明

在土地上已经存在用益物权（不动产役权除外）时，“一刀切”地严格禁止所有权人设立不动产役权是不科学的。一般情况下，之所以作此限制是因为各用益物权都以占有为前提因而难以共存，这是用益物权的性质、特征决定的。但我们也不能绝对化，并且不应忽视不动产役权的特质——部分不动产役权不以占有为权利行使、实现的必要条件，这样不动产役权与其他用益物权就有了共存的空间，如在一块土地上设立土地承包经营权后，还可以就近设立以眺望为权利内容的不动产役权。

3. 参考法例

《物权法》第163条；《德国民法典》第1024条。①

第X+8条【不动产役权之流转的从属性】

不动产役权不得单独转让、抵押。土地承包经营权、建设用地使用权、宅基地使用权等转让或因抵押权实现而转让时，不动产役权一并转让。

1. 条文宗旨

本条是关于不动产役权之流转的从属性的规定。

---

① “在同一土地上，一项地役权与另一项地役权或者其他对土地的使用权竞合，以致这些权利不能同时或者不能充分行使用，而且这些权利的顺位又相同的，各权利人均可以要求按公平裁量原则对权利行使作出符合权利人利益的调整。”本条规定了复数用益物权的竞合，提出了处理用益物权之间关系处理的一般模式。

2. 条文说明

（1）《物权法》第164条是关于不动产役权不可分性的规定。该条的“但书”有欠妥当、科学。这主要可以从以下几个方面加以说明：这可能会造成合同约定与物权法定原则等的冲突；当约定排除了不动产役权的从属性时，不动产役权事实上就已经沦为人役权了，有违不动产役权的本质特性；且与下述各条的规定存在冲突。

（2）考虑到土地承包经营权在当前仍然禁止抵押，今后可能有适度有限放开的可能，删除《物权法》第164条第2句的后半句以回避这个问题，留待以后根据实践发展情况进行解释和新的立法。

（3）《物权法》第164条、第165条没有列举宅基地使用权，有失科学、妥当。

3. 参考法例

《物权法》第164条；我国台湾地区“民法”第853条；《日本民法典》第281条。

第X+9条【不动产役权的不可分性之一】

需役不动产以及需役不动产上的土地承包经营权、建设用地使用权、宅基地使用权等用益物权部分转让时，转让部分涉及不动产役权的，受让人同时享有不动产役权。

1. 条文宗旨

本条是关于不动产役权的不可分性的规定。

2. 条文说明

本条没有列举宅基地使用权，有失科学、妥当。理由同对第161条的修改理由。另外，增加“等用益物权”，主要是与整个条文的表述保持一致。

3. 参考法例

《物权法》第166条；我国台湾地区“民法”第857条。

第X+10条【不动产役权的不可分性之二】

土地承包经营权、宅基地使用权、建设用地使用权等部分转让时，转让部分涉及不动产役权的，不动产役权一并转让，但受让人明确表示放弃的除外。

1. 条文宗旨

本条是对于上一条不动产役权的不可分性的补充规定。

2. 条文说明

（1）《物权法》第166条、第167条的规定在不动产役权没有登记时难以保证供役不动产上用益物权人的交易相对人的利益。因此，这也说明了前述的登记模式修正的正当性。

（2）本条虽然也是对不动产役权不可分性的规定，但与大陆法系国家的规定有所不同：前者是从正面、进行具体规定的，后者一般是从原则的角度加以规定的；前者明确了不动产役权作为物权转让后的对抗效力；而后者一般没有就役权的对抗效力加以规定。

（3）在不动产役权有偿设立时，法律强行规定不动产役权与供役不动产或需役不动产上的物权一体转让/继受，对继受人并不公平，在不动产役权的设立目的是精神利益之享有时更是如此。因为不同主体有不同的精神利益追求，极具主观性，为满足某个人精神需求而设立的不动产役权对另外一个人可能没有价值，甚至是负面的。因此，本条特增加“但书”规定。

3. 参考法例

《物权法》第166条、第167条；我国台湾地区“民法”第853条；《葡萄牙民法典》第1545条。

第X+11条【不动产役权合同解除】

不动产役权人有下列情形之一的，供役不动产权利人有权解除不动产役权合同：

（一）违反法律规定或者合同约定的；

（二）滥用不动产役权的；

（三）有偿利用供役不动产时，约定的付款期间届满后在合理期限内经两次催告未支付费用的；

（四）发生其他致合同目的不能实现的事由的。

供役不动产权利人在解除合同后有权申请注销不动产役权登记。

1. 条文宗旨

本条是关于不动产役权合同解除的规定。

2. 条文说明

（1）在不动产役权经过登记时，不动产役权的消灭并不会随着不动产役权合同的消灭而消灭。因此，加以补正。

（2）《物权法》第168条第1项前后两段的关系在实践中容易引发歧义，因此，加以分解。

（3）由于社会生活情势复杂多端，难以完全列举，故增设兜底条款；不动产役权设立合同也是合同的一种，为节约立法成本，增设转借条。并非所有违反合同约定的行为都会导致不动产役权的消灭。也就是说，解除权的产生与违约程度有关，因此借用合同落空理论，增设第四项事由。

3. 参考法例

《物权法》第168条;《合同法》第94条。

第X+12条【不动产役权的消灭】

发生下列情形之一的,不动产役权消灭:

(一)不动产役权之全部或一部无存续之必要或不堪使用的;

(二)需役不动产灭失的;

(三)不动产役权人放弃的:

(四)不动产役权存续期间届满的。

不动产役权因上述第一项之事由消灭的,供役不动产权利人可以请求法院,就其无存续必要或者不堪使用之部分,宣告该不动产役权消灭。

供役不动产权利人和需役不动产权利人应当申请注销不动产役权登记。

1. 条文宗旨

本条是对不动产役权消灭制度的规定。

2. 条文说明

(1)第X+2条已经对不动产役权登记模式作了修订,因此《物权法》第169条再无实际意义,已属赘文,应予删除。

(2)由于我国只承认意定役权,因此不动产役权设定合同的终止与解除即可认为不动产役权的消灭。但是,在增设新种类的不动产役权后,即有必要统一对不动产役权的消灭作一般规定,故借鉴其他国家和地区立法,增加不动产役权消灭的事由。

3. 参考法例

《物权法》第169条;《葡萄牙民法典》第1571条、第1569条第3、第5项;《意大利民法典》第1074条。

第X+13条【自己役权】

不动产权利人可以在其不动产上为自己设立不动产役权。

1. 条文宗旨

本条是关于所有人役权(自己役权)的规定。

2. 条文说明

从发生频率来看,在社会主义城市土地国有制下,作为不动产主要类型的土地基本上用于建设领域。加之,为了城乡规划的落实以及特殊公益目的的实现,允许土地所有人在土地上设立特殊的"为自己土地设立的不动产役权"

非常必要。[1] 这样做，一是可以满足不动产所有权人的特殊需求，二是减少社会成本，可以避免不动产所有权人受限于法律规定在其不动产上设立用益物权后再行设立不动产役权的大费周章的迂回方式。

3. 参考法例

我国台湾地区“民法”第 859 条之四；《法国民法典》第 686 条；《瑞士民法典》第 733 条。

① 我国台湾地区最新的“民法物权编”修订就专门针对此问题作了积极回应。其第 859－4 条规定：“不动产役权，亦得就自己之不动产设定之。”

六、自留地、自留山使用权法条

目　录

未来民法典的制定，应当有自留地、自留山的一席之地，并需改变该制度领域目前立法简单模糊的局面。我们认为，自留地、自留山使用权在民法特征上的共性大于个性，其不同点主要体现在自留山所承载的公法义务上，而这应当在《森林法》等特别法中予以规定。因此，在民法典中，还是应将自留地和自留山统一规定为宜。我们试图拟出以下条文，供参考：

第X条【自留地、自留山使用权的概念】

自留地、自留山使用权是指农户在农业目的范围内可以永久占有、使用、收益农民集体所有的土地或山地的权利。

1. 条文宗旨

本条是关于自留地、自留山使用权的含义的规定。

2. 条文说明

(1) 自留地、自留山制度在我国法律文本中有所体现，但一直没有定义予以清晰界定，本条旨在明确自留地、自留山使用权的基本概念。

(2) 自留地、自留山使用权的权利内容与土地承包经营权等用益物权在根本上是一致的，但与其相比在法律依据、取得、流转、权能等方面存在现实差别。本条在于明确自留地、自留山使用权的用益物权属性。

(3) 在界定自留地、自留山概念时，我们认为其较承包地最为突出的特点是农户可对该土地或山地永久的占有、使用、收益。故在界定概念时应将这一特点首先表现出来。

3. 参考法律

《物权法》第125条。

第X+1条【自留地、自留山的现状维持原则】

由农户占有、使用的自留地、自留山，农民集体不得再重新划定，也不得随意收回。

对于农民集体已收回或尚未发包的土地、山林，不得作为自留地、自留山予以分配。

1. 条文宗旨

本条是关于自留地、自留山的现状维持原则的规定。

2. 条文说明

(1) 在法律上应当明确农民集体不得再重新划定自留地、自留山，保持自留地、自留山因历史原因所形成的现状，防止承包地、承包山向自留地、自留山转变。

(2) 自留地、自留山系历史原因形成，已被农户经营多年，甚至农民视之为祖辈传下来的祖业，所以维持现状更为符合国情和农民感情。自留地、自留山较之承包地、责任山所占比例较小，不再重新划定是为了维护农村土地利用秩序的稳定。同时，禁止农民集体将未发包的土地、山林作为自留地、自留山予以分配，主要是考虑到自留地、自留山较承包地、承包山限制更少、负担更轻，一旦法律突破自留地、自留山的现状，很可能产生一种将承包地、承包山被收回后作为自留地、自留山予以分配的诱因，这显然不符合法律对自留地、自留山予以规定的目的。

3. 参考政策法规

《农村土地承包法》第27条；国务院1981年7月11日《关于稳定山权林权落实林业生产责任制情况简报》。

第X+2条【自留地、自留山无土地负担原则】

农民集体不得向自留地、自留山使用权人收取、摊派任何费用。

1. 条文宗旨

本条是关于自留地、自留山无土地负担原则的规定。

2. 条文说明

规定这一条即是保留自留地、自留山政策连贯性的需要，也是为了突出其无土地负担的特点，以便与承包地使用权相区分。

3. 参考政策法规

1960年11月3日中共中央发《关于农村人民公社当前政策问题的紧急指示信》第5条；1962年9月27日中共中央《农村人民公社工作条例（修正草案）》（“六十条”第二版本）第41条第2款。

第X+3条【自留地、自留山用途保持原则】

自留地、自留山的使用人应当维持自留地、自留山的农业、林业用途，不得随意改变。

1. 条文宗旨

本条是关于自留地、自留山用途保持原则的规定。

2. 条文说明

（1）自留地、自留山归根结底，仍然是一种农村土地使用权制度，而且目的在于农业和林业用途，因此应当严格限制其转为其他用地。

（2）现实中，利用自留地、自留山进行其他用途如做砖窑、修坟、转为宅基地以及建设用地等情况比较普遍，这种情况违背了划定自留地、自留山的初衷，也不符合国家严格保护耕地的政策。虽然在对自留地、自留山使用权的定义中已明确了“农业目的范围”，但在此处单独予以强调仍有必要。“不得随意改变”表明并不是不能改变，而是应当依照有关土地管理及规划的法律法规，依法改变用途。

3. 参考法规

1981年4月17日国务院《关于制止农村建房侵占耕地的紧急通知》；国务院1982年2月23日发布的《村镇建房用地管理条例》第4条，1983年10月7日上海市人民政府发布的《上海市村镇建房用地管理实施细则（试行）》第3条，第11条，第16条；1981年4月17日国务院《关于制止农村建房侵占耕地的紧急通知》；国务院1982年2月23日发布的《村镇建房用地管理条例》第4条。

第 X +4 条【经营自留地、自留山的收益权】

农户经营自留地、自留山的收益归农户所有，农民集体不得以任何名义截留、分配。

1. 条文宗旨

本条是关于农户经营自留地、自留山的收益归属的规定。

2. 条文说明

虽然对于农民进行农业经营的收益，各种法律法规已经明确了其归属，但为防止上述情形的发生，仍有在法条中强调的必要。

3. 参考法规

1960 年 11 月 3 日中共中央发《关于农村人民公社当前政策问题的紧急指示信》第 5 条。

第 X +5 条【自留地、自留山使用权的流转】

自留地、自留山使用权可以依法出租、转让、互换和抵押；

自留地、自留山使用权依照前款规定流转的，本农民集体成员享有优先权；进行转让和互换的，只能在本农民集体内部进行。

农户出租、转让和互换自留地、自留山使用权的，应当报农民集体备案；自留地、自留山使用权的流转收益归使用权人所有。

使用权人转让自留地、自留山使用权后不得再向农民集体申请自留地、自留山。

1. 条文宗旨

本条是关于自留地、自留山使用权流转的规定。

2. 条文说明

（1）对于自留地、自留山流转的程序，我们建议采用“备案制”，不以农民集体同意为必要，以此区别于承包地。之所以强调转让和互换只能在农民集体内部进行，主要是考虑到自留地、自留山的形成原因，即其与农户身份关系的联系较承包地更强，故对该种流转方式进行了一定的限制。

（2）关于自留地、自留山抵押的问题，《担保法》和一些地方性法规是禁止抵押的，但《物权法》并没有完全禁止，我们认为，对于自留地、自留山应赋予较承包地、承包山更大的自主权，故以其为抵押物标的应当允许。自留地、自留山转让后，不得再重新申请自留地、自留山，主要是从维系自留地、自留山的现状考虑。

3. 参考政策法律

《农村土地承包法》第37条第1款；《担保法》第37条；《物权法》第184条。

第X+6条【自留地、自留山使用权的消灭】

有下列情形下之一的，自留地、自留山使用权消灭：

（一）农民集体依法收回自留地、自留山的；

（二）农户自愿交回的；

（三）因自然灾害、征收等原因导致自留地、自留山灭失的。

自留地、自留山使用权人具有下列情形之一的，农民集体可以收回自留地、自留山使用权：

（一）改变自留地、自留山农业用途，经农民集体责令限期改正，拒不恢复原状的；

（二）农户的家庭成员全部脱离原农民集体的；

（三）农户绝户的。

收回的自留地、自留山可以重新分配，但分配方案应当经该农民集体三分之二以上成员同意。

1. 条文宗旨

本条是关于自留地、自留山使用权消灭的情形以及在法定条件下农民集体收回自留地、自留山的情形的规定。

2. 条文说明

（1）本条第一款规定了自留地、自留山使用权消灭的三种情形，第二款则是对第一款农民集体收回自留地、自留山的进一步解释，只有符合该款所列三种情形的才属于“依法”收回，否则即属违法；对于农户自愿向集体交回自留地、自留山，属于对自己权利的处分，亦是该使用权的应有之意，此处予以了明确；对于第三种情形，对于客体物的灭失，其权利也应一同消灭。

（2）农民集体收回自留地严格控制在法定情形内是因为自留地、自留山与农民紧密联系，故对村集体收回自留地的情形应进行严格规制，而不应扩大其范围。从目前来看，能够被接受且比较合理的情形有三种：一是改变土地用途。二是绝户，因为农村土地经营的主体是农户家庭，故家庭中长辈的去世并不产生自留地继承的问题，只要该农户中还有成员，就享有自留地使用权。只有在绝户的情况下，村集体才有权收回自留地。三是举家搬迁、改变原集体组织成员身份。当农户举家迁出户口，不再是原集体成员时，其当然也无法再享有自留地的使用权，村集体收回自留地也是当然之举。

3. 参考政策法规

《农村土地承包法》第 25 条；1986 年 7 月 24 日吉林省人大常委会通过的《吉林省森林管理条例》第 8 条第（四）项。

第 X +7 条【违法收回自留地、自留山使用权的民事责任】

违法收回自留地、自留山使用权的，应予返还；造成原使用权人损失的，应承担赔偿责任。

1. 条文宗旨

本条是关于违法收回自留地、自留山使用权的法律责任的规定。

2. 条文说明

本条主要规定了违法收回自留地、自留山的两种法律责任，一是返还自留地，二是赔偿损失。《物权法》及《农村土地承包法》规定的侵权责任形式包括停止侵害、返还原物、恢复原状、排除妨害、消除危险、赔偿损失六种，我们认为违法收回自留地、自留山的民事责任应主要是返还和赔偿损失，其他责任形式当然也应当可以依据相关法律予以主张。

3. 参考政策法规

《农村土地承包法》第 54 条。

第 X +8 条【法律适用】

法律对自留地、自留山使用权另有规定的，依照其规定。

1. 条文宗旨

本条是关于自留地、自留山使用权制度与其他制度相衔接的规定。

2. 条文说明

（1）本条为兜底条款，其一，保持法律的开放性；其二，防止法律漏洞。

（2）此条主要考虑的是今后立法对相关制度的完善以及一些特别法上对土地和山林的管制性规定。

3. 参考法规

七、土地征收法条

目　录

（一）民事立法建议

要从根本上完善土地征收制度，应制定单行的“土地征收法”，但本课题组的目标任务是完善相关民事立法，所以此处主要针对《物权法》的有关条文提出立法建议。

第X条［土地征收］

为了公共利益的需要，依照法律规定的权限和程序可以征收除国有土地所有权及担保物权以外的其他任何财产权益。对于被征收人的损失，应当依法给予公正补偿。

土地征收，应当依法向被征收人足额支付土地补偿费、安置补助费、地上附着物和青苗补偿费、营业损失费以及其他一切直接损失和附带性损失费用，安排被征地农民的社会保障费用，保障被征地农民的生活，维护被征地农民的合法权益。对于不能正常利用的残余土地，被征收人可以请求一并征收。

土地征收，申请征收人是国家机关以外的民事主体的，在确保增进公共利益的限度内，可以强制设立建设用地使用权。

征收房屋及其他不动产，应当依法给予拆迁补偿，维护被征收人的合法权益；征收个人住宅的，应当保障被征收人的居住条件。

任何单位和个人不得贪污、挪用、私分、截留、拖欠征收补偿费等费用。

1. 条文宗旨

本条是关于土地征收制度的界定的规定。

2. 条文说明

（1）为了促进土地的合理利用，增进公共利益，保障公共利益事业的顺利进行，规范土地征收行为，防止征收权滥用，保障被征收人的合法权益。

（2）扩大了征收客体范围、确立了公正补偿原则、增列了征地补偿项目、丰富了土地征收方式。

3. 参考条文

《物权法》第42条。

第X+1条［公益目的事业］

可以申请土地征收的事业必须是下列事业之一：

（一）国防军事设施；

（二）国家机关办公设施；

（三）公共交通道路、停车场、汽车终点站；铁道、轨道、索道设施；无轨电车设施；石油、天然气、煤气管道设施；航路标识、水路测量标识；飞机场、航空保安设施。防止滑坡、矸石、山崩设施；

（四）农用道路、水路、海岸堤防、水池、防风林及其他类似设施；土地改良设施；

（五）公共水源，与公共利益有关的河流（含运河）、对于这些河流以治水、排水、用水为目的设置的堤防、护岸、水库、水道、贮水池及其他设施；港湾设施、渔港设施；海岸保全设施；水道事业设施；

（六）气象、海洋状况、洪水及其他类似现象的观测设施或用于通报的设施；无线电测定装置；电气通信设施、设备；广播设备；发电、变电、送电设施；电气产品制备设施、煤气产品制备设施；

（七）消防设施；防水设施；

（八）教育与学术研究设施；职业训练设施；原子能研究所需的设施；核电、核燃料开发所需设施；航空、航天事业开发所需设施；博物馆、图书馆、公益展览馆；养老院、孤儿院、社会救助站等供社会福利之用的设施；公益性医院、诊所、合作医疗机构、疗养院及其他公共医疗机关、防疫检疫机关；火葬场；公益性墓地；废弃物处理设施、公用厕所、下水道事业设施；公园；绿地、广场、运动场及其他供公共之用的设施；

（九）自然环境保护事业；森林等自然资源保护事业；防沙设备或设施；文物古迹及风景名胜区保护事业；

（十）社会保障性住房建设；

（十一）中央及地方批发市场；公益团体设置的市场；屠宰场；烟草专卖所需设施；国家重点扶持的能源建设项目；其他政府兴办的以公益性为限的国家重大经济建设项目；

（十二）以上所列事业所不可缺少的通道、桥梁、铁道、轨道、索道、各种线路、水路、管道、池井、土石的堆放场、材料的放置场、职务上需要常驻的职员的执勤办公室或者宿舍及其他设施；

（十三）法律规定的其他公益事业。

1. 条文宗旨

本条是关于可以征收土地的各项公益目的事业的范围的规定。

2. 条文说明

公益目的事业应采取具体列举与抽象概括相结合的方式予以明确规定。

3. 参考条文

日本《土地征用法》第3条；我国台湾地区“土地征收条例”第3条。

建议：

1. 删除《物权法》第121条

说明：

（1）与第1条衔接。

（2）由于第1条已经扩大了征收客体，所以本条要求删除《物权法》第121条（关于用益物权征收）的规定。

2. 第135条“对国家所有”改为“对国家、集体所有”

说明：

（1）本条的目的是将城乡建设用地使用权并轨。

（2）农村建设用地使用权不能进入一级市场流转，是当前征收弊端产生的一个重要原因，解决之道就是并轨。

3. 增加第136条之二：“土地建设用地使用权的设立，应符合土地管理法、城乡规划法有关土地用途管制和规划的规定。”

说明：

（1）本条的目的是协调不同法律之间的关系，消除法律冲突。

（2）为配合城乡建设用地使用权并轨，应首先修订《土地管理法》与《城乡规划法》，并使《物权法》与之衔接。

4. 删除《物权法》第151条

说明：

（1）本条的目的是使《物权法》内部协调一致。

（2）在《物权法》第135条修改后，原《物权法》第151条就没有存在的价值了。

（二）土地征收立法建议

1. 立法框架

土地征收法可以分为八章：总则、公益事业及其认定、征收程序、征收补偿、撤销征收、紧急征用、法律责任、附则。

在立法框架中，没有就司法救济单独设计，不同诉权可以分别分布在各章涉及纠纷的相关位置。

2. 总则相关条文

下面将总则的相关条文试拟如下：

第X条［立法宗旨］

为了促进土地的合理利用，增进公共利益，保障公共利益事业的顺利进行，规范土地征收行为，防止征收权滥用，保障被征收人的合法权益，根据宪法，制定本法。

1. 条文宗旨

本条是关于土地征收法的立法宗旨的规定。

2. 条文说明

其宗旨主要有三：一是增进公共利益；二是规范征收行为；三是保障被征收人的合法权益。

第X+1条［适用范围］

土地征收，适用本法；本法未规定的，适用其他法律的规定。

本法所称征收，是指国家为了增进公共利益，剥夺或限制权利人财产权益的行为；但权利人未遭受超越容忍限度且不予补偿则显失公平的特别损失的，不构成征收。

本法所称土地征收，是指对以土地为核心的财产权益的征收。

1. 条文宗旨

本条是关于土地征收法的适用范围的规定。

2. 条文说明

必须处理土地征收法与其他法律之间的关系，优先适用土地征收法的规定，对征收和土地征收予以释义。

第X+2条［公益目的原则］

征收必须以增进公共利益为目的。

作为征收目的的公共利益，以重大为限。

征收不得以改善政府或其他公共团体的财政状况为目的。

征收不得以商业利益为目。

本法所称公共利益，是指超越个人利益之上，为不特定的多数人所享有的利益，或者作为国家目的及公共团体目的的利益。国家及公共团体目的须由宪法确定或者依正当法律程序确定。

1. 条文宗旨

本条是关于公益目的原则的规定。

2. 条文说明

增进公共利益，是土地征收的直接的、唯一的目的。

第X+3条［比例原则］

征收以确有必要为限

国家应采取对被征收人利益损害最小的方式，实施征收行为。

被征收的权益必须适于且足以增进公共利益。

1. 条文宗旨

本条是关于征收中的比例原则的规定。

2. 条文说明

最大限度地约束征收机关的权力，使征收行为合理化。

第X+4条［保障被征收人合法权益原则］

征收机关必须充分尊重并保护土地上农民集体所有的合法权益和农民的合法权益，以及与土地相关联的其他合法权益。

国家保障农民的生存权，保障农民与农民集体以及其他利害关系人在征收过程中的知情权、参与权、异议权、批评控告权、救济权。国家保障社会公众的监督权。

被征收人及其他利害关系人有权聘请律师及其他代理人参与征收活动，征收机关应为代理人的活动提供便利。

本法所称征收机关，是指县市以上各级人民政府以及军区以上的军事机关。

1. 条文宗旨

本条是关于保障被征收人合法权益原则的规定。

2. 条文说明

充分保障被征收人的合法权益，是法治、人权的直接要求。

第 X +5 条［正当法律程序原则］

征收机关必须在法律规定的权限内，遵循正当法律程序，实施征收行为。

1. 条文宗旨

本条是关于征收中的正当程序原则的规定。

2. 条文说明

只有正当法律程序，才能有效约束征收机关的权力行使、最大限度地保障被征收人的合法权益。

第 X +6 条［公正补偿原则］

国家必须依法对被征收人的损失给予公正合理的补偿，安排被征地农民的生活。

1. 条文宗旨

本条是关于征收应遵循的公正补偿原则的规定。

2. 条文说明

公正补偿是落实“保障被征收人合法权益原则”的具体的、也是最终的措施。

八、农地社会保障法条

目　录

●《土地管理法》中相关条文的修订建议

第 X 条【土地所有制与集体土地的社会保障功能】（《土地管理法》第 2 条内容增补）

中华人民共和国实行土地的社会主义公有制，即全民所有制和农民集体所有制。

全民所有，即国家所有土地的所有权由国务院代表国家行使。

农民集体所有的土地由本农民集体的成员集体享有所有权；农民集体所有的土地是本集体成员的基本社会保障。

任何单位和个人不得侵占、买卖或者以其他形式非法转让土地所有权。土地的使用权可以依法转让。

国家为了公共利益的需要，可以依法对土地实行征收或者征用并给予土地所有人和使用人公平合理的土地及附着物财产补偿、安置补偿和土地的社会保障利益的补偿。

集体土地的社会保障利益的补偿金专用于农民集体成员各项社会保障基金的建立和缴纳。

1. 条文宗旨

本条是关于土地所有制与集体土地的社会保障功能的规定。

2. 条文说明

集体土地所有权为本农民集体的成员集体所有，不仅具有财产功能，更重要的是对集体成员的社会保障。原法条规定仅仅明确了集体土地的财产所有权属性，但对其社会保障属性未予明确，这导致在土地被征收补偿中只注重财产利益补偿，而忽视社会保障利益的补偿。这不利于集体土地所有权对集体成员社会保障功能的实现，因此，为了依法保障集体土地的社会保障功能的实现，对此应当在法律上作出明确规定。

第 X+1 条【集体建设用地及其社会保障功能的实现】（《土地管理法》新增条文）

非公共利益的建设项目需要使用农民集体土地的，经依法批准，农民集体可以依法将集体建设用地使用权有偿出让给用地单位或者个人或者以集体建设土地使用权出资与其他单位或个人联合开发建设。

农民集体取得的集体建设用地使用权出让金、租金或者投资收益，首先用于本农民集体成员的各项社会保障基金。

非公共利益目的的建设用地不得征收农民集体土地。

1. 条文宗旨

本条是关于集体建设用地及其社会保障功能的规定。

2. 条文说明

按照《土地管理法》第 43 条的规定，任何单位和个人进行建设，需要使用土地的，必须依法申请使用国有土地，从而由国家垄断了建设用地市场，即使建设项目需要使用农民集体土地也必须由国家征收为国有土地，农民集体不得直接将其建设用地进行出让，从而失去土地，失去土地收益，失去社会保障。十七届三中全会的决定已经明确允许城市规划以外的集体建设用地直接进入市场。浙江省从 2010 年元旦起，在全省推广农村集体土地入市，并逐步实现与城市国有土地“同地、同价、同权”。从各地的实践情况看，有些地方的农民集体将本集体土地以作股的方式参与基础设施建设，把各种基础设施项目产生的有长期保证的收益，以股息方式返回集体作为集体成员专门的社保资金。有的集体将本集体土地以租赁方式参与工商业开发，把回收的租金用于建立本集体成员的社会保障。这些都是实现土地社会保障功能的好形式。对此法律上都应当作出明确允许的规定。

• 《物权法》相关条文的修订建议

第X条［土地征收与集体土地社会保障功能实现］（对《物权法》第42条的增补）

在依法规定的公共利益的范围内，依照法律规定的权限和程序可以征收集体所有的土地和单位、个人的房屋及其他不动产。

征收集体所有的土地，应当按照市场价格足额支付土地财产价值补偿、地上附着物和青苗补偿费、人员安置补助费；根据社会经济发展水平确定的标准支付被征土地对集体成员的社会保障利益的补偿，保障被征地农民的生活、就业和各项社会保障的享有。

1. 条文宗旨

本条是关于土地征收补偿应当包括被征地农民集体成员的社会保障利益的规定。

2. 条文说明

在明确了农民集体土地对集体长远的社会保障功能后，理应当明确规定对被征地农民的补偿不仅包括财产利益，而且应当包括社会保障利益的补偿，社会保障利益的补偿标准应当依据社会发展水平确定。

第X+1条【集体所有权行使与集体土地社会保障功能实现】（对《物权法》第60条的增补）

农民集体所有权的行使以增进集体成员的社会保障利益和集体福利为原则，不得损害集体土地对集体成员的社会保障利益。

1. 条文宗旨

本条是关于农民集体所有权行使的原则与增进集体成员的社会保障利益的功能的规定。

2. 条文说明

《物权法》第60条是关于集体所有权行使代表的规定，这些代表如何行使集体所有权应当有指导原则，集体所有权的目的就是实现集体成员的利益，因此应当将增进集体成员的社会保障利益和集体福利作为集体所有权的行使原则。

第 X+2【农地承包经营权及其社会保障功能】（《物权法》第 124 条的增补）

农民集体可以实行家庭承包经营为基础的，统分结合的双层经营体制。

农民集体所有和国家所有由农民集体使用的耕地、林地、草地以及其他用于农业的土地，依法实行承包经营制度。

农民集体成员享有平等地承包本集体土地的权利。农民集体成员对本农民集体土地的土地承包经营权具有基本社会保障，任何单位或个人不得非法剥夺。

1. 条文宗旨

本条是关于土地承包经营权对集体成员的社会保障属性的规定。

2. 条文说明

集体土地所有权是对集体成员的社会保障，在实行承包经营制度的条件下，集体成员实现其土地社会保障的权利形式是承包经营权，因此，保障集体成员承包经营权不受侵害，就保障了集体成员的生活，实现了土地的社会保障功能。

九、农地发展权法条

目　录

第 X 条【农地发展权的含义】（新增条文）

农地发展权，是指权利人改变农村土地现有用途和利用强度等以获得更高土地收益的权利。

1. 条文宗旨

本条是关于农地发展权权利内容的规定。

2. 条文说明

（1）农地发展权是土地发展权的一种，创设农地发展权有助于新时期农地多元化开发利用的需求。

（2）为了实现农地发展权之利益，农地发展权人有权通过改变农地现有用途和利用强度等以获得更高土地收益。

3. 参考法规

第 X+1 条【农地发展权的归属】（新增条文）

除具有下列情形之一外，农地发展权由农村土地所有权人享有：

（一）农村土地所有权人按照约定将农地发展权转让的；

（二）为保护基本农田、历史文化古迹等农地发展权被国家购买的；

（三）土地被征收的。

1. 条文宗旨

本条是关于农地发展权的初始配置的规定。

2. 条文说明

（1）关于农地发展权的归属，当前有三种立法案例，即英国模式、美国模式和法国模式。我国当前虽然没有规定农地发展权制度，但实质上将农地发展权赋予给了国家，即采用了英国模式。

（2）在物权法中，所有权是最全面的物权，就所有权人而言，其拥有的所有物的各种潜在利用方式均内涵于所有权之中。土地作为一种极度稀缺的资源，其潜在用途更是无穷，而相对于不同的利用方式，土地则具有不同的价值，但这些利用方式和价值均蕴藏于土地所有权之中。农地发展权正是农地利用方式多元化的具体表现，故由农地的所有权人——农民集体拥有发展权乃自然之理。因此，在我国，农地发展权归应当归属于土地所有权人。

（3）由于农地发展权是一种财产权，其能够在市场中流转，同时国家基于保护基本农田和历史文化古迹可以购买农地发展权，加之在土地征收后农地发展权将随之移转于国家，故农地发展权归属于农村土地所有权人的情形在实践中可能发生变更。所以，如果本条规定在未出现上述三种情形时，应当推定农村土地所有权人即为农地发展权人。

3. 参考法规

第X+2条【农地发展权行使的限制】（新增条文）

农地发展权人必须严格遵守土地利用总体规划。

1. 条文宗旨

本条是关于农地发展权行使的限制的规定。

2. 条文说明

（1）国家为了保障农村土地资源的合理利用，通过编制土地利用规划，确立土地用途管制制度，使农村土地所有权的行使受到限制，因此，在农村土地所有权之外另行创设农地发展权，以实现农村土地的多元化高效开发变得十分必要。

（2）作为一种财产权，农地发展权必须受到土地利用总体规划和土地用途管制制度的制约。

3. 参考法规

第X+3条【农地发展权的流转】（新增条文）

为合理利用农村土地，农地发展权可以依法采取转让、入股、抵押等方式流转。

1. 条文宗旨

本条是关于农地发展权流转制度的规定。

2. 条文说明

（1）土地是一种资源和生产要素，在社会主义市场经济条件下可以通过合理流动以使资源配置优化，而允许农地发展权在市场中流转，是实现农村土地资源有效配置的重要途径。

（2）农地发展权流转可以采取多种形式，其中主要包括转让、入股、抵押等。农地发展权的转让、入股、抵押等流转方式的内容尽管未在本条中作出明确规定，但鉴于农地发展权是一种财产权，农地发展权的转让、入股、抵押等流转方式的内容可以根据其他法律的规定予以确定。

（3）本条虽然列举了农地发展权的三种流转方式，但在实践中农地发展权的流转方式不能够局限于该三种，一切适合于农地发展权流转的方式均不应加以禁止。

3. 参考法规

《物权法》第128条、第143条；《农村土地承包法》第32条；《农村土地承包经营权流转管理办法》第15条。

第X+4条【农地发展权的国家购买义务】（新增条文）

为保护基本农田、历史文化古迹等农地发展权的行使受到限制的，权利人可以请求国家购买受限制区域的农地发展权。

1. 条文宗旨

本条是关于农地发展权行使受限制时的国家购买义务的规定。

2. 条文说明

（1）农地发展权是一种私权利，为保障农地发展权人享有的该种私权利不受国家的不当干预，有必要在法律中明确规定限制农地发展权行使的理由。在我国，由于保障国家粮食安全和主要农产品供求平衡压力很大，同时保护历史文化古迹以弘扬中华文明也具有重要现实意义，因此，本条明确国家可基于保护基本农田、历史文化古迹及其相类似的原因对农地发展权的行使予以限制。

（2）基于土地用途管制制度的制约，农地发展权人开发利用土地的权利受到限制，致使其仅能够在农地的现有用途的基础上进行利用，从而丧失了改变土地用途、求得更大发展的机会。为了避免农地发展权人因土地用途管制的限制所造成的土地利用价值的较低，在农地发展权人提出请求时，国家有购买受限制区域的农地发展权的义务。

3. 参考法规

附　件

“中国农村土地问题立法研究”
课题调查问卷样本

（第一轮）

2007 年 4 ~ 7 月

亲爱的农民朋友，您好！我们是教育部重点大学中南财经政法大学“中国农村土地法律制度研究中心”的调研员，为了深入了解我国农村土地现状，破解中国农村土地立法难题，特组织本次调查。本次调查为纯学术性质的，希望您能回答我们的问题。谢谢您的真诚合作！（所有问题，请直接在选项（如 A、B 等或□）上画“√”，没有注明“多选”的请“单选”，选“其他”的请注明详细内容）

1. 您认为您的承包地（田）的所有权是谁的？

A. 国家　　B. 乡（镇）集体　　C. 村集体/村民委员会

D. 村小组（生产队）　　E. 个人　　F. 其他________

2. 您觉得农村的承包地（田）的所有权归谁最好？

A. 国家　　B. 乡（镇）集体　　C. 村集体/村民委员会

D. 村小组（生产队）　　E. 个人　　F. 其他________

3. 您承包农地（田）时，是和谁签订的承包合同？

A. 国家　　B. 乡（镇）集体　　C. 村集体/村民委员会

D. 村小组（生产队）　　E. 个人　　F. 其他________

4. 您的承包地（田）是否已经领到了经营权证？

A. 领到了　　B. 没领到　　C. 不知道

5. 你们村是否还有机动地（田）？

A. 有——→主要用于以下哪些用途？

A. 分给村干部耕种，抵作村干部的工资

B. 收入没有入账公开，未用于集体事务开支

C. 承包给他人，收入用于村干部工资、招兵和计划生育等事项的开支

B. 没有，都分给村民了

C. 不知道

6. 您认为对农地（田）的承包期限多长比较合适？

A. 5 年以内　　B. 10 年以内　　C. 30 年以内

D. 50 年以内　　E. 无限

7. 您认为“增人不增地，减人不减地”的农地政策好吗？

A. 好

B. 增人不增地好；减人不减地不好

C. 增人不增地不好；减人不减地好

D. 都不好

8. 在承包期内，您认为在什么情况下发包方应该收回承包地（田）？（可多选）

A. 人口减少　　B. 农地抛荒一年以上

C. 户口迁出　　D. 任何情况下都不得收回

E. 其他

9. 在承包期内，您认为承包地（田）经过什么样的程序可以调整？

A. 发包人决定即可

B. 发包人制定调整方案 + 村民（代表）大会通过

C. 发包人制定调整方案 + 政府批准

D. 发包人制定调整方案 + 村民（代表）大会通过 + 政府批准

E. 其他________

F. 不能调整

10. 如果您想将承包地（田）改造成养鱼池或用来植树（苗）等是否应该经过批准？

A. 应该——→应该经过谁批准呢？

A. 乡（镇）政府　　B. 村书记（村主任）　　C. 村委会

D. 村民小组　　E. 村民（代表）大会　　F. 其他________

G. 不清楚

B. 不应该

11. 近几年中，你们村存在下列现象吗？您见过土地管理等机关或人士到村里来检查吗？（可多选）

	有人来处罚过	有人来但没处罚	没见过
A. 占用耕地建窑、建坟	□	□	□

B. 在耕地上建房	□	□	□
C. 在耕地上挖砂采石采矿取土	□	□	□

D. 没有上述现象发生

12. 你们村里农户使用耕地方面存在下列问题吗？(可多选)

	有，严重	有，不严重
A. 耕地的肥力下降或水土被污染	□	□
B. 农户抛荒耕地	□	□
C. 农户在承包耕地上建房、窑、坟等	□	□
D. 在耕地上挖砂采石采矿取土	□	□
E. 其他________	□	□

F. 没有以上问题

13. 你们村农地（田）流动有哪些方式？这些方式需要办哪些手续？(可多选)

	口头同意	签订合同	通知发包人	经发包人同意	政府批准
A. 转包	□	□	□	□	□
B. 互换	□	□	□	□	□
C. 抵押	□	□	□	□	□
D. 入股	□	□	□	□	□
E. 其他（如买卖）	□	□	□	□	□

F. 没有以上流转方式

14. 您希望承包地（田）通过哪些方式流动？(可多选)

A. 转包　　B. 互换　　C. 入股

D. 抵押　　E. 其他（如买卖）________

F. 不希望承包地流转

15. 您有没有把承包地（田）转包给他人种呢？

A. 有，则——→A. 收钱转包（________元/亩）

B. 贴钱转包（________元/亩）

C. 不收钱也不贴钱转包他人

B. 没有

16. 您会在哪些因素的影响下把自己的承包地（田）流转出去？(可多选)

A. 土地收入不是主要生活来源

B. 法律政策有规定

C. 村（组）的意见

D. 土地流转的收入比较高

E. 其他________

17. 你们家现在有几处宅基地？面积共有多少平方米？

A. 一处，共约________平方米

B. 两处，共约________平方米

C. 三处，共约________平方米

D. 三处以上处，共约________平方米

18. 你们家有没有领到宅基地使用权证（或房产证）？

A. 领到了　　B. 没领到

C. 不清楚　　D. 部分领到，部分没领到

19. 在你们村，根据什么取得宅基地？（可多选）

A. 儿子的数量　　B. 子女的数量

C. 有钱就可以多买　　D. 权力大、地位高的人可以多要

E. 其他________

20. 您认为取得宅基地是否应该缴费？

A. 不应缴纳任何费用　　B. 只应缴少量的手续费

C. 应按买卖宅基地的价格缴费　　D. 不清楚

21. 在你们村，宅基地可以用专门用作建住房以外的经营性用途吗？

A. 可以　　B. 不可以　　C. 不知道

22. 你们村有人将宅基地转给他人使用吗？

A. 有，则——→村民转让宅基地后有没有再申请到宅基地？

A. 有　　B. 没有　　C. 不清楚

B. 没有

23. 你们村的妇女出嫁后，发包方（如村集体）原来分配给她的承包地（田）在承包期内是如何处理的？

A. 在出嫁后户口迁出时由发包方收回

B. 出嫁后无论户口是否迁出均由发包方收回

C. 如果该女孩在婆家村（组）取得承包地，则收回；否则不收回

D. 无论何种情况，由女孩的家人继续承包

E. 其他________

24. 在农地（田）承包期内，娶进的媳妇（包括户口迁入本村的妇女）在你们村会分得承包地（田）吗？

A. 不会，增人不增地，减人不减地

B. 会，村里有机动地

C. 如果其在原来的村承包地未收回，就不分；如果收回，就分

D. 其他________

25. 在农地（田）承包期内，妇女离婚回娘家的，其在婆家村取得的承包地（田）如何处理？

A. 发包方收回

B. 由其前夫继续承包

C. 由该妇女继续承包

D. 如果其在娘家村取得承包地（田）的，就收回。否则，就不收回

E. 其他________

26. 如果村里某位妇女的丈夫不幸去世（该妇女未改嫁），其丈夫的承包地（田）如何处理？

A. 村（组）收回　　B. 由该妇女继续承包

C. 由男方父母/兄弟承包　　D. 其他________

27. 你们村有没有发生过承包地（田）纠纷？

A. 没有发生过

B. 发生过（1）发生纠纷的主要原因有哪些（可多选）

A. 抛荒户返村讨要原承包地

B. 承包地分配不合理

C. 村集体/政府不合理调整土地

D. 农户将承包地进行流转而引发纠纷

E. 征地补偿不合理

F. 其他________

（2）你们村产生承包地纠纷主要是在谁和谁之间？

A. 农户和农户之间

B. 农户和村委会之间

C. 农户和乡镇政府之间

D. 农户和县级及以上人民政府之间

E. 农户和开发商之间

F. 其他________

（3）你们村承包地纠纷一般通过什么方式解决？

A. 双方和解　　B. 村委会调解

C. 到人民法院诉讼　　D. 上访

E. 其他

（4）你认为采用哪种方式解决承包地纠纷最好？

A. 双方和解　　B. 村委会调解

C. 到人民法院诉讼　　D. 上访

E. 其他

28. 你们家现在还在种地（田）吗?

A. 在种地——→因为（可多选）

A. 满足自家生活需要

B. 土地收入很重要

C. 想把土地转让出去，但是没人接受

D. 种地不交税，国家还给补贴

E. 在外面找不到合适的工作

F. 其他________

B. 没有种——→因为（可多选）

A. 种地收入太低，不划算

B. 土地被征收征用

C. 村里实行规模经营

D. 结婚后，夫妻双方都没有承包地（田）

E. 其他________

29. 近五年你们家耕种的承包地（田）在数量上有什么变化?

A. 减少了——→这是因为发生了以下情况（可多选）

A. 人口减少而调整了土地

B. 国家征收征用土地

C. 退耕还林还草

D. 流转给其他人

E. 自然灾害毁损承包地

F. 自家建房

G. 乡村企业或工业开发区占了承包地

H. 村里人口增加，土地数量不变或减少

I. 其他________

B. 增加了——→这是因为发生了以下情况（可多选）

A. 人口增加调整了土地　　B. 转包了别人的土地

C. 开荒　　D. 为亲戚朋友代耕

E. 其他________

C. 没有变化

30. 你们村外出打工、经商的农民有没有因为农业税减免回来种地（田）的?

A. 没有

B. 不清楚

C. 有——→则村委会如何处理对外出打工、经商的农民回乡要地或耕地的现象?

A. 支持他们重新耕作他们抛荒的土地或转包于他人的土地

B. 不支持他们重新耕作他们抛荒的土地或转包于他人的土地

C. 不理会他们要求重新耕作他们抛荒的土地或转包于他人的土地

D. 不支持他们要求重新分配更多土地的申请

E. 其他________

F. 不清楚

31. 你们村是否存在农地(田)被征收的情况?

A. 不存在

B. 不知道

C. 存在——→(1)土地被征收后,被征地农户主要的生活来源是什么?

A. 补偿费

B. 打工/经商

C. 务农(转包或分配机动地等)

D. 政府安排工作

E. 没有生活来源

F. 其他________

(2)土地被征收后,发放过征地补偿款吗?

A. 没发过

B. 不知道

C. 发放过——→征地补偿款是如何分配的?

A. 按人口——→已出嫁,户口仍在本村的妇女会分得征地补偿款吗?

A. 分　　B. 不分　　C. 不知道

B. 按被征用土地的数量

C. 按人口和土地

D. 不知道

32. 你们村有没有农户完全丧失农地(田)的情况?

A. 有——→(1)导致农户失去农地(田)的主要原因是什么呢?

A. 退耕还林(湖、牧等)

B. 集中(规模)经营

C. 国家、集体建设占地

D. 农户自建住房

E. 其他________

(2) 不是因为自己的原因失去农地(田)的农户是怎样解决生活问题的?

A. 政府补偿

B. 政府安排工作

C. 依靠失地保险

D. 自己打工/经商或转包别人的土地

E. 其他________

F. 没有经济来源

B. 没有

C. 不清楚

33. 你认为需要建立以下制度吗?(可多选)

	农民失地保险	农村医疗保险	农民养老保险
A. 需要	□	□	□
B. 不需要	□	□	□
C. 无所谓	□	□	□

34. 你认为建立以下制度应该如何筹集资金(可多选)

	农民失地保险	农村医疗保险	农民养老保险
A. 由农户出钱	□	□	□
B. 由国家、集体和个人共同出钱建立	□	□	□
C. 由集体出钱建立	□	□	□
D. 由国家出钱建立	□	□	□
E. 其他途径________	________	________	________

35. 农业税取消后,你们村的村办学校、村建道路等村公益事业有人管(理)吗?

A. 有——→ (1) 谁在管(理)这些村公益事业?

A. 乡(镇)　　B. 村委会/村集体

C. 村民小组(生产队)　　D. 其他________

(2) 村公益事业的经费是由谁出资的?(可多选)

A. 政府

B. 村委会/村集体

C. 农民集资

D. 政府、集体和个人共同出资

E. 其他________

(3) 你认为村公益事业应当由谁出资管 (理)?(可多选)

A. 政府

B. 村委会/村集体

C. 农民集资

D. 政府、集体和个人共同出资

E. 其他________

B. 没有

C. 不清楚

________省________市________县 (区) ________乡 (镇) ________村

2007 年________月________日

被调查者性别________ 年龄________ 调研员姓名________

(注意:调研员务必仔细检查问卷所有问题答案,确保问卷有效,并完整保存问卷原件!)

“中国农村土地问题立法研究”课题访谈提纲样本（第一轮）

说明：未标明访问对象的为问农户的问题。调研组可根据本组具体情况进行分类和整体调研，也可在完成此提纲后另设问题调研。

1. 农村土地承包经营权流转方式问题

（1）你们村是否存在农村土地承包经营权入股问题？效果如何？有什么不足之处？

（2）你认为是否应当允许农村土地承包经营权抵押？理由是什么？

（3）反包倒租是否存在？有什么看法？还有没有其他流转方式？其基本情况是什么？

（4）你们村进行过“四荒地”承包吗？若有，其与农地承包有什么不同？

2. 农地承包经营权流转存在的问题

（1）农地流转中存在哪些问题？

（2）农地流转与农村经济、农村人口向城镇流动、社会保障制度、农地流转的收益等问题有什么联系？

3. 承包地纠纷问题

（1）签订农地承包经营合同以后，双方违约情况是什么样的情况？

（2）承包地纠纷是否得到了较好的解决？为什么？

4. 宅基地问题

（1）村民间一般是在什么情况下发生宅基地纠纷？如何解决？

（2）宅基地能否与房屋一起出租、抵押以获得资金？

（3）村里是否存在多占、超占宅基地的情况？你认为应当如何处理？对村中长期闲置和房屋长期无人居住的宅基地如何处理？

5. 妇女权益保护问题

在你们村，妇女的承包经营权是否得到了有效的保护？有哪些保护措施？受侵害的情况如何？

你们村妇女担任了哪些村干部？村干部是如何产生的，有没有对妇女进行照顾，是如何照顾的？

6. 问村干部

现在农地制度存在什么问题？土地制度会向哪个方向变化？你是怎么处理自己和村民之间的关系的？村里的水利、公路、教育等是如何管理的？你对你们村今后的发展持什么态度（乐观还是悲观）？你认为在新农村建设中政府应该做些什么？

7. 问法官

当前农村土地纠纷的案件特点是什么？诉讼程序在解决纠纷上有哪些不足？具体的意见和解决纠纷的建议。

“中国农村土地问题立法研究”课题调查问卷样本（第二轮）

说明：为准确深入了解党的十七届三中全会关于农村土地问题的政策对土地承包经营权流转、宅基地使用权流转的影响，以及实践中自留地（山）使用权和集体土地所有权实现等相关问题，考察农户对上述农村土地立法的主观意愿和期待，本课题组决定再次组织田野调查，希望通过收集素材，以便提出相应的解决农村土地问题的立法和政策新建议。本次问卷调查以无记名方式进行，希望各位农户在您选定的（一个或者多个）选项上打“√”。谢谢支持！

1. 党中央在去年（2008 年）底召开的一次重要会议（十七届三中全会）上，对承包地（田）流转规定了一些新政策，您知道吗？（单选）

A. 知道　　B. 不知道

2. 你们村承包地（田）流转有哪些方式？（可多选）

A. 转包　　B. 出租

C. 抵押　　D. 转让（买卖）

E. 互换　　F. 其他（请注明）________

3. 今后您希望承包地（田）流转采用哪些方式？（可多选）

A. 转包　　B. 出租

C. 抵押　　D. 转让（买卖）

E. 互换　　F. 其他（请注明）________

4. 您有没有把承包地（田）流转给他人种呢？（单选）

A. 有——→a. 收钱流转（________元/亩）

b. 贴钱流转（________元/亩）（请现场追问贴钱理由并注明________）

c. 不收钱也不贴钱流转他人（请现场追问原因并注明________）

B. 没有

5. 您主要是从哪里获得承包地（田）流转信息的？（可多选）

A. 政府　　　　　　B. 村委会

C. 中介机构　　　　D. 其他（请注明）________

6. 您认为由谁提供承包地（田）流转的信息比较好？（可多选）

A. 政府　　　　　　B. 村委会

C. 中介机构　　　　D. 其他（请注明）

7. 您会在什么情况下把承包地（田）流转出去？（可多选）

A. 种田收益不是主要收入来源

B. 流转收益比较高

C. 自己家里没人种

D. 土地太少，自己种不划算

E. 其他（请注明）________

8. 接收流转的承包地（田）后，您有什么打算？（单选）

A. 维持现状

B. 有些后悔

C. 有信心扩大规模

D. 现在还没有接收流转的承包地（田）

E. 其他（请注明）________

9. 您认为承包地（田）流转时办什么手续既方便又安全？（单选）

A. 签订合同 + 政府登记

B. 签订合同 + 村委会同意

C. 签订合同 + 通知村委会

D. 只需要签订（口头）合同

E. 其他（请注明）________

10. 你们村的承包地（田）流转给村外人时，需要办手续吗？（单选）

A. 不需要办任何手续

B. 要办手续——→需要办什么手续呢？（单选）

a. 要经村委会同意

b. 要经乡镇政府（或农业部门）同意

c. 告诉村委会就行了（通知）

d. 其他（请注明）________

C. 不清楚

11. 你们村承包地（田）流转如果发生纠纷，通常如何解决？（可多选）

A. 自己协商（和解）　　B. 村委会调解

C. 通过仲裁　　　　D. 到法院起诉
E. 上访　　　　　　F. 其他（请注明）________

12. 你们村承包地（田）流转后，原来种地劳力的主要去向如何？（可多选）

A. 外出打工、经商　　B. 在家打工、经商
C. 闲着　　　　　　　D. 其他（请注明）________

13. 你们村承包地（田）流转出去后，对原有的劳力就业问题，当地（县乡）政府有什么安排吗？（单选）

A. 做了一些安排——→具体措施主要有哪些？（可多选）
a. 劳动力培训
b. 就业信息提供
c. 联系就业单位、地区
d. 维护外出务工农民的合法权益
e. 其他（请注明）________

B. 没做什么安排——→您认为政府主要应作些什么安排？（可多选）
a. 劳动力培训
b. 就业信息提供
c. 联系就业单位、地区
d. 维护外出务工农民的合法权益
e. 其他（请注明）________

C. 不清楚

14. 你们村有没有农户将宅基地（或住房）转让给城镇人？（单选）

A. 有　　　　B. 没有　　　　C. 不清楚

15. 您认为是否应当允许农户把宅基地（或住房）转让给城镇人？（单选）

A. 应当允许　　　　B. 不应当允许　　　　C. 无所谓

16. 如果允许农户把宅基地（或住房）转让给城镇人，您认为应当具备下列哪些条件？（可多选）

A. 不需要任何条件，农户只要愿意就可以
B. 农户全家迁入县城（城市），转为非农业户口
C. 在房屋继承中，遗产分割后房屋所有人具有非农业户口或者不属于本村村民
D. 农户全家成为其他村村民
E. 其他（请注明）________

17. 如果农户无偿获得宅基地，其住宅面积超过村民平均数（或国家规定的标准），转让宅基地时所得到的转让费，您认为哪一种分配方式最合理？（单选）

A. 根据具体情况将转让费中适当部分交给村集体留作村里办事用

B. 根据具体情况将转让费中适当部分交给国家

C. 完全应由出让农户全部获得

D. 其他（请注明）________

18. 农户转让宅基地（或住房）后，您认为是否还应该允许其再申请？（单选）

A. 不应该

B. 应该

C. 只要交钱就应允许

D. 只有在下面情况下才应该允许（请注明）________

19. 你们村（农户）有自留地（山）吗？（单选）

A. 没有

B. 有——→（1）您认为你们村的自留地（山）归谁所有？（单选）

a. 村集体（村委会）

b. 村民小组（生产队）

c. 国家

d. 个人

e. 其他（请注明）________

（2）你们村的自留地是怎么分配的？（单选）

a. 按人口

b. 按户

c. 按劳力

d. 其他（包括没分配。请注明）________

（3）你们村的自留地（山）主要用于种什么？（可多选）

a. 种蔬菜

b. 种（果）树、竹木

c. 闲置撂荒

d. 其他（请注明）________

（4）你们村的自留地（山）有哪些流转方式？（可多选）

a. 转包

b. 转让

c. 出租

d. 其他（包括没有流转。请注明）________

（5）在减免农业税前你们村的自留地（山）与承包地相比在经营方面有什么不同？（可多选）

a. 不用缴农业税

b. 不用缴“三提五统”

c. 不能进行调整

d. 政府一直没管

e. 从来没有登记过，也没有发证

f. 其他（包括没有什么不同。请注明）________

20. 您认为目前的农村集体经济组织最好采用哪种形式？（单选）

A. 可以不变，保持村委会（或村小组）的形式

B. 单独设立合作社

C. 单独设立股份合作社

D. 单独设立公司

E. 其他（请注明）________

21. 您认为强大的农村集体经济组织可以在本村发挥哪些作用？（可多选）

A. 加强道路、水利、饮用水等公益事业建设

B. 改善农村文化、环境卫生设施

C. 保障农村社会稳定和减少社会治安纠纷

D. 适当补贴失地、无地的成员（农民）

E. 投资村办企业

F. 保障集体组织管理人员管理费的发放

G. 适当为成员（农民）提供社保经费

H. 其他（请注明）________

22. 壮大农村集体经济组织的途径您认为应该主要有哪些？（可多选）

A. 财政转移支付

B. 村办企业利润

C. 一定比例的耕地承包费

D. 一定比例的宅基地使用权转让费

E. 农村集体建设用地使用权转让费

F. “一事一议”的出资

G. 其他（请注明）________

23. 农村集体经济组织的经费您认为应当主要用于本村哪些方面？（可多选）

A. 加强道路、水利、饮用水等公益事业建设

B. 改善农村文化、环境卫生设施

C. 保障农村社会稳定和减少社会治安纠纷

D. 适当补贴失地、无地成员

E. 投资村办企业

F. 保障集体组织管理人员管理费的发放

G. 适当为成员（农民）提供社保经费

H. 其他（请注明）________

24. 您认为农村集体组织为用于上述（第23题各选项）方面而收取一定的耕地承包费、宅基地使用权转让费等费用，采取哪一种方式最好？（单选）

A. 村民（代表）大会决定

B. 村民委员会决定

C. 村支书（村主任）决定

D. 乡镇政府决定

E. 其他（请注明）________

调查地点：________省________县________乡（镇）________村

调查员（签名）：________调查时间：________

“中国农村土地问题立法研究”课题访谈提纲样本（第二轮）

1. 您认为当前关于土地承包经营权流转的政策和法律规范有什么不足？需要如何完善？

2. 在您们村导致土地承包经营权流转纠纷的原因主要有哪些？

3. 您认为国家政策法律关于当前的宅基地分配、使用和流转的规定是否公平合理？您有什么改进的建议？

4. 你们村自留地（山）的分配和管理有什么不足？您有什么改进的建议？

5. 您认为村集体或村小组在当前发挥了什么作用？您希望村集体或村小组应发挥什么作用？

6. 当前你们村（乡镇）在解决土地承包经营权纠纷时采用仲裁方式吗？您如何评价农村土地承包经营纠纷仲裁这种争议解决方式？

注：第一，每村至少有两份访谈，并请记录后注明地点、时间，由访谈人签名提交。

第二，如有时间，可主动另提一些与本次调研四大方面相关的问题，同前做好记录后提交。

附　录

教育部哲学社会科学研究重大项目攻关课题“农村土地问题立法研究”第一轮调查数据汇总

1. 您认为您的承包地（田）的所有权是谁的？												
	1－四川	2－贵州	3－河南	4－山东	5－广东	6－江苏	7－山西	8－黑龙江	9－湖北	10－湖南	11－全国	
	176	181	178	178	181	180	180	181	181	183	1 799	
A. 国家	64.20	53.04	58.43	42.70	14.92	3.33	38.33	41.99	49.72	53.01	41.91	
B. 乡（镇）集体	6.25	4.42	3.93	3.93	1.10	0.00	2.78	2.21	9.94	1.09	3.56	
C. 村集体/村民委员会	7.95	14.92	19.10	37.64	76.24	66.11	23.89	19.89	16.57	13.11	29.57	
D. 村小组（生产队）	3.41	2.76	6.74	6.74	4.97	22.78	1.11	1.10	6.8	6.56	6.23	
E. 个人	16.48	20.99	11.80	8.99	2.76	7.78	31.67	32.60	16.57	26.23	17.62	
F. 其他	1.14	3.31	0.00	0.00	0.00	0.00	1.67	1.10	1.10	0.00	0.83	
2. 您觉得农村的承包地（田）的所有权归谁最好？												
	1－四川	2－贵州	3－河南	4－山东	5－广东	6－江苏	7－山西	8－黑龙江	9－湖北	10－湖南	11－全国	
A. 国家	31.25	31.49	34.83	23.60	5.52	3.33	11.67	12.71	29.28	28.96	21.23	
B. 乡（镇）集体	1.14	0.55	2.25	4.49	0.00	0.00	1.67	1.10	3.31	0.55	1.50	
C. 村集体/村民委员会	6.82	8.29	19.66	42.13	39.78	63.33	16.11	13.26	4.97	7.65	22.18	
D. 村小组（生产队）	3.98	4.45	6.18	2.25	2.21	25.56	1.11	2.21	0.00	2.73	5.06	
E. 个人	50.00	49.17	35.96	25.28	51.38	7.78	65.00	67.40	57.46	54.10	46.41	
F. 其他	5.11	4.42	1.12	1.12	1.10	0.00	3.89	2.21	4.42	4.92	2.83	

续表

3. 您承包农地（田）时，是和谁签订的承包合同？												
	1 - 四川	2 - 贵州	3 - 河南	4 - 山东	5 - 广东	6 - 江苏	7 - 山西	8 - 黑龙江	9 - 湖北	10 - 湖南	11 - 全国	
A. 国家	3.41	10.50	12.36	3.37	1.10	0.00	5.56	2.21	2.21	6.01	4.67	
B. 乡（镇）集体	11.36	12.71	11.24	7.30	1.10	0.00	5.00	3.87	3.31	7.10	6.28	
C. 村集体/村民委员会	27.84	38.12	44.38	78.65	92.27	44.44	83.89	83.43	73.48	18.03	58.48	
D. 村小组（生产队）	25.00	4.97	25.38	6.18	4.97	55.56	3.33	2.21	14.92	34.43	17.68	
E. 个人	1.70	2.76	1.12	1.12	0.55	0.00	1.11	1.66	0.00	0.00	1.00	
F. 其他	29.55	29.28	4.49	2.25	0.00	0.00	0.00	5.52	6.08	33.33	11.06	
4. 您的承包地（田）是否已经领到了经营权证？												
	1 - 四川	2 - 贵州	3 - 河南	4 - 山东	5 - 广东	6 - 江苏	7 - 山西	8 - 黑龙江	9 - 湖北	10 - 湖南	11 - 全国	
A. 领到了	60.80	74.59	59.55	66.29	17.13	96.67	82.78	97.79	85.64	58.47	69.98	
B. 没领到	32.39	14.92	22.47	15.17	80.66	1.67	11.67	1.66	8.84	36.07	22.57	
C. 不知道	5.68	9.94	17.42	14.61	1.66	0.00	3.89	0.55	3.87	4.37	6.17	
5. 你们村是否还有机动地（田）？												
	1 - 四川	2 - 贵州	3 - 河南	4 - 山东	5 - 广东	6 - 江苏	7 - 山西	8 - 黑龙江	9 - 湖北	10 - 湖南	11 - 全国	

续表

A. 有	21.02	16.02	30.34	23.03	8.84	21.11	31.11	72.38	12.71	24.04	26.07	
	主要用于以下哪些用途？											
		1 - 四川	2 - 贵州	3 - 河南	4 - 山东	5 - 广东	6 - 江苏	7 - 山西	8 - 黑龙江	9 - 湖北	10 - 湖南	11 - 全国
	A. 分给村干部耕种，抵作村干部的工资	0.00	3.45	5.56	4.88	31.25	0.00	1.71	0.00	0.00	0.00	3.62
	B. 收入没有入账公开，未用于集体事务开支	18.92	41.38	3.70	7.32	6.25	0.00	14.29	9.92	8.70	4.55	10.66
	C. 承包给他人，收入用于村干部工资、招兵和计划生育等事项的开支	78.38	44.83	85.19	85.37	62.50	100.00	66.07	58.02	69.57	59.09	69.51
B. 没有	70.45	70.72	48.88	64.61	85.64	68.33	53.33	25.41	85.08	73.22	64.59	
C. 不知道	6.25	9.94	16.85	5.62	4.42	9.44	13.89	1.66	2.21	2.19	7.23	
6. 您认为对农地（田）的承包期限多长比较合适？												
	1 - 四川	2 - 贵州	3 - 河南	4 - 山东	5 - 广东	6 - 江苏	7 - 山西	8 - 黑龙江	9 - 湖北	10 - 湖南	11 - 全国	
A. 5 年以内	9.66	6.08	24.72	19.66	1.42	14.44	4.44	1.7.68	20.99	20.22	14.23	
B. 10 年以内	14.77	8.84	23.60	37.08	24.86	32.22	8.33	24.86	26.52	24.04	22.51	
C. 30 年以内	27.27	12.15	29.21	35.40	45.30	49.44	32.78	28.73	25.41	26.23	31.24	
D. 50 年以内	1.14	13.26	5.06	6.74	19.89	3.03	13.33	11.60	4.97	4.37	8.39	

续表

E. 无限	43.18	53.04	10.67	0.00	4.97	0.00	38.33	17.13	17.68	23.50	20.84	
7. 您认为“增人不增地，减人不减地”的农地政策好吗？											
	1－四川	2－贵州	3－河南	4－山东	5－广东	6－江苏	7－山西	8－黑龙江	9－湖北	10－湖南	11－全国	
A. 好	33.52	44.20	7.30	23.03	37.02	16.11	25.56	17.68	26.52	27.87	25.90	
B. 增人不增地好；减人不减地不好	2.27	5.52	2.25	3.93	38.67	5.00	3.8/9	1.10	2.21	2.73	6.78	
C. 增人不增地不好；减人不减地好	1.84	6.63	17.42	16.85	14.92	11.67	7.78	1.10	2.76	7.10	8.89	
D. 都不好	59.66	41.99	69.66	52.81	7.18	66.11	61.67	79.56	61.33	60.66	56.03	
8. 在承包期内，您认为在什么情况下发包方应该收回承包地（田）？（可多选）											
	1－四川	2－贵州	3－河南	4－山东	5－广东	6－江苏	7－山西	8－黑龙江	9－湖北	10－湖南	11－全国	
A. 人口减少	69.89	37.57	67.42	48.88	4.42	43.89	37.22	74.59	28.73	49.18	46.08	
B. 农地抛荒一年以上	59.09	54.70	38.76	53.93	32.04	13.33	40.00	70.72	29.28	32.24	42.36	
C. 户口迁出	85.80	65.19	77.53	67.98	77.35	68.89	63.33	81.77	58.01	48.09	69.32	

续表

D. 任何情况下都不得收回	8.52	17.68	8.99	9.55	1.10	7.78	17.22	0.55	23.20	38.25	13.34	
E. 其他	1.14	5.52	0.00	0.56	2.21	0.00	5.00	2.76	10.50	2.73	3.06	
9. 在承包期内，您认为承包地（田）经过什么样的程序可以调整？												
	1－四川	2－贵州	3－河南	4－山东	5－广东	16－江苏	7－山西	8－黑龙江	9－湖北	10－湖南	11－全国	
A. 发包人决定即可	2.84	1.66	6.18	2.25	6.63	0.00	5.00	1.10	4.97	7.65	3.84	
B. 发包人制定调整方案＋村民（代表）大会通过	20.45	11.05	42.13	34.27	35.91	65.56	26.67	19.34	55.25	38.80	34.96	
C. 发包人制定调整方案＋政府批准	2.84	3.87	5.06	2.81	15.47	0.00	8.33	2.76	7.18	6.56	5.50	
D. 发包人制定调整方案＋村民（代表）大会通过＋政府批准	63.64	60.77	35.96	55.62	40.88	8.89	33.33	57.46	9.36	22.95	38.80	
E. 其他	6.25	14.36	8.43	0.00	0.55	24.44	2.22	8.84	11.60	10.93	8.78	
F. 不能调整	3.98	7.18	2.25	3.37	0.55	1.11	23.89	10.50	11.05	12.57	7.67	
10. 如果您想将承包地（田）改造成养鱼池或用来植树（苗）等是否应该经过批准？												

续表

	1－四川	2－贵州	3－河南	4－山东	5－广东	6－江苏	7－山西	8－黑龙江	9－湖北	10－湖南	11－全国	
A. 应该	27.84	60.77	75.28	85.96	29.28	97.78	55.56	92.82	41.44	25.14	59.14	
	应该经过谁批准呢？											
		1－四川	2－贵州	3－河南	4－山东	5－广东	6－江苏	7－山西	8－黑龙江	9－湖北	10－湖南	11－全国
	A. 乡（镇）政府	44.90	53.64	25.37	38.56	15.09	2.84	39.00	48.21	17.33	26.09	31.20
	B. 村书记（村主任）	0.00	1.82	4.48	2.61	26.42	5.68	4.00	0.60	0.00	4.35	4.04
	C. 村委会	42.86	28.18	24.63	29.41	16.98	74.43	38.00	16.67	45.33	21.74	35.71
	D. 村民小组	4.08	6.36	5.22	0.65	7.55	14.20	0.00	0.00	18.67	13.04	6.20
	E. 村民（代表）大会	0.00	6.36	20.15	24.18	32.08	0.00	6.00	8.33	0.00	2.17	10.24
	F. 其他	4.08	2.73	5.97	0.00	0.00	0.00	6.00	17.26	5.33	19.57	5.73
	G. 不清楚	0.00	0.91	14.18	3.92	0.00	2.84	2.00	4.17	6.67	8.70	4.61
B. 不应该	71.02	36.46	23.03	12.92	69.06	1.67	43.89	7.18	51.38	73.77	39.08	
11. 近几年中，你们村存在下列现象吗？您见过土地管理等机关或人士到村里来检查吗？（可多选）												
	1－四川	2－贵州	3－河南	4－山东	5－广东	6－江苏	7－山西	8－黑龙江	9－湖北	10－湖南	11 全国	
A. 占用耕地建窑、建坟	20.45	32.60	40.45	25.84	7.18	1.11	45.56	6.08	8.29	23.50	21.07	
		1－四川	2－贵州	3－河南	4－山东	5－广东	6－江苏	7－山西	8－黑龙江	9－湖北	10－湖南	11－全国

续表

	A. 有人来处罚过	38.89	38.98	12.50	54.35	7.69	100.00	15.85	45.45	26.67	4.65	25.86
	B. 有人来但没处罚	33.33	22.03	11.11	10.87	15.38	0.00	12.20	0.00	13.33	25.58	16.62
	C. 没见过有人来检查	27.78	38.98	75.00	34.78	76.92	0.00	69.51	45.46	46.67	60.47	58.44
B. 在耕地上建房	25.57	68.51	30.90	26.97	8.29	24.44	42.78	3.87	13.26	43.17	28.79	
		1 - 四川	2 - 贵州	3 - 河南	4 - 山东	5 - 广东	6 - 江苏	7 - 山西	8 - 黑龙江	9 - 湖北	10 - 湖南	11 - 全国
	A. 有人来处罚过	53.33	41.13	14.55	66.67	33.33	77.27	24.68	14.29	25.00	13.92	36.87
	B. 有人来但没处罚	20.00	17.74	7.27	14.58	20.00	0.00	12.99	14.29	33.33	13.92	14.48
	C. 没见过有人来检查	26.67	37.90	78.18	16.67	46.67	20.45	61.04	57.14	37.50	55.70	44.40
C. 在耕地上挖砂采石采矿取土	2.27	19.89	32.02	21.91	7.73	2.78	34.44	1.10	3.31	15.30	14.06	
		1 - 四川	2 - 贵州	3 - 河南	4 - 山东	5 - 广东	6 - 江苏	7 - 山西	8 - 黑龙江	9 - 湖北	10 - 湖南	11 - 全国
	A. 有人来处罚过	25.00	41.67	5.26	61.54	14.29	60.00	24.19	100.00	33.33	3.57	26.88
	B. 有人来但没处罚	0.00	5.56	10.53	12.82	21.43	0.00	3.23	0.00	33.33	0.00	7.91
	C. 没见过有人来检查	50.00	52.78	78.95	25.64	64.29	20.00	72.58	0.00	33.33	85.71	62.06
D. 没有上述现象发生	60.23	18.78	50.00	56.74	91.16	74.44	40.00	87.29	84.53	51.91	61.53	
12. 你们村里农户使用耕地方面存在下列问题吗？（可多选）												
	1 - 四川	2 - 贵州	3 - 河南	4 - 山东	5 - 广东	6 - 江苏	7 - 山西	8 - 黑龙江	9 - 湖北	10 - 湖南	11 - 全国	

续表

A. 耕地的肥力下降或水土被污染	72.73	51.93	36.52	32.58	5.52	17.78	60.56	58.01	27.07	52.46	41.47	
		1－四川	2－贵州	3－河南	4－山东	5－广东	6－江苏	7－山西	8－黑龙江	9－湖北	10－湖南	11－全国
	A. 严重	71.09	58.51	43.08	34.48	0.00	0.00	42.20	33.33	63.27	41.67	46.38
	B. 不严重	27.34	40.43	56.92	65.52	100.00	100.00	55.05	61.90	36.73	56.25	51.88
B. 农户抛荒耕地	15.34	23.20	13.48	7.30	4.42	2.22	42.78	0.00	12.71	32.24	15.40	
		1－四川	2－贵州	3－河南	4－山东	5－广东	6－江苏	7－山西	8－黑龙江	9－湖北	10－湖南	11－全国
	A. 严重	7.41	14.29	8.33	0.00	25.00	25.00	14.29	0.00	4.35	22.03	13.72
	B. 不严重	92.59	85.71	91.67	100.00	75.00	75.00	85.71	0.00	95.65	74.58	85.56
C. 农户在承包耕地上建房、窑、坟等	14.20	48.07	30.34	19.66	3.31	17.22	47.22	3.31	11.60	24.59	21.96	
		1－四川	2－贵州	3－河南	4－山东	5－广东	6－江苏	7－山西	8－黑龙江	9－湖北	10－湖南	11－全国
	A. 严重	40.00	24.14	9.26	22.86	0.00	0.00	11.76	0.00	4.76	4.44	14.43
	B. 不严重	60.00	75.86	87.04	77.14	100.00	100.00	83.53	100.00	76.19	95.56	83.04
D. 在耕地上挖砂采石采矿取土	1.70	10.50	19.66	10.11	3.31	2.22	30.00	0.00	3.87	1.09	8.23	
		1－四川	2－贵州	3－河南	4－山东	5－广东	6－江苏	7－山西	8－黑龙江	9－湖北	10－湖南	11－全国
	A. 严重	33.33	15.79	5.71	22.22	0.00	0.00	7.41	0.00	0.00	0.00	9.46
	B. 不严重	66.67	84.21	94.29	77.78	100.00	100.00	88.89	0.00	57.14	100.00	87.16
E. 其他	2.84	1.66	0.00	0.56	1.10	0.00	11.10	4.97	1.66	1.64	1.56	

续表

		1－四川	2－贵州	3－河南	4－山东	5－广东	6－江苏	7－山西	8－黑龙江	9－湖北	10－湖南	11－全国
	A. 严重	80.00	66.67	0.00	100.00	0.00	0.00	50.00	0.00	0.00	0.00	28.57
	B. 不严重	20.00	0.00	0.00	0.00	100.00	0.00	50.00	33.33	0.00	33.33	28.57
F. 没有以上问题	17.05	19.89	41.01	50.00	91.71	68.33	20.00	38.12	59.12	24.59	43.02	
13. 你们村农地（田）流动有哪些方式？这些方式需要办哪些手续？（可多选）												
	1－四川	2－贵州	3－河南	4－山东	5－广东	6－江苏	7－山西	8－黑龙江	9－湖北	10－湖南	11－全国	
A. 转包	81.25	83.98	67.42	51.69	67.96	93.33	76.67	97.24	87.29	88.52	79.60	
		1－四川	2－贵州	3－河南	4－山东	5－广东	6－江苏	7－山西	8－黑龙江	9－湖北	10－湖南	11－全国
	A. 口头同意	72.73	72.37	85.00	60.87	39.02	39.88	82.61	30.68	89.24	91.36	65.92
	B. 签订合同	19.58	19.08	10.00	23.91	59.35	59.52	15.94	75.00	2.53	0.62	29.54
	C. 通知发包人	0.70	0.66	0.83	2.17	50.41	0.60	5.07	21.59	1.90	0.00	8.10
	D. 经发包人同意	4.90	4.61	3.33	16.30	10.57	0.00	3.62	22.73	0.63	1.23	6.56
	E. 政府批准	1.40	3.29	1.67	9.78	2.44	0.00	1.45	2.84	0.63	0.00	2.03
B. 互换	40.34	46.96	50.56	19.10	63.54	42.78	63.89	40.88	54.70	37.16	46.03	
		1－四川	2－贵州	3－河南	4－山东	5－广东	6－江苏	7－山西	8－黑龙江	9－湖北	10－湖南	11－全国
	A. 口头同意	90.14	83.53	84.44	73.53	30.43	90.91	86.09	75.68	94.95	86.76	78.38
	B. 签订合同	1.41	14.12	10.00	8.82	67.83	9.09	12.17	33.78	0.00	1.47	18.12

续表

	C. 通知发包人	2.82	0.00	2.22	0.00	52.17	0.00	3.48	0.00	0.00	0.00	8.21
	D. 经发包人同意	5.63	1.18	1.11	11.76	11.30	0.00	3.48	10.81	0.00	0.00	4.23
	E. 政府批准	0.00	3.31	1.11	5.88	1.74	0.00	0.00	1.35	0.00	0.00	0.85
C. 抵押	0.00	3.31	7.30	1.12	2.76	0.00	5.56	22.10	0.55	1.09	4.39	
		1－四川	2－贵州	3－河南	4－山东	5－广东	6－江苏	7－山西	8－黑龙江	9－湖北	10－湖南	11－全国
	A. 口头同意	0.00	16.67	15.38	0.00	20.00	0.00	50.00	12.50	0.00	0.00	17.72
	B. 签订合同	0.00	50.00	0.00	0.00	60.00	0.00	30.00	80.00	0.00	0.00	51.90
	C. 通知发包人	0.00	16.67	46.15	0.00	20.00	0.00	10.00	2.50	0.00	0.00	12.66
	D. 经发包人同意	0.00	0.00	30.77	0.00	0.00	0.00	0.00	0.00	0.00	0.00	5.06
	E. 政府批准	0.00	16.67	7.69	100.00	40.00	0.00	10.00	0.00	0.00	0.00	8.86
D. 入股	0.00	4.42	6.18	1.69	64.09	0.00	2.78	4.42	1.10	0.00	8.50	
		1－四川	2－贵州	3－河南	4－山东	5－广东	6－江苏	7－山西	8－黑龙江	9－湖北	10－湖南	11－全国
	A. 口头同意	0.00	37.50	9.09	0.00	25.00	0.00	40.00	0.00	0.00	0.00	23.53
	B. 签订合同	0.00	50.00	72.73	33.33	72.41	0.00	40.00	75.00	0.00	0.00	68.63
	C. 通知发包人	0.00	0.00	0.00	33.33	55.17	0.00	0.00	0.00	0.00	0.00	42.48
	D. 经发包人同意	0.00	0.00	18.18	0.00	12.07	0.00	20.00	25.00	0.00	0.00	12.42
	E. 政府批准	0.00	12.50	9.09	33.33	3.45	0.00	0.00	0.00	0.00	0.00	4.58
E. 其他（如买卖）	3.41	8.84	1.12	0.56	1.10	0.00	8.33	8.29	2.76	1.09	3.56	
		1－四川	2－贵州	3－河南	4－山东	5－广东	6－江苏	7－山西	8－黑龙江	9－湖北	10－湖南	11－全国
	A. 口头同意	16.67	18.75	50.00	0.00	0.00	0.00	46.67	0.00	0.00	50.00	20.31

续表

	B. 签订合同	0.00	25.00	0.00	0.00	100.00	0.00	46.67	46.67	0.00	0.00	31.25
	C. 通知发包人	0.00	6.25	0.00	0.00	0.00	0.00	0.00	0.00	0.00	50.00	3.12
	D. 经发包人同意	0.00	25.00	0.00	0.00	0.00	0.00	6.67	20.00	40.00	0.00	15.62
	E. 政府批准	16.67	18.75	50.00	100.00	0.00	0.00	0.00	13.33	20.00	0.00	14.06
F. 没有以上流转方式	11.93	8.29	27.53	39.89	30.09	6.67	11.11	0.00	8.29	7.65	15.12	
14. 您希望承包地（田）通过哪些方式流动？（可多选）												
	1－四川	2－贵州	3－河南	4－山东	5－广东	6－江苏	7－山西	8－黑龙江	9－湖北	10－湖南	11－全国	
A. 转包	5.52	18.78	54.70	50.28	32.04	92.22	45.56	82.32	82.87	54.64	61.37	
B. 互换	32.95	34.81	45.51	27.53	50.28	55.00	43.33	38.67	48.62	25.68	40.24	
C. 入股	39.77	35.91	9.55	14.04	54.70	7.22	21.67	46.96	9.94	11.48	25.13	
D. 抵押	9.66	14.36	0.56	2.81	18.78	5.00	16.11	40.33	6.63	21.31	13.62	
E. 其他（如买卖）	15.34	6.08	1.12	1.69	5.52	0.00	8.33	17.13	13.81	2.73	7.17	
F. 不希望承包地流转	23.30	32.04	28.09	28.65	23.76	0.00	36.11	7.73	6.63	26.78	21.29	
15. 您有没有把承包地（田）转包给他人种呢？												
	1－四川	2－贵州	3－河南	4－山东	5－广东	6－江苏	7－山西	8－黑龙江	9－湖北	10－湖南	11－全国	
A. 有	16.48	22.65	15.17	19.10	0.00	4.67	17.78	29.28	23.20	44.26	23.01	

续表

		1 - 四川	2 - 贵州	3 - 河南	4 - 山东	5 - 广东	6 - 江苏	7 - 山西	8 - 黑龙江	9 - 湖北	10 - 湖南	11 - 全国
	A. 收钱转包	48.28	65.85	62.96	47.06	0.00	100.00	37.50	86.79	47.62	22.22	59.18
	B. 贴钱转包	3.45	0.00	0.00	0.00	0.00	0.00	0.00	3.77	2.38	2.47	1.45
	C. 不收钱也不贴钱转包他人	34.48	29.27	37.04	50.00	0.00	0.00	50.00	1.89	45.24	65.43	33.33
B. 没有	81.25	75.14	83.15	77.53	95.58	57.22	80.00	69.61	76.24	53.55	74.87	
16. 您会在哪些因素的影响下把自己的承包地（田）流转出去？（可多选）												
	1 - 四川	2 - 贵州	3 - 河南	4 - 山东	5 - 广东	6 - 江苏	7 - 山西	8 - 黑龙江	9 - 湖北	10 - 湖南	11 - 全国	
A. 土地收入不是主要生活来源	25.00	28.18	48.88	56.18	38.67	27.78	46.11	65.19	59.12	50.27	44.58	
B. 法律政策有规定	23.30	27.07	31.46	26.97	48.62	22.25	31.11	14.92	19.89	3.83	24.90	
C. 村（组）的意见	8.52	12.15	11.24	10.67	25.41	0.00	1.11	1.66	5.52	0.00	7.62	
D. 土地流转的收入比较高	47.73	26.52	29.21	14.61	43.65	93.33	17.22	39.78	22.65	15.85	35.02	
E. 其他	23.30	35.91	6.18	11.24	1.66	3.33	26.11	22.65	23.76	43.72	19.84	
17. 你们家现在有几处宅基地？面积共有多少平方米？												

续表

	1 - 四川	2 - 贵州	3 - 河南	4 - 山东	5 - 广东	6 - 江苏	7 - 山西	8 - 黑龙江	9 - 湖北	10 - 湖南	11 - 全国	
A. 一处	86.36	89.50	92.70	83.71	93.37	96.67	82.78	96.13	90.06	89.62	90.11	
B. 两处	9.06	8.29	5.62	12.92	5.52	3.33	13.33	2.76	8.84	8.20	7.78	
C. 三处	3.41	0.55	0.00	2.25	1.10	0.00	0.00	0.55	0.00	0.55	0.83	
D. 三处以上	0.00	0.00	1.12	0.56	0.00	0.00	1.67	0.55	0.00	0.55	0.44	
18. 你们家有没有领到宅基地使用权证（或房产证）?												
	1 - 四川	2 - 贵州	3 - 河南	4 - 山东	5 - 广东	6 - 江苏	7 - 山西	8 - 黑龙江	9 - 湖北	10 - 湖南	11 - 全国	
A. 领到了	73.30	65.75	73.60	76.97	20.99	96.11	82.22	99.45	61.33	75.96	72.54	
B. 没领到	18.18	26.52	15.17	12.92	56.35	0.00	13.33	0.55	30.94	13.66	18.79	
C. 不清楚	3.41	3.31	8.43	5.06	20.99	2.22	1.67	0.00	3.87	5.46	5.45	
D. 部分领到，部分没领到	2.27	2.76	1.69	3.37	1.66	0.00	1.67	0.00	2.76	3.28	1.95	
19. 在你们村，根据什么取得宅基地?（可多选）												
	1 - 四川	2 - 贵州	3 - 河南	4 - 山东	5 - 广东	6 - 江苏	7 - 山西	8 - 黑龙江	9 - 湖北	10 - 湖南	11 - 全国	
A. 儿子的数量	3.98	4.97	79.78	73.03	4.97	21.11	27.78	11.05	28.73	6.56	26.07	
B. 子女的数量	23.86	18.78	10.67	19.10	72.38	7.22	31.67	22.10	30.94	3.83	24.07	
C. 有钱就可以多买	11.93	40.33	14.04	7.30	5.52	0.00	15.00	7.73	10.50	28.42	14.12	

续表

D. 权力大、地位高的人可以多要	2.84	4.97	12.36	3.93	14.92	1.11	6.67	1.10	1.66	2.19	5.17	
E. 其他	56.82	34.25	6.18	2.81	7.73	71.11	30.56	60.22	35.36	58.47	36.41	
20. 您认为取得宅基地是否应该缴费？												
	1－四川	2－贵州	3－河南	4－山东	5－广东	6－江苏	7－山西	8－黑龙江	9－湖北	10－湖南	11－全国	
A. 不应缴纳任何费用	32.95	28.18	32.58	39.33	21.55	74.44	27.22	29.83	48.07	32.79	36.69	
B. 只应缴少量的手续费	53.98	60.22	53.98	46.63	72.38	16.67	57.22	55.25	30.94	36.61	48.36	
C. 按买卖宅基地的价格												
D. 不清楚	0.00	0.00	0.00	0.00	0.00	0.00	0.00	0.00	0.00	0.00	0.00	
21. 在你们村，宅基地可以用专门用作建住房以外的经营性用途吗？												
	1－四川	2－贵州	3－河南	4－山东	5－广东	6－江苏	7－山西	8－黑龙江	9－湖北	10－湖南	11－全国	
A. 可以	51.70	46.96	10.11	26.97	3.87	33.33	42.78	54.14	55.25	54.64	38.02	
B. 不可以	34.09	30.39	62.92	58.43	62.43	42.22	41.11	37.02	32.04	32.79	43.30	
C. 不知道	9.66	18.78	26.40	12.36	33.15	23.89	12.78	7.18	8.29	10.38	16.29	

续表

22. 你们村有人将宅基地转给他人使用吗？												
	1－四川	2－贵州	3－河南	4－山东	5－广东	6－江苏	7－山西	8－黑龙江	9－湖北	10－湖南	11－全国	
A. 有	26.14	45.86	31.46	38.20	2.21	48.89	51.67	51.93	27.62	39.34	36.35	
	村民转让宅基地后有没有再申请到宅基地？											
		1－四川	2－贵州	3－河南	4－山东	5－广东	6－江苏	7－山西	8－黑龙江	9－湖北	10－湖南	11－全国
	A. 有	32.61	46.99	33.93	20.59	25.00	0.00	35.48	32.98	24.00	40.28	29.51
	B. 没有	45.65	31.33	26.79	55.88	50.00	70.45	50.54	54.26	36.00	43.06	47.55
	C. 不清楚	19.57	20.48	37.50	22.06	25.00	29.55	9.68	8.51	32.00	12.50	20.03
B. 没有	71.02	51.93	67.42	61.24	97.24	50.26	47.22	46.96	71.27	60.11	62.84	
23. 你们村的妇女出嫁后，发包方（如村集体）原来分配给她的承包地（田）在承包期内是如何处理的？												
	1－四川	2－贵州	3－河南	4－山东	5－广东	6－江苏	7－山西	8－黑龙江	9－湖北	10－湖南	11－全国	
A. 在出嫁后户口迁出时由发包方收回	34.66	1.66	49.44	24.72	0.00	7.78	3.33	8.29	12.71	10.93	15.23	
B. 出嫁后无论户口是否迁出均由发包方收回	0.57	1.66	11.80	12.36	0.00	1.11	0.56	1.10	0.00	16.94	4.61	

续表

C. 如果该女孩在婆家村（组）取得承包地，则收回；否则不收回	0.57	2.76	10.11	6.74	0.55	48.89	3.89	15.47	1.10	0.55	9.06	
D. 无论何种情况，由女孩的家人继续承包	57.95	83.43	24.16	50.56	98.34	5.00	88.89	53.04	69.06	53.55	58.48	
E. 其他	5.68	9.94	4.49	3.93	1.10	37.22	1.11	20.44	16.57	16.39	11.73	
24. 在农地（田）承包期内，娶进的媳妇（包括户口迁入本村的妇女）在你们村会分得承包地（田）吗？												
	1－四川	2－贵州	3－河南	4－山东	5－广东	6－江苏	7－山西	8－黑龙江	9－湖北	10－湖南	11－全国	
A. 不会，增人不增地，减人不减地	60.23	96.69	32.02	38.20	97.24	40.00	91.11	85.64	66.30	58.47	66.70	
B. 会，村里有机动地	8.52	0.00	38.76	28.09	0.55	3.89	3.33	0.00	4.42	9.84	9.67	
C. 如果其在原来的村承包地未收回，就不分；如果收回，就分	3.98	1.10	17.42	20.22	0.55	49.44	0.56	4.42	0.55	1.09	9.89	
D. 其他	26.70	1.66	11.80	11.24	0.55	6.67	4.44	6.63	28.18	28.96	12.67	

续表

25. 在农地（田）承包期内，妇女离婚回娘家的，其在婆家村取得的承包地（田）如何处理？											
	1-四川	2-贵州	3-河南	4-山东	5-广东	6-江苏	7-山西	8-黑龙江	9-湖北	10-湖南	11-全国
A. 发包方收回	5.11	1.10	43.82	29.78	0.00	0.56	1.11	3.31	3.87	18.03	10.62
B. 由其前夫继续承包	46.59	69.61	28.65	42.13	97.79	54.44	66.11	1.66	57.46	61.75	52.70
C. 由该妇女继续承包	28.98	16.02	8.43	7.30	0.55	6.11	14.44	62.98	9.94	1.09	15.56
D. 如果其在娘家村取得承包地（田）的，就收回。否则，就不收回	2.27	1.10	9.55	10.67	0.00	38.89	3.89	6.08	2.21	0.55	7.50
E. 其他	15.91	9.94	8.43	7.87	1.66	0.00	12.22	21.55	25.97	18.58	12.23
26. 如果村里某位妇女的丈夫不幸去世（该妇女未改嫁），其丈夫的承包地（田）如何处理？											
	1-四川	2-贵州	3-河南	4-山东	5-广东	6-江苏	7-山西	8-黑龙江	9-湖北	10-湖南	11-全国
A. 村（组）收回	21.59	0.00	38.76	29.21	0.00	0.00	0.00	0.00	4.97	16.54	11.06
B. 由该妇女继续承包	73.86	91.71	56.18	60.11	97.79	92.22	96.11	98.34	89.50	68.85	82.55
C. 由男方父母/兄弟承包	0.57	4.97	0.56	1.12	0.55	0.00	0.56	0.00	0.55	0.55	0.94

续表

D. 其他	3.41	2.21	4.49	8.99	1.66	3.89	2.22	1.66	4.42		4.61	
27. 你们村有没有发生过承包地（田）纠纷？												
	1－四川	2－贵州	3－河南	4－山东	5－广东	6－江苏	7－山西	8－黑龙江	9－湖北	10－湖南	11－全国	
A. 没有发生过	56.82	65.19	76.40	72.47	62.98	73.33	68.89	37.02	60.77	56.83	63.04	
B. 发生过	42.05	30.94	22.47	25.28	37.02	26.11	29.44	62.98	29.23	41.53	35.74	
	（1）发生纠纷的主要原因有哪些（可多选）											
		1－四川	2－贵州	3－河南	4－山东	5－广东	6－江苏	7－山西	8－黑龙江	9－湖北	10－湖南	11－全国
	A. 抛荒户返村讨要原承包地	6.76	12.50	7.50	11.11	1.49	4.26	0.00	7.89	12.68	0.00	6.38
	B. 承包地分配不合理	14.86	14.29	60.00	31.11	73.13	12.77	28.30	9.65	54.93	50.00	33.44
	C. 村集体/政府不合理调整土地	14.86	8.93	17.50	6.67	11.94	4.26	0.00	7.02	21.13	6.58	9.95
	D. 农户将承包地进行流转而引发纠纷	9.46	32.14	22.50	51.11	0.00	82.98	11.32	13.16	9.86	2.63	19.60
	E. 征地补偿不合理	23.42	21.43	5.00	8.89	20.90	6.38	9.43	0.00	8.45	3.95	10.42
	F. 其他	41.59	39.29	10.00	8.89	1.49	0.00	54.72	76.32	29.58	39.47	35.61
	（2）你们村产生承包地纠纷主要是在谁和谁之间？											

续表

		1-四川	2-贵州	3-河南	4-山东	5-广东	6-江苏	7-山西	8-黑龙江	9-湖北	10-湖南	11-全国
	A. 农户和农户之间	40.54	69.64	32.50	46.67	23.88	80.85	86.79	85.96	61.97	71.05	62.05
	B. 农户和村委会之间	32.43	10.71	67.50	35.56	61.19	19.15	7.55	2.63	33.80	19.74	26.28
	C. 农户和乡镇政府之间	13.51	14.29	0.00	2.22	0.00	0.00	0.00	0.00	0.00	1.32	3.11
	D. 农户和县级及以上人民政府之间	1.35	5.36	0.00	0.00	0.00	0.00	0.00	0.00	0.00	0.00	0.62
	E. 农户和开发商之间	8.11	0.00	0.00	11.11	8.96	0.00	3.77	0.00	0.00	0.00	2.95
	F. 其他	0.00	0.00	0.00	2.22	0.00	0.00	0.00	0.00	4.23	7.89	1.56
	(3) 你们村承包地纠纷一般通过什么方式解决?											
		1-四川	2-贵州	3-河南	4-山东	5-广东	6-江苏	7-山西	8-黑龙江	9-湖北	10-湖南	11-全国
	A. 双方和解	6.76	37.50	25.00	4.44	52.24	38.30	13.21	2.63	23.94	6.58	19.13
	B. 村委会调解	60.81	53.57	60.00	84.44	38.81	61.70	75.47	82.46	70.42	73.68	67.19
	C. 到人民法院诉讼	1.35	1.79	5.00	2.22	0.00	0.00	0.00	0.88	0.00	1.32	1.09
	D. 上访	2.70	0.00	5.00	0.00	7.46	0.00	1.89	0.00	0.00	0.00	1.56
	E. 其他	20.27	7.14	5.00	4.44	0.00	0.00	5.66	0.00	4.23	17.11	6.53
	(4) 你认为采用哪种方式解决承包地纠纷最好?											
		1-四川	2-贵州	3-河南	4-山东	5-广东	6-江苏	7-山西	8-黑龙江	9-湖北	10-湖南	11-全国

续表

	A. 双方和解	29.73	64.29	17.50	17.78	41.79	63.83	28.30	8.77	29.58	21.05	30.02
	B. 村委会调解	33.78	23.21	77.50	68.89	25.37	36.17	52.83	84.21	60.56	63.16	54.28
	C. 到人民法院诉讼	13.51	5.36	2.50	6.67	20.90	0.00	9.43	1.75	4.23	1.32	6.53
	D. 上访	0.00	0.00	0.00	0.00	7.46	0.00	3.77	0.00	0.00	2.83	1.40
	E. 其他	14.86	5.36	0.00	2.22	0.00	0.00	0.00	0.00	4.23	3.95	3.27
28. 你们家现在还在种地（田）吗？												
	1－四川	2－贵州	3－河南	4－山东	5－广东	6－江苏	7－山西	8－黑龙江	9－湖北	10－湖南	11－全国	
A. 在种地	88.07	95.03	93.82	82.58	53.59	68.33	95.00	88.40	91.71	89.62	84.60	
		1－四川	2－贵州	3－河南	4－山东	5－广东	6－江苏	7－山西	8－黑龙江	9－湖北	10－湖南	11－全国
	A. 满足自家生活需要	87.74	93.02	91.62	82.99	90.72	91.06	75.44	45.00	77.11	65.24	79.30
	B. 土地收入很重要	61.94	51.16	47.90	30.61	8.25	76.42	40.35	70.00	43.37	54.88	49.54
	C. 想把土地转让出去，但是没人接受	25.81	5.23	4.19	0.68	0.00	0.00	5.26	0.00	6.02	0.61	5.06
	D. 种地不交税，国家还给补贴	25.16	23.84	41.92	71.43	18.56	61.79	23.39	42.50	31.93	3.66	33.90
	E. 在外面找不到合适的工作	16.13	28.49	17.37	13.61	6.19	0.00	14.04	21.50	23.49	16.46	16.62
	F. 其他	7.10	4.07	0.60	0.68	0.00	0.81	0.00	5.62	9.04	3.05	3.29

续表

B. 没有种	10.23	4.42	5.62	11.80	44.20	31.11	3.33	9.94	8.29	9.29	13.84	
		1－四川	2－贵州	3－河南	4－山东	5－广东	6－江苏	7－山西	8－黑龙江	9－湖北	10－湖南	11－全国
	A. 种地收入太低，不划算	11.11	50.00	80.00	57.14	45.00	85.71	66.67	33.33	0.00	64.71	52.61
	B. 土地被征收征用	33.33	0.00	0.00	4.76	3.75	3.57	33.33	5.56	13.33	0.00	6.83
	C. 村里实行规模经营	0.00	0.00	0.00	0.00	43.75	0.00	0.00	27.78	0.00	0.00	16.06
	D. 结婚后，夫妻双方都没有承包地（田）	0.00	0.00	20.00	14.29	6.25	0.00	0.00	5.56	6.67	0.00	4.82
	E. 其他	55.56	62.50	30.00	19.05	5.00	14.29	0.00	61.11	60.00	58.82	27.50
29. 近五年你们家耕种的承包地（田）在数量上有什么变化？												
	1－四川	2－贵州	3－河南	4－山东	5－广东	5－江苏	7－山西	8－黑龙江	9－湖北	10－湖南	11－全国	
A. 减少了	31.25	25.97	34.83	31.46	6.08	40.00	18.89	14.92	8.29	19.13	23.01	
		1－四川	2－贵州	3－河南	4－山东	5－广东	6－江苏	7－山西	8－黑龙江	9－湖北	10－湖南	11－全国
	A. 人口减少而调整了土地	1.82	6.38	35.48	33.93	0.00	19.44	2.94	3.70	26.67	5.71	16.18
	B. 国家征收征用土地	43.64	44.68	27.42	12.50	9.09	26.39	32.35	0.00	20.00	25.71	27.05
	C. 退耕还林还草	1.82	38.30	0.00	5.36	0.00	0.00	29.41	3.70	0.00	11.43	8.94

续表

	D. 流转给其他人		2.13	6.45	8.93	9.09	91.67	11.76	48.15	6.67	31.43	25.60
	E. 自然灾害毁损承包地		36.17	1.61	0.00	45.45	0.00	11.76	11.11	13.33	25.71	9.90
	F. 自家建房	5.45	12.77	0.00	0.00	0.00	0.00	2.94	0.00	0.00	5.71	2.90
	G. 乡村企业或工业开发区占了承包地	35.36	4.26	25.81	1.79	18.18	0.00	5.88	0.00	6.67	0.00	10.63
	H. 村里人口增加，土地数量不变或减少	27.27	6.38	41.94	51.79	0.00	15.28	5.88	0.00	20.00	5.71	21.98
	I. 其他			0.00	0.00	0.00	0.00	0.00	0.00	0.00	0.00	0.00
B. 增加了	1.70	0.55	6.18	4.49	0.55	21.67	2.78	41.99	1.66	5.46	8.73	
		1－四川	2－贵州	3－河南	4－山东	5－广东	6－江苏	7－山西	8－黑龙江	9－湖北	10－湖南	11－全国
	A. 人口增加调整了土地	33.33	0.00	81.82	62.50	0.00	15.38	0.00	0.00	0.00	40.00	15.92
	B. 转包了别人的土地用	33.33	100.00	18.18	12.50	0.00	87.18	40.00	92.11	100.00	50.00	75.80
	C. 开荒	0.00	0.00	0.00	0.00	0.00	2.56	20.00	0.00	0.00	0.00	1.27
	D. 为亲戚朋友代耕	0.00	0.00	0.00	25.00	0.00	51.28	0.00	6.58	0.00	10.00	17.83
	E. 其他	0.00	0.00	9.09	0.00	100.00	0.00	20.00	0.00	0.00	0.00	1.91
C. 没有变化	66.48	71.82	57.87	58.99	92.27	37.22	77.78	40.33	88.95	74.86	66.70	
30. 你们村外出打工、经商的农民有没有因为农业税减免回来种地（田）的？												

续表

	1－四川	2－贵州	3－河南	4－山东	5－广东	6－江苏	7－山西	8－黑龙江	9－湖北	10－湖南	11－全国	
A. 没有	69.89	70.72	60.67	55.06	33.70	36.11	82.22	77.90	4.65	60.11	58.98	
B. 不清楚	2.84	8.29	23.03	17.98	48.07	18.33	5.00	0.55	3.87	3.28	13.12	
C. 有	24.43	20.44	14.04	24.16	17.68	43.33	12.22	20.44	51.93	35.52	26.46	
	则村委会如何处理对外出打工、经商的农民回乡要地或耕地的现象?											
		1－四川	2－贵州	3－河南	4－山东	5－广东	6－江苏	7－山西	8－黑龙江	9－湖北	10－湖南	11－全国
	A. 支持他们重新耕作他们抛荒的土地或转包于他人的土地	83.72	56.76	76.00	69.77	9.38	74.36	81.82	40.45	36.17	80.00	60.08
	B. 不支持他们重新耕作他们抛荒的土地或转包于他人的土地	0.00	5.41	4.00	0.00	56.25	1.28	4.55	2.70	4.26	0.00	5.88
	C. 不理会他们要求重新耕作他们抛荒的土地或转包于他人的土地	4.65	5.41	12.00	0.00	25.00	0.00	0.00	0.00	2.13	0.00	3.78
	D. 不支持他们要求重新分配更多土地的申请	0.00	10.81	0.00	2.33	3.12	6.41	0.00	5.41	0.00	0.00	2.73
	E. 其他	6.98	8.11	0.00	9.30	0.00	6.41	4.55	43.24	50.00	16.92	18.91

续表

	F. 不清楚	4.65	13.51	4.00	9.30	3.12	10.26	0.00	2.70	5.32	0.00	5.67
31. 你们村是否存在农地（田）被征收的情况？												
	1-四川	2-贵州	3-河南	4-山东	5-广东	6-江苏	7-山西	8-黑龙江	9-湖北	10-湖南	11-全国	
A. 不存在	46.59	48.62	62.36	80.90	13.26	36.11	50.56	90.61	62.98	42.62	53.42	
B. 不知道	4.55	3.87	11.80	3.93	69.06	30.00	4.44	0.00	0.55	3.28	13.17	
C. 存在	43.75	44.75	24.72	14.61	16.57	32.78	43.33	8.84	36.46	53.55	31.96	
	（1）土地被征收后，被征地农户主要的生活来源是什么？											
		1-四川	2-贵州	3-河南	4-山东	5-广东	6-江苏	7-山西	8-黑龙江	9-湖北	10-湖南	11-全国
	A. 补偿费	1.30	8.64	6.82	15.38	36.67	5.08	33.33	12.50	4.55	16.33	13.22
	B. 打工/经商	74.03	62.96	29.55	42.31	53.33	49.15	19.23	6.25	33.33	10.20	39.13
	C. 务农	20.78	18.52	52.27	38.46	3.33	13.56	26.92	68.75	30.30	57.14	31.48
	D. 政府安排工作	1.30	2.47	4.55	0.00	0.00	0.00	3.85	0.00	1.52	0.00	1.57
	E. 没有生活来源	1.30	2.47	2.27	0.00	0.00	0.00	5.13	0.00	1.52	0.00	1.57
	F. 其他	0.00	2.47	2.27	3.85	3.33	0.00	1.28	12.50	22.73	10.20	5.74
	（2）土地被征收后，发放过征地补偿款吗？											

续表

		1－四川	2－贵州	3－河南	4－山东	5－广东	6－江苏	7－山西	8－黑龙江	9－湖北	10－湖南	11－全国
	A. 没发过	20.78	12.35	11.36	19.23	0.00	0.00	3.85	6.26	15.15	20.41	12.17
	B. 不知道	1.30	6.17	9.09	0.00	0.00	3.39	7.69	12.50	13.64	3.06	5.57
	C. 发放过	74.03	80.25	77.27	69.23	96.67	94.42	80.77	75.00	71.21	73.47	78.78
	（3）征地补偿款是如何分配的？											
		1－四川	2－贵州	3－河南	4－山东	5－广东	6－江苏	7－山西	8－黑龙江	9－湖北	10－湖南	11－全国
	A. 按人口	10.39	2.74	22.73	42.31	6.67	0.00	0.00	0.00	13.64	11.22	9.22
	B. 按被征用土地的数量	46.75	77.78	18.18	26.92	6.67	57.63	62.82	75.00	46.97	59.18	52.17
	C. 按人口和土地	12.99	1.23	34.09	3.85	80.00	40.68	0.00	0.00	3.03	0.00	13.39
	D. 不知道	2.60	0.00	4.55	0.00	3.33	0.00	14.11	6.25	4.55	0.00	3.48
	（4）已出嫁，户口仍在本村的妇女会分得征地补偿款吗？											
		1－四川	2－贵州	3－河南	4－山东	5－广东	6－江苏	7－山西	8－黑龙江	9－湖北	10－湖南	11－全国
	A. 分	9.09	1.23	15.91	0.00	6.67	0.00	0.00	6.25	7.58	6.12	5.04
	B. 不分	0.00	1.23	15.91	42.31	0.00	0.00	0.00	0.00	4.55	5.10	4.70
	C. 不知道	0.00	0.00	2.27	0.00	3.33	0.00	0.00	0.00	1.52	0.00	0.52
32. 你们村有没有农户完全丧失农地（田）的情况？												

续表

	1－四川	2－贵州	3－河南	4－山东	5－广东	6－江苏	7－山西	8－黑龙江	9－湖北	10－湖南	11－全国	
A. 有	14.77	12.15	5.06	3.93	12.71	13.89	15.56	27.62	19.89	15.30	14.12	
	(1) 导致农户失去农地（田）的主要原因是什么呢？											
		1－四川	2－贵州	3－河南	4－山东	5－广东	6－江苏	7－山西	8－黑龙江	9－湖北	10－湖南	11－全国
	A. 退耕还林（湖、牧等）	0.00	22.73	0.00	0.00	0.00	0.00	3.57	0.00	2.78	0.00	2.76
	B. 集中（规模）经营	0.00	0.00	11.11	14.29	30.43	4.00	0.00	40.00	0.00	0.00	11.81
	C. 国家、集体建设占地	42.31	36.36	33.33	28.57	56.52	96.00	10.71	0.00	44.44	17.86	33.46
	D. 农户自建住房	0.00	4.55	0.00	0.00	0.00	0.00	7.14	0.00	11.11	0.00	2.76
	E. 其他	57.69	22.73	44.44	28.57	8.70	0.00	67.86	50.00	36.11	71.43	41.34
	(2) 不是因为自己的原因失去农地（田）的农户是怎样解决生活问题的？											
		1－四川	2－贵州	3－河南	4－山东	5－广东	6－江苏	7－山西	8－黑龙江	9－湖北	10－湖南	11－全国
	A. 政府补偿	0.00	9.09	11.11	0.00	21.74	0.00	3.57	0.00	0.00	7.14	4.33
	B. 政府安排工作	0.00	9.09	0.00	0.00	0.00	0.00	0.00	0.00	0.00	0.00	0.79
	C. 依靠失地保险	0.00	0.00	0.00	14.29	0.00	0.00	0.00	0.00	0.00	0.00	0.39
	D. 自己打工/经商或转包别人的土地	73.08	63.64	55.56	57.14	73.79	100.00	64.29	40.00	77.78	28.57	62.20
	E. 其他	15.38	4.55	22.22	0.00	4.35	0.00	3.57	0.00	5.56	0.00	4.33

续表

	F. 没有生活来源	3.85	4.55	0.00	0.00	0.00	0.00	0.00	0.00	2.78	0.00	1.18
B. 没有	82.39	78.45	84.27	89.89	26.52	60.56	81.11	71.82	79.56	83.61	73.36	
C. 不清楚	2.27	7.73	10.11	3.37	60.77	24.44	1.67	0.55	0.56	1.09	11.28	
33. 你认为需要建立以下制度吗？（可多选）												
		1－四川	2－贵州	3－河南	4－山东	5－广东	6－江苏	7－山西	8－黑龙江	9－湖北	10－湖南	11－全国
	（1）农民失地保险	93.18	95.58	84.27	88.20	98.34	57.78	96.11	98.90	81.22	75.41	86.88
	A. 需要	93.90	90.75	91.33	89.17	98.88	87.50	83.24	87.71	51.70	68.12	84.84
	B. 不需要	4.27	5.20	6.00	5.73	0.56	5.77	10.98	5.59	29.25	10.14	8.13
	C. 无所谓	1.22	4.05	2.67	5.10	0.00	6.73	5.20	6.70	18.37	21.74	6.78
	（2）农村医疗保险	96.02	97.24	96.63	95.51	98.90	79.44	98.33	99.45	97.79	97.81	95.72
	A. 需要	97.63	96.02	95.93	98.82	100.00	99.30	99.44	100.00	89.83	89.39	96.57
	B. 不需要	0.59	1.14	2.91	1.18	0.00	0.70	0.56	0.00	2.82	2.23	1.22
	C. 无所谓	1.18	2.27	1.16	0.00	0.00	0.00	0.00	0.00	6.21	7.82	1.92
	（3）农民养老保险	94.32	97.24	93.82	96.63	98.34	57.22	98.33	99.45	96.69	95.08	92.72
	A. 需要	97.59	96.21	97.60	98.26	98.31	83.50	99.44	100.00	88.57	83.33	94.36
	B. 不需要	1.81	2.27	1.80	1.16	0.00	5.83	0.00	0.00	4.57	5.17	2.10
	C. 无所谓	0.00	3.98	0.60	0.00	0.00	9.71	0.00	0.00	4.57	8.62	2.52

续表

34. 你认为建立以下制度应该如何筹集资金？												
		1－四川	2－贵州	3－河南	4－山东	5－广东	6－江苏	7－山西	8－黑龙江	9－湖北	10－湖南	11－全国
	（1）农民失地保险											
	A. 由农户出钱	14	6	8	9	29	0	14	6	10	13	98
	B. 由国家、集体和个人共同出钱建立	51	69	81	110	77	15	102	99	57	59	720
	C. 由集体出钱建立	13	7	21	12	44	4	12	1	9	2	122
	D. 由国家出钱建立	88	67	46	29	91	39	38	51	33	34	516
	E. 其他	5	8	0	0	0	0	0	5	5	1	24
	（2）农村医疗保险											
	A. 由农户出钱	10	14	11	17	32	5	19	16	24	33	181
	B. 由国家、集体和个人共同出钱建立	99	85	111	131	79	134	111	118	112	89	1069
	C. 由集体出钱建立	6	4	17	16	43	1	16	1	8	3	115
	D. 由国家出钱建立	49	56	44	20	91	4	42	39	45	46	436
	E. 其他	2	9	3	0	0	0	1	5	5	3	28
	（3）农民养老保险											
	A. 由农户出钱	11	12	12	13	28	0	21	11	22	22	152
	B. 由国家、集体和个人共同出钱建立	85	82	105	138	76	40	108	123	108	85	950

续表

	C. 由集体出钱建立	5	4	17	13	46	8	15	1	10	6	125
	D. 由国家出钱建立	57	58	43	19	91	9	45	39	45	47	453
	E. 其他	5	9	3	0	0	0	0	5	5	1	28
35. 农业税取消后，你们村的村办学校、村建道路等村公益事业有人管（理）												
	1－四川	2－贵州	3－河南	4－山东	5－广东	6－江苏	7－山西	8－黑龙江	9－湖北	10－湖南	11－全国	
A. 有	53.41	65.19	85.96	85.96	82.32	67.22	73.89	92.82	84.53	84.70	77.56	
	（1）谁在管（理）这些村公益事业？											
		1－四川	2－贵州	3－河南	4－山东	5－广东	6－江苏	7－山西	8－黑龙江	9－湖北	10－湖南	11－全国
	A. 乡（镇）	18.09	33.90	18.95	3.92	0.67	0.00	9.77	10.12	28.76	32.36	15.53
	B. 村委会/村集体	53.19	43.22	76.47	92.16	97.99	89.26	78.95	74.40	60.78	41.29	71.58
	C. 村民小组（生产队）	7.45	1.69	1.31	1.96	0.00	10.74	5.26	0.00	6.54	14.84	4.80
	D. 其他	21.28	20.34	1.96	1.31	0.00	0.00	2.26	2.38	3.27	9.68	5.44
	（2）村公益事业的经费是由谁出资的？（可多选）											
		1－四川	2－贵州	3－河南	4－山东	5－广东	6－江苏	7－山西	8－黑龙江	9－湖北	10－湖南	11－全国
	A. 政府	13.83	43.22	22.88	12.42	38.26	5.79	20.30	20.24	39.87	59.35	28.35

续表

	B. 村委会/村集体	32.98	9.32	54.25	69.28	95.97	15.70	31.58	33.33	18.95	8.39	38.15
	C. 农民集资	19.15	18.64	19.61	20.92	70.47	11.57	13.53	19.64	26.14	33.55	26.06
	D. 政府、集体和个人共同出资	19.15	11.86	18.30	14.38	2.68	66.94	27.J7	28.57	24.18	15.48	22.33
	E. 其他	20.21	20.34	0.65	1.96	0.67	0.00	4.51	13.10	12.42	20.65	9.09
	(3) 你认为村公益事业应当由谁出资管（理）?（可多选）											
		1－四川	2－贵州	3－河南	4－山东	5－广东	6－江苏	7－山西	8－黑龙江	9－湖北	10－湖南	11－全国
	A. 政府	25.53	53.39	33.99	30.07	81.88	0.83	35.34	51.79	52.29	69.68	45.10
	B. 村委会/村集体	26.60	6.78	45.10	58.82	75.17	17.36	14.29	17.86	26.14	4.52	30.14
	C. 农民集资	3.19	1.69	4.58	12.42	35.57	0.83	4.51	4.17	8.50	7.10	8.73
	D. 政府、集体和个人共同出资	45.74	33.05	25.18	28.76	2.01	81.82	33.83	35.12	28.10	25.16	32.28
	E. 其他	2.13	6.78	0.00	0.00	0.67	0.00	6.02	0.00	5.23	1.94	2.15
B. 没有	36.93	18.78	5.62	8.43	7.18	21.11	19.44	6.63	6.08	14.21	14.40	
C. 不清楚	5.11	9.39	6.18	1.12	9.39	11.11	5.00	0.00	2.76	0.55	5.06	

教育部哲学社会科学研究重大项目攻关课题“农村土地问题立法研究”第二轮调查数据汇总

	贵州省	山东省	黑龙江省	湖北省	四省总数据
1. 党中央在去年（2008 年）底召开的一次重要会议（十七届三中全会）上，对承包地（田）流转规定了一些新政策，您知道吗？（单选）					
A. 知道	67.5	76.7	79.2	55	69.6
B. 不知道	32.5	22.5	20.8	45	30.2
2. 你们村承包地（田）流转有哪些方式？（可多选）					
A. 转包	76.7	77.5	95.8	70.8	80.2
B. 出租	57.5	35.8	39.2	45	44.4
C. 抵押	1.7	1.7	1.7	2.5	1.9
D. 转让（买卖）	42.5	2.5	17.5	15	19.4
E. 互换	31.7	39.2	17.5	22.5	29
F. 其他（请注明）________	4.2	13.3	7.5	9.2	8.5
3. 今后您希望承包地（田）流转采用哪些方式？（可多选）					
A. 转包	68.3	76.7	85	63.3	73.3
B. 出租	41.7	36.7	45.8	46.7	42.7

续表

	贵州省	山东省	黑龙江省	湖北省	四省总数据
C. 抵押	11.7	25.5	23.3	14.2	17.9
D. 转让（买卖）	34.2	14.2	40	19.2	26.9
E. 互换	38.3	40	22.5	25	31.5
F. 其他（请注明）________	7.5	11.7	8.3	11.7	9.8
4. 您有没有把承包地（田）流转给他人种呢？（单选）					
A. 有	30.8	48.3	63.3	56.7	49.8
a. 收钱流转（________元/亩）	13.3	40	55.8	37.6	35.4
b. 贴钱流转（________元/亩）（请现场追问贴钱理由并注明）	0.8	3.3	6.7	0.8	2.7
c. 不收钱也不贴钱流转他人（请现场追问原因并注明）	15.8	3.3	0.8	18.3	9.6
B. 没有	69.2	51.7	36.7	43.3	50.2
5. 您主要是从哪里获得承包地（田）流转信息的？（可多选）					
A. 政府	30.8	41.7	15.8	18.3	26.7
B. 村委会	69.2	66.7	49.2	45	57.5
C. 中介机构	5.8	5	0	5.8	4.2
D. 其他（请注明）________	21.7	30.8	55.8	49.2	39.4

续表

	贵州省	山东省	黑龙江省	湖北省	四省总数据
6. 您认为由谁提供承包地（田）流转的信息比较好？（可多选）					
A. 政府	46.7	52.5	24.2	39.2	40.6
B. 村委会	75.8	71.7	79.2	50	69.2
C. 中介机构	9.2	7.5	11.7	5	8.3
D. 其他（请注明）________	5	12.5	17.5	22.5	14.4
7. 您会在什么情况下把承包地（田）流转出去？（可多选）					
A. 种田收益不是主要收入来源	41.7	43.3	48.3	49.2	45.6
B. 流转收益比较高	16.7	38.3	52.5	24.2	32.9
C. 自己家里没人种	47.5	38.3	50.8	54.2	47.7
D. 土地太少，自己种不划算	43.3	35.8	59.2	54.2	48.1
E. 其他（请注明）________	10	21.7	6.7	12.5	12.7
8. 接收流转的承包地（田）后，您有什么打算？（单选）					
A. 维持现状	37.5	9.2	16.7	25	22.1
B. 有些后悔	1.7	0	3.3	0.8	1.5

续表

	贵州省	山东省	黑龙江省	湖北省	四省总数据
C. 有信心扩大规模	33.3	60	50	24.2	41.9
D. 现在还没有接收流转的承包地（田）	26.7	24.2	29.2	44.2	31
E. 其他（请注明）________	0.8	6.7	0.8	5	3.3
9. 您认为承包地（田）流转时办什么手续既方便又安全？（单选）					
A. 签订合同 + 政府登记	22.5	45.8	24.2	17.5	27.5
B. 签订合同 + 村委会同意	52.5	16.7	47.5	28.3	36.3
C. 签订合同 + 通知村委会	11.7	6.7	5.8	6.7	7.7
D. 只需要签订（口头）合同	12.5	18.3	15	45	22.7
E. 其他（请注明）________	0.8	11.7	7.5	2.5	5.6
10. 你们村的承包地（田）流转给村外人时，需要办手续吗？（单选）					
A. 不需要办任何手续	12.5	13.3	16.7	28.3	17.7
B. 要办手续——→需要办什么手续呢？（单选）	75	69.2	61.7	52.5	64.6
a. 要经村委会同意	56.7	25	35.8	31.7	37.3
b. 要经乡镇政府（或农业部门）同意	10	19.2	8.3	6.7	11
c. 告诉村委会就行了（通知）	7.5	5	10	10	8.1

续表

	贵州省	山东省	黑龙江省	湖北省	四省总数据
d. 其他（请注明）	0.8	17.5	7.5	3.3	7.3
	注：有两份问卷分别选了两项（ad 和 ab），因此 SPSS 中输入为 9 999。				
C. 不清楚	12.5	17.5	21.7	19.2	17.7
11. 你们村承包地（田）流转如果发生纠纷，通常如何解决？（可多选）					
A. 自己协商（和解）	51.7	44.2	53.3	54.2	50.8
B. 村委会调解	90.8	72.5	71.7	49.2	71
C. 通过仲裁	3.3	8.3	5	2.5	4.8
D. 到法院起诉	20.8	8.3	16.7	5	12.7
E. 上访	5.8	0.8	4.2	1.7	3.1
F. 其他（请注明）________	2.5	22.5	20	16.7	15.4
12. 你们村承包地（田）流转后，原来种地劳力的主要去向如何？（可多选）					
A. 外出打工、经商	86.7	80.8	96.7	87.5	87.9
B. 在家打工、经商	51.7	64.2	65	45	56.5
C. 闲着	3.3	3.3	10	9.2	6.5

续表

	贵州省	山东省	黑龙江省	湖北省	四省总数据
D. 其他（请注明）________	2.5	9.2	4.2	2.5	4.6
13. 你们村承包地（田）流转出去后，对原有的劳力就业问题，当地（县乡）政府有什么安排吗？（单选）					
A. 做了一些安排——→具体措施主要有哪些？（可多选）	49.2	50.8	61.7	20	45.2
a. 劳动力培训	30.8	29.2	56.7	15	32.9
b. 就业信息提供	25.8	45	49.2	10.8	32.7
c. 联系就业单位、地区	10	19.2	47.5	7.5	21
d. 维护外出务工农民的合法权益	26.7	20	34.2	7.5	22.1
e. 其他（请注明）________	0	4.2	1.7	0.8	1.7
B. 没做什么安排——→您认为政府主要应作些什么安排？（可多选）	45.8	32.5	28.3	68.3	43.8
a. 劳动力培训	25	14.2	27.5	40.8	26.9
b. 就业信息提供	21.7	15.8	26.7	42.5	27.9
c. 联系就业单位、地区	19.2	10	24.2	35	22.3
d. 维护外出务工农民的合法权益	27.5	10	23.3	34.2	23.8
e. 其他（请注明）	1.7	3.3	1.7	9.2	4
C. 不清楚	5	15.8	9.2	11.6	10.2

续表

	贵州省	山东省	黑龙江省	湖北省	四省总数据
14. 你们村有没有农户将宅基地（或住房）转让给城镇人？（单选）					
A. 有	18.3	1.7	18.3	16.7	13.8
B. 没有	64.2	93.3	70	73.3	75.2
C. 不清楚	17.5	5	11.7	10	11
15. 您认为是否应当允许农户把宅基地（或住房）转让给城镇人？（单选）					
A. 应当允许	43.3	15	38.3	35	32.9
B. 不应当允许	40.8	81.7	49.2	59.2	57.7
C. 无所谓	15.8	3.3	11.7	5.8	9.2
16. 如果允许农户把宅基地（或住房）转让给城镇人，您认为应当具备下列哪些条件？（可多选）					
A. 不需要任何条件，农户只要愿意就可以	39.2	25.8	52.5	31.7	37.3
B. 农户全家迁入县城（城市），转为非农业户口	40.8	37.5	30	44.2	38.1
C. 在房屋继承中，遗产分割后房屋所有人具有非农业户口或者不属于本村村民	26.7	20.8	25	24.2	24.2

续表

	贵州省	山东省	黑龙江省	湖北省	四省总数据
D. 农户全家成为其他村村民	22.5	11.7	20	18.3	18.1
E. 其他（请注明）________	6.7	37.5	25	25	23.5
17. 如果农户无偿获得宅基地，其住宅面积超过村民平均数（或国家规定的标准），转让宅基地时所得到的转让费，您认为哪一种分配方式最合理？（单选）					
A. 根据具体情况将转让费中适当部分交给村集体留作村里办事用	45	54.2	40.8	37.5	44.4
B. 根据具体情况将转让费中适当部分交给国家	15.8	6.7	14.2	13.3	12.5
C. 完全应由出让农户全部获得	35.8	22.5	37.5	36.7	33.1
D. 其他（请注明）________	3.3	16.7	6.7	12.5	9.8
18. 农户转让宅基地（或住房）后，您认为是否还应该允许其再申请？（单选）					
A. 不应该	38.3	89.2	62.5	55	61.3
B. 应该	34.2	6.7	23.3	19.2	20.8
C. 只要交钱就应允许	27.5	3.5	8.3	16.7	13.8
D. 只有在下面情况下才应该允许（请注明）________	0	1.7	5.8	9.2	4.2
19. 你们村（农户）有自留地（山）吗？（单选）					

续表

	贵州省	山东省	黑龙江省	湖北省	四省总数据
A. 没有	1.7	88.3	40.8	45.8	44.2
B. 有——→	98.3	10.8	59.2	54.2	55.6
(1) 您认为你们村的自留地（山）归谁所有？（单选）					
a. 村集体（村委会）	18.3	7.5	18.3	16.7	15.2
b. 村民小组（生产队）	20	0.8	3.3	15	9.8
c. 国家	12.5	0	9.2	5.8	6.9
d. 个人	47.5	0	27.5	15.8	22.7
e. 其他（请注明）	0	0.8	0	0.8	0.4
(2) 你们村的自留地是怎么分配的？（单选）					
a. 按人口	88.3	9.2	33.3	40.8	42.9
b. 按户	5	0	9.2	7.5	5.4
c. 按劳力	5	0	2.5	2.5	2.5
d. 其他（包括没分配。请注明）________	0	1.7	13.3	3.3	4.6
(3) 你们村的自留地（山）主要用于种什么？（可多选）					

续表

	贵州省	山东省	黑龙江省	湖北省	四省总数据
a. 种蔬菜	70.8	8.3	50.8	35.8	41.5
b. 种（果）树、竹木	57.5	1.7	6.7	20	21.5
c. 闲置撂荒	10	0	0	1.7	2.9
d. 其他（请注明）	9.2	4.2	17.5	11.7	10.6
(4) 你们村的自留地（山）有哪些流转方式？（可多选）					
a. 转包	58.3	7.5	12.5	20	24.6
b. 转让	23.3	1.7	5.8	3.3	8.5
c. 出租	36.7	0.8	10	5.8	13.3
d. 其他（包括没有流转。请注明）	23.3	3.3	40.8	30.8	24.6
(5) 在减免农业税前你们村的自留地（山）与承包地相比在经营方面有什么不同？（可多选）					
a. 不用缴农业税	83.3	7.5	42.5	35	42.1
b. 不用缴“三提五统”	47.5	5	37.5	28.3	29.6
c. 不能进行调整	25	5	39.2	15.8	21.3
d. 政府一直没管	18.3	1.7	35.8	10.8	16.7
e. 从来没有登记过，也没有发证	23.3	2.5	32.5	17.5	19
f. 其他（包括没有什么不同。请注明）	5	1.7	14.2	5	6.5

续表

	贵州省	山东省	黑龙江省	湖北省	四省总数据
20. 您认为目前的农村集体经济组织最好采用哪种形式？（单选）					
A. 可以不变，保持村委会（或村小组）的形式	79.2	57.5	67.5	51.7	64
B. 单独设立合作社	2.5	16.7	10.8	11.7	10.4
C. 单独设立股份合作社	9.2	21.7	19.2	16.7	16.7
D. 单独设立公司	4.2	2.5	1.7	4.2	3.1
E. 其他（请注明）________	5	1.7	0.8	15.8	5.8
21. 您认为强大的农村集体经济组织可以在本村发挥哪些作用？（可多选）					
A. 加强道路、水利、饮用水等公益事业建设	94.2	95	99.2	93.3	95.4
B. 改善农村文化、环境卫生设施	72.5	88.3	95	76.7	83.1
C. 保障农村社会稳定和减少社会治安纠纷	50	84.2	85	50	67.3
D. 适当补贴失地、无地的成员（农民）	35	52.5	76.7	38.3	50.6
E. 投资村办企业	45.8	64.2	74.2	42.5	56.7
F. 保障集体组织管理人员管理费的发放	25.8	57.5	62.5	16.7	40.6
G. 适当为成员（农民）提供社保经费	37.5	60.8	82.5	51.7	58.1
H. 其他（请注明）________	2.5	3.3	5.8	2.5	3.5

续表

	贵州省	山东省	黑龙江省	湖北省	四省总数据
22. 壮大农村集体经济组织的途径您认为应该主要有哪些？（可多选）					
A. 财政转移支付	51.7	70.8	85.8	65.8	68.5
B. 村办企业利润	50	66.7	78.3	51.7	61.7
C. 一定比例的耕地承包费	35.8	30	46.7	30	35.6
D. 一定比例的宅基地使用权转让费	27.5	25.8	25.8	26.7	26.5
E. 农村集体建设用地使用权转让费	25	20.8	33.3	29.2	27.1
F. “一事一议”的出资	30.8	29.2	53.3	35.8	37.3
G. 其他（请注明）________	2.5	6.7	1.7	7.5	4.6
23. 农村集体经济组织的经费您认为应当主要用于本村哪些方面？（可多选）					
A. 加强道路、水利、饮用水等公益事业建设	91.7	96.7	100	92.5	95.4
B. 改善农村文化、环境卫生设施	82.5	85.8	89.2	70	81.9
C. 保障农村社会稳定和减少社会治安纠纷	42.5	63.3	77.5	45	57.1
D. 适当补贴失地、无地成员（农民）	38.3	45.8	63.3	44.2	47.9
E. 投资村办企业	49.2	65.8	67.5	40	55.6
F. 保障集体组织管理人员管理费的发放	30.8	50	58.3	23.3	40.6
G. 适当为成员（农民）提供社保经费	31.7	54.2	78.3	56.7	55.2

续表

	贵州省	山东省	黑龙江省	湖北省	四省总数据
H. 其他（请注明）______	2.5	2.5	7.5	0.8	3.3
24. 您认为农村集体组织为用于上述（第23题各选项）方面而收取一定的耕地承包费、宅基地使用权转让费等费用，采取哪一种方式最好？（单选）					
A. 村民（代表）大会决定	55	79.2	84.2	68.3	71.7
B. 村民委员会决定	23.3	10.8	6.7	11.7	13.1
C. 村支书（村主任）决定	5	0	0	1.7	1.7
D. 乡镇政府决定	11.7	4.2	6.7	7.5	7.5
E. 其他（请注明）______	5	5.8	2.5	9.2	5.6

参考文献

中文著作类：

[1] 艾马克（Mark A. Allee）：《十九世纪的北部台湾：晚清中国的法律与地方社会》，王兴安译，台湾播动者文化有限公司，2003年版。

[2] 薄一波：《若干重大决策与事件的回顾》（下卷），人民出版社1997年版。

[3] 蔡定剑：《宪法精解》（第二版），法律出版社2006年版。

[4] 蔡虹：《转型期中国民事纠纷解决初论》，北京大学出版社2008年版。

[5] 操小娟：《土地利用中利益衡平的法律问题研究》，人民出版社2006年版。

[6] 曹锦清、陈中亚：《走出"理想"城堡——中国"单位"现象研究》，海天出版社1997年版。

[7] 柴彭颐、赵作欢：《现阶段中国农民负担合理性研究》，中国农业出版社2000年版。

[8] 柴强：《各国（地区）土地制度与政策》，北京经济学院出版社1993年版。

[9] 陈新民：《德国公法学基础理论》（下册），山东人民出版社2001年版。

[10] 陈立夫：《土地法研究》，台湾新学林出版股份有限公司2007年版。

[11] 陈明灿：《财产权保障、土地使用限制与损失补偿》，台湾翰芦图书出版有限公司2001年版。

[12] 陈明灿：《土地法专题研究》，台湾元照出版有限公司2008年版。

[13] 陈铭福：《农地买卖转用实务》，台湾五南图书出版股份有限公司，1984年版。

[14] 陈奇南：《台湾的传统中国社会》，台湾允晨文化1987年版。

[15] 陈秋坤、许雪姬主编：《台湾历史上的土地问题》，台湾中央研究院史田野研究室，1992年版。

[16] 陈小君、张绍明主编：《地方立法问题研究》，武汉出版社2007年版。

[17] 陈小君等：《后农业税时代农地法制运行实证分析》，中国政法大学出版社 2009 年版。

[18] 陈小君等：《农村土地法律制度研究——田野调查解读》，中国政法大学出版社 2004 年版。

[19] 陈小君等：《农村土地法律制度的现实考察与研究：中国十省调研报告书》，法律出版社 2010 年版。

[20] 程燎原、王人博：《赢得神圣——权利及其救济通论》，山东人民出版社 1998 年版。

[21] 崔建远：《物权法》，中国人民大学出版社 2009 年版。

[22] 崔建远：《准物权研究》，法律出版社 2003 年版。

[23] 戴道传：《重新建立个人所有制研究》，安徽人民出版社 1993 年版。

[24] 戴星翼：《走向绿色的发展》，复旦大学出版社 1998 年版。

[25] 戴炎辉：《清代台湾之乡治》，台湾联经出版事业公司，1992 年版。

[26] 邓曾甲：《日本民法概论》，法律出版社 1995 年版。

[27] 董炯：《国家、公民与行政法——一个国家—社会的角度》，北京大学出版社 2001 年版。

[28] 董磊明：《宋村的调解——巨变时代的权威与秩序》，法律出版社 2008 年版。

[29] 樊纲：《渐进改革的政治经济学分析》，上海远东出版社 1997 年版。

[30] 范健、张中秋、杨春福：《法理学——法的历史、理论与运行》，南京大学出版社 1995 年版。

[31] 房绍坤：《物权法用益物权编》，中国人民大学出版社 2007 年版。

[32] 福建省农村社保模式及其方案研究课题组：《农村社会养老保险制度创新》，经济管理出版社 2004 年版。

[33] 付子堂：《法律功能论》，中国政法大学出版社 1999 年版。

[34] 高富平：《土地使用权和用益物权——我国不动产物权体系研究》，法律出版社 2001 年版。

[35] 高汉：《集体产权下的中国农地征收问题研究》，上海人民出版社 2009 年版。

[36] 郭桂英、尚国琲、许松（执笔）：《两岸农地产权制度比较研究》，载林增杰等编著：《中国大陆与港澳台地区土地法律比较研究》，天津大学出版社 2001 年版。

[37] 郭洁：《土地资源保护与民事立法研究》，法律出版社 2002 年版。

[38] 国家计划委员会条法办公室编：《重要经济法规资料选编》（1977～

1986)，中国统计出版社1987年版。

[39] 国家农业委员会办公室编：《农业集体化重要文件汇编》（上），中共中央党校出版社1981年版。

[40] 国务院新闻办公室：《中国的人权状况》，中央文献出版社1991年版。

[41] 韩俊：《调查中国农村》，中国发展出版社2009年版。

[42] 韩松、姜战军、张翔：《物权法所有权编》，中国人民大学出版社2007年版。

[43] 韩松：《集体所有制、集体所有权及其实现的企业形式》，法律出版社2009年版。

[44] 何勤华等：《新中国民法典草案总览》（上卷），法律出版社2003年版。

[45] 贺雪峰：《新乡土中国》，广西师范大学出版社2003年版。

[46] 贺卫方：《司法的理念与制度》，中国政法大学出版社1998年版。

[47] 胡康生主编：《〈中华人民共和国物权法〉释义》，法律出版社2007年版。

[48] 胡吕银：《土地承包经营权的物权法分析》，复旦大学出版社2004年版。

[49] 黄河等：《农业法视野中的土地承包经营权流转法制保障研究》，中国政法大学出版社2007年版。

[50] 黄辉：《农村土地所有权制度探讨》，《现代法学》2001年第4期。

[51] 黄静嘉：《日据时期之台湾殖民地法制与殖民统治》，台湾社会科学丛刊，1960年版。

[52] 黄树仁：《农地农用意识形态与台湾城乡发展》，台湾巨流图书有限公司2002年版。

[53] 黄小虎：《土地与社会主义市场经济》，中国财政经济出版社2008年版。

[54] 季卫东：《法治秩序的建构》，中国政法大学出版社1999年版。

[55] 贾桂茹、杨丽、薛荣革：《市场交易的第三主体——非法人团体研究》，贵州人民出版社1995年版。

[56] 江平主编：《法人制度论》，中国政法大学出版社1994年版。

[57] 江平主编：《中国土地立法研究》，中国政法大学出版社1999年版。

[58] 蒋月：《农村土地承包法实施研究》，法律出版社2006年版。

[59] 解玉娟：《中国农村土地权利制度专题研究》，西南财经大学出版社2009年版。

[60] 金启洲：《民法相邻关系制度》，法律出版社2009年版。

[61] 孔祥智：《中国三农前景报告》，中国时代出版社 2005 年版。

[62] 孔祥智主编：《中国三农前景报告》，中国时代经济出版社 2005 年版。

[63] 李楠明：《价值主体性——主体性研究的新视域·导言》，社会科学文献出版社 2005 年版。

[64] 李双元、温世扬：《比较民法学》，武汉大学出版社 1998 年版。

[65] 李锡鹤：《民法哲学论稿》，复旦大学出版社 2000 年版。

[66] 李小云、左停、叶敬忠主编：《2003～2004 中国农村情况报告》，社会科学文献出版社 2004 年版。

[67] 梁慧星、陈华彬：《物权法》（第四版），法律出版社 2007 年版。

[68] 梁慧星：《民法学说判例与立法研究》，中国政法大学出版社 1993 年版。

[69] 梁慧星：《民法总论》（第三版），法律出版社 2007 年版。

[70] 梁慧星：《中国物权法草案建议稿》，社会科学文献出版社 2000 年版。

[71] 梁慧星主编：《中国物权法研究》（上，下），法律出版社 1998 年版。

[72] 梁文书、黄赤东：《继承法及其配套新解新释》，人民法院出版社 2001 年版。

[73] 林建伟：《房地产法基本问题》，法律出版社 2006 年版。

[74] 林万龙：《中国农村社区公共产品供给制度变迁研究》，中国财政经济出版社 2003 年版。

[75] 刘保玉：《物权体系论——中国物权法上的物权类型设计》，人民法院出版社 2004 年版。

[76] 刘伯龙、竺干威、程惕洁等：《当代中国农村公共政策研究》，复旦大学出版社 2005 年版。

[77] 刘春茂：《中国民法学·财产继承》，中国人民公安大学出版社 1990 年版。

[78] 刘锋：《中国现代化进程中的农民问题》，陕西人民出版社 1994 年版。

[79] 刘俊：《中国土地法理论研究》，法律出版社 2006 年版。

[80] 刘乃忠：《地役权法律制度研究》，中国法制出版社 2006 年版。

[81] 刘宁：《分享利益论——兼析在我国的发展与运用》，复旦大学出版社 2002 年版。

[82] 刘士国：《中国民法典制定问题研究》，山东人民出版社 2003 年版。

[83] 刘世定：《占有、认知与人际关系——对中国乡村制度变迁的经济社会学分析》，华夏出版社 2003 年版。

[84] 刘书鹤、刘广新：《农村老年保障体系的理论与实践》，中国社会科学

出版社 2005 年版。

[85] 刘淑春：《改革开放以来中国农村土地流转制度的改革与发展》，经济与管理出版社 2008 年版。

[86] 吕来明：《走向市场的土地——地产法新论》，贵州人民出版社 1995 年版。

[87] 罗家伦：《历史的先见——罗家伦文化随笔》，学林出版社 1997 年版。

[88] 罗萍：《妇女在婚姻变动中的权利保护研究》，湖北人民出版社 2001 年版。

[89] 马俊驹、陈本寒：《物权法》，复旦大学出版社 2007 年版。

[90] 马克思：《资本论》（第 1 卷），人民出版社 1994 年版。

[91] 孟勤国：《物权二元结构论——中国物权制度的理论重构》（第二版），人民法院出版社 2004 年版。

[92] 孟勤国等：《中国农村土地流转问题研究》，法律出版社 2009 年版。

[93] 苗立田：《亚里士多德全集》（第九卷），中国人民大学出版社 1993 年版。

[94] 牟宗允、毛育刚、林卿：《两岸农地利用之比较》，社会科学文献出版社 2004 年版。

[95] 潘嘉玮、周贤日：《村民自治与行政权的冲突》，中国人民大学出版社 2004 年版。

[96] 潘嘉玮：《城市化进程中土地征收法律问题研究》，人民出版社 2009 年版。

[97] 潘善斌：《农地征收法律制度研究》，民族出版社 2008 年版。

[98] 彭诚信：《主体性与私权制度研究——以财产、契约的历史考察为基础》，中国人民大学出版社 2005 年版。

[99] 前南京国民政府司法行政部编：《民事习惯调查录》（上册），中国政法大学出版社 2000 年版。

[100] 钱晟：《税收负担的经济分析》，中国人民大学出版社 2000 年版。

[101] 钱忠好：《中国农村土地制度变迁和创新研究》，中国农业出版社 1999 年版。

[102] 秦晖：《农民中国：历史反思与现实选择》，河南人民出版社 2003 年版。

[103] 屈茂辉：《用益物权论》，湖南人民出版社 1999 年版。

[104] 屈茂辉：《用益物权制度研究》，中国方正出版社 2005 年版。

[105] 渠涛：《民法理论与制度比较研究》，中国政法大学出版社 2004 年版。

[106] 全国人大常委会法制工作委员会民法室：《〈中华人民共和国物权法〉条文说明、立法理由及相关规定》，北京大学出版社2007年版。

[107] 全国人民代表大会常务委员会法制工作委员会民法室：《物权法立法背景与观点全集》，法律出版社2007年版。

[108] 施沛生等：《中国民事习惯大全》，上海书店出版社2002年版。

[109] 石磊：《中国农业组织的结构性变迁》，山西经济出版社1999年版。

[110] 石霞：《走向市场——欠发达地区农村市场化研究》，中国农业出版社1999年版。

[111] 石佑启：《私有财产权公法保护研究——宪法与行政法的视角》，北京大学出版社2007年版。

[112] 史明：《台湾人四百年史》，台湾蓬岛文化公司1980年版。

[113] 史尚宽：《物权法论》，中国政法大学出版社2000年版。

[114] 苏永钦：《民事立法与公私法的接轨》，北京大学出版社2005年版。

[115] 舒国滢等：《法学方法论问题研究》，中国政法大学出版社2007年版。

[116] 宋汝棼：《参加立法工作琐记》（上册），中国法制出版社1994年版。

[117] 宋志红：《集体建设用地使用权流转法律制度研究》，中国人民大学出版社2009年版。

[118] 苏志超：《比较土地政策》，台湾五南图书出版有限公司1999年版。

[119] 孙潮：《立法技术学》，浙江人民出版社1993年版。

[120] 孙弘：《中国土地发展权研究：土地开发与资源保护的新视角》，中国人民大学出版社2004年版。

[121] 孙宪忠：《德国当代物权法》，法律出版社1997年版。

[122] 孙宪忠：《物权法》，社会科学文献出版社2005年版。

[123] 孙宪忠：《争议与思考——物权立法笔记》，中国人民大学出版社2006年版。

[124] 孙宪忠：《中国物权法原理》，法律出版社2003年版。

[125] 孙宪忠：《中国物权法总论》（第二版），法律出版社2009年版。

[126] 孙宪忠主编：《中国物权法：原理释义和立法解读》，经济管理出版社2008年版。

[127] 佟柔主编：《中国民法》，法律出版社1990年版。

[128] 王道勇：《国家与农民关系的现代性变迁——以失地农民为例》，中国人民大学出版社2008年版。

[129] 王利明：《民法总则研究》，中国人民大学出版社2003年版。

[130] 王利明:《物权法论》，中国政法大学出版社 1998 年版。

[131] 王利明:《物权法论》，中国政法大学出版社 2003 年版。

[132] 王利明:《物权法研究》(修订版·上卷)，中国人民大学出版社 2007 年版。

[133] 王利明:《物权法研究》，中国人民大学出版社 2002 年版。

[134] 王胜明:《中华人民共和国物权法解读》中国法制出版社 2007 年版。

[135] 王卫国、王广华:《中国土地权利的法制建设》，中国政法大学出版社 2002 年版。

[136] 王卫国:《中国土地权利研究》，中国政法大学出版社 1997 年版。

[137] 王勇飞:《法学基础理论参考资料》(修订版)(中)，北京大学出版社 1985 年版。

[138] 王禹:《我国村民自治研究》，北京大学出版社 2004 年版。

[139] 王泽鉴:《民法概要》，中国政法大学出版社 2003 年版。

[140] 王泽鉴:《民法物权 (2) 用益物权、占有》，中国政法大学出版社 2001 年版。

[141] 王琢、许滨:《中国农村土地产权制度论》，经济管理出版社 1996 年版。

[142] 王宗非主编:《农村土地承包法释义与适用》，人民法院出版社 2002 年版。

[143] 温丰文:《土地法》(修订版)，台湾正中书局 2006 年版。

[144] 温丰文:《现代社会与土地所有权理论的发展》，台湾五南图书出版公司，1984 年版。

[145] 温铁军:《解构现代化》，广东人民出版社 2004 年版。

[146] 温铁军:《中国农村基本经济制度研究》，中国经济出版社 1999 年版。

[147] 谢朝斌:《解构与嵌合——社会学语境下独立董事法律制度变迁与创新分析》，法律出版社 2006 年版。

[148] 谢晖:《法律信仰的理念与基础》，山东人民出版社 1997 年版。

[149] 谢鹏程:《基本法律价值》，山东人民出版社 2000 年版。

[150] 谢茹:《新中国农地制度述略》，江西人民出版社 1999 年版。

[151] 谢思全等:《转型期中国财产制度变迁研究》，经济科学出版社 2003 年版。

[152] 谢在全:《民法物权论(中)》(修订四版)，台湾新学林出版股份有限公司 2007 年版。

[153] 谢在全：《民法物权论》（上册），台湾三民书局2004年版。

[154] 辛鸣：《制度论——关于制度哲学的理论构建》，人民出版社2005年版。

[155] 熊孟祥等：《台湾土地改革纪实》，台湾文献委员会1989年版。

[156] 徐涤宇：《物权法热点问题讲座》，中国法制出版社2007年版。

[157] 徐勇：《乡村治理与中国政治》，中国社会科学出版社2003年版。

[158] 薛暮桥：《中国社会主义经济问题研究》，人民出版社1979年版。

[159] 颜庆德、雷生春：《台湾土地登记制度之由来与光复初期土地登记之回顾》，台湾内政部1993年版。

[160] 姚瑞光：《民法物权论》，台湾海宇文化事业有限公司1995年版。

[161] 姚洋：《土地、制度和农业发展》，北京大学出版社2004年版。

[162] 尹田：《法国物权法》，法律出版社2009年版。

[163] 于宗先、毛育刚、林卿：《两岸农地利用比较》，社会科学文献出版社2004年版。

[164] 于宗先、王金利：《台湾土地问题——社会问题的根源》，台湾联经出版事业股份有限公司2003年版。

[165] 翟小波：《论我国宪法的实施制度》，中国法制出版社2009年版。

[166] 张广荣：《我国农村集体土地民事立法研究论纲——从保护农民个体土地权利的视角》，中国法制出版社2007年版。

[167] 张静：《基层政权：乡村制度诸问题》，浙江人民出版社2000年版。

[168] 张俊浩：《民法学原理》（修订三版）（上册），中国政法大学出版社2000年版。

[169] 张乐天：《告别理想——人民公社制度研究》，上海人民出版社2005年版。

[170] 张千帆：《宪法学导论：原理与应用》，法律出版社2004年版。

[171] 张维迎：《信息、信任与法律》，生活、读书、新知三联书店，2003年版。

[172] 张晓山：《走向市场：农村的制度变迁与组织创新》，经济管理出版社1996年版。

[173] 张掌然：《问题的哲学研究》，人民出版社2005年版。

[174] 赵曼：《失地农民就业与社会保障问题研究》，中国财政经济出版社2004年版。

[175] 赵震江：《法律社会学》，北京大学出版社1998年版。

[176] 郑子耿、陈慧雄：《股份合作经济通论》，杭州大学出版社1998年版。

[177] 中华人民共和国国家农业委员会办公厅：《农业集体化重要文件汇编(1958～1981)》(下册)，中共中央党校出版社1981年版。

[178] 中华人民共和国司法部、中华人民共和国法规选辑编辑委员会：《中华人民共和国法规选辑》(司法人员必备)，法律出版社1957年版。

[179] 周安平：《性别与法律——性别平等的法律进路》，法律出版社2007年版。

[180] 周煌明：《台湾与大陆土地改革之比较》，台湾文献丛刊，1990年版。

[181] 周林彬、任先行：《比较商法导论》，北京大学出版社2000年版。

[182] 周林彬：《物权法新论》，北京大学出版社2002年版。

[183] 周其仁：《产权与制度变迁》，社会科学文献出版社2002年版。

[184] 周其仁：《产权与制度变迁——中国改革的经验研究》(增订本)，北京大学出版社2004年版。

[185] 周其仁：《收入是一连串事件》，北京大学出版社2006年版。

[186] 朱淑卿：《从财产权观点论台湾之农村土地改革》，台湾，1991年版。

[187] 朱岩等：《中国物权法评注》，北京大学出版社2007年版。

[188] 朱应平：《论平等权的宪法保护》，北京大学出版社2004年版。

[189] 左平良：《土地承包经营权流转法律问题研究》，中南大学出版社2007年版。

[190] 朱冬亮：《社会变迁中的村级土地制度——闽西北将乐县安仁乡个案研究》，厦门大学出版社2003年版。

[191]《马克思恩格斯选集》(第1卷)，人民出版社1995年版。

[192]《马克思恩格斯选集》(第3卷)，人民出版社1972年版。

[193]《台湾私法第一卷·日治时代临时台湾旧惯调查会第一部调查第三回报告书》，陈金田译，台湾文献丛刊，1990年版。

[194]《学说汇纂》(第8卷)，陈汉译，[意] 纪尉民校，中国政法大学出版社2009年版。

[195]《学说汇纂》(第1卷)，罗智敏译，[意] 纪尉民校，中国政法大学出版社2008年版。

[196] [德] 鲍尔、施蒂尔纳：《德国物权法》(上册)，张双根译，法律出版社2004年版。

[197] [德] 迪特尔·施瓦布：《民法导论》，郑冲译，法律出版社2006年版。

[198]［德］霍恩：《法律科学与法哲学导论》，罗莉译，法律出版社 2005 年版。

[199]［德］卡尔·拉伦茨：《法学方法论》，陈爱娥译，商务印书馆 2003 年版。

[200]［德］克劳斯·丹宁格：《促进增长与缓解贫困的土地政策》，贺达水、张惠东译，中国人民大学出版社 2007 年版。

[201]［德］拉德布鲁赫：《法学导论》，米健、朱林译，中国大百科全书出版社 1997 年版。

[202]［德］耶林：《为权利而斗争》，胡宝海译，中国法制出版社 2004 年版。

[203]［法］勒内·达维：《当代主要法律体系》，漆竹生译，上海译文出版社 1986 年版。

[204]［法］泰雷、森勒尔：《法国财产法》（下卷），罗结珍译，中国法制出版社 2008 年版。

[205]［美］本杰明·卡多佐：《司法过程的性质》，苏力译，商务印书馆，1998 年版。

[206]［美］布赖恩·比克斯：《法理学：理论与语境》，邱昭继译，法律出版社 2008 年版。

[207]［美］道格拉斯·C·诺思：《制度、制度变迁与经济绩效》，杭行译，格致出版社、上海三联出版社、上海人民出版社 2008 年版。

[208]［美］道格拉斯·C·诺思：《制度变迁理论纲要》，上海人民出版社 1995 年版。

[209]［美］霍贝尔：《原始人的法》，严存生译，法律出版社 2006 年版。

[210]［美］克里斯特曼：《财产的神话：走向平等主义的所有权理论》，张绍宗译，广西师范大学出版社 2004 年版。

[211]［美］理查德·A·波斯纳：《法律的经济分析》，蒋兆康译，中国大百科全书出版社 1997 年版。

[212]［美］理查德·派普斯：《财产论》，蒋琳琦译，经济科学出版社 2003 年版。

[213]［美］罗伯特·C·埃里克森：《无需法律的秩序—邻人是如何解决纠纷》，苏力译，中国政法大学出版社 2003 年版。

[214]［美］罗斯科·庞德：《法律史解释》，曹玉堂、杨知译，华夏出版社 1989 年版。

[215]［美］迈克尔·D. 贝勒斯：《法律的原则——一个规范的分析》，张

文显等译，中国大百科全书出版社 1996 年版。

[216] [美] 詹姆斯·C·斯科特：《弱者的武器》，郑广怀、张敏、何江穗译，译林出版社 2007 年版。

[217] [日] 大木雅夫：《比较法》，范愉译，法律出版社 1999 年版。

[218] [日] 石田文次郎：《土地总有权史论》，印斗如译，台北出版社 1970 年版。

[219] [日] 四宫和夫：《日本民法总则》，唐晖、钱孟珊译，台湾五南图书出版有限公司，1995 年版。

[220] [意] 彼德罗·彭梵得：《罗马法教科书》，黄风译，中国政法大学出版社 1992 年版。

[221] [意] 桑德罗·斯奇巴尼选编：《正义与法》，黄风译，中国政法大学出版社 1992 年版。

[222] [英] E·F·舒马赫：《小的是美好的》，虞鸿钧、郑关林译，商务印书馆 1985 年版。

[223] [英] F·H·劳森、B·拉登：《财产法》，施天涛等译，中国大百科全书出版社 1998 年版。

[224] [英] 安东尼·吉登斯：《社会的构成》，三联书店 1998 年版。

[225] [英] 边沁：《道德与立法原理导论》，时殷弘译，商务印书馆 2000 年版。

[226] [英] 戴维·M·沃克：《牛津法律大辞典》，北京社会与科技发展研究所组织翻译，光明日报出版社 1988 年版。

[227] [英] 丹宁勋爵：《法律的训诫》，杨百揆、刘庸安译，法律出版社 1999 年版。

[228] [英] 弗兰克·艾利思：《农民经济学——农民家庭农业和农业发展》（第二版），胡景北译，上海人民出版社 2006 年版。

[229] [英] 哈·麦金德：《历史的地理枢纽》，林尔蔚、陈江译，商务印书馆 2007 年版。

法典类：

[1]《阿尔及利亚民法典》，尹田译，中国法制出版社金桥文化出版（香港）有限公司 2002 年版。

[2]《埃塞俄比亚民法典》，薛军译，中国法制出版社 2002 年版。

[3]《德国民法典》，陈卫佐译注，法律出版社 2004 年版。

[4]《法国民法典》，罗结珍译，法律出版社 2005 年版。

[5]《荷兰民法典》，王卫国主译，中国政法大学出版社2007年版。

[6]《蒙古国民法典》，海棠、吴振平译，中国法制出版社、金桥文化出版（香港）有限公司2002年版。

[7]《日本民法典》，王书江译，中国法制出版社2000年版。

[8]《瑞士民法典》，殷生根、王燕译，中国政法大学出版社1999年版。

[9]《意大利民法典》，费安玲、丁玫译，中国政法大学出版社1997年版。

[10]《越南社会主义共和国民法典》，吴尚芝译，中国法制出版社、金桥文化出版（香港）有限公司2002年版。

[11]《智利民法典》，徐涤宇译，金桥文化出版（香港）有限公司2002年版。

中文论文类：

[1] 艾建国：《论土地承包经营权如何真正成为农民的财产权》，载《华中师范大学学报》（哲学社会科学版）2005年第7期。

[2] 蔡守秋：《土地资源权与土地资源有偿使用》，载漆多俊主编：《经济法论丛》（第1卷），中国方正出版社1999年版。

[3] 蔡继明：《中国土地制度改革论要》，载《东南学术》2007年第3期。

[4] 蔡明诚：《公用地役关系类推适用民法取得时效规定之探讨——从最高行政法院九十二年度判字一一二四号判决谈起》，载《月旦法学杂志》2005年第12期。

[5] 曹诗权、陈小君、高飞：《传统文化的反思与中国民法法典化》，载《法学研究》1998年第1期。

[6] 曹务坤：《完善农村土地承包经营权继承制度》，载《重庆工学院学报》（社会科学版）2007年第5期。

[7] 曹玉香：《农村宅基地节约集约利用问题研究》，载《农村经济》2009年第8期。

[8] 常红晓、苏丹丹：《“农地入市”开闸》，载《财经》2008年第18期。

[9] 陈柏峰：《宅基地限制交易的正当性》，载《中外法学》2007年第4期。

[10] 陈苇、杜江涌：《中国农村妇女土地使用权与物权法保障研究》，载陈苇主编：《家事法研究》（2005年卷），群众出版社2006年版。

[11] 陈祥英、李海金：《乡镇政府指导、支持和帮助村委会工作的行为模式、存在问题及原因分析——湖北省咸宁市、随州市、襄樊市调研报告》，载徐勇主编：《中国农村研究》（2008年卷·上），中国社会科学出版社2009年版。

[12] 陈小君等：《后农业税时代农地权利体系与运行机理研究论纲》，载《法律科学》2010年第1期。

[13] 陈小君、高飞、耿卓：《新形势下农地制度、负担福利及农村社会发展的现实考察与思考——以湖北省、贵州省调研为样本》，载《私法研究》第7卷，法律出版社2009年版。

[14] 陈小君、麻昌华、徐涤宇：《农村妇女土地承包权的保护和完善——以具体案例的解析为分析》，载《法商研究》2003年第3期。

[15] 陈小君：《论传统民法中的用益物权及其现实意义》，载《法商研究》1995年第4期。

[16] 陈小君：《农村土地制度的物权法规范解析——学习〈关于推进农村改革发展若干重大问题的决定〉后的思考》，载《法商研究》2009年第1期。

[17] 陈小君：《农地法律制度在后农业税时代的挑战和回应》，载《月旦民商法》第16期。

[18] 陈小君：《我国民法典：序编还是总则》，载《法学研究》2004年第6期。

[19] 陈小君：《新土改应突出农民主体意识》，载《南方农村报》2008年10月9日。

[20] 陈健：《土地用益物权制度研究》，中国政法大学博士学位论文，1999年。

[21] 陈英：《法国农业现代化及其对我国农业发展的启示》，载《学术论坛》2005年第5期。

[22] 程晓农：《三农问题触发政改需要》，载《南风窗》2000年第4期。

[23] 程宗璋：《关于农村土地承包经营权继承的若干问题》，载《中国农村经济》2002年第7期。

[24] 程宗璋：《农村土地承包经营权的继承问题》，载《新视野》2002年第3期。

[25] 程宗璋：《农用土地的所有权问题研究》，载《中州学刊》2003年第1期。

[26] 崔建远：《地役权的解释论》，载《法学杂志》2009年第2期。

[27] 崔建远：《土地上的权利群论纲》，载《中国法学》1998年第2期。

[28] 崔建远：《土地上的权利群论纲——我国物权立法应重视土地上权利群的配置与协调》，载《中国法学》1998年第2期。

[29] 戴炎辉、张胜彦：《清代台湾汉人社会的土地型态》，载张炎宪主编：《历史文化与台湾1》，台湾风物杂志社，1992年版。

[30] 邓大才：《农地改革的逻辑、路径与模式——中国农村土地制度30

年》，载徐勇主编：《中国农村研究》（2008年卷·上），中国社会科学出版社2009年版。

［31］丁关良：《土地承包经营权若干问题的法律思考——以〈农村土地承包法〉为主要分析依据》，载《浙江大学学报》（人文社会科学版）2004年第3期。

［32］丁慧、付媛：《在我国立法中植入社会性别视角的路径》，载黄列主编：《性别平等与法律改革——性别平等与法律改革国际研讨会论文集》，中国社会科学出版社2009年版。

［33］杜伟：《关于我国农村土地股份合作制的制度经济学分析》，载《农村经济》2006年第4期。

［34］费安玲：《1942年〈意大利民法典〉的产生及其特点》，载《比较法研究》1998年第1期。

［35］冯昌中：《我国征地制度变迁》，载《中国土地》2001年第9期。

［36］冯新富：《我国集体林权制度存在问题及原因分析》，载《林业建设》2009年第1期。

［37］高飞：《集体土地所有权主体制度完善的意义探析》，载《中国集体经济》2009年第7期。

［38］高飞：《集体土地所有权主体制度研究》，中南财经政法大学博士学位论文，2000年。

［39］高飞：《集体土地所有权主体制度运行状况的实证分析——基于全国10省30县的调查》，载《中国农村观察》2008年第6期。

［40］高飞：《论集体土地所有权主体立法的价值目标与功能定位》，载《中外法学》2009年第6期。

［41］高飞：《论集体土地所有权主体之民法构造》，载《法商研究》2009年第4期。

［42］高飞：《我国集体土地所有权主体的法律界定——一个法解释论的视角》，载张海燕主编：《山东大学法律评论》（第六辑），山东大学出版社2009年版。

［43］高飞：《也谈物权法平等保护财产权的宪法依据——与童之伟教授商榷》，载《法学》2006年第10期。

［44］高圣平、刘守英：《〈物权法〉视野下的〈土地管理法〉》修改，载《中国土地科学》2008年第7期。

［45］高圣平、刘守英：《宅基地使用权初始取得制度研究》，载《中国土地科学》2007年第2期。

[46] 高圣平、严之：《从“长期稳定”到“长久不变”：土地承包经营权性质的再认识》，载《云南大学学报》（法学版）2009 年第 4 期。

[47] 高圣平：《从完善土地承包经营权权能的视角看土地承包经营权的抵押》，载《南昌大学学报》（哲学社会科学版）2009 年第 1 期。

[48] 葛云松：《物权法的扯淡与认真》，载《中外法学》2006 年第 1 期。

[49] 耿文静：《对农村土地使用权的可继承性分析》，载《理论学刊》2005 年第 1 期。

[50] 耿卓：《农地承包经营权流转自由之实现》，载《甘肃政法学院学报》2009 年第 1 期。

[51] 关涛：《我国土地所有权制度对民法典中物权立法的影响》，载《法学论坛》2006 年第 2 期。

[52] 郭继：《家庭土地承包经营权设立模式的立法选择——以法经济学和法社会学交叉为视角》，载《安徽大学学报》（哲学社会科学版）2010 年第 1 期。

[53] 郭明瑞：《物权登记应采用对抗效力的几点理由》，载《法学杂志》2005 年第 4 期。

[54] 郭星华、王平：《中国农村的纠纷与解决途径——关于中国农村法律意识与法律行为的实证研究》，载《社会学研究》2008 年第 4 期。

[55] 韩光明：《不动产相邻关系规则分析》，中国政法大学博士学位论文，2006 年。

[56] 韩光明：《民法上相邻关系的界定——兼论法律概念的制作》，载《北方法学》2008 年第 5 期。

[57] 韩洪今：《我国农村土地承包经营权的缺陷与完善》，载《黑龙江社会科学》2005 年第 1 期。

[58] 韩俊：《中国农村土地制度建设三题》，载《管理世界》1999 年第 3 期。

[59] 韩芳丽：《农村土地承包经营权若干问题的法律思考》，载《安徽警官职业学院学报》2006 年第 1 期。

[60] 韩鹏、许惠渊：《日本农地制度的变迁及其启示》，载《世界农业》2002 年第 12 期。

[61] 韩松：《集体所有权研究》，载王利明主编：《物权法专题研究》（上），吉林人民出版社 2002 年版。

[62] 韩松：《论集体所有权的性质》，载《河北法学》2001 年第 1 期。

[63] 韩志才：《土地承包经营权继承问题的若干探究》，载《科学社会主

义》2007年第3期。

[64] 何碧欣:《农村土地承包经营权入股法律问题研究》, 西南政法大学硕士学位论文, 2008年。

[65] 贺佃奎:《农村土地征收的权力行使限制和权利保护机制》, 载《河南科技大学学报》(社会科学版) 2005年第3期。

[66] 贺东航:《农村林权制度改革和土地制度改革比较》, 载《华中师范大学学报》(人文社会科学版) 2009年第3期。

[67] 贺卫方:《中国司法管理制度的两问题》, 载《中国社会科学》1997年第6期。

[68] 洪浩:《非讼方式: 农村民事纠纷解决的主要途径》, 载《法学》2006年第11期。

[69] 侯华丽、杜舰:《土地发展权与农民权益的维护》, 载《农村经济》2005年第11期。

[70] 胡君、莫守忠:《集体土地所有权主体的反思与重构》, 载《行政与法》2005年第12期。

[71] 胡兰玲:《土地发展权论》, 载《河北法学》2002年第2期。

[72] 胡吕银:《集合所有: 一种新的共有形式——以集体土地所有权为研究对象》, 载《扬州大学学报》(人文社会科学版) 2006年第1期。

[73] 胡吕银:《在超越的基础上实现回归——实现集体土地所有权的理论、思路和方式研究》, 载《法商研究》2006年第6期。

[74] 胡书东:《社会转型时期的农业问题和农业政策选择》, 载《社会科学战线》1998年第1期。

[75] 胡侠、苏晓芳:《论农家乐占用农村宅基地现象的合法性》, 载《西昌学院学报》(社会科学版) 2007年第3期。

[76] 黄荣华:《农村地权研究: 1949~1983——以湖北省新洲县为个案的考察》, 复旦大学博士学位论文, 2004年。

[77] 黄少安:《从家庭承包制的土地经营权到股份合作制的准土地股权》, 载《经济研究》1995年第7期。

[78] 黄运焘:《农村土地承包经营权立法若干理论问题探讨》, 载《华东理工大学学报》(社会科学版) 2004年第3期。

[79] 季禾禾、周生路、冯昌中:《试论我国农地发展权定位及农民分享实现》, 载《经济地理》2005年第2期。

[80] 贾生华:《农村土地制度创新: 股份所有、租赁经营》, 载《经济问题探索》1989年第3期。

[81] 蒋省三、刘守英：《土地资本化与农村工业化——广东省佛山市南海经济发展调查》，载《经济学》（季刊）2004年第4期。

[82] 蒋省三等：《土地制度改革与国民经济成长》，载《管理世界》2007年第9期。

[83] 梁慧星：《我国民法的基本原则》，载《中国法学》1987年第4期。

[84] 廖霞林：《我国"农家乐"用地问题的法律思考》，载《理论月刊》2008年第12期。

[85] 赖志忠：《论农村集体土地发展权的归属》，载《南方农村》2009年第2期。

[86] 蓝海：《从经济全球化视野重新审视中国的"三农"问题》，载《湖北社会科学》2004年第7期。

[87] 李珂、高晓巍：《发达国家农村土地流转的经验及对中国的启示》，载《世界农业》2009年第6期。

[88] 李安刚、张龙：《土地公有制度下的地役权问题探讨》，载《当代法学》2002年第1期。

[89] 李连祺、魏双：《大国背景下俄罗斯土地使用制度变革述评》，载《黑龙江省政法管理干部学院学报》2008年第5期。

[90] 李祖全：《农地发展权之发展建构——以私权为研究视点》，载《时代法学》2009年第1期。

[91] 梁治平：《乡土社会中的法律和秩序》，载王铭铭等主编：《乡土社会的秩序、公正和权威》，中国政法大学出版社1997年版。

[92] 林明锵等：《既成道路法律问题研讨会》，载《月旦法学杂志》2004年第8期。

[93] 林淑美：《日本领台初期的土地改革与其资本在台发展之关联》，载《现代学术研究专刊6》，台湾财团法人现代学术研究基金会，1994年。

[94] 林苇：《论农村承包地调整》，中南财经政法大学博士学位论文，2009年。

[95] 林毅夫：《关于制度变迁的经济学理论：诱致性变迁与强制性变迁》，载［美］R·科斯、A·阿尔钦、D·诺斯等：《财产权利与制度变迁——产权学派与新制度学派译文集》，胡庄君等译，上海三联书店、上海人民出版社1994年版。

[96] 刘国臻：《论美国的土地发展权制度及其对我国的启示》，载《法学评论》2007年第3期。

[97] 刘国臻：《论英国土地发展权制度及其对我国的启示》，载《法学评论》2008年第4期。

［98］刘国臻：《中国土地发展权论纲》，载《学术研究》2005 年第 10 期。

［99］刘恒妏：《台湾法律史上国家法律体系对民间习惯规范之介入：以台湾"典"规范之变迁为例》，台湾大学法律研究所硕士论文，1995 年。

［100］刘克春、林坚：《农地承包经营权市场流转与行政性调整：理论与实证分析——基于农户层面和江西省实证研究》，载《数量经济技术经济研究》2005 年第 11 期。

［101］刘茂林、梁成意：《论宪法的物权法诉求——以〈物权法（草案）〉中的农村集体所有土地为例》，载刘茂林主编：《公法评论》（第 4 卷），北京大学出版社 2007 年版。

［102］刘明明：《论我国土地发展权的归属和实现》，载《农村经济》2008 年第 10 期。

［103］刘田：《想想农民利益——关于农民土地财产权的历史思考》，载《中国土地》2001 年第 9 期。

［104］刘云生：《集体所有权的身份歧向与价值悖离》，载《社会科学研究》2007 年第 2 期。

［105］刘运梓：《英国几百年来农场制度的变化》，载《世界农业》2006 年第 12 期。

［106］刘正平：《关于承包经营权可否为继承客体的问题分析》，载《法制与社会》2008 年第 3 期。

［107］路斐：《土地承包经营制度结构研究——以回归物权本质为内涵》，中南财经政法大学博士论文，2009 年。

［108］吕来明：《从归属到利用——兼论所有权理论结构的更新》，载《法学研究》1991 年第 6 期。

［109］马俊驹：《合作社与集体所有权》，载《吉林大学社会科学学报》1993 年第 5 期。

［110］马德安：《农业生产组织管理形式要由生产力发展水平决定——关于包产到户问题》，载《经济研究》1998 年第 1 期。

［111］马栩生：《登记公信力：基础透视与制度建构》，载《法商研究》2006 年第 4 期。

［112］毛丹、王萍：《村级组织的农地调控权》，载《社会学研究》2004 年第 6 期。

［113］梅东海：《社会转型期的中国农村土地冲突分析——现状、类型与趋势》，载《东南学术》2008 年第 6 期。

［114］孟勤国：《物权法开禁农村宅基地交易之辨》，载《法学评论》2005

年第 4 期。

[115] 孟祥仲：《对农村自留地制度的产权分析》，载《理论学刊》2004 年第 3 期。

[116] 聂佳：《中国土地承包经营权设立登记评析》，载《现代法学》2008 年第 4 期。

[117] 潘春尚、陈晓文：《农地流转秩序化的思考》，载《现代法学》1997 年第 1 期。

[118] 裴小林：《集体土地所有制对中国经济转轨和农村工业化的贡献》，载黄宗智主编：《中国乡村研究》（第一辑），商务印书馆，2003 年版。

[119] 彭诚信：《我国土地公有制度对相邻权的影响》，载《法商研究》2000 年第 1 期。

[120] 綦好东：《我国现行农地产权结构的缺陷及重构的实证分析》，载《农业经济问题》1998 年第 1 期。

[121] 秦晖：《"优化配置?" "土地福利?"——关于农村土地制度的思考》，载《新财经》2001 年第 8 期。

[122] 秦晖：《马克思主义农民理论的演变与发展》，载武力、郑有贵主编：《解决"三农"问题之路》，中国经济出版社 2004 年版。

[123] 丘国中：《论土地承包经营权中登记的法律效力》，载《广东商学院学报》2007 年第 6 期。

[124] 尚峰：《论土地承包制度的法律调整》，载《经济与法》1991 年第 12 期。

[125] 邵彦敏：《"主体"的虚拟与"权利"的缺失——中国农村集体土地所有权研究》，载《吉林大学社会科学学报》2007 年第 4 期。

[126] 申静、陈静：《村庄的"弱监护人"：对村干部角色的大众视角分析——以鲁南地区农村实地调查为例》，载《中国农村观察》2001 年第 5 期。

[127] 申卫星：《从〈物权法〉看物权登记制度》，载《国家检察官学院学报》2007 年第 3 期。

[128] 申卫星：《地役权制度的立法价值与模式选择》，载《现代法学》2004 年第 5 期。

[129] 申欣欣：《宅基地使用权审批制度研究》，载《中国农业大学学报》（社会科学版）2006 年第 1 期。

[130] 沈守愚：《论设立农地发展权的理论基础和重要意义》，载《中国土地科学》1998 年第 1 期。

[131] 束景陵：《试论农村集体土地所有权主体不明确之克服》，载《中共中央党校学报》2006 年第 3 期。

[132] 宋红松：《农地承包制的变迁与创新》，载王利明主编：《物权法专题研究》（下），吉林人民出版社 2002 年版。

[133] 苏永钦：《重建役权制度》，载《月旦法学杂志》第 65 期。

[134] 孙宪忠：《确定我国物权种类以及内容的难点》，载《法学研究》2001 年第 1 期。

[135] 孙宪忠：《物权法基本范畴及主要制度的反思（上）》，载《中国法学》1999 年第 5 期。

[136] 田洪涛、张万博、刘全保：《法律应允许农村土地承包经营权抵押》，载《河北金融》2007 年第 12 期。

[137] 田野：《中国农村土地流转的现状、问题及对策研究》，载《经济师》2004 年第 8 期。

[138] 田雨露：《关注失地农民的新动向》，载《改革内参》2009 年第 18 期。

[139] 佟柔：《我国民法科学在新时期的历史任务》，载陶希晋主编：《民法文集》，山西人民出版社 1985 年版。

[140] 汪闻锋：《关于农村相邻关系纠纷案件的调研报告》，载《当代学术论坛》2007 年第 10 期。

[141] 王德庆：《清代土地买卖中的“除留”习惯——以陕西紫阳契约与诉讼为例》，载《唐都学刊》2006 年第 2 期。

[142] 王利明、易军：《改革开放以来的中国民法》，载《中国社会科学》2008 年第 6 期。

[143] 王利明：《关于物权法草案中确立的不动产物权变动模式》，载《法学》2005 年第 8 期。

[144] 温世扬、武亦文：《土地承包经营权转让刍议》，载《浙江社会科学》2009 年第 2 期。

[145] 吴小雨、叶依广：《农村土地制度改革与农村经济发展》，载《农村经济》2005 年第 8 期。

[146] 王世玲：《土地承包经营权抵押应该慎行》，载《农产品市场周刊》2009 年第 19 期。

[147] 王蜀黔：《俄罗斯联邦土地物权法律制度评介》，载《环球法律评论》2008 年第 2 期。

[148] 王蜀黔：《论中国农村土地承包经营权的继承》，载《贵州师范大学学报》（哲学社会科学版）2007 年第 5 期。

[149] 王铁雄：《集体土地所有权制度之完善——民法典制定中不容忽视的问题》，载《法学》2003 年第 2 期。

[150] 王小刚：《中国农村土地征收：问题、原因及改革方向》，载《兰州商学院学报》2009年10月总第25卷第5期。

[151] 王竹青：《社会性别视角下的农村妇女土地权益保护》，载《农村经济》2007年第3期。

[152] 魏家弘：《台湾土地所有权概念的形成过程：从业到所有权》，台湾大学法律研究所硕士学位论文，1996年。

[153] 伍静：《地役权立法价值及其制度构造研究》，四川大学法学院硕士学位论文，2006年。

[154] 肖承晟：《公物的二元产权结构——公共地役权及其设立的视角》，载《浙江学刊》2008年第4期。

[155] 肖方扬：《集体土地所有权的缺陷及完善对策》，载《中外法学》1999年第4期。

[156] 邢培泉：《我国不动产物权登记效力的立法选择》，载《河南大学学报》（社会科学版）2006年第11期。

[157] 徐国栋：《市民社会与市民法——民法的调整对象研究》，载《法学研究》1994年第4期。

[158] 徐昕：《论私力救济与公力救济的交错——一个法理的阐释》，载《法制与社会发展》2004年第4期。

[159] 徐昕：《为什么私力救济》，载《中国法学》2003年第6期。

[160] 徐勇：《社会化小农：解释当今农户的一种视角》，载《学术月刊》2006年第7期。

[161] 徐勇：《再识农户与社会化小农的建构》，载《中国乡村发现》2008年第3期。

[162] 薛军：《"法典"的概念》，载徐国栋主编：《罗马法与现代民法》第2卷，中国法制出版社2004年版。

[163] 薛军：《两种市场观念与两种民法模式——"社会主义市场经济"的民事立法政策内涵之分析》，《法制与社会发展》2008年第5期。

[164] 杨大德：《论台湾农地管制与农地财产权之保障》，台湾大学法律学研究所硕士学位论文，2000年。

[165] 杨立新、王竹：《解释论视野下的〈物权法〉第166条和第167条——兼评用益物权编"不动产即土地"定势思维》，载《河南省政法管理干部学院学报》2008年第1期。

[166] 杨明洪、刘永湘：《压抑与抗争：一个关于农村土地发展权的理论分析框架》，载《财经科学》2004年第6期。

[167] 杨一介：《农村宅基地制度面临的问题》，载《中国农村观察》2007年第5期。

[168] 杨一介：《农地制度变迁对物权立法的影响》，载王利明主编：《物权法专题研究》(下)，吉林人民出版社2002年版。

[169] 杨子、赖基仁、吴宗勉：《有关土地转让问题的三个案例》，载《乡镇论坛》2004年第7期。

[170] 于海涌：《法国不动产登记对抗主义中的利益平衡——兼论我国物权立法中不动产物权变动模式之选择》，载《法学》2006年第2期。

[171] 于建嵘：《当代中国农民的以法抗争》，载《社会学研究》2004年第2期。

[172] 于建嵘：《土地问题已成为农民维权抗争的焦点》，载《调研世界》2005年第3期。

[173] 于建嵘：《新农村建设理论与实践：农地制度改革路径与思考》，载《东南学术》2007年第3期。

[174] 袁铖：《人地矛盾化解：农村土地制度创新的关键》，载《贵州财经学院学报》2007年第2期。

[175] 臧俊梅：《农地发展权的创设及其在农地保护中的运用研究》，载南京农业大学博士学位论文，2007年。

[176] 翟羽艳：《俄罗斯物权立法的现代化进程》，载《俄罗斯中亚东欧研究》2006年第6期。

[177] 张全印、李代福：《浅谈农地三元所有制》，载《中国土地》1999年第9期。

[178] 张安录：《城乡生态交错区农地城市流转的机制与制度重新》，载《中国农村经济》1999年第7期。

[179] 张家勇：《不动产物权登记效力模式之探究——兼评〈中华人民共和国物权法(草案)〉的相关规定》，载《法商研究》2006年第5期。

[180] 张锐：《中国农村土地残缺及农地制度的创新》，载《宁夏社会科学》1996年第1期。

[181] 张笑寒：《农村土地股份合作社：运行特征、现实困境和出路选择——以苏南上林村为个案》，载《中国土地科学》2009年第2期。

[182] 张笑寒：《农村土地股份合作制的若干问题思考》，载《调研世界》2009年第5期。

[183] 张新光：《法国的农业现代化道路》，载《社会主义论坛》2009年第6期。

[184] 张新光：《建国以来集体林权制度变迁及政策绩效评价——以大别山区的河南省新县为例》，载《甘肃社会科学》2008 年第 1 期。

[185] 张询书：《农村土地承包经营权入股的风险问题分析》，载《乡镇经济》2008 年第 1 期。

[186] 张云平、刘凯湘：《所有权的人性根据》，载《中外法学》1999 年第 2 期。

[187] 赵晓力：《中国近代农村土地交易中的契约、习惯与国家法》，载《北大法律评论》(第 1 卷 · 第 2 辑)，法律出版社 1999 年版。

[188] 周诚：《“涨价归农”还是“涨价归公”》，载《中国改革》2006 年第 1 期。

[189] 周诚：《土地增值分配应当“私公共享”》，载《中国改革》2006 年第 5 期。

[190] 周云涛、张国栋：《跳出地役权看地役——一种历史的、体系的视角》，载杨立新主编：《民商法理论争议问题——用益物权》，中国人民大学出版社 2007 年版。

[191] 朱柏松：《论袋地通行权与公用地役权之关系》，载《月旦民商法杂志》2004 年第 6 期。

[192] 朱金鹏：《农业合作化和集体化时期农村自留地制度的演变》，载《当代中国史研究》2009 年第 5 期。

[193] 祝灵君、聂进：《公共性与自利性：一种政府分析视角的再思考》，载《社会科学研究》2002 年第 2 期。

[194] “农村土地问题立法研究”课题组：《农村土地法律制度运行的现实考察——对我国 10 个省调查的总报告》，载《法商研究》2010 年第 1 期。

[195] [德] 基尔希曼：《作为科学的法学的无价值性》，赵阳译，载《比较法研究》2004 年第 1 期。

[196] [摩尔多瓦] Sergiu GOJINETCHI：《摩尔多瓦对农村土地制度的立法概况》，载《“农村土地立法问题：国际经验与中国实践”国际研讨会论文集》，中南财经政法大学中国农村土地法律制度研究中心，2008 年。

[197] [阿根廷] Claudio Marcelo Kiper：《阿根廷农牧业土地的利用、收益和开发的法律形式》，载《“农村土地立法问题：国际经验与中国实践”国际研讨会论文集》，中南财经政法大学中国农村土地法律制度研究中心，2008 年。

[198] [葡萄牙] Mariada Glória Garcia：《葡萄牙农地法律制度的演变》，载《“农村土地立法问题：国际经验与中国实践”国际研讨会论文集》，中南财经政法大学中国农村土地法律制度研究中心，2008 年。

外文文献：

［1］ Alberto Germanò, Eva Rook Basile, Dirittoagrario, Giappichelli, 2006.

［2］ Cameradei Deputati, L'affittodifondirusticineipaesidellacomunità Europea, Roma, 1975.

［3］ D. R. Denman, The Social Character of the Ownership of Rural Land in England, in Contributi perlostudio deldiritt oagrariocomparator, Giuffrè, 1963.

［4］ E. Casadei, Lasalvaguadiadelladestinazioneeconomicadeifondiogettodiconcessioneagraria, in Proprietà egestione produttivadellaterra, 2°tavolarotondaitalo-polacca, Giuffrèeditore.

［5］ Elizabeth Byers, Karin Marchetti Ponte, The Conservation Easement Handbook, 2ndedition. Land Trust Alliance, Washington, D. C. , and The Trustfor Public Land, SanFrancisco, California, USA. , 2005.

［6］ Emilio Romagnoli, voce Riformafondiaria, in Digesto, Disciplineprivatistiche, sezionecivile, XVII, UTET.

［7］ Franz Fischler, IrisultatiedilfuturodellaPAC. CosaaccadràdopoCancun, inNuovodirittoagrario, 1/2003.

［8］ Giovanni Carrara, SergioVentura, voce Fondirustici, in Novissimo Digesto Italiano, VII, VTET, 1957.

［9］ Giovanni Galloni, voce Fondorustico, in Digestodelledisciplineprivatistiche, sezionecivile, VIII, UTET, 1998. http：//www. chinalawinfo. com/fxyj/fxmj/jurists/fanyu/lunwen3/1. asp.

［10］ Mario Trimarchi, Proprietàeindennitàdiespropriazione, in Europaedirittoprivato, 4/2009.

［11］ Olmi, voce Agricolturaindirittocomunitario, inDig. IVed. , sez. pubbl. , Vol. I, Torino, 1987.

［12］ Paul Guichonnet, Comunitàdivillaggioeproprietàcollettivainfrancia, inComunitàdivillaggioeproprietà collettiveinItaliaeinEuropea：ContributialSimposiointernazionalediPievediCadore, 15－16settembre1986, CEDAM, 1990.

［13］ R. Garofoli, G. Ferrari, Codicedell'espropriazione, Neldirittoeditore, 2008.

［14］ António Tavares, Canthe Market Be Usedto Preserve Land? ——The Casefor Transferof Development Rights, EUROPEANREGIONALSCIENCEASSOCIATIONCONGRESS, 2003.

后　记

我国农村改革30年以来，虽然农业农村的发展取得了举世瞩目的成就，但相对工业，农业发展迟缓；相对城市，农村经济凋敝；相对城镇居民，农民生活贫困，“三农”问题已经成为国民经济持续健康发展的障碍和以科学发展观统领经济社会发展全局、建设社会主义新农村、推进社会主义和谐社会建设面临的重大难题。在全面建设小康社会的关键时期，准确把握国内外形势，顺应时代要求，根据我国国情建立农地权利法律体系，完善农地立法无疑是解决“三农”问题的基本制度保障，是贯彻落实科学发展观、建设和谐社会和社会主义新农村的基本环节和重要基础。有鉴于此，我们这个团队早在20世纪末就开始关注并研究农村土地法律制度，其间我们没有自我设限，未以流行的法律模式和理论去“套”中国农村土地法律制度所表现出的各种复杂情况，而是高度重视农村土地立法的国情基础，故自2002年起坚持每年走向田间地头以深入了解现行农地法律和政策的实际运行状况，从而在法律界较早持续开展了大规模的农村田野实证调查，积累了调查和研究的丰富经验。此种实证研究的路线，挑战了目前法学的主流研究范式，取得了众多令人欣喜的数据和素材，并以此为基础形成了说服力较强的研究成果，受到了学术界、实务界的肯定。正是以团队多年前期研究工作为基础，我们于2005年承担了该重大课题攻关项目。

该项目的研究延续并深化了我们的一贯风格：在研究选题上，紧扣时代主题，紧贴社会现实，注重并了解中国国情，这是研究中国独特“三农”问题的必然要求和首要前提；在研究方法上，坚持沿社会实证研究的路子，以求获取第一手研究资料；在研究思路上，表现为立足调研，分专题系统深入研究各类问题，力求研究结论和立法建议的可操作意义；在研究的核心指导思想上，从“不与民争利”、“让利于民”的论证过渡到更注重坚持以人为本、“还权于民”的制度精神上，并强调以农民主体性的充分彰显为目标，以农地问题的整体性思考为工具，以妥当、务实的研究态度为保障，这些正是中国农村土地问题的复杂性、多面性、影响大和涉及面广泛等诸多特质所决定的。

在项目研究过程中，我们于2007~2008年先后对江苏、山东、广东、湖北、湖南、河南、山西、四川、贵州、黑龙江10个农业发展水平不一的省份的30个县（市、区）90多个乡（镇）的1 800个农户及部分乡镇干部做了深入的问卷调查和访谈。此次调查内容广泛，涉及农地所有权的归属状况，土地承包经营权的取得、调整、流转的现状，农地的利用和保护情况，土地征收中存在的问题，宅基地使用权取得、流转情况，农地纠纷的主体、成因及其解决途径，农村妇女土地权益的保护以及农村社会保障、公益事业管理等问题。

2008年年底，十七届三中全会对农村制度建设和创新作了全面部署，为准确深入了解此次会议关于农村土地问题的政策对土地承包经营权流转、宅基地使用权流转的影响，以及实践中自留地（山）使用权和集体土地所有权实现等相关问题，课题组于2009年7月至8月对黑龙江、山东、湖北和贵州4省的8个县（市、区）24乡48个村480个农户进行了新一轮的调查。与此同时，我们还持续性与课题在贵州省湄潭、金沙，黑龙江省克山，湖北省监利、江夏设立的调研基地和调研观测点保持密切联系，从而长期、深入、系统地对农村土地法律制度在农村社会运行的实然状况进行了观察和探析。

本项目研究成果是以上述调研获得的第一手资料为主要素材，并结合对我国农村土地法律制度的解读、比较研析西欧和拉美代表性国家及我国台湾地区农地立法的基础上形成的。因此，本项研究成果的完成首先要感谢以上各调查地的受访农民和乡镇干部、部分地区为调查提供方便的干部和群众，以及对课题组成员的境外调研给予帮助的朋友们。

本项研究成果是在首席专家中南财经政法大学陈小君教授主持下，汇合研究团队集体智慧的结晶：在研究题目设计、研究方案拟定、实地调查实施、调查数据统计以及立法试拟稿撰写等各个环节，刘茂林教授、麻昌华教授、赵曼教授、蔡虹教授、石佑启教授、谭明方教授、张光宏教授、韩松教授、高飞副教授、耿卓博士、郭继副教授、唐义虎副教授、袁铖副教授、陈传法副教授、李俊博士，以及大学的数十位法学博士、硕士研究生都作出了自己独特的贡献。

本项研究成果的结项意味着本项研究暂告一个段落，它既是我们研究的一个小结，更是我们研究的又一个起点！

我们对农村土地问题立法的研究继续着，我们还在路上……

作者

2010年3月

教育部哲学社會科学研究重大課題攻関項目
成果出版列表

书　名	首席专家
《马克思主义基础理论若干重大问题研究》	陈先达
《马克思主义理论学科体系建构与建设研究》	张雷声
《马克思主义整体性研究》	逄锦聚
《人文社会科学研究成果评价体系研究》	刘大椿
《中国工业化、城镇化进程中的农村土地问题研究》	曲福田
《东北老工业基地改造与振兴研究》	程　伟
《全面建设小康社会进程中的我国就业发展战略研究》	曾湘泉
《自主创新战略与国际竞争力研究》	吴贵生
《转轨经济中的反行政性垄断与促进竞争政策研究》	于良春
《中国现代服务经济理论与发展战略研究》	陈　宪
《当代中国人精神生活研究》	童世骏
《弘扬与培育民族精神研究》	杨叔子
《当代科学哲学的发展趋势》	郭贵春
《面向知识表示与推理的自然语言逻辑》	鞠实儿
《当代宗教冲突与对话研究》	张志刚
《马克思主义文艺理论中国化研究》	朱立元
《历史题材创新和改编中的重大问题研究》	童庆炳
《现代中西高校公共艺术教育比较研究》	曾繁仁
《楚地出土戰國簡册［十四種］》	陳　偉
《中国市场经济发展研究》	刘　伟
《全球经济调整中的中国经济增长与宏观调控体系研究》	黄　达
《中国特大都市圈与世界制造业中心研究》	李廉水
《中国产业竞争力研究》	赵彦云
《东北老工业基地资源型城市发展接续产业问题研究》	宋冬林
《转型时期消费需求升级与产业发展研究》	臧旭恒
《中国民营经济制度创新与发展》	李维安
《中国现代服务经济理论与发展战略研究》	陈　宪
《中国转型期的社会风险及公共危机管理研究》	丁烈云
《面向公共服务的电子政务管理体系研究》	孙宝文

书 名	首席专家
《中国加入区域经济一体化研究》	黄卫平
《金融体制改革和货币问题研究》	王广谦
《人民币均衡汇率问题研究》	姜波克
《我国土地制度与社会经济协调发展研究》	黄祖辉
《南水北调工程与中部地区经济社会可持续发展研究》	杨云彦
《产业集聚与区域经济协调发展研究》	王 珺
《我国民法典体系问题研究》	王利明
《中国司法制度的基础理论问题研究》	陈光中
《多元化纠纷解决机制与和谐社会的构建》	范 愉
《中国和平发展的重大国际法律问题研究》	曾令良
《中国法制现代化的理论与实践》	徐显明
《农村土地问题立法研究》	陈小君
《生活质量的指标构建与现状评价》	周长城
《中国公民人文素质研究》	石亚军
《城市化进程中的重大社会问题及其对策研究》	李 强
《中国农村与农民问题前沿研究》	徐 勇
《西部开发中的人口流动与族际交往研究》	马 戎
《中国边疆治理研究》	周 平
《中国大众媒介的传播效果与公信力研究》	喻国明
《媒介素养：理念、认知、参与》	陆 晔
《创新型国家的知识信息服务体系研究》	胡昌平
《数字信息资源规划、管理与利用研究》	马费成
《新闻传媒发展与建构和谐社会关系研究》	罗以澄
《数字传播技术与媒体产业发展研究》	黄升民
《教育投入、资源配置与人力资本收益》	闵维方
《创新人才与教育创新研究》	林崇德
《中国农村教育发展指标体系研究》	袁桂林
《高校思想政治理论课程建设研究》	顾海良
《网络思想政治教育研究》	张再兴
《高校招生考试制度改革研究》	刘海峰
《基础教育改革与中国教育学理论重建研究》	叶 澜
《公共财政框架下公共教育财政制度研究》	王善迈
《中国青少年心理健康素质调查研究》	沈德立

书　名	首席专家
《处境不利儿童的心理发展现状与教育对策研究》	申继亮
《学习过程与机制研究》	莫　磊
《WTO 主要成员贸易政策体系与对策研究》	张汉林
《中国和平发展的国际环境分析》	叶自成
*《改革开放以来马克思主义在中国的发展》	顾钰民
*《西方文论中国化与中国文论建设》	王一川
*《中国抗战在世界反法西斯战争中的历史地位》	胡德坤
*《近代中国的知识与制度转型》	桑　兵
*《中国水资源的经济学思考》	伍新林
*《京津冀都市圈的崛起与中国经济发展》	周立群
*《中国金融国际化中的风险防范与金融安全研究》	刘锡良
*《金融市场全球化下的中国监管体系研究》	曹凤岐
*《中部崛起过程中的新型工业化研究》	陈晓红
*《中国政治文明与宪法建设》	谢庆奎
*《地方政府改革与深化行政管理体制改革研究》	沈荣华
*《知识产权制度的变革与发展研究》	吴汉东
*《中国能源安全若干法律与政府问题研究》	黄　进
*《我国地方法制建设理论与实践研究》	葛洪义
*《我国资源、环境、人口与经济承载能力研究》	邱　东
*《产权理论比较与中国产权制度变革》	黄少安
*《中国独生子女问题研究》	风笑天
*《当代大学生诚信制度建设及加加强大学生思想政治工作研究》	黄蓉生
*《农民工子女问题研究》	袁振国
*《中国艺术学科体系建设研究》	黄会林
*《边疆多民族地区构建社会主义和谐社会研究》	张先亮
*《非传统安全合作与中俄关系》	冯绍雷
*《中国的中亚区域经济与能源合作战略研究》	安尼瓦尔·阿木提
*《冷战时期美国重大外交政策研究》	沈志华
……	

*为即将出版图书